Surmonter les émotions destructrices

DU MÊME AUTEUR

CHEZ POCKET

SURMONTER LES ÉMOTIONS DESTRUCTRICES
En collaboration avec sa Sainteté le Dalaï-Lama

CULTIVER L'INTELLIGENCE RELATIONNELLE

ATTENTIF, CONCENTRÉ ET LIBRE

Daniel Goleman et le Dalaï-Lama

Surmonter les émotions destructrices

Un dialogue avec le Dalaï-Lama

Avec la participation de
Richard J. Davidson, Paul Ekman, Mark Greenberg,
Owen Flanagan, Matthieu Ricard, Jeanne L. Tsai,
le vénérable Somchai Kusalacitto,
Francisco J. Varela, B. Alan Wallace
et G. Thupten Jinpa

Traduit de l'anglais (États-Unis)
par Anatole Muchnik

Préface inédite
de Matthieu Ricard

ROBERT LAFFONT

Titre original :
DESTRUCTIVE EMOTIONS

FSC
www.fsc.org
MIXTE
Papier issu de sources responsables
FSC® C003309

Pocket, une marque d'Univers Poche, est un éditeur qui s'engage pour la préservation de son environnement et qui utilise du papier fabriqué à partir de bois provenant de forêts gérées de manière responsable.

ISBN : 978-2-266-14614-2

Sommaire

Liste des participants

(les titres et fonctions sont ceux du moment où s'est tenue la rencontre)

Tenzin Gyatso, Sa Sainteté le quatorzième dalaï-lama

Richard J. Davidson, docteur en psychologie, titulaire des chaires William James et Vilas en psychologie et psychiatrie ; directeur du Laboratory for Affective Neuroscience, université du Wisconsin-Madison

Paul Ekman, docteur en psychologie et directeur du Human Interaction Laboratory, à l'école de médecine de l'université de Californie, à San Francisco.

Owen Flanagan, docteur en philosophie et titulaire de la chaire James B. Duke en philosophie, *fellow* en neurosciences cognitives et professeur de psychologie expérimentale à Duke University.

Daniel Goleman, docteur en psychologie, écrivain ; coprésident du Consortium for Research on Emotional Intelligence de la Graduate School of Applied and Professional Psychology à Rutgers University.

Mark Greenberg, docteur en psychologie, titulaire de la chaire Bennett en recherche sur la prévention ; professeur de psychologie du développement et d'études familiales ; directeur du Prevention Research Center for the Promotion of Human Development, à la Pennsylvania State University.

Géshé Thupten Jinpa, docteur en études religieuses, président directeur de la rédaction de la série *Classics of Tibet* produite par l'Institute of Tibetan Classics à Montréal.

Le vénérable Ajahn Maha Somchai Kusalacitto, moine bouddhiste et abbé adjoint au monastère Chandaram ; maître de conférences et recteur adjoint aux affaires extérieures de l'université Mahachulalongkornrajavidyalaya (MCU) de Bangkok.

Matthieu Ricard, docteur en génétique, écrivain ; moine bouddhiste au monastère Shechen de Katmandou et interprète français de Sa Sainteté le dalaï-lama.

Jeanne L. Tsai, docteur en psychologie et maître auxiliaire en psychologie à l'université du Minnesota, à Minneapolis et St. Paul.

Francisco J. Varela, docteur en biologie, professeur en sciences cognitives à la Fondation de France et d'épistémologie à l'École polytechnique ; directeur de recherche au CNRS ; chef du service de neurodynamique à la Salpêtrière, à Paris.

B. Alan Wallace, docteur en études religieuses, conférencier associé au département des Études religieuses de l'université de Californie, à Santa Barbara.

À la mémoire de
Francisco Varela

7 septembre 1950 – 28 mai 2001

Bonjour, cher ami – je vous considère comme un frère spirituel. Nous ressentons fortement votre absence ici. Alors je tenais à vous adresser mes profonds sentiments fraternels, pour vos importantes contributions à la science, notamment en neurologie et dans les sciences de l'esprit, ainsi que pour votre participation à ce dialogue entre la science et la pensée bouddhiste. Nous n'oublierons jamais votre apport considérable. Jusqu'à mon dernier jour, je ne vous oublierai pas.

Le dalaï-lama,
12 mai 2001,
dans un message filmé
adressé par Internet depuis Madison (Wisconsin)
à Francisco Varela, dans son lit à Paris
où il mourut seize jours plus tard.

Préface

Mon merveilleux ami Francisco Varela, un pionnier des neurosciences, m'a toujours dit qu'une collaboration entre les sciences cognitives et les bouddhistes spécialistes de la méditation était une voie à suivre et qu'elle permettrait non seulement des progrès importants dans la compréhension de l'esprit humain, mais aussi la mise en œuvre de recherches scientifiques concrètes. Francisco a cofondé l'« Institut de l'Esprit et de la Vie » (*Mind and Life Institute*) avec Adam Engle, un homme d'affaires américain. Cet institut se donne pour mission d'organiser des rencontres entre des scientifiques de haut niveau et Sa Sainteté le dalaï-lama, qui a toujours été extrêmement intéressé par la science.

C'est en l'an 2000 à Dharamsala, la résidence du dalaï-lama en Inde, que j'ai participé pour la première fois à une réunion organisée par l'institut. Le sujet en était : les émotions destructrices.

Ce moment passionnant se déroula en présence de certains des meilleurs scientifiques en ce domaine, parmi lesquels Francisco Varela lui-même, Richard Davidson, Paul Ekman, pour ne citer qu'eux. La réunion était présidée par Daniel Goleman et cinq jours durant les échanges furent d'une grande qualité, guidée en permanence par un souci de sincérité et le sentiment profond de chacun de participer à une rencontre importante pour le genre humain.

Ma modeste contribution à ces débats était de présenter la conception bouddhiste des émotions et les différentes façons d'interagir avec elles. J'éprouvais une certaine gêne à traiter d'un tel sujet en présence du dalaï-lama, dont les connaissances en la matière sont cent fois supérieures aux miennes. J'ai donc assumé mon rôle habituel d'interprète et essayé de me concentrer sur l'auditoire, les scientifiques et plus de cinquante observateurs extérieurs, en parlant avec mon cœur et en essayant de transmettre l'essence de l'enseignement prodigué par mes maîtres. La réunion avançant, il devenait évident que nous avions la matière pour mettre en œuvre un programme de recherche. Nous pourrions inviter des experts en méditation reconnus et étudier l'effet des années de pratique sur leur esprit. Leur capacité à « gérer » leurs émotions a-t-elle évolué ? Leur pratique continue a-t-elle eu une incidence sur leur cerveau ? C'est ce genre d'étude qui a toujours été un rêve pour Francisco.

Un calendrier a donc été établi avec Richard Davidson et Paul Ekman et c'est l'histoire de cette collaboration, dans laquelle je suis très investi, que raconte le très beau livre de Daniel Goleman, *Surmonter les émotions destructrices*.

Pour moi, il était passionnant de revenir à la science après trente-cinq années d'interruption et de le faire en compagnie de scientifiques d'une si grande renommée. J'étais très curieux de savoir ce que les méthodes d'investigation les plus récentes révéleraient des états méditatifs comme l'attention vigilante ou la compassion, et notamment si ces derniers ont des signatures cérébrales distinctes. J'étais aussi impatient de connaître les résultats de l'étude comparée d'un groupe de méditants expérimentés avec des personnes ne pratiquant pas la méditation. Depuis, j'apprécie l'atmosphère chaleureuse et de haut niveau dans laquelle ces recherches se déroulent. À la lecture des premières contributions scientifiques parues, je ne peux m'empêcher de penser que nous sommes à la veille de découvertes scientifiques révolutionnaires.

Le dalaï-lama considère le bouddhisme comme étant, avant tout, une science de l'esprit destinée à faire de nous de meilleurs êtres humains. Cela n'a rien de surprenant, puisque les textes bouddhistes insistent particulièrement sur le fait que toutes les pratiques spirituelles, mentales, physiques ou orales, visent directement ou indirectement à transformer l'esprit. Cependant, nous avons une tendance invétérée à considérer que l'on est comme on est, et que l'on n'y peut rien changer. Cette inertie nous fait accepter comme « normal » le mélange d'ombres et de lumières, de qualités et de défauts qui nous constitue. Cet état maladif, dont l'étendue est telle qu'elle ne nous inquiète plus, n'est qu'un point de départ. Notre existence vaut mieux que cela. La science contemplative du bouddhisme et les neurosciences nous montrent qu'il est possible de parvenir peu à peu à une manière d'être « optimale ».

Ce processus de transformation peut nous conduire de la misère intérieure à une sérénité durable. Cela s'accompagne d'un ensemble de qualités, en particulier l'amour altruiste, la compassion, la liberté et la force intérieure, qui permettent de gérer toutes les circonstances auxquelles nous sommes confrontés dans l'existence. En vérité nous sous-estimons considérablement le pouvoir de transformation de l'esprit.

Comme se le demande Daniel Goleman : « Dans quelle mesure peut-on former le cerveau à fonctionner de façon constructive, à remplacer l'avidité par le contentement, l'agitation par le calme, la haine par la compassion ? Les médicaments sont la principale réponse de l'Occident aux émotions perturbatrices, et, pour le meilleur et pour le pire, il ne fait aucun doute que les antidépresseurs ont apporté du réconfort à des millions de personnes. Mais quelqu'un peut-il, par ses propres efforts, obtenir des changements positifs et durables du fonctionnement de son cerveau ? »

Voilà vingt ans, un quasi-dogme des neurosciences voulait que le cerveau contienne tous ses neurones à la naissance et que leur nombre ne soit pas modifié par les expériences vécues. À présent, on parle plutôt de « neuroplasticité », un terme qui rend compte du fait que le cerveau évolue continuellement en fonction de nos expériences. Le cerveau peut, en particulier, être profondément modifié à la suite d'un entraînement spécifique, l'apprentissage d'un instrument de musique ou d'un sport, par exemple. Plus encore, les recherches qui ont été entreprises à la suite de la remarquable rencontre de 2001 dont ce livre est le compte rendu ont maintenant montré que l'attention, la compassion et même le bonheur[1] peuvent, eux aussi, être cultivés et relèvent pour une grande part d'un « savoir-faire » que l'on peut acquérir.

Qui dit acquisition d'un savoir-faire dit entraînement. On ne peut pas s'attendre à bien jouer du piano sans une longue pratique préalable. Si l'on consacre un certain temps, chaque jour, à cultiver la compassion ou toute autre qualité positive, l'expérience montre que l'on peut atteindre des résultats semblables à ceux que l'on obtient en entraînant son corps. Pour le bouddhisme, « méditer » signifie « s'habituer » ou « cultiver ». La méditation consiste à se familiariser avec une nouvelle manière d'être, de gérer ses pensées et de percevoir le monde. Les neurosciences permettent aujourd'hui d'évaluer ces méthodes et de vérifier leur impact sur le cerveau et sur le corps.

1. P. Ekman, R. J. Davidson, M. Ricard et B. A. Wallace, « Buddhist and Psychological Perspectives on Emotions and Well-Being », *Current Directions in Psychological Science*, *14*, 59-63 (2005).

Ces programmes de recherche ont commencé par une étude sur les personnes ayant consacré une vingtaine d'années au développement systématique de la compassion, de l'altruisme et de la paix intérieure. Jusqu'à ce jour, une quinzaine de méditants de la tradition bouddhiste tibétaine, moines et laïcs orientaux, hommes et femmes, totalisant chacun de 10000 à 50000 heures de méditation, ont été testés par Antoine Lutz, un élève de Francisco Varela qui travaille à présent dans le laboratoire de Richard Davidson à l'université de Madison, dans le Wisconsin. J'ai eu moi-même l'opportunité de participer à ce programme de recherche depuis le début, en tant que sujet et collaborateur. Ce programme de recherche a un but essentiellement pratique : étudier la méditation en tant qu'entraînement de l'esprit, pour trouver une réponse pratique à l'éternel casse-tête que constitue la gestion des émotions destructrices.

Les premiers résultats, publiés en 2004, trois ans à peine après la rencontre de 2001 à Dharamsala, constituèrent les prémisses d'une étude expérimentale sérieuse des états méditatifs. L'article publié dans les prestigieux *Comptes rendus de l'Académie des sciences, PNAS* [1], a été téléchargé plus de 150000 fois et figurait, un an plus tard, au cinquième rang des articles les plus lus sur le site Internet de la revue. De façon surprenante et révélatrice, c'était aussi la toute première fois que le mot « compassion » figurait dans le titre d'une publication scientifique sérieuse.

Au moment où les participants méditaient sur la compassion, on constata une augmentation remarquable des oscillations rapides dans les fréquences dites « *gamma* », et une plus cohérence de leur activité cérébrale. Cette activité, beaucoup

1. A. Lutz, L. L. Greischar, N. B. Rawlings, M. Ricard et R. J. Davidson, « Long-term Mediators Self-induce High-amplitude Gamma Synchrony During Mental Practice », *PNAS*, Nov. 16, 2004, vol. 101, n° 46.

plus élevée que dans le groupe témoin – qui avait été formé pendant une semaine aux techniques de méditation – est, selon le commentaire de Richard Davidson, « d'une magnitude qui n'a jamais été décrite dans la littérature des neurosciences » et il ajoute : « Cela semble démontrer que le cerveau peut être entraîné et modifié physiquement d'une manière que peu de personnes peuvent imaginer » [1].

Au laboratoire de Jonathan Cohen, à l'université de Princeton, Brent Field et ses collaborateurs se sont intéressés aux capacités d'attention de ces méditants expérimentés. Plusieurs d'entre eux, tout juste sortis d'une retraite de trois ans, se sont révélés capables, au cours d'un test classique de vigilance, de maintenir intacte la qualité de leur attention pendant quarante-cinq minutes, alors que pour la plupart des sujets non entraînés, l'attention se dégrade considérablement après dix minutes d'effort. D'autres recherches sur l'empathie et la régulation des états mentaux viennent également de commencer en Europe dans les laboratoires de Tania Singer à Zurich et Rainer Goebel à Maastricht, et j'ai la chance de pouvoir y collaborer également.

Il semble donc que nous soyons au seuil de découvertes passionnantes qui devraient prouver que l'on peut transformer l'esprit de façon beaucoup plus importante que la psychologie ne l'avait supposé. Grâce à l'inspiration du dalaï-lama et à l'intérêt grandissant de chercheurs de haut niveau, la méditation pourrait bientôt acquérir en Occident les lettres de noblesse dont elle jouit depuis des millénaires en Orient. Sécularisées et validées scientifiquement, ses techniques pourraient être utilement intégrées dans l'éducation

1. Tirés de deux interviews de Richard Davidson, par Sharon Begley dans « Scans of Monks' Brains Show Meditation Alters Structure, Functioning », *Wall Street Journal*, Nov. 5, 2004, B1, et par Mark Kaufman dans « Meditation Gives Brain a Charge, Study Finds », *Washington Post*, Jan. 3, 2005, A5.

des enfants – une sorte d'équivalent mental du cours d'éducation physique – et dans la prise en charge des problèmes émotionnels des adultes. Avant d'en avoir la certitude, il reste à étudier comment le cerveau des méditants évolue dans le temps, ce qui implique une étude longitudinale sur des centaines de sujets pendant plusieurs années.

Certains résultats indiquent déjà qu'il n'est pas nécessaire d'être un méditant surentraîné pour bénéficier des effets de la méditation, et que vingt minutes de pratique journalière contribuent significativement à la réduction de l'anxiété et du stress, ainsi qu'au renforcement du système immunitaire et de l'équilibre émotionnel. Récemment, une étude effectuée sur des débutants a montré qu'après trois mois de pratique assidue la faculté d'attention des sujets s'était considérablement améliorée [1].

Lorsque le dalaï-lama fut invité à prononcer le discours d'ouverture des « Rencontres de la Société des neurosciences » à Washington, en novembre 2005, qui ne rassemblait pas moins de 37 000 scientifiques, il a souligné la nature pragmatique et expérimentale du bouddhisme, qui vise à éliminer la souffrance par une meilleure connaissance du fonctionnement de l'esprit. Il a affirmé que si les connaissances acquises par la science contredisaient certains écrits anciens du bouddhisme, dans le domaine de la cosmologie par exemple, leur contenu devait être considéré comme caduc. « Le bouddhisme peut, en revanche, partager avec la science moderne ses connaissances acquises pendant plus de deux mille ans d'entraînement de l'esprit. » Stephen Kosslyn, directeur du département de psychologie à l'université de

1. Heleen A. Slagter, Antoine Lutz, Lawrence L. Greischar, Andrew D. Francis, Sander Nieuwenhuis, James M. Davis, Richard J. Davidson, « Mental Training Affects Distribution of Limited Brain Resources », *PLoS Biology*, June 2007, vol. 5, www.plosbiology.org.

Harvard et spécialiste mondial de l'imagerie mentale, déclarait lors de la rencontre de l'Institut de l'Esprit et de la Vie organisée au MIT de Boston : « Nous devons faire preuve d'humilité devant la masse de données empiriques fournies par les contemplatifs bouddhistes. »

Lorsque Daniel Goleman demanda au dalaï-lama ce qu'il attendait de ces expériences, celui-ci répondit : « En exerçant leur esprit, les gens peuvent devenir plus calmes – notamment les plus cyclothymiques. C'est ce qu'indiquent ces travaux sur l'entraînement de l'esprit selon le bouddhisme. Et c'est là mon objectif principal : je ne cherche pas à promouvoir le bouddhisme, mais plutôt la façon dont la tradition bouddhiste peut contribuer au bien de la société. Il va de soi qu'en tant que bouddhistes nous prions sans cesse pour tous les êtres. Mais nous ne sommes que des êtres humains ordinaires et le mieux que nous puissions faire, c'est de cultiver notre propre esprit. »

Matthieu RICARD

Avant-propos

Par Sa Sainteté le dalaï-lama

Une bonne partie des souffrances humaines découle d'émotions destructrices comme la colère, qui engendre la violence, ou l'avidité, qui nourrit la dépendance. L'un de nos premiers devoirs en tant qu'êtres responsables consiste à limiter les dégâts que produisent sur l'homme ces émotions incontrôlables. Dans cette mission, il me semble que le bouddhisme et la science ont beaucoup à apporter.

Bouddhisme et science ne sont pas des conceptions incompatibles du monde, mais plutôt des approches convergeant vers une même fin : la quête de la vérité. La démarche bouddhiste tient cette quête pour essentielle, et la science possède ses propres méthodes pour la mener. Si les motivations de la science peuvent différer de celles du bouddhisme, leurs modes respectifs d'investigation enrichissent notre savoir et notre compréhension.

Le dialogue entre science et bouddhisme est un véritable échange. Nous, bouddhistes, pouvons faire bon usage des découvertes de la science pour éclairer notre compréhension du monde. Mais les scientifiques peuvent aussi profiter de certaines perspectives propres au bouddhisme. Nombreux sont les domaines dans lesquels le bouddhisme peut contribuer à la connaissance scientifique, et les dialogues *Mind and Life* ont déjà permis d'en relever plusieurs.

Ainsi, en matière de fonctionnement de l'esprit, le bouddhisme est riche de plusieurs siècles d'une science intérieure qui s'est avérée très utile aux chercheurs en neurosciences cognitives et dans l'étude des émotions, jouant un rôle considérable dans leur compréhension. Plusieurs scientifiques sont repartis de nos rencontres porteurs de nouvelles idées de recherche dans leurs domaines respectifs.

Réciproquement, le bouddhisme peut aussi tirer parti de la science. J'ai souvent dit que si la science prouve certains faits contredisant la conception bouddhiste, c'est au bouddhisme de s'adapter. Notre vision doit toujours s'accorder avec les faits établis. Si nous constatons après examen que la raison démontre tel ou tel point, il nous faut l'accepter. Toutefois, la distinction doit être nette entre ce que la science *ne trouve pas*, et ce dont elle démontre l'*inexistence*. Ce dont la science démontre l'inexistence doit être accepté par tous comme inexistant, mais il en va tout autrement pour ce qu'elle ne trouve pas. Prenons par exemple la conscience proprement dite. Les êtres animés, dont l'homme fait partie, ont beau faire l'expérience de la conscience depuis des siècles, nous ignorons toujours ce qu'elle est, comment elle fonctionne, et quelle est sa nature profonde.

L'époque moderne a vu la science devenir un élément fondamental du développement de l'homme et de la planète. En ce sens, les innovations scientifiques et technologiques ont apporté de grandes avancées matérielles. Mais la science ne possède pas toutes les réponses, pas plus que la religion ne les détenait autrefois. Plus nous aspirerons au progrès matériel, dédaignant les bénéfices d'une croissance intérieure, plus vite les valeurs éthiques disparaîtront de nos communautés. Nous traverserons alors une longue période de malheur, car lorsqu'il n'y a plus de place dans le cœur des gens pour la justice et l'honnêteté, les faibles sont les premiers à en pâtir. Et les ressentiments inspirés par tant d'injustice finissent par atteindre tout le monde.

Plus la science gagne en influence sur nos vies, plus la religion et la spiritualité ont un rôle à jouer pour nous rappeler à notre humanité. Il nous faut donc rétablir un équilibre entre le progrès scientifique et matériel et le sens des responsabilités que procure le développement intérieur. C'est pourquoi je crois à l'importance de ce dialogue entre science et religion : il peut en jaillir des bénéfices fort utiles au genre humain.

Le bouddhisme a beaucoup à dire à la science sur les problèmes humains liés à nos émotions destructrices. L'une des volontés centrales de la pratique bouddhiste consiste à réduire l'emprise des émotions destructrices sur nos vies. À cette fin, il offre toute une gamme d'approches théoriques et de méthodes pratiques. Si l'utilité de certaines de ces méthodes pouvait être validée par des tests scientifiques, nous aurions toutes les raisons de chercher des moyens de les rendre accessibles à chacun, qu'il soit porté sur le bouddhisme ou pas.

Cette évaluation scientifique de nos pratiques aura été l'un des résultats de ce dialogue. J'ai le plaisir de pouvoir dire que le débat *Mind and Life* ici relaté a été plus qu'une rencontre d'esprits bouddhistes et scientifiques. Les scientifiques ont atteint un nouveau palier et entrepris des programmes d'évaluation des méthodes bouddhistes dont nous pourrions tous tirer profit dans notre rapport à nos émotions destructrices.

J'invite le lecteur à nous accompagner dans cette exploration des causes des émotions destructrices et de leurs remèdes, et à réfléchir aux nombreuses questions ici soulevées, qui sont prépondérantes pour chacun de nous. J'espère que vous trouverez cette rencontre entre science et bouddhisme aussi stimulante que moi.

le 28 août 2002

Prologue

Un défi pour l'humanité

Une évolution dramatique sépare mars 2000, période à laquelle se sont produits les faits ici chroniqués, de l'achèvement de cet ouvrage à l'automne 2001. Au moment des dialogues qui occupent l'essentiel de ce récit, le monde venait de tourner avec un certain soulagement la page des horreurs du XXe siècle, et nombre d'entre nous envisageaient un avenir plein d'espoir pour l'humanité. C'est alors que se produisirent les tragédies de septembre 2001, nous rappelant brutalement que les actes planifiés de barbarie à grande échelle demeuraient bel et bien à l'ordre du jour.

Pour horribles qu'ils soient, ces actes inhumains ne constituent qu'un épisode parmi d'autres dans l'incessant flot de froide cruauté de l'histoire, où la haine appelle sans cesse l'action funeste. De toutes les émotions humaines, cette impitoyable hostilité se distingue comme le trait le plus troublant de la psyché. Le plus souvent, ce type de barbarie prend forme en coulisses, quelque part au fond de notre conscience collective, comme une présence de mauvais augure prête à jaillir en pleine lumière à la première occasion. Car la haine brutale reprendra inévitablement l'avant-scène, encore et toujours, tant que, comme pour nos autres émotions destructrices, nous ne comprendrons pas d'où elle provient et que nous n'aurons pas trouvé le moyen d'en finir avec la cruauté.

Ce défi, qui concerne l'humanité tout entière, repose au cœur de cet ouvrage retraçant la collaboration entre le dalaï-lama et un groupe de scientifiques désireux de comprendre les émotions destructrices pour y trouver une parade. Notre propos n'est pas d'analyser comment les pulsions destructives de l'individu se traduisent en actes massifs, ni la façon dont les injustices – ou leur perception – engendrent les idéologies haineuses. Nous avons choisi de nous situer sur un plan plus fondamental, pour étudier la façon dont les émotions destructrices rongent l'esprit et le cœur des hommes et chercher des réponses à ce trait dangereux de notre nature collective. Et, bien entendu, nous l'avons fait en compagnie du dalaï-lama, qui a toujours su répondre de façon exemplaire à l'injustice historique dont il est lui-même la victime.

La tradition bouddhiste insiste depuis longtemps sur le fait que l'identification et la transformation des émotions destructrices sont au cœur de la pratique spirituelle – à vrai dire, certains soutiennent que tout ce qui peut atténuer les émotions destructrices *est* de la pratique spirituelle. Du point de vue scientifique, ces états émotionnels constituent un passionnant défi : il s'agit de réactions du cerveau qui ont, en partie, façonné l'esprit humain et probablement joué un rôle crucial dans la survie de l'espèce humaine. Mais aujourd'hui, dans la vie moderne, ils font planer de lourdes menaces sur notre sort individuel et collectif.

Notre rencontre a abordé une série de questions urgentes autour de l'éternelle affliction humaine que sont nos émotions destructrices. Constituent-elles un élément inaltérable de notre legs ? Qu'est-ce qui les rend si puissantes, et capables de conduire des gens par ailleurs rationnels à commettre des actes qu'ils finissent par regretter ? Quelle place occupent ces émotions dans l'évolution de notre espèce ? Sont-elles essentielles à la survie humaine ? Quels outils pouvons-nous trouver pour réduire la menace qu'elles font planer sur notre bonheur et notre stabilité d'individus ? Quelle peut être la malléabilité du cerveau, et comment pouvons-nous réorienter de façon plus positive les systèmes neuronaux qui hébergent nos impulsions destructrices ? Plus encore, comment pouvons-nous les surmonter ?

Questions brûlantes

L'idée d'une rencontre autour de ces questions brûlantes a surgi pour la première fois alors que mon épouse et moi nous trouvions à Dharamsala, en Inde, où un éditeur, hébergé dans la même pension de famille que nous, était en train de relire ce qui deviendrait le livre du dalaï-lama, *Une éthique pour le prochain millénaire*. Cet éditeur m'a prié de parcourir un premier jet du manuscrit, qui contenait la proposition du dalaï-lama pour une éthique laïque adaptée à la communauté mondiale – pas seulement aux fidèles d'une religion ou d'une autre – et son vœu de voir s'unir toutes les forces, orientales et occidentales, capables de servir l'humanité à cette fin.

À la lecture de ce premier jet, j'ai été frappé par la place qu'occupaient dans la thèse du dalaï-lama les récentes recherches sur les émotions. Quelques jours plus tard, à l'occasion d'une brève rencontre, j'ai eu le loisir d'évoquer certaines de ces découvertes avec lui. Par exemple, les données concernant l'apparition précoce chez les enfants normaux des premiers signes d'une aptitude à l'empathie, un élément essentiel de la compassion, intriguaient le dalaï-lama. Je lui ai demandé s'il aimerait entendre un exposé plus complet sur l'état d'avancement des recherches sur la psychologie des émotions. Il a répondu par l'affirmative – précisant qu'il s'intéressait aux émotions négatives. Il voulait savoir, par exemple, si la science saurait lui montrer la différence sur le plan cérébral entre la colère et la fureur.

L'année suivante nous avons échangé quelques mots avant une conférence qu'il donnait à San Francisco ; il en a profité pour préciser un peu sa demande, qui ne concernait en fait que les émotions *destructrices*. Et quelques mois plus tard, alors qu'il s'apprêtait à donner un cours de religion dans un monastère bouddhiste du New Jersey, je lui ai demandé ce qu'il entendait exactement par « destructrices ». Il souhaitait obtenir un avis scientifique sur ce que les bouddhistes appellent les Trois Poisons : la colère, l'avidité et l'ignorance. Nous sommes convenus qu'à ce sujet la vision occidentale serait sans doute différente de celle des bouddhistes, mais que ces différences seraient elles-mêmes instructives.

J'ai ensuite transmis cette requête à Adam Engle, le président du *Mind and Life Institute*, lui demandant si le sujet aurait sa place dans la série de réunions qu'il organisait depuis 1987, au cours desquelles le dalaï-lama avait rencontré des groupes choisis d'experts pour un échange de points de vue entre le bouddhisme et des scientifiques occidentaux sur un sujet donné, comme la cosmologie ou la compassion. J'avais moi-même coorganisé et animé la troisième de ces rencontres, sur les émotions et la santé, et cela me semblait être le forum idéal pour aborder ce nouveau sujet.

Après avoir reçu le feu vert du comité scientifique consultatif de l'institut, je me suis employé à trouver des chercheurs dont les connaissances et les points de vue variés pourraient éclairer ce qui, dans la nature humaine, est cause de tourments, de détresse et de danger. Nous n'avions pas seulement besoin d'un certain niveau d'expertise autour de la table, mais de gens qui poseraient des questions embarrassantes, qui se lanceraient dans des réponses exploratoires et seraient assez ouverts pour remettre en cause les idées préconçues susceptibles de brider leur propre pensée.

Les interlocuteurs des deux parties viendraient tant pour apprendre que pour enseigner. Le dalaï-lama, comme toujours, tiendrait à s'informer des dernières découvertes scientifiques. Et les scientifiques seraient pour leur part confrontés à un nouveau paradigme de l'esprit – un aperçu de la pensée bouddhiste, qui se consacre depuis des millénaires, avec une rigueur extraordinaire, à l'exploration du monde intérieur. Le savoir qu'ont accumulé les bouddhistes comprend un système rigoureux de scrutation de la conscience, à des profondeurs que la science n'a pas encore prises en considération, et remet en question certains présupposés fondamentaux de la psychologie moderne. En résumé, cette rencontre viserait moins à informer le dalaï-lama qu'à mener une recherche active conjointe sur des questions profondes touchant à l'esprit humain, au cours de laquelle, en compagnie d'autres érudits bouddhistes, il serait aussi un interlocuteur pour la science et inciterait les scientifiques eux-mêmes à repousser les limites de leur propre pensée.

Comme la tradition l'exige, nous avons commencé par entendre un philosophe, pour élargir le cadre de nos travaux. Soucieux d'obtenir un juste mélange de scientifiques, j'avais choisi pour ce faire Alan Wallace, alors à l'université de Californie de Santa Barbara, connaisseur du bouddhisme et interprète régulier du dalaï-lama lors de ces rencontres.

Owen Flanagan, philosophe de l'esprit à la Duke University, a ouvert les débats en livrant le point de vue occidental sur une question fondamentale : quelles émotions – hormis les plus évidentes, comme la colère et la haine – faut-il classer parmi les émotions destructrices ? Matthieu Ricard, un moine bouddhiste tibétain (titulaire aussi d'un doctorat en biologie), a ensuite présenté le point de vue bouddhiste sur les émotions destructrices. Au début, la définition de notre travail semblait évidente : les émotions destructrices sont celles qui font du mal, à nous comme à autrui. Mais à mesure que nous progressions dans la discussion, des différences ont surgi sur le choix des émotions nocives – lesquelles le sont vraiment, dans quelles circonstances et pourquoi. Les différentes acceptions du terme « destructrices » variaient selon les points de vue, la philosophie morale, le bouddhisme et la psychologie apportant chacune sa propre gamme de réponses.

Paul Ekman, psychologue à l'université de Californie de San Francisco, et expert mondialement reconnu de l'expression faciale de l'affect, a donné le coup d'envoi de notre exploration scientifique des mécanismes de base des émotions, notion fondamentale à partir de laquelle il nous serait ensuite possible de plonger dans l'énigme que constitue la pulsion destructrice dans la nature humaine. Il a apporté un éclairage darwinien à notre conversation, suggérant que les émotions destructrices demeurent au répertoire du cœur humain comme un résidu de la quête de survie qui caractérise l'évolution.

Pour connaître le point de vue de la neurobiologie, nous nous sommes tournés vers Richard Davidson, de l'université de Madison, un des fondateurs des neurosciences affectives. Il nous a fait part de découvertes qui mettaient en évidence les circuits cérébraux impliqués dans toute une série d'émotions destructrices, qu'il s'agisse de l'avidité d'un toxicomane, des angoisses paralysantes d'un phobique, ou encore de la cruauté débridée du criminel de masse. Mais les résultats dont il nous a fait état étaient prometteurs : certaines parties du cerveau semblaient capables d'inhiber les poussées destructrices, et d'autres de remplacer ces sentiments pénibles par l'équanimité ou la joie.

Nos émotions font partie d'un héritage commun, mais nous différons par notre façon de les exprimer ou par l'importance que nous prêtons à telle ou telle d'entre elles. Jeanne Tsai, alors psychologue à l'université du Minnesota (aujourd'hui à Stanford), dont les recherches concernent les différentes façons dont les peuples vivent les émotions, nous a apporté un point de vue interculturel. Ses découvertes nous ont rappelé la nécessité de veiller à bien reconnaître les différences entre les peuples, alors même que nous cherchons des manières universelles de vaincre la menace des émotions destructrices.

En analysant la dynamique sous-jacente de nos propensions destructives, nous espérions y trouver remède. C'est à cette fin que nous avons écouté Mark Greenberg, psychologue de l'université de Pennsylvanie et pionnier des programmes d'éducation sociale et émotionnelle. Il nous a parlé de ces programmes scolaires qui apportent aux enfants leurs premières notions de lecture émotionnelle – on parle d'« alphabétisation émotionnelle » –, les aidant ainsi à maîtriser leurs émotions destructrices à la source plutôt que de se contenter d'agir en aval. Son récit nous a conduits à entreprendre la conception d'un programme similaire destiné aux adultes.

Nous avons consacré notre dernière journée aux progrès dans la compréhension de notre potentiel positif de transformation émotionnelle que pourrait entraîner la rencontre entre des maîtres chevronnés de la méditation et des neurologues. Francisco Varela, cofondateur du *Mind and Life Institute* et directeur de recherche en neurosciences au CNRS de Paris, nous a fait état d'expériences étudiant l'activité neuronale lors d'un instant de perception donné – travaux qu'il entendait poursuivre avec des méditants confirmés, pour mettre à profit leur savoir en matière d'observation de l'esprit. Puis Richard Davidson a parlé de neuroplasticité, cette capacité qu'a le cerveau de se développer tout au long de la vie, nous laissant entendre que la pratique de la méditation pouvait apporter une plasticité bénéfique aux centres émotionnels du cerveau, inhibant les émotions destructrices tout en favorisant des émotions positives.

La question des émotions destructrices peut naturellement porter au pessimisme et à la mélancolie, mais nos conclusions ont pourtant été empreintes d'optimisme, récapitulant les mesures qui pouvaient être prises pour contrer ces forces ténébreuses – ne serait-ce que dans l'esprit de chacun. Si nous entendons vaincre le virus des émotions destructrices, il nous faut commencer par nous prémunir contre le chaos interne de sentiments comme la panique ou la colère aveugle, qui minent l'action. Quant à la quête scientifique de moyens de parvenir à l'équilibre et à la paix intérieure, certaines ébauches de réponses prêtent à l'optimisme – du moins à long terme.

Notre semaine touchait à sa fin, mais aucun de nous n'était vraiment prêt à partir. Les questions soulevées, les possibilités qui avaient jailli, tout cela avait créé une dynamique qui nous a incités à nous revoir pendant deux jours quelques mois plus tard à l'université du Wisconsin et deux jours encore à Harvard, donnant corps à plusieurs projets scientifiques en cours aujourd'hui. L'exploration intellectuelle des émotions destructrices avait déclenché la recherche active de nouvelles réponses – et d'antidotes.

De précieux commentaires

C'était la huitième rencontre *Mind and Life*. Comme la plupart de ces dialogues avec un petit groupe de scientifiques et de philosophes, celui-ci a duré cinq jours, dans les quartiers du dalaï-lama à Dharamsala, en Inde. Chaque matinée était consacrée à un exposé, l'après-midi servant à une étude approfondie de toutes ses implications. Grâce à la cordialité rayonnante du dalaï-lama et à son immense entregent, l'atmosphère s'est vite détendue, chacun s'appelant par son prénom, et un climat propice à l'innovation et à la spontanéité s'est installé.

En rédigeant cet ouvrage, mon souci a été de retranscrire fidèlement cette vaste coopération entre la science et l'esprit. L'organisateur de chaque rencontre est chargé d'en rendre la teneur accessible à un plus large public par le truchement d'un livre ; celui-ci est le septième de la série *Mind and Life* (vous trouverez la liste des autres en fin d'ouvrage). Archives uniques de ces dialogues, ces ouvrages, un peu à la façon d'un procès-verbal, entendent restituer la saveur spontanée des dialogues.

Pour ne rien perdre de notre confrontation, j'ai eu le loisir de m'entretenir après coup avec certains des participants – dont le dalaï-lama – au sujet des sentiments et pensées qu'ils n'avaient pu exprimer sur le moment. Cela a permis d'enrichir le dialogue d'importants commentaires et de restituer sur la page imprimée un peu de l'ambiance qui régnait dans la pièce à l'occasion de ce feu d'artifice intellectuel où fusaient les questions et récits venus des confins de la science.

Nos échanges furent un festin d'intelligence, dont les mets étaient autant de découvertes, qu'il s'agisse de l'examen détaillé de scanners du cerveau ou de l'observation d'enfants dans une cour d'école, de données sur la perspicacité émotionnelle de telle lointaine tribu de Nouvelle-Guinée ou encore de réflexions autour d'études révélant le tempérament plus accommodant des bébés chinois. Nous avons abordé d'innombrables sujets, passant des considérations théoriques sur certains points philosophiques aux méthodes les plus pragmatiques d'enseignement de la gestion des pulsions destructrices, des détails techniques de la recherche neuroscientifique sur la cognition aux bonnes raisons de cultiver la compassion.

Aucune réponse n'était simple, et le plus excitant tenait peut-être aux questions soulevées – tant du point de vue de l'échange d'arguments entre deux grandes traditions de pensée qu'en regard des grandes énigmes qui entourent nos vies individuelles ou même notre avenir en tant qu'espèce. Les questions étaient souvent embryonnaires et parfois brillantes, et elles laissaient fréquemment entrevoir des pistes encourageantes.

Bien entendu, nombre de lecteurs seront plus attirés par certaines parties de nos débats que par d'autres, et certains picoreront sans doute çà et là pour parcourir l'ouvrage à leur guise. Quoi qu'il en soit, ce banquet intellectuel est ici intégralement restitué.

D'un bout à l'autre du dialogue, le dalaï-lama, véritable modèle de paix en ces temps troublés, a fait forte impression sur chacun de nous. Par son influence paisible, ce qui avait commencé comme une enquête purement intellectuelle a tourné à la recherche commune d'antidotes positifs aux émotions destructrices. Cette recherche a d'ores et déjà produit quelques résultats tangibles.

D'une part, nous avons esquissé une application pratique de la vision pour l'humanité que le dalaï-lama a décrite dans son ouvrage *Une éthique pour le prochain millénaire*, le livre que j'avais lu à Dharamsala et qui avait été le déclencheur de notre rencontre. Nous avons recherché des méthodes pratiques qui emprunteraient autant au bouddhisme qu'à l'Occident, le but étant de mettre au point un programme de leçons capable d'apporter à nos vies la plénitude de l'éveil, d'une totale conscience de soi, nous rendant pleinement maîtres de nous-mêmes et responsabilisés, capables d'empathie et de compassion – en d'autres termes, d'acquérir les techniques qui nous permettraient de maîtriser nos propres émotions destructrices.

La science elle-même a tiré de cette rencontre des bénéfices concrets. Voilà des millénaires que le bouddhisme explore l'esprit et son potentiel positif, avec une rigueur et une profondeur extraordinaires, mais la science n'a emprunté cette voie que depuis relativement peu. Ces deux traditions sont à présent unies dans cette mission. Nos rencontres ont donné lieu à une série d'études expérimentales où certaines méthodes ancestrales de contrôle des états émotionnels positifs ont été précisément mesurées à l'aide des appareils scientifiques les plus récents et les plus subtils.

Notre histoire commence par cette collaboration alléchante entre une science de l'esprit séculaire et la pointe des neurosciences.

UNE COLLABORATION SCIENTIFIQUE

Madison (Wisconsin)
21 et 22 mai 2001

1

Un lama au labo

Ce qui frappe tous ceux qui croisent le lama Öser, c'est sa splendeur – qui doit moins à sa robe pourpre et or de moine tibétain qu'à son sourire radieux. Européen converti au bouddhisme, Öser a passé plus de trente ans dans l'Himalaya, suivant l'apprentissage des moines tibétains et vivant auprès des plus grands maîtres spirituels du Tibet.

Öser (dont le nom a ici été changé à des fins d'anonymat) est aujourd'hui sur le point de franchir une étape révolutionnaire dans l'histoire de la lignée spirituelle qui est désormais la sienne : il va entrer en méditation pendant que son cerveau sera scanné par des appareils d'imagerie cérébrale de pointe. Il y a bien eu quelques tentatives sporadiques d'étudier l'activité cérébrale de personnes en cours de méditation, des tests ayant été pratiqués pendant des décennies dans certains laboratoires occidentaux avec des moines ou des yogis, révélant parfois de remarquables capacités de contrôle de la respiration, des ondes cérébrales ou de la température du corps. Mais cette fois – lors de la première expérience menée avec un moine de l'acabit d'Öser et des appareils aussi sophistiqués – la recherche sera d'un it autre niveau et fera progresser la cartographie des voies qui relient certains exercices mentaux fort rigoureux aux fonctions cérébrales qui y correspondent. Ce programme de recherche a des visées pratiques : il s'agit d'envisager la méditation comme un entraînement de l'esprit, comme une réponse pratique à l'éternel casse-tête que constitue la gestion de nos émotions destructrices.

Tandis que la science moderne se préoccupait d'inventer d'ingénieux composés chimiques censés nous aider à maîtriser nos émotions nocives, le bouddhisme, lui, proposait une voie différente mais nettement plus laborieuse : entraîner son esprit, essentiellement par la pratique de la méditation. En fait, le bouddhisme promeut explicitement l'entraînement qu'a suivi Öser comme un antidote à la vulnérabilité de l'esprit aux émotions toxiques. Si les émotions destructrices se situent à un extrême des penchants humains, l'expérience avec Öser vise à établir la carte de leurs antipodes. À quel point peut-on inciter le cerveau à fonctionner de façon constructive, à remplacer l'avidité par le contentement, l'agitation par le calme, la haine par la compassion ?

Les médicaments sont la principale réponse de l'Occident aux émotions perturbatrices et, pour le meilleur ou le pire, il ne fait aucun doute que les pilules altératrices de l'humeur ont apporté du réconfort à des millions de gens. Mais l'expérience d'Öser soulève une question importante : quelqu'un peut-il, par ses propres efforts, modifier de manière positive et durable le fonctionnement de son cerveau, avec plus d'impact sur les émotions que les médicaments ? Et cette question en soulève à son tour d'autres : par exemple, s'il était réellement possible aux gens d'entraîner leur esprit de façon à maîtriser leurs émotions destructrices, pourrait-on incorporer certains aspects pratiques, non religieux, d'un tel entraînement à l'éducation de tous les enfants ? Ou encore, serait-il possible de proposer cette technique de prise en charge émotionnelle aux adultes, qu'ils soient ou non eux-mêmes en quête spirituelle ?

Ces questions avaient surgi lors des cinq journées remarquables du dialogue auquel s'étaient livrés l'année précédente dans ses quartiers de Dharamsala, en Inde, le dalaï-lama, un petit groupe de scientifiques et un philosophe. L'expérience avec Öser était à la croisée de plusieurs programmes de recherche mis en route lors de ce dialogue. C'est le dalaï-lama qui en avait été le premier inspirateur ; de façon toujours très concrète, il agissait en collaborateur actif, très soucieux de braquer les feux de la science sur les pratiques de sa propre tradition spirituelle.

Mais les expériences de Madison n'étaient qu'une des nombreuses conséquences de ce voyage collectif au cœur de la nature des émotions, de la façon dont elles deviennent destructrices et de leurs possibles antidotes. Cet ouvrage est mon compte rendu des conversations qui ont inspiré l'expérience de Madison, avec les questions d'ordre général qu'elle soulève pour la recherche et les implications plus vastes encore que pourrait avoir pour nous tous cette tentative de doter l'humanité d'un moyen d'enrayer le tourbillon de nos émotions destructrices.

La transcendance au banc d'essai

C'est à l'invitation de Richard Davidson, l'un des scientifiques présents à Dharamsala, qu'Öser était venu au laboratoire d'imagerie et d'étude du comportement des fonctions cérébrales, dans les murs de l'université du Wisconsin. Ce laboratoire a été fondé par Davidson, l'un des principaux pionniers des neurosciences affectives, qui étudient l'interaction entre le cerveau et les émotions. Davidson avait souhaité qu'Öser – sujet particulièrement intéressant – soit scrupuleusement examiné à l'aide des instruments de mesure du cerveau les plus performants.

Öser a, en différentes occasions, passé plusieurs mois de suite en retraite solitaire. Additionnées, ces périodes représentent près de deux ans et demi de sa vie. Ajoutons à cela qu'il a servi de nombreuses années en tant qu'assistant personnel d'un maître tibétain et que les invitations à la pratique étaient constantes, jusque dans le fil de ses activités quotidiennes. Aujourd'hui, dans ce laboratoire, il s'agissait de savoir quels changements avait produits tant d'entraînement.

Le travail avait commencé avant qu'Öser ne se présente devant l'appareil d'IRM, lors d'une réunion destinée à établir un protocole d'expérience. Alors qu'ils briefaient Öser, les huit chercheurs de l'équipe savaient qu'ils entamaient une course contre la montre. Dès le lendemain, le dalaï-lama allait rendre visite au laboratoire, et ils espéraient avoir quelques résultats préliminaires à partager.

En accord avec Öser, un protocole fut établi, prévoyant qu'il partirait d'un état d'esprit « quotidien » pour successivement entrer dans plusieurs états spécifiques de méditation. Quiconque tient la méditation pour un vague exercice mental de type zen aurait trouvé cette conversation particulièrement édifiante. De même qu'en matière de cuisine, par exemple, on ne saurait ignorer la grande diversité des recettes et des ingrédients employés de par le monde, il faut savoir qu'il existe des centaines de types d'exercice mental extrêmement précis – grossièrement rassemblés sous le terme de *méditation* – chacun répondant à ses propres instructions et produisant ses propres effets aussi bien sur le vécu que – c'est ce que l'équipe scientifique espérait montrer – sur l'activité du cerveau.

Nul doute qu'il y a de nombreux points communs entre les types de méditation pratiqués dans différentes traditions spirituelles : le moine trappiste récitant la prière du cœur « kyrie eleison » a beaucoup à voir avec la nonne tibétaine chantant « *Om mani padmé hum* ». Mais, au-delà de ces nombreuses similitudes, demeure une grande variété de pratiques spécifiques, chacune se singularisant par les stratégies attentionnelles, cognitives et affectives qu'elle emploie, ainsi que par les résultats qu'elle produit.

Le bouddhisme tibétain étant peut-être celui qui offre la plus grande palette de méthodes de méditation, l'équipe de Madison y a puisé ses sujets d'étude. Dans un premier temps, les chercheurs avaient choisi trois états de méditation : la visualisation, la concentration sur un seul objet et l'engendrement de la compassion. Ces trois méthodes emploient des stratégies mentales suffisamment distinctes pour permettre d'espérer qu'elles révèleraient différentes configurations de l'activité cérébrale. En outre, Öser était en mesure de fournir une description détaillée de chacune d'elles.

L'une des méthodes choisies, la concentration sur un seul objet – une concentration totale sur un objet d'attention unique – est peut-être la plus élémentaire et la plus universelle de ces pratiques, puisqu'on la retrouve sous différentes formes dans toutes les traditions spirituelles qui ont recours à la méditation. La focalisation sur un point exige l'abandon des milliers d'autres pensées et désirs qui traversent l'esprit comme autant de distractions ; le philosophe danois Kierkegaard l'avait bien dit : « La pureté du cœur consiste à ne vouloir qu'une seule chose. »

Dans le système tibétain (comme dans bien d'autres), le travail de concentration est un exercice de débutant, une condition préalable au passage à des niveaux plus complexes. D'une certaine façon, la concentration est la forme la plus générique d'exercice de l'esprit, avec beaucoup d'applications non spirituelles. Ainsi, pour cette expérience, Öser a simplement posé son regard sur un point (un petit boulon sur l'appareil d'IRM au-dessus de lui), et l'y a maintenu, rattrapant son esprit chaque fois qu'il commençait à s'évader.

Öser suggéra trois études supplémentaires dont il pensait qu'elles seraient riches d'enseignements : une méditation sur la dévotion, une autre sur l'intrépidité, ou plus précisément la « force d'âme », et une troisième sur ce qu'il appelait la « présence éveillée [1]* ». Selon sa description de ce dernier état, l'esprit, parfaitement éveillé et libre de toute pensée, « est ouvert, vaste et alerte, sans aucune activité mentale intentionnelle. L'esprit n'est concentré sur rien mais parfaitement présent – pas au sens d'une concentration focalisée, il reste simplement très ouvert sans se laisser distraire. Des pensées peuvent timidement commencer d'apparaître, mais elles ne s'enchaînent pas en une multitude de pensées – elles s'évanouissent naturellement. »

L'explication que donna Öser de la méditation sur l'intrépidité n'était peut-être pas moins intrigante : il s'agit d'« apporter à l'esprit une assurance sans faille,

* Les notes sont rassemblées par chapitre, en fin d'ouvrage, p. 635.

une profonde confiance que rien ne peut ébranler – résolue et ferme, sans hésitation, où rien ne vous rebute. Vous entrez dans un état où, quoi qu'il arrive, vous estimez n'avoir rien à gagner ni à perdre». Et il ajouta : «Il peut être utile de se remémorer les maîtres spirituels qui incarnent ces qualités. Le fait de se concentrer sur leur souvenir joue aussi un rôle déterminant dans la méditation sur la dévotion, où l'esprit se laisse envahir par une profonde appréciation et une grande gratitude à leur égard et, plus particulièrement, aux qualités qu'ils incarnent.»

Cette stratégie opère également dans la méditation sur la compassion, où la bonté de son maître lui sert de modèle. Öser expliqua qu'un aspect essentiel de la méthode pour engendrer l'amour et la compassion consiste à faire venir à l'esprit les souffrances des êtres vivants, à songer qu'ils aspirent tous au bonheur et à ne pas souffrir. Il convient aussi de se mettre dans un état d'esprit ou il n'y a que «compassion et amour pour tous les êtres – qu'ils soient amis ou proches, étrangers ou ennemis. C'est une compassion inconditionnelle, sans calcul, sans exclusion. Vous faites naître ce genre d'amour et vous le laissez baigner votre esprit.»

La visualisation, enfin, consistait à reconstituer par l'imagination la représentation extrêmement précise d'une divinité bouddhiste tibétaine jusque dans ses moindres détails. Le processus était ainsi décrit par Öser : «Vous commencez par les détails de haut en bas, puis vous recomposez l'image tout entière. Dans l'idéal, vous devriez pouvoir conserver à l'esprit une image claire et complète.» Quiconque connaît l'iconographie tibétaine sait combien la composition de ces images est complexe.

Öser était assez confiant dans le fait que chacune de

ces six pratiques de la méditation révélerait des configurations cérébrales différentes. Pour les scientifiques, en termes d'activité cognitive la distinction est flagrante entre, par exemple, la visualisation et la concentration sur un seul objet. Mais les méditations sur la compassion, la dévotion et l'intrépidité ne semblent pas très différentes quant aux processus cérébraux en jeu, malgré un contenu très distinct. Du point de vue scientifique, si Öser pouvait faire apparaître une signature précise et cohérente de l'activité cérébrale lors de n'importe lequel de ces états de méditation, ce serait déjà une première.

Salle de contrôle pour mission dans l'espace intérieur

On commença par tester Öser à l'aide de l'IRM fonctionnelle (ou IRMf), le haut de gamme des appareils de recherche sur le cerveau. Avant l'avènement de cette technique, les chercheurs ne pouvaient pas observer aussi finement les séquences de fonctionnement des différentes parties du cerveau lors d'une activité mentale donnée. L'IRM classique, communément employée dans les hôpitaux, fournit un cliché détaillé de la structure du cerveau. L'IRMf offre la même chose mais en vidéo – établissant une trace animée des modifications du niveau d'activité des régions du cerveau au fil du temps. L'IRM classique révèle les structures du cerveau, et l'IRMf montre leur interaction lorsqu'elles sont en activité.

L'IRMf fournirait à Davidson des images limpides au millimètre près du cerveau d'Öser. Ces images seraient ensuite analysées sous toutes les coutures pour y débusquer avec précision ce qui se produit lors d'un acte mental.

À voir Öser pénétrer les locaux de l'IRMf avec l'équipe, on se serait cru dans la salle de contrôle d'une mission spatiale. Une pièce était occupée par une nuée d'analystes penchés sur leurs ordinateurs, pendant que, dans l'autre, une équipe de techniciens branchait un assemblage informatique tout en guidant Öser à travers le protocole expérimental.

On bouche toujours les oreilles d'un patient soumis à une IRM pour atténuer l'incessante plainte des immenses aimants tournoyants de la machine, un entêtant *bip-bip-bip* industriel qui n'est pas sans rappeler la cauchemardesque bande sonore d'*Eraserhead*, le film culte de David Lynch. À lui seul, le son peut être déstabilisant, mais pas autant que le sentiment de confinement. Fermement maintenue par des tampons de mousse, votre tête est enfermée dans une cage et, au moment où votre corps coulisse dans la machine, vous constatez que votre visage n'est qu'à quelques centimètres de la paroi supérieure de la cavité.

La plupart des gens s'accommodent de ces inconvénients, mais certains ressentent tout de même de la claustrophobie, voire des vertiges ou de l'engourdissement. D'ordinaire, les sujets montrent quelque réticence à l'idée de passer près d'une heure dans la machine, mais l'impatience d'Öser était manifeste ; il voulait s'y engouffrer sans plus attendre.

Une miniretraite

Paisiblement étendu sur son lit d'hôpital, la tête dans la gueule de l'IRMf, Öser avait l'air d'un crayon humain dans un immense taille-crayon cubique beige. Le moine solitaire avait troqué sa grotte de montagne pour un scanner.

Muni d'écouteurs à la place des bouchons pour pouvoir communiquer avec la salle de contrôle, Öser n'avait pas l'air décontenancé pendant que les techniciens effectuaient une longue série de tests destinés à vérifier le bon fonctionnement de l'appareillage. Avant de donner le départ de l'expérience, Davidson demanda une dernière fois :

— Öser, comment ça va ?

— Très bien, répondit celui-ci dans un petit micro placé dans la machine.

— Ton cerveau est superbe, déclara Davidson, avec une pointe d'humour et d'encouragement. Commençons par cinq répétitions de l'état de présence éveillée.

Une voix informatisée prit ensuite le relais, assurant le minutage précis des opérations. L'instruction « état » indiquait à Öser de commencer sa méditation, puis elle était suivie d'un silence de soixante secondes pendant lesquelles il s'exécutait. Ensuite la voix disait « état neutre », il y avait soixante secondes de silence, et le cycle recommençait par « état ».

Öser suivit la même routine au cours des cinq autres états méditatifs, entrecoupés de pauses permettant aux techniciens d'effectuer quelques réajustements. Enfin, une fois tout le cycle accompli, Davidson demanda à Öser s'il voulait recommencer l'une des méditations, et la réponse fut : « J'aimerais refaire l'état de présence éveillée, la compassion, la dévotion et la concentration sur un seul objet » – car il pensait qu'elles étaient pertinentes pour cette étude.

Et tout le processus recommença. Alors qu'il était sur le point de se lancer dans l'état de présence éveillée,

Öser dit qu'il aimerait pouvoir rester plus longtemps dans chaque état. Il parvenait bien à évoquer l'état, mais souhaitait plus de temps pour l'approfondir. Or, une fois les ordinateurs programmés pour un protocole donné, c'est la technologie qui mène la procédure ; la durée est fixe. Après un bref conciliabule les techniciens trouvèrent une façon de reprogrammer la machine pour rallonger de moitié la phase durant laquelle l'état était engendré et réduire d'autant celle de « l'état neutre ». Et les cycles reprirent.

Si l'on tient compte du temps de reprogrammation et des petites contrariétés techniques, l'ensemble des opérations avait duré plus de trois heures. Il est rare de voir un patient sortir de la machine – notamment après y être resté si longtemps – avec autre chose au visage qu'une expression mêlée de soulagement et de lassitude. Mais Davidson eut l'heureuse surprise de voir Öser proclamer avec un large sourire : « C'était comme une mini-retraite ! »

Une très, très bonne journée

Après une courte pause, Öser emprunta le couloir qui le menait à la série de tests suivants, cette fois à l'aide d'un électroencéphalographe (EEG), un appareil de mesure de l'activité électrique du cerveau. La plupart des EEG comportent trente-deux électrodes que l'on dispose sur le cuir chevelu – et beaucoup n'en comptent que six.

Mais le cerveau d'Öser serait sous double observation, avec deux séries d'électrodes, l'une dotée de cent vingt-huit capteurs, et l'autre du nombre considérable de deux cent cinquante-six. La première enregistrerait de précieuses données pendant qu'il se replongerait dans la même séquence d'états méditatifs. La seconde, celle aux deux cent cinquante-six capteurs, serait utilisée en synergie avec l'IRM.

Seuls trois ou quatre laboratoires dans le monde utilisent deux cent cinquante-six capteurs pour un EEG. Un logiciel de pointe nommé « localisateur de source » traite ces signaux et indique très précisément leur provenance. Le localisateur de source est capable d'atteindre des points très profonds du cerveau – contrairement aux EEG courants, qui n'en observent que la couche superficielle.

Une fois dans la salle d'EEG, Öser s'installa joyeusement, prêt à attaquer un nouveau cycle du même protocole. Cette fois, il s'assit sur une chaise confortable et se coiffa d'une sorte de bonnet de douche d'où s'échappait un écheveau de fils électriques. Les séances d'EEG durèrent environ deux heures.

Une fois ces expériences effectuées, on demanda à Öser si les conditions à l'intérieur de l'IRM avaient perturbé sa capacité à méditer. « Le bruit était désagréable, répondit Öser, mais comme il est répétitif on l'oublie assez vite. Je pense que l'état d'esprit dans lequel on se trouve a plus d'influence. » Justement, l'analyse des données confirmerait que l'état d'esprit d'Öser ce jour-là – comme probablement tous les jours – était très, très bon.

La bosse des sciences

Le lendemain matin, sous une pluie fine, une grande voiture noire, escortée de policiers et de véhicules officiels s'arrêta devant le Waisman Center, qui héberge le laboratoire de Davidson. Éternellement souriant, le dalaï-lama émergea de la voiture noire et vint à la rencontre de ce dernier, qui était venu l'accueillir. Il commencerait par visiter le laboratoire avant de gagner une salle de réunions pour y entendre les résultats des expériences avec Öser.

Davidson accompagna le dalaï-lama dans une pièce où il lui offrit un tour d'horizon de ses travaux et du matériel employé. Il signala que ses précédentes rencontres avec le dalaï-lama avaient attiré son attention sur les émotions positives – il avait été particulièrement frappé d'entendre le dalaï-lama dire que le lien entre une mère et son enfant n'est pas seulement l'expression naturelle de la compassion, mais qu'il en est aussi la source. Davidson avait lancé un programme de recherches sur la compassion, et il voulait savoir si le dalaï-lama avait une idée des meilleures façons d'engendrer ce sentiment. Toujours prompt à plaisanter, le dalaï-lama suggéra en riant : « Par injection ! »

En entamant sa visite du laboratoire, le dalaï-lama fit une première halte dans une pièce où des étudiants traitaient fiévreusement sur une rangée d'ordinateurs l'océan des données obtenues la veille. Davidson attira l'attention du dalaï-lama vers l'un des écrans, où s'affichait l'image d'un cerveau maculé de taches de couleur qui indiquaient les différents degrés d'activité de chaque partie du cerveau d'Öser.

Certaines grandes questions scientifiques – par exemple la nature de la conscience – ont toujours intrigué le dalaï-lama, qui s'intéresse depuis des années à l'existence de méthodes pour y répondre. L'une de ces questions – la capacité de l'esprit, ou de la conscience elle-même, à piloter le cerveau – resurgit au moment où Davidson lui montrait l'IRM.

« Nous pouvons localiser très précisément dans le cerveau les foyers spécifiques d'activité quand l'esprit fonctionne », expliqua Davidson. Il ajouta que, si la force de l'EEG est sa rapidité, celle de l'IRM est la précision de la localisation. L'IRMf est capable de déceler tout changement dans le cerveau au millimètre près, et l'EEG informatisé peut en faire autant au millième de seconde.

Cela amena le dalaï-lama à demander : « Pouvez-vous distinguer une pensée précédant l'action ? Pouvez-vous dire si la pensée survient en premier, avant qu'aucun changement n'intervienne dans le cerveau ? »

Au cours de la discussion qui suivit, Davidson fut frappé par l'aisance quasiment naturelle dont faisait preuve le dalaï-lama avec les données et les méthodes de la science, un talent qu'il a maintes fois montré dans ses conversations avec des savants. Comme le dit Davidson : « J'ai vu Sa Sainteté continuer à donner la réplique alors que seuls les spécialistes arrivaient à suivre. »

Le ciselage numérique

Aussitôt les données de l'IRMf d'Öser parvenaient-elles aux ordinateurs de la salle de contrôle, qu'elles étaient traitées par une foule de postes informatiques opérant en parallèle. Le premier travail consistait à extraire mathématiquement de l'image le cuir chevelu d'Öser pour ne laisser voir que le cerveau proprement dit. Puis on convertissait les particularités individuelles du contour du cerveau d'Öser, les ramenant à un « espace standard », une sorte de cerveau moyen imaginaire qui permet la comparaison entre les cerveaux de personnes différentes.

Le projet était conduit au pas de charge : il fallait effectuer en une demi-journée ce qui aurait normalement pris une semaine. Le maniement d'une telle masse d'informations demande habituellement des semaines, vingt ou trente autres projets en cours dans le laboratoire de Davidson se disputant le temps d'utilisation des machines. Mais Davidson tenait à présenter au moins quelques résultats au dalaï-lama, lors d'une réunion prévue pour le lendemain à 8 heures du matin. On poursuivit donc le traitement des données toute la nuit, le dernier brave quittant le laboratoire à 4 h 45 – pour y revenir dès 7 heures.

Le délai étant si court, et les données de l'IRMf, censées apporter les résultats les plus significatifs, si nombreuses et complexes, on ne pouvait espérer en tirer autre chose que des conclusions très générales. Pourtant, la séance de l'après-midi s'ouvrait à peine qu'un étudiant tout dépenaillé, qui avait passé l'essentiel des dernières vingt-quatre heures à triturer les chiffres sur son ordinateur, apporta quelques informations à Davidson.

Le premier aperçu global des données d'IRM fourni par Davidson le lendemain montrait déjà sans équivoque qu'Öser avait volontairement régulé son activité cérébrale par des moyens purement mentaux. En comparaison, les sujets inexpérimentés à qui l'on demande d'accomplir un exercice mental donné s'avèrent incapables d'y consacrer leur esprit tout entier – ce qui ajoute beaucoup de bruit parasitaire aux signaux révélant leur stratégie mentale.

La première analyse révélait que les opérations mentales d'Öser produisaient des changements notables et très manifestes du signal de l'IRM. Ces changements indiquaient que d'importants réseaux cérébraux se modifiaient à chaque nouvel état mental. Si l'on excepte les cas les plus évidents – le passage de l'éveil au sommeil, par exemple – des transformations aussi tranchées de l'activité cérébrale entre deux états d'esprit sont rarissimes. Et le cerveau d'Öser montrait de nettes différences entre chacune des six méditations.

Neuroanatomie de la compassion

Les résultats de l'IRMf restaient assez embryonnaires, mais l'analyse de l'EEG en disait déjà long sur la différence chez Öser entre les périodes de repos et celles de méditation sur la compassion. Le plus étonnant était le très fort pic de l'activité électrique connue sous le nom d'ondes gamma, localisées dans le gyrus frontal moyen gauche, une partie du cerveau dont Davidson avait montré qu'elle est liée aux émotions positives. Il avait remarqué que des gens présentant une importante activité cérébrale de ce type à cet endroit font état de sentiments comme le bonheur, l'enthousiasme, la joie, une grande énergie et de la vivacité d'esprit.

À l'inverse, Davidson a établi qu'une importante activité au même endroit de l'autre côté du cerveau – la zone préfrontale droite – est associée à des émotions décrites par les sujets comme pénibles. Les gens qui font preuve d'une plus grande activité dans le site préfrontal droit que dans le gauche sont plus enclins aux sentiments comme la tristesse, l'anxiété ou le souci. À tel point qu'un excès d'activité à droite dans ces zones préfrontales indique une forte probabilité pour le sujet de connaître au cours de sa vie une dépression clinique ou des troubles de l'anxiété. Les personnes dépressives, qui font état d'une angoisse intense, présentent les plus hauts niveaux d'activité dans ces régions préfrontales droites.

Les implications de ces découvertes pour notre équilibre émotionnel sont profondes : chacun d'entre nous possède un rapport personnel d'activité des zones préfrontales droite-gauche, qui peut servir de baromètre des humeurs que nous connaîtrons probablement dans la journée. Ce rapport représente une sorte de « point d'équilibre » émotionnel, la moyenne autour de laquelle fluctuent nos humeurs quotidiennes.

Nous avons tous la capacité de changer d'humeur, si peu soit-il, et de modifier ainsi ce rapport. Plus il penche à gauche, plus notre état d'esprit est bon, et les expériences qui nous inspirent ce genre d'humeur créent ce déséquilibre à gauche, au moins temporairement. On décèle par exemple chez la plupart des gens de légères altérations de ce rapport lorsqu'on leur demande d'évoquer des souvenirs agréables, ou lorsqu'ils regardent des séquences de films amusantes ou qui font chaud au cœur.

Les fluctuations autour du point d'équilibre de base sont en règle générale modestes, mais les données d'Öser étaient spectaculaires. Alors qu'il entamait l'engendrement de compassion par la méditation, on avait constaté un remarquable effet de bascule vers la gauche de ce paramètre des fonctions préfrontales, effet qui n'aurait eu qu'infiniment peu de chances de se produire par le seul fait du hasard.

Pour résumer, le mouvement de bascule dans le cerveau d'Öser alors qu'il ressentait de la compassion semblait indiquer une humeur *extrêmement* plaisante.

L'acte même de se soucier du bien-être d'autrui créerait donc une sensation de bien-être. Cette découverte donne un poids scientifique à ce que le dalaï-lama a souvent observé : quiconque se livre à la méditation sur la compassion pour tous les êtres en est le premier bénéficiaire. (Selon les descriptions classiques, on compte parmi les autres bénéfices d'une culture de la compassion le fait d'être aimé des gens et des animaux, d'avoir l'esprit serein, de se réveiller et de s'endormir paisiblement, et de faire des rêves agréables[2].)

Les données d'Öser présentaient un autre trait remarquable : Davidson souligna que c'était probablement la première fois que l'on enregistrait l'activité d'un cerveau se livrant à une telle activité – la compassion était un état émotionnel fondamentalement ignoré par la psychologie moderne. Depuis des décennies, les psychologues se sont davantage focalisés sur ce qui ne tourne pas rond – la dépression, l'angoisse et tout ce qui s'en approche – que sur ce qui va bien. Le versant positif de la bonté de l'homme et de son vécu a largement été ignoré ; ainsi, on ne trouve dans les annales de la psychologie pratiquement aucune trace de travaux sur la compassion.

Les transformations assez radicales du cerveau d'Öser au cours de sa méditation sur la compassion soulevaient une question de méthode : s'agissait-il d'un caprice de la nature propre au seul Öser, ou bien, comme le pensait Davidson, cela était-il dû à l'entraînement intensif qu'il avait suivi ? S'il ne s'agissait que d'une anomalie, alors la découverte était intrigante mais scientifiquement sans intérêt ; si c'était le fait de l'entraînement, alors les implications étaient profondes quant au potentiel du développement humain. Davidson ne tarda donc pas à solliciter le concours du dalaï-lama dans la recherche d'autres personnes à tester, elles aussi rompues à la méthode de la méditation sur la compassion, pour vérifier que les résultats étaient bien dus à la pratique plutôt qu'à une particularité d'Öser. À l'heure où j'écris ces lignes, des expériences sont en cours sur un petit groupe de méditants hautement qualifiés.

Des découvertes sans précédent

La rencontre de Madison avait pour but d'informer le dalaï-lama de l'avancement des recherches issues du débat de Dharamsala sur les émotions destructrices et leurs possibles antidotes. Les travaux de Davidson en faisaient partie ; des expériences avaient été parallèlement menées dans d'autres laboratoires, sur d'autres dimensions psychologiques de la méditation.

Les découvertes de Davidson sur la compassion étaient certes étonnantes, mais des résultats plus remarquables encore allaient être donnés par Paul Ekman, l'un des plus grands spécialistes de l'émotion, qui dirigeait le laboratoire d'interaction humaine de l'université de Californie, à San Francisco. Ekman faisait partie du petit groupe de scientifiques présents à Dharamsala, et il avait étudié Öser dans son laboratoire quelques mois plus tôt. En rapportant ses résultats au dalaï-lama, Ekman commença lui aussi par souligner combien les travaux avaient été menés en parfaite collaboration. « Öser a vraiment agi en coorganisateur. Il a eu beaucoup d'influence sur nos travaux. »

Il en avait tiré quatre études, dont chacune, comme le dit Ekman, « a révélé des résultats inattendus ». Certaines découvertes étaient si étonnantes, reconnut

Ekman, qu'il n'était pas encore certain d'avoir tout compris lui-même.

La première expérience employait un système de mesure dont l'invention est l'aboutissement de la carrière d'Ekman, expert mondial de l'expression faciale de l'émotion. Un enregistrement vidéo présentait très brièvement une série de visages affichant différentes expressions. Le test consiste à identifier si l'on vient de voir les signes faciaux du mépris, par exemple, ou de la colère, ou encore de la peur. Chaque expression ne reste à l'écran qu'un cinquième de seconde dans une version, un trentième de seconde dans une autre – c'est si rapide qu'on peut manquer une image rien qu'en clignant des yeux. Il faut chaque fois choisir parmi six émotions.

La capacité à reconnaître des expressions fugaces indique une disposition inhabituelle pour l'empathie. Ces expressions d'émotion – nommées *microexpressions* – se produisent sans que celui qui les affiche ni celui qui l'observe ne s'en rendent compte. Totalement involontaires, ces manifestations d'émotion ultrarapides échappent à toute censure, révélant ainsi – ne serait-ce qu'un instant – les vrais sentiments de leur auteur.

Les six microémotions parmi lesquelles on doit choisir sont universelles, biologiquement déterminées, et elles s'expriment de la même façon dans le monde entier. S'il existe de grandes différences culturelles dans la gestion consciente d'émotions comme le dégoût, ces expressions sont si rapides qu'elles échappent même aux tabous culturels. Les microexpressions sont une fenêtre unique sur la réalité émotionnelle d'une personne.

L'étude de milliers de sujets avait enseigné à Ekman

que les gens les plus doués pour ce genre d'exercice sont aussi les plus ouverts à l'expérimentation, les plus curieux des choses en général. Ils sont en outre plus consciencieux – à la fois fiables et efficaces. Comme l'explique Ekman : « Je me suis dit que de nombreuses années de pratique de la méditation – qui demande autant d'ouverture d'esprit que de rigueur – devaient conférer une meilleure aptitude pour cet exercice. » Öser serait-il plus apte que d'autres à identifier ces émotions ultrarapides ?

Ekman annonça alors ses résultats : Öser et un autre méditant occidental chevronné qu'il avait eu le loisir d'observer avaient pulvérisé tous les records dans la reconnaissance de ces signes d'émotion (ils différaient cependant entre eux dans les émotions qu'ils percevaient le mieux). L'un comme l'autre avaient obtenu des résultats très largement supérieurs à ceux des cinq mille sujets préalablement testés. « Ils font mieux que les policiers, les avocats, les psychiatres, les agents des douanes, les juges, et même les agents des services secrets », groupe qui s'était jusqu'alors montré le plus précis.

« Il semblerait que l'un des bénéfices que leur a apportés leur formation est une plus grande réceptivité à ces signes subtils de l'état d'esprit d'autrui », remarqua Ekman. Öser était hypersensible aux signes fugaces de la peur, du mépris et de la colère. L'autre méditant, – un Occidental qui, comme Öser, cumulait deux ou trois ans de retraite solitaire dans la tradition tibétaine – était tout aussi doué, mais dans un autre registre d'émotions : il identifiait mieux le bonheur, la tristesse, le dégoût et, comme Öser, la colère.

Au vu de ces résultats, le dalaï-lama – qui s'était montré sceptique quant aux chances d'Ekman de trouver quoi que ce soit par cette expérience – s'exclama avec surprise : « Ah ! la pratique du dharma aurait donc une influence ! Voilà qui est nouveau. »

Puis, alors qu'on émettait des hypothèses sur les raisons de cette influence de la méditation, le dalaï-lama avança qu'elle impliquait peut-être deux formes d'aptitudes. La première pouvait être une accélération de la vitesse de cognition, qui faciliterait la perception de stimuli rapides en général. La seconde une plus grande réceptivité aux émotions d'autrui, qui rendrait leur lecture plus aisée. Ekman admit qu'il faudrait dissocier ces deux aptitudes, de façon à mieux interpréter sa découverte, mais ajouta que ces seuls résultats ne le permettaient pas.

En revanche, Ekman et le dalaï-lama avouèrent leur incapacité à expliquer pourquoi Öser et l'autre méditant excellaient dans différents registres émotionnels. Pourquoi l'un comme l'autre n'étaient-ils pas supérieurs sur toute la ligne ? Laissant ces questions en suspens, Ekman passa à la découverte suivante – encore plus surprenante, stupéfiante même.

Une avancée spectaculaire

L'un des réflexes les plus primitifs du répertoire humain, le sursaut, repose sur une cascade de contractions musculaires très rapides en réponse à un bruit inattendu ou à une vision choquante soudaine. Chez tous les humains, les cinq mêmes muscles faciaux se contractent instantanément, notamment autour des yeux. Le sursaut intervient environ deux dixièmes de seconde après le son qui le déclenche et prend fin autour d'une demi-seconde plus tard. Le tout dure environ un tiers de seconde. Ces étapes sont invariablement les mêmes ; nous sommes ainsi faits.

Comme tous les réflexes, le sursaut répond à l'activité du tronc cérébral, la partie la plus primitive, reptilienne du cerveau. À l'instar d'autres réponses aux ordres du tronc cérébral – et à la différence des réponses aux ordres du système nerveux autonome, comme le rythme cardiaque – le sursaut échappe au contrôle de la volonté. Pour autant que le sache la science, aucun acte intentionnel ne peut influer sur le mécanisme qui contrôle le sursaut.

Ekman s'était intéressé au sursaut parce que son intensité est révélatrice de l'importance des émotions négatives ressenties – notamment la peur, la colère, la tristesse et le dégoût. Plus une personne sursaute, plus elle est sujette à des émotions négatives – il n'y a en revanche aucune relation entre le sursaut et des émotions positives telles que la joie[3].

Pour tester comment Öser sursautait, Ekman l'accompagna au laboratoire de psychophysiologie de son collègue Robert Levenson, de l'université de Berkeley. On brancha des capteurs sur Öser, pour enregistrer son pouls, sa sudation et d'autres paramètres physiologiques, et on filma les expressions de son visage. L'idée était de saisir toutes ses réactions physiologiques en réponse à un bruit inattendu. Afin d'éliminer toute différence due aux variations d'intensité du son, on choisit le seuil maximal de la tolérance humaine – un son extrêmement puissant, l'équivalent d'un coup de feu ou d'un gros pétard qui éclaterait à côté de l'oreille.

On expliqua à Öser qu'il verrait sur un écran un décompte de 10 à 1, au terme duquel il entendrait un grand bruit. On lui demanda d'essayer de réprimer l'inévitable tressaillement, au point si possible de le rendre imperceptible pour un observateur extérieur. C'est un exercice où certaines personnes s'avèrent meilleures que d'autres, mais personne ne parvient jamais à supprimer totalement le sursaut, loin s'en faut. Une fameuse étude des années quarante a même établi l'impossibilité de supprimer ce réflexe, en dépit des efforts les plus intenses, les plus scrupuleux, pour retenir les spasmes musculaires. De tous les sujets qu'Ekman et Robert Levenson avaient testés, aucun n'avait jamais réussi. Des recherches avaient même montré que les tireurs d'élite de la police, qui tirent des coups de feu tous les jours, ne peuvent s'empêcher de sursauter.

Öser, lui, l'a fait.

C'est ce qu'Ekman a expliqué au dalaï-lama : « Lorsque Öser cherche à réprimer son sursaut, il le fait quasiment disparaître. Je n'ai jamais vu personne faire cela. Ni aucun autre chercheur, non plus. C'est incroyable. Nous n'avons pas la moindre idée des caractéristiques anatomiques qui lui permettent de réprimer son réflexe de sursaut. »

Lors de ces tests, Öser avait pratiqué deux types de méditation : la concentration sur un seul objet et la présence éveillée. Peut-être l'analyse des données de l'IRMf sur ces deux exercices fournira-t-elle des indications sur les parties du cerveau impliquées dans la suppression de ce réflexe.

Pour Öser, le meilleur effet était obtenu par la méditation de la présence éveillée : « En état de présence éveillée, la détonation m'a paru plus faible, comme si j'étais éloigné des sensations, comme si j'entendais le bruit de loin. » En fait, de toutes ces expériences, c'était celle dont Öser attendait les meilleurs résultats, et il avait donc tenu à ce qu'elle soit réalisée en état de présence éveillée. Ekman raconta que quelques légers changements s'étaient effectivement produits dans la physiologie d'Öser, mais pas un muscle de son visage n'avait bougé, ce qu'Öser rapprocha du fait que son esprit n'avait pas été secoué par la détonation. En fait, comme il devait l'expliquer par la suite : « Si l'on parvient à se maintenir dans cet état, la détonation paraît un événement neutre, qui ne laisse aucune trace, comme un oiseau qui traverse le ciel. »

Aucun des muscles faciaux d'Öser n'avait bronché lorsqu'il était en présence éveillée, mais ses paramètres physiologiques (pouls, sudation, pression artérielle) avaient montré les modifications habituelles du sursaut. Pour Ekman, la meilleure inhibition générale avait été obtenue lors de la concentration sur un seul objet. Au cours de cette méditation, au lieu de montrer leur invariable bond, les courbes d'Öser avaient *décliné*. En revanche, ses muscles faciaux avaient bien affiché une légère réaction propre au sursaut ; les mouvements « ont été très légers, mais présents, remarqua Ekman. Il y a tout de même eu quelque chose d'inhabituel. Chez tous les autres sujets, les sourcils descendent. Chez Öser, ils sont remontés. »

En somme, chez Öser, la concentration sur un seul objet semble l'isoler des stimuli extérieurs – fût-ce l'assourdissante déflagration d'un coup de feu. L'ampleur du sursaut étant proportionnelle à l'intensité avec laquelle le sujet vit les émotions pénibles, la performance d'Öser a des implications frappantes et laisse deviner un remarquable niveau d'équanimité émotionnelle. Précisément ce que les textes anciens décrivent comme l'un des fruits de la méditation.

Légèrement songeur, Ekman fit ce commentaire au dalaï-lama : « Je n'y croyais pas, je me disais qu'il était très peu probable que quiconque puisse supprimer volontairement un réflexe aussi ancestral, aussi rapide. Mais avec ce que nous savons de la méditation, cela valait la peine d'essayer. » C'est le moins qu'on puisse dire.

Le pouvoir de la bonté

Ces résultats étaient certes remarquables d'un point de vue neurologique, mais les implications de l'expérience suivante le seraient tout autant – en termes de relations sociales, cette fois. On demanda à Öser de participer à deux conversations, deux confrontations sur des sujets où son interlocuteur et lui seraient en désaccord. Pendant ces échanges, les données physiologiques des deux participants seraient mesurées pour établir les répercussions de leur opposition.

Les interlocuteurs d'Öser seraient des scientifiques rationalistes, et les thèmes choisis devaient garantir une réelle divergence : faut-il – comme l'avait fait Öser – abandonner la science pour se faire moine ? Et la réincarnation existe-t-elle ? Pour mieux permettre une comparaison, on avait choisi deux professeurs – l'un assez accommodant, l'autre extrêmement mordant. Selon les termes d'Ekman, le premier, un prix Nobel septuagénaire, était « l'un des professeurs les plus aimables que je connaisse » – mais dont les positions sur les sujets choisis étaient à l'opposé de celles d'Öser. L'autre partenaire était un professeur qui, de l'avis général, était la personne la plus querelleuse, la plus difficile du campus. D'ailleurs, son obstination était telle que, le jour venu, il refusa de participer à l'expérience ! Ekman dut choisir un autre débatteur agressif, un homme de confrontation.

Pendant la discussion, Öser et son interlocuteur étaient tous deux sous monitoring physiologique, et leurs visages filmés. Ekman résuma au dalaï-lama le résultat de l'expérience : « La physiologie d'Öser n'a pratiquement pas varié selon l'interlocuteur. En revanche, ses expressions étaient très différentes. » Öser souriait plus fréquemment, et de façon plus simultanée, avec le professeur aimable qu'avec l'autre.

En exposant leurs points de vue, le professeur aimable et Öser souriaient, ne se quittaient pas des yeux et parlaient de façon fluide. En fait, ils prenaient tellement de plaisir à explorer leurs divergences qu'ils n'avaient plus envie d'arrêter.

« Mais il n'en a pas été de même avec l'autre professeur », dit Ekman. Dès le départ, les courbes physiologiques de l'homme querelleur révélaient une importante excitation émotionnelle. Toutefois, au fil des quinze minutes de débat, elle avait décru, car parler avec Öser l'apaisait. À la fin de la discussion, le partenaire d'ordinaire si pugnace s'exclama spontanément : « Je n'ai pas pu pousser à la confrontation. J'étais sans cesse reçu par la raison et le sourire ; c'est irrésistible. Je sentais quelque chose – comme une ombre ou une aura – et je ne parvenais pas à me montrer agressif. »

« C'était exactement ce que j'espérais, dit Ekman. Face à quelqu'un qui ne renvoie pas l'agression, ou qui y répond par la bonté, on subit une influence bénéfique. »

Enfin, pour la dernière expérience, Ekman et Robert Levenson montrèrent deux films, originellement destinés aux étudiants en médecine, qui servent depuis plus de trente ans aux recherches sur l'émotion en raison de leur caractère insoutenable. Dans le premier, on voit un chirurgien amputer un bras à l'aide d'un scalpel et d'une scie – il prépare en fait un moignon pour la pose d'une prothèse –, avec beaucoup de chair à vif et d'hémoglobine. La caméra reste figée sur le bras, et l'on ne voit jamais le patient en entier. Dans l'autre, on assiste à la souffrance d'un grand brûlé, debout, auquel le médecin retire des lambeaux de peau. La principale émotion que ressentent tous les sujets qui voient ces deux films est le dégoût, ce qui n'a pas de quoi surprendre.

En voyant le film de l'amputation, Öser a surtout ressenti du dégoût. Le film lui rappelait les enseignements bouddhistes sur l'impermanence et les aspects peu ragoûtants du corps humain que cache un extérieur attrayant. Mais sa réaction au film sur le grand brûlé fut assez différente. « Lorsqu'il a vu la personne, raconta Ekman, Öser a ressenti de la compassion. » Ses pensées tournaient autour de la souffrance humaine et des moyens de la soulager ; ses sentiments étaient un mélange de sollicitude et de préoccupation, teinté d'une intense tristesse. Toutefois, ce n'est pas une émotion que l'on pourrait qualifier de « déplaisante », car c'est un mélange d'amour et de compassion.

Pendant qu'il regardait la scène de l'amputation, les données physiologiques d'Öser étaient normales – elles présentaient les altérations ordinaires indicatrices de l'excitation physiologique propre à cette émotion. Mais lorsqu'il ressentit spontanément de la compassion envers le grand brûlé, les courbes firent état d'une relaxation, encore plus nettement que celles enregistrées au repos.

Ekman conclut son exposé en soulignant que chacune des études menées avec Öser avait « donné des résultats que je n'avais jamais vus en trente-cinq ans de recherches ». Les performances d'Öser étaient tout bonnement extraordinaires.

Le projet sur les personnes extraordinaires

En fait, Ekman avait été si intimement bouleversé – et scientifiquement intrigué – par ses expériences avec Öser, qu'il annonça lors de la réunion son intention d'étudier de manière systématique d'autres sujets aussi exceptionnels qu'Öser. Le seul critère de sélection serait leur caractère « extraordinaire ».

Du point de vue de la psychologie moderne, c'était déjà assez exceptionnel. La psychologie se penche sur ce qui est problématique, anormal ou ordinaire. Rares sont les psychologues – surtout de l'importance de Paul Ekman – à s'intéresser à des gens très au-dessus de la moyenne (en un sens non intellectuel). Et voilà qu'il se proposait d'étudier des sujets capables d'excellence dans toute une gamme d'admirables qualités humaines. À l'entendre, on se demandait pourquoi on ne l'avait pas fait plus tôt.

Pour être exact, ce n'est que très récemment que des psychologues ont explicitement entrepris d'étudier les aspects positifs de la nature humaine. À l'instigation de Martin Seligman, psychologue à l'université de Pennsylvanie, connu pour ses travaux sur l'optimisme, s'est créé un mouvement embryonnaire que l'on nomme aujourd'hui la « psychologie positive », à savoir l'étude scientifique des qualités humaines positives. Mais, même au sein de la psychologie positive, ce que proposait Ekman allait encore plus loin.

En bon scientifique, Ekman définit très précisément ce qu'il entendait par « extraordinaire ». D'une part, il s'attendait à trouver ce genre d'individu dans chaque culture et chaque tradition religieuse, peut-être plus fréquemment chez les contemplatifs. Mais quelle que fût leur religion, ces personnes auraient quatre qualités communes.

La première serait qu'ils dégageraient un sentiment de bonté, une qualité palpable que les autres remarquent et approuvent. Bien plus qu'une vague bienveillance, cette bonté serait le reflet fidèle de la véritable personne. Ekman proposa d'ailleurs à cet égard un test qui permettrait d'écarter les charlatans. On trouve chez les gens extraordinaires « une véritable adéquation entre leurs vies personnelle et publique, contrairement à de nombreux charmeurs, qui ont une vie publique merveilleuse et une vie privée plutôt déplorable ».

La deuxième qualité serait le désintéressement. Ces individus extraordinaires sont des modèles d'indifférence à l'égard de leur propre statut, de la célébrité, ou de leur ego. Ils ne se soucient pas le moins du monde de savoir si leur position ou leur importance sont reconnues. Une telle absence d'égoïsme, ajouta Ekman, « est remarquable du point de vue de la psychologie ».

La troisième qualité serait une incontestable présence personnelle que les autres trouvent profitable. « Les gens souhaitent être en leur compagnie parce qu'on s'y sent bien – même s'ils ne savent pas trop pourquoi », dit Ekman. Le dalaï-lama est lui-même un exemple flagrant – bien qu'Ekman ne le lui ait pas dit ; d'ailleurs, son véritable titre en tibétain n'est pas « dalaï-lama » mais « Kundun », ce qui signifie « présence ».

Enfin, ces individus extraordinaires seraient dotés « de formidables facultés d'attention et de concentration ». Là encore, Ekman trouvait le dalaï-lama exemplaire. Comme il le dirait plus tard : « Dans la plupart des réunions scientifiques, je le reconnais volontiers, et d'autres avec moi, nos esprits peuvent aisément partir à la dérive. On écoute quelqu'un, on se met à songer au dîner du soir, puis notre attention revient à la discussion pendant quelques minutes, et notre esprit s'échappe à nouveau vers nos propres travaux, vers telle ou telle expérience que la discussion inspire. Or j'ai remarqué qu'en cinq journées de débats le dalaï-lama n'en perdait pas une miette. C'est l'un des meilleurs auditeurs que j'aie jamais rencontré – sa concentration est absolue. Et c'est contagieux : pendant ces cinq journées passées à ses côtés, étonnamment, mon esprit s'est à peine évadé une seconde. »

Reconnaissant que cette liste de qualités n'était qu'un premier jet, Ekman demanda au dalaï-lama s'il avait des suggestions. Après un moment de discussion, il insista fortement sur le fait que la culture du *samadhi*, un état de concentration sur un seul objet, n'est pas nécessairement une activité spirituelle. « Cela peut être la préparation d'une pratique spirituelle, ou un ingrédient important, mais ça n'en est pas une en soi. C'est un outil qui peut servir à une multitude de travaux cognitifs. »

En revanche, ajouta-t-il, « des états d'esprit plus spirituels, comme la bonté et la compassion, ne surviennent vraiment que lorsque vous faites l'expérience de l'empathie. L'objet de ces états tend à l'élargissement, pas à l'étroitesse, et ils impliquent un certain sentiment de confiance, voire de courage. Nous devons déceler les activités cérébrales qui correspondent à ce genre de pratiques spirituelles. Dans le cas d'Öser, les deux étaient combinées. Mais dans les recherches futures, pour plus de clarté, il serait utile de concevoir des expériences permettant d'isoler les effets de ces différents états d'esprit. »

Pour résumer, tout le monde peut apprendre à être attentif par le biais de la concentration sur un seul objet – et appliquer ce savoir à n'importe quel objectif humain, qu'il s'agisse de s'occuper d'un enfant ou de faire la guerre. Mais la véritable empathie et la compassion universelle sous-entendent une bonté qui n'est pas seulement admirable d'un point de vue spirituel, mais qui révèle une personnalité vraiment extraordinaire.

Le cerveau malléable

Pour les neurobiologistes, le propos de ces recherches n'est pas de démontrer le caractère remarquable d'Öser, ni de toute autre personne extraordinaire, mais plutôt de faire reculer les présupposés de la profession quant à l'étendue des possibilités humaines. Certains de ces présupposés ont déjà commencé à céder, en partie grâce à la révolution intérieure qu'a été l'apparition de la notion de malléabilité du cerveau lui-même.

Voici dix ans, un dogme des neurosciences voulait que le cerveau contienne tous ses neurones à la naissance et que cette quantité ne soit pas modifiée par les expériences vécues. Les seuls changements à se produire au fil de la vie étaient des altérations mineures dans les contacts synaptiques – les connexions entre neurones – et la mort des cellules due au vieillissement. Mais le nouveau terme en vogue dans les neurosciences est celui de « neuroplasticité », qui exprime l'idée que le cerveau évolue continuellement en fonction de nos expériences – que ce soit par l'établissement de nouvelles connexions entre neurones ou par la production de nouveaux neurones. La pratique musicale, qui voit un artiste travailler son instrument tous les jours pendant des années, offre un clair exemple de neuroplasticité. L'IRM révèle que chez un violoniste, par exemple, les régions du cerveau contrôlant les mouvements de la main exerçant le doigté s'accroissent en taille. Les individus qui pratiquent depuis leur plus jeune âge présentent de plus grandes modifications du cerveau[4].

Tout cela conduit à se demander combien de pratique il faut pour que le cerveau subisse un tel changement, en particulier dans un exercice aussi subtil que la méditation. Une pratique soutenue produit un effet incontestable sur le cerveau, l'esprit et le corps. L'étude de champions dans une série de domaines variés – des maîtres de l'échiquier aux athlètes olympiques en passant par les violonistes de concert – révèle de profondes transformations des fibres musculaires et des capacités cognitives entrant en jeu dans leur pratique, faisant d'eux des êtres à part.

Plus le nombre d'heures de pratique est grand, plus la transformation est importante. Par exemple, à l'heure d'entrer au conservatoire, tous les violonistes du plus haut niveau totalisaient environ dix mille heures de pratique. Ceux du niveau inférieur en comptaient en moyenne sept mille cinq cents[5]. On peut supposer que la pratique produit un effet similaire sur la méditation, que l'on pourrait décrire du point de vue des sciences cognitives comme un effort systématique de recyclage de l'attention et des facultés mentales et émotionnelles qui l'accompagnent.

Öser dépassait, et de très loin, le niveau correspondant à dix mille heures de méditation. Une bonne part de son entraînement a eu lieu au cours de retraites intensives, auxquelles s'ajoutent quatre années passées dans un ermitage au début de sa formation et de longues retraites occasionnelles au fil des années qui suivirent.

Mais l'humilité est l'une des vertus révélatrices du développement spirituel. Öser a beau avoir vécu neuf mois de solitude, avec huit heures de visualisation quotidiennes, il n'en souligne pas moins qu'il doit encore bâtir l'image par fragments dans son esprit. Il est très loin, dit-il, des maîtres tibétains de la génération précédente, dont certains sont toujours en vie, qui ont consacré vingt ans, voire plus, à des retraites solitaires pour y exercer leur esprit. En matière de visualisation, par exemple, Öser affirme que certains maîtres très expérimentés peuvent visualiser une image complexe d'un coup, jusque dans ses moindres détails. Et il a connu un yogi tibétain capable d'en faire autant avec une galerie de sept cent vingt-deux divinités différentes. « Sans fausse modestie, dit Öser, je me situe à un niveau *très* moyen. »

Il se perçoit comme une personne ordinaire, parvenue aux résultats enregistrés au laboratoire à force d'entraînement, et dotée d'une grande aspiration à modifier son esprit. « Le processus, dit-il, est porteur de qualités extraordinaires, mais pas forcément le sujet » – c'est-à-dire lui-même. « L'important, c'est que ce processus soit à la portée de toute personne montrant suffisamment de détermination. »

Humilité mise à part, Öser semble représenter un cas extrême d'une suite de transformations cérébrales dues à la méditation. C'est sans doute un virtuose de la méditation, mais même les débutants montrent des bribes de transformations de ce genre. Cela est apparu clairement dans les résultats obtenus par Davidson chez des gens qui commençaient tout juste à pratiquer un type de méditation dite « de l'attention vigilante » – résultats qu'il avait préalablement présentés à Dharamsala (voir le chapitre 14).

Ces études avaient convaincu Davidson que la méditation peut aussi bien modifier le cerveau que le corps. Si les résultats d'Öser montraient jusqu'où pouvait aller cette transformation après des années de pratique soutenue, les débutants n'en montraient pas moins des signes de modifications biologiques de même nature. Restait donc à répondre à la question : peut-on recourir à des types spécifiques de méditation pour modifier les circuits du cerveau associés à différents aspects émotionnels ?

Davidson est peut-être l'un des rares neurobiologistes au monde qui puisse hasarder cette question, parce que son laboratoire utilise une nouvelle technique d'imagerie, dite imagerie de tenseur de diffusion, qui permettra peut-être d'y répondre. La méthode consiste à révéler des connexions existant entre différentes régions du système nerveux. Jusqu'à présent, cette technique a surtout été employée pour l'étude de patients présentant des troubles neurologiques. Le laboratoire de Davidson est l'un des rares à s'en servir pour la recherche en neurosciences, dans des expériences sur la façon dont certaines méthodes de modification de l'émotion transforment les connexions du cerveau.

Plus passionnant encore, les images créées par le tenseur de diffusion peuvent bel et bien faire apparaître le subtil remodelage du cerveau que constitue la neuroplasticité. Par cette méthode, les scientifiques peuvent – pour la première fois – repérer les modifications du cerveau au moment où il rétablit des connexions spécifiques ou fabrique de nouveaux neurones à la suite d'exercices répétés [6]. Cette avancée bouscule l'horizon des neurosciences : c'est en 1998 seulement que des scientifiques ont découvert que de nouveaux neurones sont sans cesse fabriqués dans le cerveau adulte[7].

Pour Davidson, qui admet volontiers s'aventurer ici en terre inconnue, il faudra étudier la formation de nouvelles connexions au sein du réseau qui joue un rôle crucial dans la régulation des émotions pénibles. Davidson espère vérifier si certaines nouvelles connexions sont associées aux progrès d'un individu pour mieux gérer l'angoisse, la peur ou la colère.

La clé de voûte : la capacité d'introspection

Le dernier exposé fut celui d'Antoine Lutz, le collaborateur de Francisco Varela, chercheur en neurosciences cognitives basé à Paris. Cofondateur des rencontres du *Mind and Life Institute* dont cette conférence faisait partie, Varela avait aussi pris part à la réunion de Dharamsala. Mais, atteint d'un cancer du foie entré dans sa phase finale, il était hélas trop souffrant pour venir à Madison. Alité, il assistait à la conférence de Madison depuis sa chambre à Paris, par le truchement d'une connexion Internet. Le dalaï-lama, qui connaissait Varela depuis des années, ouvrit chaque journée de la rencontre par un salut affectueux à son ami parisien malade.

Le propos des travaux de Varela et Lutz était de mettre au point une méthodologie permettant d'étudier des états subtils de conscience, en collaboration avec de fins observateurs de l'esprit, tels qu'Öser, hautement entraînés à l'engendrement d'états mentaux spécifiques[8]. Ils avaient enregistré ce qui se passait dans le cerveau d'Öser avant, pendant et après la reconnaissance d'une image – toute la séquence se déroulant en moins d'une demi-seconde[9].

Les images à reconnaître étaient des stéréogrammes, des sortes de trompe-l'œil où un motif assez vague laisse soudain apparaître une image tridimensionnelle. Au premier coup d'œil, on ne perçoit pas ce qui est représenté ; c'est en y regardant de plus près que l'esprit reconnaît soudain l'image cachée. L'équipe de Varela avait soumis des dizaines de sujets à cette expérience, ils savaient donc ce qui se produit globalement dans le cerveau à l'instant de la reconnaissance. Mais ils voulaient vérifier sur Öser si certains états de méditation pouvaient altérer l'activité cérébrale à ce moment précis. Öser se livra à l'expérience en état de présence éveillée, en état de concentration sur un seul objet et en cours de visualisation.

Les observations de Varela et Lutz concernaient l'effet produit par chacune de ces méditations (qu'ils appelaient de façon plus scientifique « stratégie de préparation attentionnelle ») sur un moment de perception subséquent. Tenter d'établir les différences existant dans la perception quand, au lieu d'être dans un état mental ordinaire, le sujet est dans un état stable de méditation, c'était un peu aller à la pêche. Trouverait-on des variations dans le fonctionnement du cerveau selon qu'il serait dans un état ou un autre ? Leur réponse fut tranchée : les différences sont nettes, avec des signatures cérébrales bien distinctes pour la présence éveillée et la concentration sur un seul objet[10].

Mais l'objectif scientifique de Varela n'était pas tant d'identifier le paysage de chaque configuration cérébrale propre à une perception dans un état de méditation donné que de démontrer l'existence même de ces configurations. Au fond, le but véritable des recherches menées à Paris – Varela avait toujours insisté sur ce point – était simplement de démontrer l'utilité qu'il y avait à travailler avec des observateurs de l'esprit aussi qualifiés et enthousiastes que le lama Öser.

L'intérêt scientifique du recours à un méditant chevronné dans une étude de ce genre, expliquèrent Varela et Lutz, réside dans le fait que cela permet d'analyser l'instant de perception dans le contexte de l'état mental immédiatement précédent — c'était d'ailleurs précisément le sujet de thèse de doctorat d'Antoine Lutz avec Varela[11]. D'ordinaire, le sujet aborde l'instant de reconnaissance dans un état mental très aléatoire. Mais un homme comme Öser est capable d'une chose assez exceptionnelle : il sait se stabiliser dans un état spécifique jusqu'à l'instant de la perception. Ce qui, selon Varela, permet aux chercheurs de maîtriser avec une précision inouïe le contexte dans lequel se produit l'instant de reconnaissance – l'état mental du sujet quelques dixièmes de seconde à peine avant la perception.

Ses propos créaient un véritable dilemme pour quiconque étudie les liens entre l'activité cérébrale et l'état d'esprit. Les appareils de mesure comme l'IRMf et l'EEG sont des microscopes que nous braquons sur l'esprit. Ils nous permettent d'observer le cerveau lors de différents états mentaux. Mais ces méthodes ne donnent trop souvent que des données grossières, parfois même confuses, car les mesures sont prises dans des états d'esprit plutôt disparates. Les instruments ont beau être d'une grande précision, les sujets – habituellement des étudiants volontaires en quête d'un peu d'argent de poche – sont au mieux capables de donner une description très imprécise de leurs états mentaux.

Là encore, la plupart des chercheurs tiennent pour

entendu que le simple fait de demander à un sujet de se placer dans un état mental donné – en évoquant une image dans son esprit ou en revivant un souvenir émotionnel intense – implique qu'il se place dans une disposition mentale d'obéissance, et ce pendant toute la durée de l'observation de son activité cérébrale. L'acte de foi qu'il commet ainsi est, par nécessité, une procédure habituelle, mais les données obtenues sont truffées de grandes incohérences, dues à l'extrême variabilité de la capacité du sujet à accomplir correctement ne serait-ce que des tâches élémentaires. Pour résumer, les neurosciences cognitives ont besoin d'un élément fondamental qui permette des mesures plus précises de l'activité mentale : des sujets qui soient eux-mêmes de fins observateurs, capables non seulement de décrire très précisément leur état d'esprit, mais de produire avec fiabilité un état spécifique observable à loisir.

Ainsi, pour les neurosciences, l'aspect le plus précieux de la performance d'Öser était la réelle cohérence de chacun de ses états. Lors des expériences de Madison, le protocole lui demandait de produire un état donné pendant environ une minute, puis de passer à un état neutre pour une durée équivalente, avant de revenir à l'état initial pour une minute encore – et de répéter cette séquence cinq fois. Pour les états que Davidson a pu étudier de près jusqu'ici, la configuration a été reproduite à volonté avec une fiabilité remarquable. Dans le cas de l'état de compassion, par exemple, il y avait ainsi moins d'une chance sur dix millions que la similarité constatée des configurations d'activité cérébrale soit due au hasard.

Alors que l'on ne peut attendre de pratiquants moins chevronnés qu'ils répliquent avec fiabilité tel ou tel type spécifique de méditation, Davidson n'a pas rencontré de problème avec les données d'Öser. Comme il l'avait dit en apercevant les premiers résultats, sur le ton du connaisseur se délectant d'un superbe spécimen, « dans chaque état, activité massive dans tout le cerveau, parfois focale. Superbes effets de latéralité ».

Le point de départ : exercez votre esprit

Quelle importance peut bien avoir tout cela d'un point de vue scientifique ? Davidson résuma sa réponse par une référence au livre que le dalaï-lama avait écrit avec le psychiatre Howard Cutler, *L'Art du bonheur*, où il disait que le bonheur n'est pas une caractéristique fixe, un invariant biologique. Le cerveau, en revanche, est malléable, et nous pouvons accroître notre part de bonheur par l'exercice mental.

« Notre cerveau peut être entraîné parce que sa structure même peut être modifiée, dit Davidson au dalaï-lama. Et les résultats récents nous encouragent à aller de l'avant et à observer d'autres sujets expérimentés, ce qui nous permettra d'examiner ces transformations plus en détail. Nous savons désormais observer les modifications du cerveau sous l'effet de ces pratiques et comprendre comment notre santé physique et mentale peut s'en trouver améliorée. »

Prenons par exemple les recherches sur la méditation elle-même. Certaines études ont fait appel à des novices – si on les compare à Öser –, leur demandant de longues séquences de méditation au cours desquelles leurs états d'esprit risquaient fort d'errer quelque peu [12]. Cette imprécision rend difficile l'interprétation des données d'imagerie cérébrale. Pourtant, certains de ces chercheurs en ont tiré des conclusions douteuses, qui vont bien au-delà de ce que permettent les données – glosant par exemple sur les implications métaphysiques de leurs découvertes.

Les intentions de Davidson sont plus modestes et fondées sur des paradigmes scientifiques communément admis. Plutôt que de spéculer sur les implications théologiques de ses travaux sur la méditation, il recherche la collaboration de méditants habiles pour mieux comprendre ce qu'il appelle les « traits altérés » de conscience — les transformations durables du cerveau et de la personnalité porteuses de bien-être [13].

Songeant à la somme des informations échangées à Madison, Öser résuma : « Le fait que cette pratique produise autant d'effets laisse entrevoir la possibilité d'une transformation bien plus profonde, pour peut-être parvenir, comme l'ont souvent affirmé de grands contemplatifs, à totalement délivrer l'esprit des émotions perturbatrices. La notion même d'éveil commence alors à faire sens. » Cette éventualité – débarrasser l'esprit de l'emprise des émotions destructrices – dépasse toutes les prédictions de la psychologie moderne. Mais, comme la plupart des grandes traditions spirituelles – avec l'archétype du sage –, le bouddhisme tient la possibilité d'une telle délivrance pour un idéal, un aboutissement du potentiel humain.

Comme je demandais au dalaï-lama ce qu'il pensait de la performance d'Öser – de sa capacité, par exemple, à inhiber le sursaut – il répondit : « C'est très bien qu'il ait pu montrer quelques signes de son habileté pour le yoga. » Il ne parlait pas ici du yoga au sens ordinaire de quelques heures de contorsions hebdomadaires dans un gymnase, mais au sens classique – où l'on consacre sa vie à cultiver des qualités spirituelles.

Il ajouta : « Mais il est un proverbe qui dit : "Les vrais

attributs du sage sont l'humilité et la discipline mentale ; le vrai attribut du méditant est qu'il a discipliné son esprit en le délivrant des émotions négatives." Toute notre pensée s'articule autour de ces grandes lignes – pas autour de l'accomplissement d'exploits ou de miracles. » Autrement dit, la véritable mesure du développement spirituel tient à la capacité d'un individu à gérer ses émotions destructrices, comme la jalousie et la colère, – pas à l'obtention d'états inhabituels par la méditation, ni à l'exhibition de prouesses physiques, comme l'inhibition du sursaut.

Ce programme scientifique aurait peut-être pour conséquence d'inciter les gens à essayer certaines de ces méthodes pour mieux gérer leurs émotions destructrices. Comme je lui demandais ce qu'il attendait par-dessus tout de nos travaux, le dalaï-lama répondit : « S'ils exercent leur esprit, les gens peuvent devenir plus calmes – notamment les plus cyclothymiques. Voilà l'enseignement de ces expériences autour de l'entraînement bouddhiste de l'esprit. Et c'est mon objectif principal : je ne cherche pas à promouvoir le bouddhisme, mais plutôt une façon pour la tradition bouddhiste de contribuer au bien de la société. Bien entendu, en tant que bouddhistes nous prions sans cesse pour tous les êtres animés. Mais nous ne sommes qu'humains ; le mieux que nous puissions faire, c'est cultiver notre propre esprit. »

L'idée de la rencontre de Madison avait jailli l'année précédente, à Dharamsala. En compagnie du dalaï-lama, bon nombre des scientifiques évoqués plus haut avaient alors consacré cinq jours à une exploration fouillée de cette grande énigme humaine : quelle est la nature des émotions destructrices, et que peut faire l'humanité pour y répondre ? L'essentiel du récit qui suit retrace ce dialogue et les questions qu'il a soulevées. Mais avant de nous rendre à Dharamsala, il nous faut entendre une autre histoire : l'épopée, jamais contée à ce jour, de l'intérêt qu'a toujours voué le dalaï-lama à la science.

2

Un scientifique-né

La lignée du dalaï-lama remonte jusqu'au XVe siècle, mais Tenzin Gyatso, le quatorzième dalaï-lama, est le premier à se projeter si loin de l'univers protégé du Tibet dans les rudes réalités du monde moderne. Curieusement, il semble s'être préparé dès l'enfance à rencontrer la pensée scientifique, si prédominante dans la sensibilité contemporaine.

On a pu s'en apercevoir lors des sessions de Madison – comme dans celles de Dharamsala auparavant – où le dalaï-lama a fait preuve d'une sophistication scientifique inattendue, voire déconcertante de la part d'un chef spirituel. Je me suis souvent demandé d'où lui venait cette sensibilité particulière – et il a eu la bonté de me laisser l'interroger à ce sujet. Ces entretiens, avec ses proches collaborateurs et lui-même, m'ont permis d'établir, pour la première fois, sa biographie scientifique. Ce petit détour par cette facette peu connue de son histoire personnelle montre pourquoi il accorde aujourd'hui tant d'importance au dialogue et à la collaboration avec la communauté scientifique.

L'histoire commence avec l'instruction traditionnelle extrêmement rigoureuse du dalaï-lama, où se mêlent la théologie, la métaphysique, l'épistémologie, la logique et l'étude de différentes écoles de philosophie. Il y est aussi question d'art : poésie, musique et art dramatique. Dès six ans, il consacre de nombreuses heures quotidiennes à ses études, travaillant beaucoup la mémorisation, et pratiquant la méditation et la concentration – autant de facteurs de discipline mentale.

Il s'exerce aussi intensément à la dialectique et au débat, qui sont au cœur de l'éducation monastique tibétaine. En effet, le sport de compétition préféré des moines tibétains n'est ni le football ni les échecs : c'est le débat. Au premier abord, voir des moines discuter dans la cour de leur monastère fait penser à une version intellectuelle d'un match de rugby. Un petit groupe se bouscule autour d'un contradicteur, qui lui assène une énergique bordée de paroles – il s'agit en fait d'une proposition philosophique qu'il les défie de démanteler.

Les moines se disputent alors le droit de lui donner la réplique, se frayant parfois leur chemin avec une vigueur digne des mêlées de rugby. Puis, faisant tournoyer leur moulin à prières comme pour accentuer leur propos, ils laissent très fermement fuser une réponse logique, martelant les temps forts de leur proposition avec de grands battements de mains. Si le caractère physique des débats leur donne une grande théâtralité, le discours philosophique proprement dit n'aurait pas fait rougir des penseurs de la trempe de Socrate ou du logicien Moore.

Et puis, il y a la valeur pure du divertissement : un participant plein de repartie, qui, avec humour, retourne à son avantage l'argument d'un adversaire, gagne autant de points que d'estime de l'assistance. Dans l'enfance du dalaï-lama, observer les débats était un passetemps très prisé des Tibétains, qui vouaient une bonne partie de leurs loisirs à assister aux acrobaties intellectuelles des moines rhéteurs dans la cour du monastère.

Pour ces moines, l'habileté au débat est le meilleur indicateur du développement intellectuel et le critère principal de leur évaluation. Dans ces affrontements, dès l'âge de douze ans, le dalaï-lama a de véritables experts pour tuteurs – et pour sparring-partners. Chaque jour, le sujet principal du cours de philosophie est aussi sujet de débat. Il tient son premier débat public à treize ans, face aux moines supérieurs de deux des plus importants monastères. Ce type de joute constitue l'essentiel de la série d'examens qu'il prépare alors, en vue d'une séance finale à grand spectacle qu'il passera à l'âge de vingt-quatre ans.

Imaginez que, dix heures durant, vous soyez interrogé par les cinquante plus grands spécialistes de votre domaine d'études, sous les yeux d'un jury intraitable – pas seulement une fois, mais à quatre reprises. Tout cela se déroule sous les yeux d'un public comptant parfois jusqu'à vingt mille spectateurs. C'est exactement ce que connaît le dalaï-lama à seize ans, lors de l'examen oral traditionnel du *géshé*, l'équivalent tibétain de notre doctorat en études bouddhiques. Mieux encore, alors que ce diplôme demande généralement vingt à trente ans de préparation, le dalaï-lama s'y présente après seulement douze années.

Au cours d'une interrogation, quinze savants se relaient, par groupes de trois, défiant le dalaï-lama sur chacun des cinq grands domaines qui constituent le cursus philosophique et religieux ; puis le dalaï-lama doit à son tour défier deux supérieurs très érudits. Lors d'un autre examen – pendant les festivités du nouvel an à Lhassa – trente savants se succèdent pour lui disputer des éléments de logique ; quinze autres l'affrontent sur la doctrine bouddhiste ; trente-cinq encore lui donnent du fil à retordre en matière de métaphysique. À l'issue de ces épreuves, il reçoit le diplôme de *géshé lharampa*, le plus haut niveau existant.

Dans la rhétorique tibétaine, poser de bonnes questions est aussi important que donner les bonnes réponses. Ainsi, à la fin d'une interrogation, le dalaï-lama, fidèle à la tradition, inverse-t-il les rôles pour interroger à son tour ses examinateurs. L'art de bien interroger est une force que le dalaï-lama a toujours su exploiter dans sa curiosité pour les sciences.

La technologie au compte-gouttes

Imaginez, dans le Lhassa des années quarante et cinquante, le dilemme qui se pose au dalaï-lama, brillant jeune homme, curieux et assoiffé d'éducation scientifique. Si les programmes traditionnels du monastère offrent une connaissance subtile de la philosophie bouddhiste, ils ne disent absolument rien des découvertes scientifiques du dernier millénaire. Par exemple, un classique du bouddhisme importé d'Inde près de douze siècles plus tôt présente une cosmologie où la Terre est plate et la Lune brille de ses propres feux, comme le Soleil.

Soucieux de protéger son intégrité politique et culturelle, le Tibet s'est coupé depuis des siècles de la plupart des influences étrangères. Seuls quelques membres de la noblesse ou de riches marchands ont été envoyés dans des écoles britanniques de villes indiennes comme Darjeeling et parlent donc anglais. Mais le protocole d'alors ne permet au dalaï-lama que peu de contacts avec ces gens-là, voire aucun. Et, de toute façon, Lhassa ne compte pas le moindre Tibétain ayant reçu quelque type d'instruction scientifique que ce soit.

Pourtant, quelques éléments de technologie ont bien atteint l'imposant palais Potala et Norbulinka, la résidence d'été du dalaï-lama. Une partie de ce trésor lui a été laissée par son prédécesseur, le treizième dalaï-lama – qui a fait preuve d'un grand intérêt pour la technologie moderne –, ou par les missions diplomatiques qui se sont succédé à travers les âges ; il y a aussi quelques biens arrivés des Indes britanniques dans les bagages de marchands. On y trouve un petit groupe électrogène alimentant quelques lampes, un projecteur et trois vétustes automobiles.

Et puis il y a quelques cadeaux, qui lui ont été directement adressés. En 1942, une expédition bénévole américaine offre au jeune dalaï-lama une montre de gousset en or. Au fil des ans, la légation britannique lui fait cadeau de plusieurs jouets qu'il apprécie particulièrement, dont une voiture à pédales rouge, un train mécanique à remontoir avec ses accessoires et un grand assortiment de soldats de plomb. L'un de ses favoris est un Meccano, avec ses réglettes de métal perforées, ses boulons, ses roues et engrenages, au moyen desquels, des heures durant, il fabrique de petites merveilles de mécanique. Les grues et autres wagons de chemin de fer qu'il assemble existent dans son imagination, mais nulle part au Tibet.

Un troisième lot de biens occidentaux était arrivé en 1910, à la suite d'une incursion chinoise qui avait contraint le treizième dalaï-lama à brièvement s'exiler à la station de Darjeeling, en Inde. Là, il s'était pris d'amitié pour l'officier de police britannique de Sikkim, sir Charles Bell, qui parlait tibétain et lui avait fait de nombreux cadeaux qui finiraient dans une réserve du palais Potala. Trois de ces cadeaux jouent un rôle important dans les premières explorations scientifiques du quatorzième dalaï-lama : un télescope, un globe et une pile de livres anglais illustrés sur la Première Guerre mondiale.

Une découverte de premier plan

Bien qu'il ne dispose pas du moindre manuel scientifique, le jeune dalaï-lama se passionne pour les sciences et apprend en autodidacte tout ce qu'il peut. Cet effort intellectuel lui donne envie de lire l'anglais ; il trouve donc un fonctionnaire tibétain capable de l'aider à traduire l'alphabet anglais en phonétique tibétaine et se met à apprendre le vocabulaire à l'aide d'un dictionnaire bilingue. Son habitude de mémoriser de longs textes lui permet de se constituer un bon vocabulaire anglais. « J'ai appris les mots par cœur », se souvient-il.

Bien vite, le dalaï-lama devient un lecteur assidu des revues anglophones illustrées auxquelles l'a abonné la légation britannique de Lhassa, notamment un hebdomadaire britannique et le magazine *Life*. Ces journaux lui tiendront lieu de formation en matière d'affaires étrangères ; c'est dans leurs pages qu'il prend des nouvelles du monde.

Parmi les trésors étrangers de son prédécesseur, le dalaï-lama a aussi trouvé des livres illustrés sur la Première Guerre mondiale, qu'il dévore avec l'enthousiasme d'un enfant. Malgré son allégeance à la doctrine bouddhiste de non-violence, ce sont les engins de guerre qui attirent son attention : les mitrailleuses, les biplans, les zeppelins et les sous-marins allemands, ou encore les navires de guerre britanniques.

Ces livres produisent aussi les cartes des vastes champs de bataille et des pays engagés dans la guerre. C'est à travers ces illustrations qu'il se familiarise avec la cartographie de la France, de l'Allemagne, de l'Angleterre, de l'Italie et de la Russie – nourrissant ainsi son intérêt pour la géographie.

Cet intérêt conduit le jeune moine à faire une découverte très révélatrice de la tournure scientifique de son esprit, bien qu'il soit encore un enfant. Il possède une horloge mécanique à remontoir, encore un cadeau fait au treizième dalaï-lama, son prédécesseur. Ce qui l'intrigue tout d'abord, c'est le mécanisme d'horlogerie, qui actionne un globe en le faisant progressivement tourner au fil de la journée.

« Il y avait des motifs sur ce globe, se souvient-il, mais je ne savais pas ce qu'ils représentaient. »

C'est en parcourant les livres qui contiennent les cartes de l'Europe que la lumière se fait petit à petit, lorsqu'il reconnaît dans les dessins du globe les contours des pays européens, puis ceux d'autres pays sur lesquels il a lu des choses – les États-Unis, la Chine, le Japon. Le dalaï-lama n'oubliera jamais sa stupeur en découvrant qu'« il s'agissait en fait d'une représentation du monde ».

Il comprend que la rotation du globe est censée indiquer les fuseaux horaires et leur progression au fil du jour – que, lorsqu'il est midi d'un côté de la Terre, il est minuit de l'autre. Tout cela s'accompagne d'une autre révélation, plus fondamentale encore : la Terre est ronde !

De découverte en découverte

Cette petite révélation est la première d'une longue série de découvertes pour cet enfant indépendant à l'esprit scientifique en herbe. La suivante lui vient d'un autre instrument hérité du treizième dalaï-lama : le télescope. Son rang dans la société tibétaine lui valant d'être confiné à ses quartiers du palais Potala, l'un des passe-temps favoris du dalaï-lama à ses heures libres est d'épier au télescope les allées et venues des gens dans la ville au-dessous.

Mais, à la nuit tombée, il dirige sa lunette vers le ciel pour étudier les étoiles, ainsi que les montagnes et les cratères de la Lune. Un soir, il constate que ce relief dessine des ombres. Cela doit donc signifier, se dit-il, que la source de cette lumière est ailleurs – pas à l'intérieur de la Lune, comme on le lui a enseigné dans ses études monastiques.

Pour vérifier son intuition, il examine des photos de la Lune parues dans une revue. Il y retrouve la même chose : une ombre trace le contour des cratères et des sommets. Ses propres observations sont donc étayées par des indices indépendants. Le jeune dalaï-lama a vu juste : la Lune n'est pas illuminée par une source intrinsèque mais par la lumière du Soleil.

En évoquant le moment délicat de sa confrontation avec la vérité scientifique, le dalaï-lama parle d'« une sorte de prise de conscience » : « Je comprenais que la description traditionnelle n'était pas juste. » Voilà qu'un enseignement vieux de douze siècles est contredit par ses propres observations systématiques !

À la suite de cette découverte d'astronomie élémentaire, il se livre à d'autres remises en question de la cosmologie traditionnelle bouddhiste[1]. Il constate, par exemple, que, contrairement à ce qu'on lui a enseigné, le Soleil et la Lune ne sont pas à la même distance de la Terre, et qu'ils n'ont pas plus ou moins la même taille. Ces découvertes de jeunesse seront à l'origine d'un principe que le dalaï-lama a maintes fois réaffirmé depuis : si la science démontre le caractère erroné d'un postulat du bouddhisme, c'est au bouddhisme de s'adapter.

Un as de la mécanique

Dans sa visite du laboratoire neuroscientifique high-tech de Richard Davidson, l'étape préférée du dalaï-lama aura peut-être été l'atelier de maintenance, où sont façonnées des pièces indisponibles chez le fabricant. Cet endroit l'a-t-il davantage fasciné que les appareils ultramodernes de mesure du cerveau ? Il y a attentivement observé le tour, la foreuse, les établis, les outils manuels – c'était exactement l'atelier de ses rêves d'enfant. Il plaisanterait d'ailleurs plus tard sur la difficulté qu'il avait eue à retenir ses mains trop désireuses d'empoigner certains de ces outils.

Dans son enfance à Lhassa, tout nouveau jouet peut l'intéresser un moment, mais le véritable amusement commence lorsqu'il se met à le démonter pour en étudier le fonctionnement. Les mécanismes d'horlogerie le fascinent plus que tout – la façon dont le mouvement d'un engrenage ici entraîne une série de mouvements là. C'est dans cette optique studieuse qu'il démonte entièrement sa montre-bracelet, avant – sans aucune aide extérieure – de la remonter et de la laisser en parfait état de marche.

Il réserve le même sort – occasionnant tout de même

selon son propre aveu quelques désastres – à presque tous les jouets mécaniques qui passent entre ses mains : voitures, bateaux ou avions miniatures. Mais cela ne fait qu'annoncer de plus grands défis, qu'il relèvera en grandissant. Il y a d'abord ce projecteur de cinéma à manivelle, qui lui sert d'introduction à l'électricité. Le vieux générateur du projecteur le fascine : comment une bobine de fil enroulée autour d'un aimant peut-elle créer un courant électrique ? Il passe des heures à en manipuler les pièces, sans jamais pouvoir demander à qui que ce soit comment ça fonctionne – jusqu'au moment où il finit par trouver, seul, la façon de le faire marcher.

Cette aisance mécanique sidère l'alpiniste autrichien Heinrich Harrer dès leur première rencontre. Évadé d'un camp de détention britannique en Inde, Harrer a gagné l'Himalaya où il passera les dernières années de la Seconde Guerre mondiale, et même un peu plus, à Lhassa. À la demande de l'entourage du dalaï-lama, Harrer a installé une salle de cinéma au palais de Norbulinka pour permettre aux jeunes de profiter des films et des actualités venus d'Inde.

Un jour, Harrer est convoqué d'urgence au cinéma. C'est là, pour la première fois, qu'il rencontre le dalaï-lama, alors âgé de quatorze ans. Harrer se rend vite compte que le jeune homme est meilleur projectionniste que lui-même. Il faut dire que le dalaï-lama a passé une bonne partie de l'hiver précédent à démonter puis remonter le projecteur – sans manuel d'instructions.

Il y a aussi un groupe électrogène à essence, qui alimente quelques lampes à Norbulinka. Comme il ne cesse de tomber en panne, le dalaï-lama saute sur la première occasion pour tenter de le bricoler, ce qui lui permet d'apprendre le fonctionnement des engins à combustion interne, ainsi que la façon dont la dynamo crée un champ magnétique.

L'étape suivante consiste à tester ses acquis en combustion interne sur trois vieilles automobiles – une Dodge de 1931 et deux Baby Austin de 1927 – qui ont été démontées en Inde pour traverser l'Himalaya jusqu'au Tibet, où elles ont été offertes au treizième dalaï-lama – et rouillent depuis sur cales. Avec l'aide d'un jeune Tibétain qui a reçu une formation de chauffeur en Inde, il parvient à faire démarrer la Dodge et l'une des Austin – exploit particulièrement savoureux.

À seize ans, le dalaï-lama a donc entièrement démonté et remis en état de marche un groupe électrogène, un projecteur et deux automobiles.

Arrivée d'un précepteur en sciences

Tout aussi fascinant pour le dalaï-lama, un livre d'anatomie en anglais qui contient des croquis précis du corps humain. Chaque page représente par transparence un système biologique. « Je m'en souviens très clairement, dit-il aujourd'hui : c'était un corps humain, dont on pouvait retirer les couches une à une : la peau, puis les muscles, les tendons, les os. Et enfin les organes internes. C'était très détaillé. »

Cet intérêt pour l'anatomie relève d'une fascination plus générale pour la biologie et la nature en général. Il s'intéresse aux cycles naturels de la vie, se livrant à ses propres observations empiriques sur des insectes, des oiseaux, des papillons, des plantes et des fleurs. Aujourd'hui, le dalaï-lama touche à quasiment tous les domaines scientifiques, à l'exception, comme il l'avoue lui-même, des théories trop arides de l'informatique.

Dans le Lhassa de sa jeunesse, il n'y a aucun moyen d'apaiser cette soif de savoir. Une bonne dizaine d'Européens y vivent alors, mais la plupart appartiennent à des légations étrangères, et le protocole leur interdit de se fréquenter, et même de se rencontrer.

Harrer sera l'exception. Parvenu à Lhassa de son propre chef, il devient le géomètre, cartographe et conseiller du gouvernement tibétain, et le restera jusqu'à son retour en Autriche, en 1950. Pendant les dix-huit derniers mois de son séjour à Lhassa, Harrer sert en quelque sorte de précepteur au dalaï-lama, qui, une fois par semaine, le harcèle de questions sur les sujets les plus divers.

Churchill, Eisenhower, Molotov, par exemple, sont devenus pour lui des noms familiers, qu'il a trouvés dans ses revues sur la Seconde Guerre mondiale. Mais il se demande quelle relation ils entretiennent avec les événements récents. Il pose une foule de questions de mathématiques, de géographie, d'histoire contemporaine et, toujours, scientifiques. Comment fonctionne la bombe atomique ? Comment sont fabriqués les avions à réaction ? Quels sont les éléments chimiques, et quelles sont les différences moléculaires des métaux ?

Les leçons de Harrer traitent surtout d'anglais, de géographie et d'arithmétique, car tel est le contenu des quelques livres de classe anglais trouvés parmi les trésors du treizième dalaï-lama. Dans l'ouvrage qu'il écrirait sur ses sept années tibétaines, Harrer laisse modestement entendre que le dalaï-lama posait souvent des questions dont il n'avait pas les réponses.

« En ce temps-là, on croyait au Tibet que tous les Occidentaux savaient tout de la science, » m'a récemment dit le dalaï-lama. Avant d'ajouter, dans un éclat de rire : « Puis j'ai compris que Harrer était avant tout un alpiniste. Je me demande à présent s'il y connaissait vraiment quoi que ce soit ! »

Un nouveau monde s'ouvre

En 1959, lorsque l'invasion du Tibet par les communistes chinois le force à gagner l'Inde, tout un monde de savoir scientifique s'ouvre au dalaï-lama, tant par l'abondance des livres que par ses conversations avec des savants. Tout au long des années 1960 et 1970, en Inde, chaque fois qu'il croise un scientifique, ou même un simple professeur de sciences, il le presse de ses questions. Ces rencontres restent toutefois sporadiques et soumises au hasard.

D'autres soucis, plus graves, occupent son temps et dictent ses rencontres. D'abord, il faut former un gouvernement tibétain en exil et pourvoir aux besoins des réfugiés essaimés dans des camps aux quatre coins de l'Inde. Puis il y a ses obligations de chef religieux de la branche tibétaine du bouddhisme vajrayâna. À cela s'ajoute enfin l'urgence de contacter tous les gouvernements, organismes ou individus susceptibles d'aider les Tibétains en exil à rendre leur liberté aux compatriotes restés au pays.

Il trouve pourtant encore le temps de dévorer les livres en anglais de biologie, de physique, de cosmologie – quelque sujet scientifique qu'il rencontre. Il voue notamment un intérêt particulier à la cosmologie et lit tout ce qui traite d'astronomie ou des théories de l'univers. À cette époque, dit-il : « J'étais capable de retenir une grande quantité d'informations factuelles, comme la distance séparant les différentes planètes de la Terre, la Terre du Soleil, le Soleil des autres galaxies, etc. »

Enfin, il s'arrange pour caser dans son programme quelques échanges, fussent-ils informels, avec des connaisseurs des sciences. Le dalaï-lama a pour habitude de parler avec les gens de leurs propres centres d'intérêt. Il discutera affaires avec un homme d'affaires, politique avec un politicien, ou religion avec un théologien. De temps à autre, sa route croise celle d'une personne plus ou moins proche du monde des sciences – ou mieux encore, d'un vrai scientifique. Il en profite alors pour fiévreusement s'enquérir des connaissances de son interlocuteur.

En 1969, par exemple, Huston Smith, professeur de religion au MIT, vient à Dharamsala, accompagné d'une équipe de tournage, pour réaliser un documentaire sur le bouddhisme tibétain. C'est en discutant de la réincarnation avec Smith que ce dernier lui fait découvrir ce qu'est l'ADN.

En 1973, le dalaï-lama rencontre l'éminent philosophe des sciences Karl Popper, qui enseigne à Oxford. Bien que leur rencontre ait lieu dans le cadre d'une conférence sur la philosophie et la spiritualité, c'est la théorie de falsifiabilité de Popper – la scientificité d'une théorie est déterminée par la possibilité de la réfuter – qui trouve alors une résonance particulière dans le bagage logique du dalaï-lama.

En 1979, lors de sa première visite en Russie, le dalaï-lama demande à rencontrer des scientifiques. Un psychologue russe lui fait une présentation détaillée des fameuses expériences de Pavlov, qui a dressé son chien à saliver chaque fois qu'il entend le son d'une cloche annonçant son repas. Ce grand classique de l'étude du conditionnement sert au dalaï-lama d'introduction à la psychologie moderne.

Dans les années 1980, le dalaï-lama entretient des

contacts dans la plupart des branches de la science moderne. Comme il le dit lui-même : « J'ai découvert que, pas à pas, je pouvais obtenir toutes les informations. »

La connexion quantum

La physique quantique, parce qu'elle défie radicalement nos suppositions sur la nature de la réalité, exerce une fascination particulière sur le dalaï-lama. Il donne alors libre cours à cet intérêt en compagnie de David Bohm, professeur à l'université de Londres et éminent physicien théorique qui a fait ses études auprès d'Einstein. Après avoir été pendant des années très proche du maître spirituel indien Krishnamurti, Bohm entretient une longue série de tête-à-tête avec le dalaï-lama, chaque fois que ce dernier passe en Europe. Les deux hommes, parfois rejoints par l'épouse de Bohm, aiment déjeuner en discutant physique quantique, pensée bouddhiste et nature de la réalité.

Un jour, Bohm remet au dalaï-lama les deux pages d'un résumé des considérations philosophiques de Niels Bohr sur la théorie quantique, clé de voûte du dossier scientifique sur la nature non substantielle de la réalité. Des idées similaires constituent le postulat de base de la pensée bouddhiste depuis les enseignements de Nagarjuna, le philosophe indien du IIe siècle, dont le *Traité du milieu* demeure au cœur du programme de philosophie dans les monastères du Tibet. Le dalaï-lama est ravi de découvrir que la physique moderne, elle aussi, part du constat que notre conception de la nature substantielle de la réalité ne repose sur aucune base solide. Il a le loisir d'en apprendre davantage sur cette convergence entre la physique et la pensée bouddhiste lors d'une rencontre au Niels Bohr Institute de Copenhague sur les implications philosophiques de la physique quantique où doit intervenir le professeur Bohm.

Aujourd'hui, le dalaï-lama entretient d'intenses conversations avec plusieurs physiciens quantiques, dont Anton Zeilinger, de l'université de Vienne, et Carl Friedrich von Weizsäcker (qui dirige un secteur du prestigieux institut allemand Max Planck consacré à l'exploration des liens entre la science et la philosophie), ainsi qu'avec des astrophysiciens comme Piet Hut, du Princeton Institute for Advanced Study. Ces échanges continuent de souligner les compatibilités fondamentales qui existent entre les vues bouddhistes sur la réalité et celles qui viennent des confins de la physique et de la cosmologie.

De la cour du monastère au labo scientifique

J'ai demandé un jour au dalaï-lama d'où lui venait cet intérêt pour la science, lui, le moine bouddhiste, l'érudit. Il m'a répondu qu'à ses yeux le bouddhisme et la science ne sont pas des visions opposées du monde, mais des approches différentes pour un même objectif : la quête de la vérité. « La doctrine bouddhiste tient la recherche de la réalité pour essentielle, et la science n'est qu'une autre façon d'y procéder. Si nos objectifs peuvent varier, la recherche scientifique accroît notre savoir, de telle sorte que nous, bouddhistes, pouvons en tirer parti – à d'autres fins, sans doute. »

Ainsi, pour le dalaï-lama, bouddhisme et méthode scientifique sont des stratégies différentes dans une même quête. Par exemple, dans la tradition abhidharma

– une des doctrines bouddhistes fondamentales sur l'esprit et la réalité – l'un des premiers soucis du travail analytique consiste à distinguer les caractéristiques spécifiques des aspects généraux. Il voit là un net parallèle avec la démarche scientifique, qu'il s'agisse de propriétés physiques ou des mécanismes de l'esprit. Et puisque la science – notamment la psychologie et les sciences cognitives – se penche sur l'esprit, le bouddhisme peut donc lui apporter ses acquis.

La logique même du débat monastique tibétain témoigne aussi d'une quête assidue de la vérité – et c'est encore là un attribut de la recherche scientifique qu'apprécie le dalaï-lama. Au cours d'un de leurs déjeuners, David Bohm avait expliqué plus en profondeur la thèse de falsifiabilité de Karl Popper, qui veut que toute théorie n'est scientifique que dans la mesure où elle sera un jour réfutée – toute hypothèse doit pouvoir être mise à l'épreuve pour être scientifique. Ce principe de base de la méthode scientifique établit une sorte d'échafaudage naturel de l'entendement, où résultats expérimentaux et nouvelles découvertes s'élaborent les uns sur les autres, par la réfutation ou l'amendement d'une hypothèse. Le principe de falsifiabilité dote ainsi l'entreprise scientifique d'autocorrection.

Le dalaï-lama y voit un grand intérêt philosophique. Il sent que toute croyance naïve en la « vérité » scientifique – celle-là même de sa propre enfance à Lhassa – est de mauvais aloi. La nature spéculative de la démarche scientifique est trop souvent ignorée ; on tend à prendre les hypothèses scientifiques pour autant de vérités absolues plutôt que provisoires et contingentes. Et si la science cherche la meilleure approximation possible de la vérité, aucune discipline ne saurait prétendre entièrement la détenir.

La nature spéculative de la pensée scientifique est apparue plus clairement au dalaï-lama lorsqu'il a eu vent des travaux de Thomas Kuhn sur les révolutions conceptuelles de la science. Les bases mêmes de la physique newtonienne, par exemple, ont été profondément remaniées par le nouveau paradigme de la physique quantique. C'est pourquoi, selon le dalaï-lama, nous ne devons pas tenir les vérités scientifiques pour absolues et éternelles, mais y voir des théories susceptibles d'obsolescence si de nouveaux faits viennent à les contredire.

Cette mécanique puissante appliquée à la recherche de la vérité est à ses yeux particulièrement intéressante. Le processus autocorrectif qui permet à la science d'affûter sa quête de vérité lui rappelle l'esprit même de la logique bouddhiste qui l'a forgé : « En un sens, la méthodologie bouddhiste et celle de la science sont essentiellement similaires. »

Les origines de *Mind and Life*

Toutes les rencontres du dalaï-lama avec des scientifiques n'ont toutefois pas été aussi fructueuses. En 1979, en Russie, on lui présente un groupe de savants pour discuter de la nature de la conscience. Le dalaï-lama entreprend de leur expliquer la vision bouddhiste de la conscience selon la doctrine de l'abhidharma, une science sophistiquée de l'esprit qui propose une explication fine des rapports entre perception sensorielle et cognition. « L'un des savants russes s'est tout de suite montré méprisant, exprimant sa désapprobation, se souvient le dalaï-lama, légèrement amusé. Il croyait que je faisais référence à la notion religieuse de l'âme. »

Lors d'une autre rencontre, organisée à la hâte par ses hôtes dans un pays européen, les scientifiques qui se présentent affichent une attitude condescendante, comme si, en acceptant de parler avec le dalaï-lama, ils lui faisaient un immense honneur. Ils se montreront ensuite résolument hermétiques à l'idée que la moindre information nouvelle puisse leur venir du dalaï-lama.

Il y a encore eu cette conférence sur la science et la religion, où l'un des scientifiques s'est levé pour se présenter avant de bruyamment proclamer : « Je suis ici pour défendre la science contre la religion ! » Il pensait sans doute que cette réunion serait le théâtre d'une offensive religieuse contre la science plutôt que celui d'une recherche de terrains communs. Pourtant, à cette même rencontre, lorsque le dalaï-lama demanda publiquement à un scientifique de répondre à la question : « Qu'est-ce que l'esprit ? », il n'a obtenu pour toute réponse qu'un lourd silence.

La nécessité de trouver des scientifiques mieux préparés – et disposés à s'ouvrir à la pensée bouddhiste – est devenue flagrante. Alors quand Adam Engle, un homme d'affaires états-unien, et Francisco Varela, un biologiste issu d'Harvard en poste à Paris, lui proposent une série de séminaires d'une semaine en compagnie de scientifiques du plus haut niveau, où l'on traiterait en profondeur d'une seule question scientifique à la fois, le dalaï-lama se montre plus que réceptif. Ses rencontres avec les scientifiques ne seront désormais plus aussi sporadiques, et elles ne dépendront plus de sa seule initiative.

La première rencontre *Mind and Life*, en octobre 1987, démarre sur une tonalité prometteuse. Jeremy Hayward, physicien et philosophe diplômé d'Oxford, fait une longue introduction à la métaphysique des sciences depuis leurs fondements logiques positivistes jusqu'à la notion de révolution conceptuelle selon Kuhn. Hayward explique alors la révolution conceptuelle qu'a signifiée la remise en cause de la physique newtonienne classique par la théorie quantique.

L'exposé d'Hayward apporte au dalaï-lama les éléments qui manquaient à sa compréhension philosophique de la méthode scientifique. C'était une grande première pour ce qui deviendrait traditionnel dans ces rencontres : quel que soit le sujet traité, un philosophe serait toujours invité à élargir le débat.

C'est aussi lors de cette première que s'établit le format de toutes les rencontres suivantes : la matinée est consacrée à l'exposé d'un scientifique ou d'un philosophe, et l'après-midi au débat. Pour réduire les quiproquos qui ne manquent jamais de surgir dans les dialogues entre des cultures, des traditions et des langues très différentes, deux interprètes (au lieu d'un) côtoient le dalaï-lama, ce qui permet d'éclaircir instantanément tel ou tel point d'importance. Enfin, pour créer une atmosphère plus intime, propice à l'ouverture des esprits, les réunions se tiennent à huis clos, sans presse, et seuls quelques auditeurs choisis y sont invités.

Les thèmes abordés à ces séminaires témoignent de l'amplitude de l'intérêt scientifique du dalaï-lama. On y aura parlé de méthode scientifique et de philosophie de la science, de neurobiologie et de science cognitive, de psychoneuroimmunologie et de thérapie comportementale. Il y aura été question des rêves, de la mort et de l'agonie selon des points de vue allant de la psychanalyse à la neurologie. Ou encore de la psychologie sociale de l'altruisme et de la compassion. Et même, enfin, de physique quantique et de cosmologie.

À la pêche aux munitions

Quels bénéfices a-t-on tirés de ces dialogues ? « Quand je repense à toutes ces années de contacts avec des scientifiques, je me dis qu'elles ont été très fructueuses, très utiles, dit le dalaï-lama. J'y ai glané une foule de nouvelles perspectives et d'explications, bien sûr. Mais, plus encore, je crois que beaucoup de scientifiques y ont trouvé l'occasion d'un premier contact avec la pensée bouddhiste. »

Les notions bouddhistes, a-t-il constaté dans ces dialogues, ont souvent poussé les scientifiques à poser un nouveau regard sur leurs propres hypothèses, notamment en matière de conscience humaine, un domaine où le bouddhisme s'avère particulièrement pointu. Pour certains, cette découverte des idées bouddhistes a non seulement transformé leur vision de leurs propres travaux, mais aussi l'objet même de leur recherche. Ils en sont repartis riches de nouvelles perspectives pour leurs propres explorations.

Pour le dalaï-lama, cette influence de la pensée bouddhiste vient récompenser ce qui, dans l'histoire du bouddhisme, constitue un geste historique de sa part. Tout au long de ces dialogues, il ne s'est jamais posé en simple étudiant, mais en bonne mesure en professeur. Puisque le bouddhisme détient un savoir unique – et probablement utile – sur la condition humaine, il faut le partager, l'intégrer à un ensemble plus vaste de connaissances.

Le dalaï-lama est particulièrement heureux des nouvelles perspectives ainsi puisées par les scientifiques. « Certains commencent à voir la pertinence que peut avoir le bouddhisme pour la science, dit-il. Je crois qu'avec le temps, par rapport à la façon dont ils pensaient précédemment, certains scientifiques reconnaissent à présent volontiers le bénéfice de ces confrontations avec la pensée bouddhiste » – un véritable retournement si l'on songe à ce scientifique qui, lors d'une des premières sessions, croyait devoir voler au secours de la science face à la religion.

Les rencontres *Mind and Life* ont eu une autre utilité : celle de fournir au dalaï-lama ce qu'il appelle des « munitions » pour ses conférences autour du monde. Bien qu'il ne prenne pas de notes, il conserve à l'esprit certains points essentiels qu'il ne manque jamais d'évoquer en public. Il a par exemple entendu naguère que les nourrissons les plus choyés connaissent plus tard un meilleur développement neuronal – c'est un fait scientifique qu'il a maintes fois rapporté dans ses conférences sur la compassion et le besoin naturel d'amour et d'attention. Il fait de même avec les informations qu'il a recueillies sur le risque accru de maladie mortelle chez un sujet en proie à une hostilité chronique.

« Sans jamais se lasser, il puise dans la science des petits bouts d'indices pratiques et théoriques, dit Alan Wallace, qui lui sert souvent d'interprète, qu'il diffuse ensuite au sein de ses propres communautés monastiques. Et ses voyages à travers le monde lui fournissent de multiples occasions de répéter ce qu'il entend lors des rencontres du type de *Mind and Life*. »

Enfin, l'un des objectifs sous-jacents de tous ces entretiens tient à sa volonté de voir s'épanouir un bouddhisme plus à la page, plus contemporain, plus au fait des avancées scientifiques. Partout où il trouve des éléments réfutant nettement les présupposés bouddhistes, il cherche à en savoir plus – et à s'y adapter le cas échéant. C'est de cette façon que la tradition bouddhiste dans son ensemble conservera sa crédibilité dans le monde moderne et cessera de passer pour une « superstition » aux yeux de ses détracteurs.

Toutefois, lorsqu'on en vient aux doctrines centrales du bouddhisme, ces décennies de dialogue avec les savants ont révélé bien plus de points d'accord que d'achoppement avec les découvertes de la science moderne.

Une prédisposition naturelle pour les sciences

À chacune de ces rencontres, le dalaï-lama apporte son bagage spirituel et philosophique unique, doublé d'un bel esprit de débatteur et d'une ouverture totale au dialogue. Quelques principes généraux du bouddhisme le guident à travers ces échanges. D'une part, le bouddhisme possède sa propre explication détaillée de la nature de l'esprit et de sa relation au corps. D'autre part, la doctrine veut que l'expérimentation et la recherche soient plus probantes que la seule parole de Bouddha – mieux vaut donc se tenir au courant des progrès de la science.

Les profanes tiennent peut-être le bouddhisme pour une pensée unique bienveillante, mais il possède en fait une immense variété d'enseignements distincts. De même que la science moderne englobe une foule d'écoles de pensée, le bouddhisme présente d'innombrables points de vue sur la condition humaine. À ses rencontres avec la science, le dalaï-lama ne présente pas les seuls textes de l'école vajrayâna, la plus courante au Tibet, il ne manque jamais d'évoquer différentes sources issues des nombreuses autres écoles de pensée bouddhiste.

Et puis, il y a son talent de débatteur. Fût-il face à un scientifique qui cherche à établir tel ou tel point de concordance entre le bouddhisme et la science, son oreille ne manque jamais d'exercer un vrai travail critique. Maintes et maintes fois lors de nos propres dialogues, le dalaï-lama a souligné que les caractéristiques évoquées pouvaient se percevoir de nombreuses façons. Une corrélation, ou une concordance, n'est pas invariable – elle peut fonctionner dans certains cas, et pas dans d'autres. Il multiplie alors les questions ou les contre-exemples, à l'assaut de la thèse exposée. Si l'on ajoute à cela son expertise dans ce que le sage bouddhiste Robert Thurman a appelé les « sciences intérieures », cela fait de lui un excellent partenaire pour quiconque œuvre à la recherche sur l'esprit.

Cette prédisposition pour la méthode scientifique est très manifeste lorsqu'il engage la conversation avec un homme de science. Combien de fois l'ai-je vu écouter attentivement un scientifique lui décrire son programme de recherche, avant de se lancer dans une série de questions méthodologiques, de suggestions, ou de remises en cause qui finissent invariablement par amener le scientifique à dire : « En fait, Votre Sainteté, c'est précisément l'expérience que nous nous apprêtions à mener. »

Dès le début, les organisateurs de nos rencontres ont été très soucieux d'obtenir la meilleure alchimie parmi les invités. Aussi célèbres ou performants qu'ils soient, sont éliminés d'office les dogmatiques, les pompeux et les vaniteux. Pour passer les cinq jours que durent ces rencontres auprès du dalaï-lama, il faut faire preuve d'une attitude plus proche de ces débats monastiques si enlevés, où les idées neuves jaillissent du va-et-vient entre la thèse et l'antithèse.

« C'est comme lorsque vous vous engagez dans le débat, dans la cour, dit Thupten Jinpa, l'un des principaux interprètes de ces dialogues. Si les participants sont totalement ouverts et réceptifs, s'ils cherchent vraiment à penser tout haut et à jongler avec les idées, ça fonctionne. »

À cet égard, notre rencontre sur les « émotions destructrices » – la huitième de la série *Mind and Life* – s'est étonnamment bien déroulée. Elle a été plus fructueuse qu'aucune autre, pour aboutir notamment aux expériences de Madison. Et ce n'est là qu'un exemple des nombreux bénéfices récoltés. Tout cela a été le produit naturel d'un échange unique d'idées et de découvertes. Les pages qui suivent ouvrent une fenêtre sur ce dialogue, comme une invitation au voyage vers la pointe de la science.

Premier jour

QUE SONT LES ÉMOTIONS DESTRUCTRICES ?

Dharamsala, Inde
20 mars 2000

3

La perspective occidentale

Encore sous le coup du décalage horaire, nous avons traversé le hall de l'*Imperial Hotel*, élégant vestige de l'Empire britannique, tout près de Connaught Circle, le Times Square de New Delhi. Nous étions dix au total, venus de différents pays – les États-Unis, la France, la Thaïlande, le Canada et le Népal. Il y avait deux chercheurs en neurosciences, trois psychologues, deux moines bouddhistes (l'un d'obédience tibétaine, l'autre theravâda), un philosophe et deux traducteurs tibétains spécialistes de philosophie et de science.

Cette semaine de dialogue avec le dalaï-lama devait porter sur les émotions destructrices, et, fatigue mise à part, nous éprouvions à l'idée de ce qui nous attendait autant d'impatience que d'une certaine joie contenue.

C'était la deuxième fois que j'intervenais en tant que modérateur dans une série de débats entre le dalaï-lama et des scientifiques ; j'avais déjà eu cet honneur lors de la précédente session *Mind and Life*, sur les émotions et la santé, en 1990. Le plus fidèle d'entre nous était Francisco Varela, un chercheur en neurosciences cognitives à Paris, cofondateur de ces dialogues, qui avait déjà participé à trois rencontres et était personnellement très proche du dalaï-lama. Beaucoup d'entre nous se faisaient du souci pour la santé de Francisco, car c'était notre ami. Depuis quelques années, il luttait contre un cancer et avait récemment subi une transplantation du foie. Derrière son humeur tonique, nous savions sa santé fragile.

David Richardson était lui aussi un habitué. À la tête du laboratoire de neurosciences affectives de l'université du Wisconsin, il avait dirigé la session *Mind and Life* sur l'altruisme et la compassion, deux ans plus tôt. Il y avait aussi les deux traducteurs : Thupten Jinpa, un ancien moine travaillant aujourd'hui à la traduction de classiques tibétains et premier interprète en anglais lors des déplacements du dalaï-lama ; et Alan Wallace, ancien moine lui aussi, professeur à l'université de Santa Barbara ; son bagage scientifique et sa maîtrise du tibétain en ont fait un précieux interprète de ces rencontres, fonction qu'il a fréquemment occupée auparavant. Était également présent Matthieu Ricard, Parisien devenu moine bouddhiste, qui vit aujourd'hui dans un monastère au Népal et sert d'interprète au dalaï-lama dans les pays francophones.

Puis il y avait les nouveaux venus, ceux qui rencontraient le dalaï-lama pour la première fois : Owen Flanagan, philosophe de l'esprit à la Duke University ; Jeanne Tsai, psychologue spécialiste des influences de la culture sur l'émotion, alors en poste à l'université du Minnesota ; Paul Ekman, son mentor, expert mondialement reconnu des émotions, de l'université de San Francisco ; et Mark Greenberg, un pionnier des programmes d'instruction sociale et émotionnelle à l'école, basé à la Pennsylvania State University. Enfin, le vénérable Somchai Kusalacitto, un moine bouddhiste de Thaïlande, avait été expressément invité par le dalaï-lama.

Étant le modérateur et le coorganisateur des débats avec Alan Wallace, il m'incombait de choisir les participants et de les inviter. Comme pour la préparation d'une soirée, l'essentiel était d'obtenir le juste mélange d'anciens amis et de nouvelles connaissances, tout en nous assurant qu'aucun domaine scientifique essentiel ne manque au dialogue. Nous avions tous passé deux jours ensemble lors d'une réunion préparatoire à Harvard, mais cette fois cela durerait une semaine, et des affinités pourraient se développer.

Le lendemain matin, nous avons grimpé à bord d'un autocar pour entreprendre notre pèlerinage à Dharamsala, le village de l'Himalaya où demeure le dalaï-lama. La route de l'aéroport de Delhi venait d'être rénovée pour la venue du président Clinton, en visite en Inde en même temps que nous. Pour l'occasion, New Delhi avait pris des allures de ville soviétique : les rues étaient jalonnées de magnifiques drapeaux chamarrés de satin et d'amas d'une belle terre rouge prête à être répandue sur la chaussée. On avait soigneusement caché derrière les tissus les misérables bidonvilles de carton, de toile et de tôle qui prolifèrent partout dans la ville.

Nous avions beau être au printemps, le pays paraissait moins mordant dans les assauts qu'il porte habituellement aux sens. La chaleur à Delhi restait supportable, douce même, au petit matin. Mais, au décollage pour Jammu, nous avons vu la couche de pollution qui recouvrait l'étendue gris-marron de la ville au-dessous.

Au moment de quitter l'aéroport de Jammu, alors que nous attendions un autre autocar, des soldats en treillis se reposaient sous les arbres poussiéreux. La chaleur commençait à monter. Malgré la densité du trafic, l'air de la campagne et le rythme de la route nous berçaient. Enfin les montagnes sont apparues au loin – c'était notre première vision des neiges de l'Himalaya. Les contreforts de la chaîne de montagnes s'élevaient abruptement sur la plaine, laissant juger de l'extraordinaire poussée verticale causée jadis par la collision du sous-continent indien avec l'Asie. Les champs se sont faits plus verdoyants, moins poussiéreux, les rivières plus larges, plus abondantes. L'air fraîchissait et peu à peu, d'abord presque imperceptiblement, nous nous sommes mis à monter. Le paysage était escarpé, avec ses champs en terrasse et les maisons nichées dans les creux du relief. Les virages se sont succédé et l'ascension sérieuse a commencé.

À la tombée de la nuit, il nous restait bien une heure de trajet pour atteindre Dharamsala, et nous en comptions déjà sept. À l'idée de parcourir ces routes de montagne dans l'obscurité, la camaraderie ambiante a pris un ton quelque peu nerveux. Quelqu'un a dit : « Encore quelques minutes et nous serons tous en train de chanter », mais, au lieu de cela, nous nous sommes lancés dans un concours de sinistres anecdotes routières. C'est Matthieu qui l'a emporté haut la main, avec ses trois jours et trois nuits cauchemardesques en bus entre Katmandou et New Delhi, avec un chauffeur au bout du rouleau.

Nous sommes enfin arrivés à McLeod Ganj, la petite bourgade où vit le dalaï-lama dans le district de Dharamsala. À sa fondation, ce village était une station de montagne où le gouvernement colonial britannique (d'où le « McLeod ») venait fuir l'écrasante chaleur de la plaine. Perché sur sa mince corniche parmi les cimes enneigées, McLeod Ganj surplombe les plaines éternellement embrumées de l'Inde. La nuit, on se bouscule dans les restaurants et les boutiques de l'unique grande rue de la commune. Vêtus de leur *chuba*, les anciens manient avec expertise les moulins à prières, en récitant des mantras ; habillés à l'occidentale, les jeunes, eux, manient leur téléphone portable.

Point d'orgue de ce voyage épique, notre arrivée a été en fait une non-arrivée : l'autocar s'est retrouvé inextricablement coincé dans une ruelle, parmi les taxis en stationnement, dans l'impossibilité totale d'avancer ou de reculer. Après vingt bonnes minutes de bruyants pourparlers entre notre chauffeur et des voix surgies de l'obscurité, il est enfin apparu que nous n'étions plus qu'à deux minutes de marche de notre destination finale, Chonor House, l'agréable pension tenue par le gouvernement tibétain en exil, et où nous passerions la semaine. Nous avons donc transbahuté les bagages dans l'allée sombre et boueuse, dans un ultime effort avant la journée de repos qui nous tendait les bras. Notre réunion devait commencer lundi.

Dharamsala est une sorte de Lhassa en miniature ; c'est là que le gouvernement tibétain en exil a établi ses quartiers. Le dalaï-lama réside à la sortie de la ville, au sommet d'une petite colline, dans une enceinte gardée par des soldats de l'armée indienne. Tout visiteur est fouillé. Les quelques hectares de ce domaine abritent le bureau du dalaï-lama, sa modeste demeure (qu'il partage avec un chat), et son jardin. Non loin de là, dans des bungalows trapus, se trouvent aussi les bureaux du gouvernement, un temple bouddhiste et la grande salle de conférences où se tiendrait notre dialogue.

La réunion commence

Lundi matin, alors que nous attendions le dalaï-lama, une certaine tension régnait dans la grande salle.

Quelques rangées de chaises avaient été installées pour les auditeurs. Une grande table basse se trouvait au centre d'un ovale formé par deux canapés où les participants prendraient place, deux fauteuils refermant le cercle de chaque côté. Une équipe de tournage avait stratégiquement placé quelques caméras pour obtenir une trace filmée de nos débats. La salle était décorée de multiples représentations de divinités tibétaines, de bacs de plantes fleuries et de deux gros vases emplis de roses en pleine éclosion.

L'un des moines qui assistent le dalaï-lama parcourait les lieux pour régler les derniers détails. La salle, qui sert habituellement à des rituels religieux ou à des conférences, dispose d'une petite estrade, au fond de laquelle trône une représentation de Sakyamuni Bouddha, derrière un grand siège très coloré, que le dalaï-lama aurait occupé s'il s'était agi de conduire un rituel. Mais, aujourd'hui, il se contenterait de l'un des fauteuils de notre installation informelle et intime, très propice au dialogue.

Dès l'apparition du dalaï-lama, un murmure a parcouru l'assemblée, chose qui se reproduirait tous les jours. Tout le monde s'est levé, et le dalaï-lama s'est dirigé d'un pas vif vers le grand portrait de Sakyamuni, devant lequel il s'est prosterné trois fois, le front au sol, avant de faire une courte prière en silence. Puis il est descendu de l'estrade pour rejoindre notre petit salon improvisé.

Adam Engle, président du *Mind and Life Institute*, avait escorté le dalaï-lama à travers la salle ; il tenait une longue écharpe blanche, le *khata* traditionnel du Tibet, qu'il avait remise à Sa Sainteté avant qu'il ne lui soit aussitôt rendu, comme le veut la coutume. Adam a ensuite accompagné le dalaï-lama au bas des marches, où je lui ai présenté chacun des participants.

Il a serré la main des Occidentaux, mais, en arrivant devant le vénérable Kusalacitto, les deux hommes se sont inclinés, paumes jointes, leurs crânes rasés se touchant presque, avant d'échanger quelques mots. Il a ensuite pris Francisco Varela dans ses bras, posant son front contre le sien et, avec un grand sourire, lui a affectueusement tapoté la joue. Apercevant les lamas assis derrière lui, il a encore prononcé quelques mots de salutation en tibétain. Enfin, comme il le fait si souvent en arrivant quelque part, il a parcouru les lieux du regard, cherchant des visages familiers, et saluant çà et là quelques vieux amis.

Lorsque le dalaï-lama s'est assis, pour entamer le débat du jour, tout le monde en a fait autant. Dans son grand fauteuil, il était flanqué à sa gauche d'Alan Wallace et de Thupten Jinpa, ses deux interprètes pour l'occasion. Il a immédiatement ôté ses chaussures et s'est assis en tailleur. À sa droite se trouvait l'autre grand fauteuil où se succèderaient les intervenants ; étant le coorganisateur de la semaine, c'est moi qui m'y suis installé ce matin-là pour introduire les débats.

Un sujet passionnant

La journée était ensoleillée mais il régnait une fraîcheur inhabituelle pour Dharamsala à la fin mars. Bien qu'il se soit gardé d'en parler jusqu'au lendemain, le dalaï-lama était fiévreux ce jour-là. Seule sa toux en témoignait.

Une fois installé, j'ai ouvert la séance. « Votre Sainteté, je suis extrêmement heureux de vous souhaiter la bienvenue à cette huitième conférence de *Mind and Life*. Conformément à votre demande, nous parlerons cette fois des émotions destructrices.

« C'est un sujet passionnant, toujours d'actualité, ai-je continué. Au moment où nous quittions les États-Unis pour venir ici, l'un des plus grands magazines d'information consacrait sa une à un enfant de six ans qui a tué un camarade de classe avec une arme à feu. En arrivant à New Delhi, j'ai vu que le *Times of India* arborait une couverture du même type : deux cousins s'étaient disputé des terres, et l'un avait tiré sur l'autre. Il ne fait aucun doute que les émotions destructrices causent beaucoup de souffrance, pas seulement dans ces cas si évidents, mais aussi de façon plus subtile, pour chacun d'entre nous. Notre propos cette semaine sera d'explorer la nature de ces émotions, de nous demander pourquoi elles deviennent destructrices, et comment nous pouvons y remédier.

« Nous avons trois objectifs. Le premier est d'informer. D'une certaine façon, ces conférences ont en fait commencé comme un cours particulier à votre attention, en réponse à votre intérêt personnel pour la science. C'est une sorte de festin scientifique organisé en votre honneur. Le deuxième objectif est d'établir un dialogue. Nous sommes conscients que le bouddhisme réfléchit à ces questions depuis bien plus longtemps, et bien plus en profondeur que l'Occident, et que nous avons beaucoup à apprendre à ce sujet. Le troisième objectif est la collaboration : engageons-nous intellectuellement, et voyons ensemble où nos idées nous mèneront. Comme vous pourrez le constater, cette semaine de dialogues a été conçue pour trouver des façons de mettre nos idées en application. »

La semaine qui s'ouvre

« La semaine commencera aujourd'hui par un survol philosophique de la question. Le professeur Owen Flanagan nous donnera d'abord un aperçu de ce qu'entendent les Occidentaux par "émotions destructrices". Puis Matthieu Ricard présentera le point de vue bouddhiste ; dans l'après-midi, le vénérable Kusalacitto nous parlera de la perspective theravâda, et Alan Wallace se chargera d'animer le débat qui suivra. Demain, Paul Ekman nous parlera de la nature de l'émotion en termes scientifiques, revenant plus en détail sur ce qu'en sait la science occidentale, notamment des émotions destructrices, et dans quelle mesure nos réactions émotionnelles peuvent être modifiées.

« Le lendemain, Richard Davidson nous fera visiter le foyer cérébral des émotions destructrices, et notamment des Trois Poisons : la colère, l'avidité et l'ignorance. » – C'était une allusion au bouddhisme. « Il abordera aussi une question fondamentale que nous appelons la neuroplasticité, c'est-à-dire la mesure dans laquelle les réactions du cerveau peuvent être modifiées par l'expérience vécue.

« Ce sujet sera précisément repris le quatrième jour par le professeur Jeanne Tsai, qui nous montrera que chaque culture possède sa propre façon de vivre et d'exprimer les émotions. Puis Mark Greenberg nous expliquera plus en détail comment les choses vécues à l'enfance façonnent les réactions de l'individu, et il nous parlera des nouveaux programmes pédagogiques qui enseignent aux enfants dès les premières années de scolarité comment réagir aux émotions.

« Enfin, le dernier jour, Richard Davidson reviendra

brièvement nous livrer quelques informations passionnantes sur les effets sur le cerveau et la santé de la méditation dite de “l’attention vigilante”. L’exposé central de cette journée sera celui de Francisco Varela, sur les nouvelles techniques associant le savoir expérimental du bouddhisme aux méthodes scientifiques occidentales pour explorer la conscience et les émotions, et nous tenterons enfin d’imaginer avec vous des manières de faire rentrer tout cela dans un programme scientifique concret. »

J’ai ensuite conclu mon tour d’horizon à la mode tibétaine, qui veut qu’on prononce un vœu vertueux pour le bien-être des autres : « Bien sûr, notre espoir est que cela ne soit pas seulement utile aux individus présents dans cette salle, mais au monde entier. »

J’ai alors laissé la parole – et mon fauteuil – à Alan Wallace, qui coiffait en l’occurrence deux casquettes : celle du coordinateur philosophique et celle de l’interprète.

Un interprète inattendu : le moine à la moto

Comment Alan Wallace, ce fils d’un théologien protestant, est-il devenu moine bouddhiste tibétain – spécialement formé pour devenir l’interprète de Sa Sainteté lors de rencontres avec des scientifiques ?

Bien qu’Alan soit originaire de Pasadena, son enfance n’a rien du stéréotype du sud de la Californie. Son père, David H. Wallace, est un spécialiste du grec biblique et du Nouveau Testament, et, dans son enfance, Alan l’a accompagné à Édimbourg, en Israël et en Suisse, où il travaillait auprès des grands théologiens protestants d’alors. Malgré son entourage religieux – outre son père théologien, on trouve des missionnaires chrétiens et des catéchistes dans les deux branches de son arbre généalogique – Alan a très tôt été attiré par la science, dont il a décidé de faire son métier. Il a commencé par les sciences de l'environnement à l'université de Californie, à San Diego, et l'été 1970 l'a vu parcourir l'Europe en auto-stop avant de faire sa première année dans une université allemande.

Dans une auberge de jeunesse d'une petite ville des Alpes suisses, Alan est tombé sur le *Livre tibétain de la grande libération*, l'un des très rares textes tibétains alors disponibles en anglais (avec le *Livre tibétain des morts*). C'était sa première rencontre avec le bouddhisme tibétain, si l'on excepte le survol très superficiel qu'il en avait effectué dans le cadre d'un cours sur la civilisation indienne. Si cela ne lui avait pas inspiré grand-chose à l'époque, le *Livre tibétain de la grande libération* a eu un tout autre effet.

En arrivant à l'université de Göttingen, Alan a eu le grand plaisir de constater qu'un lama tibétain y donnait des cours – ce qui était alors très inhabituel. Il séchait alors tous les cours à l'exception de celui-là. L'été suivant, en étudiant dans un monastère bouddhiste en Suisse, il a trouvé une brochure de la Bibliothèque des archives et ouvrages tibétains de Dharamsala, où l'on annonçait des cours sur le bouddhisme tibétain à l'attention des Occidentaux – auxquels devait participer le dalaï-lama. Alan a alors vendu ou donné à peu près tout ce qu'il possédait et s'est muni d'un aller simple pour l'Inde.

À peine arrivé à McLeod Ganj, en octobre 1971, il s'est inscrit dans le groupe des huit Occidentaux qui suivraient l'année de cours qu'annonçait la brochure. Des huit élèves, sept avaient déjà vécu à Dharamsala.

Alan était en fait la seule personne à avoir répondu de l'étranger au prospectus.

Après une année d'études, il est entré en première année à l'Institut de dialectique bouddhiste qui venait d'ouvrir à Dharamsala – en compagnie d'une trentaine de moines tibétains. Il a fini par devenir moine novice et est resté sur place près de quatre ans.

Après quatorze mois passés dans ce monastère, Alan a entrepris une retraite de dix jours consacrés à la méditation vipashyana, enseignée à Dharamsala par S. N. Goenka, un professeur birman de passage. Cette expérience l'a incité à mettre en pratique ce que disait la théorie – il voulait méditer. Il s'est donc installé dans une petite cabane de montagne où il est resté toute l'année à rédiger ses premières traductions de textes de médecine tibétaine pour la plupart. En 1979, à l'occasion d'une des premières visites du dalaï-lama en Europe, Alan s'est vu proposer de lui servir d'interprète – rôle qu'il continue de tenir régulièrement.

En 1984, la vie d'Alan a connu un nouveau tournant, lorsque sa réputation de traducteur lui a valu d'être invité à visiter l'institut fondé par Robert Thurman, alors professeur à l'Amherst College. Une fois sur place, Alan a décidé de retourner en faculté, pour y achever sa licence, avant d'être aussitôt admis à Amherst. C'est là, sous l'autorité d'Arthur Zajonc, un physicien quantique, qu'Alan a préparé sa thèse où il comparait les implications de la mécanique quantique avec le commentaire qu'a fait le dalaï-lama du chapitre « Sagesse » de l'*Introduction à la marche vers l'Éveil*, le classique de Shântideva. Cette thèse, le premier de la vingtaine d'ouvrages qu'on lui doit, serait plus tard publiée en deux volumes [1]. Alan avait trente-six ans lorsqu'il a obtenu son diplôme (avec mention très honorable). et il était encore moine.

C'est en traversant le pays sur sa BMW, sa robe de moine dans une sacoche, qu'il a trouvé un centre de retraite au cœur de l'aride Owen's Valley, dans les hauteurs californiennes de la Sierra Nevada. Son diplôme d'Amherst en poche, il s'y est installé pour neuf mois de solitude, appliquant la méthode ancestrale du retour formel à une vie frugale – chose assez courante en Asie, où nombreux sont ceux qui vivent un temps à la façon des moines ou des nonnes.

C'est aussi lors de cette retraite qu'Alan a reçu un message d'Adam Engle, lui demandant de servir d'interprète à la première conférence *Mind and Life*. Alan était la seule personne aussi calée en sciences qu'en langue tibétaine et en bouddhisme. Dans un premier temps, soucieux de poursuivre sa retraite, Alan a refusé. Mais Engle a insisté, joignant même une lettre du dalaï-lama le priant de venir. Depuis ce jour, Alan n'a manqué qu'une seule des conférences *Mind and Life*.

Entre-temps, Alan s'était lancé dans un doctorat d'études religieuses à Stanford, où son travail sur l'attention, établissant des passerelles avec la pratique et la philosophie bouddhistes, s'inspirait profondément de William James, le grand philosophe et psychologue états-unien du début du XXe siècle[2]. Il est aujourd'hui marié avec Vesna Acimovic, une spécialiste des études asiatiques, et enseigne à l'université de Santa Barbara, où il a créé un programme sur la langue, la culture et la religion tibétaines, qui a abouti à la dotation d'une chaire intitulée « Chaire du quatorzième dalaï-lama sur le bouddhisme et la culture du Tibet ». Après quatre ans d'enseignement à Santa Barbara, il a regagné le désert californien pour six mois de retraite solitaire et continue d'écrire sur la collaboration entre le bouddhisme et la science – une affaire centrale dans sa propre vie. Il espère prochainement fonder un institut pour la recherche théorique et expérimentale sur l'exercice contemplatif.

Un début philosophique

« Bonjour, dit Alan. Nous commençons aujourd'hui comme nous l'avons fait depuis la première rencontre *Mind and Life*, en 1987. Bien que ces conférences traitent de la collaboration entre le bouddhisme et la science, nous avons compris dès le début qu'il est très important d'accueillir un philosophe chaque fois : quelqu'un qui puisse poser des questions susceptibles de dépasser le domaine scientifique.

« Il y a plusieurs raisons à ceci. La science n'est pas une discipline autonome, même dans notre civilisation, bien qu'elle semble aujourd'hui se suffire à elle-même, indépendamment de la philosophie ou de la religion. Mais, en fait, tout examen critique de l'histoire de la science montre à quel point cette idée est fausse. La science est issue de notre civilisation et ses racines sont profondément enfouies dans la philosophie occidentale, depuis Platon, Aristote, voire avant encore. La science est également enracinée dans nos traditions théologiques, le judaïsme et le christianisme. Il en a toujours été ainsi, bien que cela soit moins explicite au XXe siècle. Voilà déjà une bonne raison de faire intervenir des philosophes.

« Il en est une autre, qui saute aux yeux lorsque nous cherchons à comprendre les relations entre la théorie et la recherche scientifiques, et la réalité elle-même. Lorsque nous, Occidentaux, faisons la rencontre du bouddhisme, nous tombons quasi inévitablement dans l'un de nos stéréotypes, pour aussitôt y voir une "religion". Ce qui pourrait laisser croire que nous cherchons aujourd'hui à associer une science et une religion, et beaucoup penseront que c'est une alliance contre nature. Mais le bouddhisme n'a jamais été une simple religion, comme on l'entend en Occident. Depuis les tout premiers temps, il a véhiculé des éléments philosophiques, mais également empiriques et rationnels, qui pourraient aussi bien lui valoir le qualificatif de "science".

« Tant les Occidentaux que les bouddhistes ont donc de bonnes raisons d'inviter un philosophe à cette table, et, ce matin, nous irons plus loin encore, puisque nous recevons des représentants de ces deux traditions : le professeur Flanagan pour la tradition philosophique occidentale, et Matthieu Ricard pour la tradition bouddhiste. »

Qu'est-ce qu'une émotion destructrice ?

« On m'a demandé de définir la question des émotions destructrices, et je pourrais me contenter d'une simple formule : Les émotions destructrices sont celles qui nuisent à soi-même ou aux autres. » Cette définition sommaire avait été trouvée par l'ensemble de notre groupe après deux jours de discussions enfiévrées lors de notre rencontre préliminaire à Harvard, quelques mois plus tôt.

« Mais qu'entendons-nous exactement par "nuire" ? Quelles sont les nuances, les degrés, les formes qui peuvent faire passer pour nuisible quelque chose qui ne l'est pas ? Voilà les questions que nous nous poserons ces jours-ci. Au-delà de la nature même des émotions destructrices, nous nous intéresserons aux facteurs qui les catalysent : événements vécus, patrimoine génétique, fonctions cérébrales, etc. Quelle est la source des émotions destructrices ; d'où jaillissent-elles réellement ?

« Ces questions sont prises très au sérieux par le bouddhisme. Quels sont les effets des émotions destructrices sur soi, sur l'entourage, sur les autres ? Une fois identifiés les émotions destructrices, leurs causes et leurs effets, nous pourrons nous demander quel est l'antidote à ces poisons. Quel en est le remède ? Comment les contrer ? Faut-il se tourner vers les médicaments, la chirurgie, la thérapie génique ou psychologique, ou plutôt se pencher sur la méditation ?

« Enfin, s'il est une question qui repose au cœur du bouddhisme depuis la nuit des temps, c'est la possibilité de se libérer complètement et définitivement d'une partie de ces émotions ou de leur totalité. Ce qui est déjà extrêmement prometteur pour nous tous.

« Toutes ces questions sont aussi pertinentes dans les traditions occidentales que bouddhistes. Nous les posons depuis les origines de notre civilisation : dans la Bible, chez Platon ou Aristote. Et, pour les bouddhistes, elles ont toujours occupé une place centrale. Le fait que nous partagions cette préoccupation en dit long sur son importance, mais il existe de très, très grandes différences dans la façon de la poser. Je crois que chaque partie trouvera autant de fascination dans les concordances que dans les différences, et c'est à nous d'identifier les raisons des unes comme des autres. »

Une nouvelle espèce de philosophe

« À présent, dit Alan avant de céder sa place au premier intervenant, je voudrais très rapidement vous présenter le professeur Owen Flanagan, titulaire de la chaire James B. Duke de philosophie à la Duke University. Et, comme pour illustrer mon propos, ce n'est pas un simple prof de philo, car la philosophie n'est pas une discipline autonome, il est aussi professeur de neurobiologie, de psychologie expérimentale, de neurosciences cognitives, et – pour couronner le tout – de littérature. »

En effet, Owen Flanagan représente une nouvelle espèce de philosophes. Tout en perpétuant la tradition propre à sa discipline, il s'intéresse à tous les champs d'étude susceptibles d'enrichir le sien. De par l'attention particulière qu'il porte à la philosophie de l'esprit, Owen se tient au courant des avancées de la psychologie, des sciences cognitives et des neurosciences – ce qui le rend particulièrement qualifié pour ce dialogue sur les émotions.

Au cours de ses études à Fordham, Owen n'a cessé d'osciller entre psychologie et philosophie. En ce sens, il est l'héritier de William James, à qui il voue une grande admiration, et qui n'a jamais pu déterminer s'il était psychologue ou philosophe – finissant par devenir une sommité dans les deux disciplines aux États-Unis.

Pour Owen, le courant qui régnait alors sur la psychologie, le béhaviorisme – qui étudiait méthodiquement les réactions de souris soumises à différents stimuli –, était si rebutant, comparé à la liberté et la rigueur intellectuelle de la philosophie, qu'il a fini par opter pour un diplôme de philosophie, à l'université de Boston.

L'intérêt d'Owen pour le rôle des émotions dans la vie mentale s'est concrétisé en 1980, lorsqu'il a décidé d'intégrer un chapitre sur les émotions à son cours de philosophie de l'esprit au Wellesley College. Il est alors tombé sur un article de Paul Ekman et ses collègues sur l'expression faciale de l'émotion – c'était l'une des premières études empiriques sur ce qui est devenu depuis un champ de recherche majeur. Cet article le fascinait parce qu'il produisait la première preuve de l'universalité des émotions humaines. Cela soulevait une question philosophique sur la nature humaine : sommes-nous naturellement aimants et compatissants, ou égoïstes ? Ou bien nous situons-nous dans un registre qui inclut un peu des deux ?

Les émotions occupent une place de choix dans *Psychologie morale et éthique*, le livre d'Owen qu'il considère lui-même comme le plus important qu'il ait écrit. Paru en 1991, il y traite du rôle des émotions dans la nature humaine, de l'importance de l'éthique et de la relativité de la morale. L'un de ses principaux chapitres est consacré aux liens entre la vertu, le bonheur et la santé mentale. Dans le meilleur des mondes possibles, dit Flanagan, faire preuve de bonté – de vertu – serait à la fois signe de bonheur et de bien-être mental. Dans le pire des mondes, l'éthique de l'individu est en désaccord avec ses émotions. Le bonheur dépendrait au bout du compte du degré de coïncidence réel entre l'une et les autres.

Réussir une bonne vie

Vêtu d'une *kurta* indienne beige qui lui tombait jusqu'aux genoux, Owen s'est installé dans le fauteuil de l'orateur, à côté de Sa Sainteté. Il m'avait avoué ressentir une certaine appréhension, ne serait-ce que pour son élocution rapide et saccadée, caractéristique des New-Yorkais ; cette fois, assis-là, il devrait veiller à s'exprimer lentement de façon à bien se faire comprendre de Sa Sainteté.

« C'est pour moi un grand honneur de m'adresser à Votre Sainteté, aux autres moines présents, et à mes camarades occidentaux, commença-t-il. J'espère beaucoup apprendre ici. Dans l'exposé qui va suivre, je tâcherai de dresser un tableau très général de la façon dont nous, Occidentaux, et en particulier les philosophes, avons considéré le rôle des émotions – le rôle des vertus – dans l'accomplissement d'une bonne vie.

« En préparant mon intervention, je me suis aperçu qu'il n'existe pas de champ philosophique, du moins en Occident, exclusivement consacré aux émotions. Nous, philosophes, ne parlons d'émotions qu'en termes de qualité de vie. Comment les émotions favorisent-elles ou entravent-elles le processus qui fait de nous quelqu'un de bien ?

« Je tâcherai aujourd'hui de poser des questions dont je sais qu'elles seront abordées par d'autres intervenants – sur la relation entre la science descriptive ou explicative et l'éthique, et sur la façon dont l'éthique traite les émotions. Comme pour dans le bouddhisme, les points de vue sont multiples et distincts ; il y a de nombreuses traditions en Occident, certaines considérant que les émotions sont une chose terrible, d'autres les estimant positives. Je tenterai donc de vous présenter certaines des principales attitudes que nous avons adoptées à l'égard des émotions et de vous décrire, depuis ce fauteuil de philosophe, les états mentaux que nous tenons en très haute estime en Occident.

« Mes conversations avec Matthieu m'ont amené à penser qu'il existe de vraies différences entre les idées bouddhistes et occidentales sur la question. Nous valorisons beaucoup certains types de respect de soi et d'amour-propre, de confiance en soi et de réalisation personnelle. Nous avons aussi certaines idées sur l'importance de l'amour ou l'amitié, et je les soupçonne d'être différentes des vôtres. »

Une éthique sans religion

« J'ai pensé qu'il serait utile de commencer par parler un peu du travail auquel j'ai consacré ma vie. Je n'aime pas trop le qualifier ainsi parce que cela pourrait laisser croire que ce travail est fini, mais je m'occupe de ces questions depuis l'âge de treize ou quatorze ans. Bien que cela paraisse un peu grandiloquent, ces questions sont au fond celles de la nature de l'esprit, de la morale et de ce qui donne un sens à la vie. Je dois en partie cet intérêt au fait d'avoir un jour perdu la foi dans le catholicisme romain et de m'être alors sincèrement posé des questions telles que "pourquoi faire preuve de moralité si Dieu n'existe pas ?" »

Issu d'une famille catholique traditionnelle des environs de New York, Owen garde le souvenir d'un père catholique extrêmement dévot. Son éducation commence à cinq ans, auprès des nonnes de l'école de la paroisse, où il est beaucoup question de choses effrayantes liées au péché, au paradis et à l'enfer – des croyances très fortes pour un jeune garçon aussi timide qu'anxieux. L'esprit philosophique dont il fait déjà preuve prend la forme d'une curiosité théologique précoce – essentiellement parce qu'il redoute constamment de mal agir et de finir en enfer.

C'est assez jeune qu'il connaît sa première révolte déclarée contre les structures de la religion organisée. Un oncle très apprécié – le frère de sa mère –, qui a cessé de pratiquer, compte se marier dans une église épiscopale. La mère d'Owen, catholique romaine pratiquante, souhaite naturellement assister au mariage de son frère.

Mais un soir, Owen entend sa mère dire à son père que le prêtre de la paroisse le lui interdit, y voyant un signe d'adoration d'une autre confession. À ces mots, Owen s'écrie depuis la pièce voisine : « Le père O'Connor est un âne bâté ! »

À treize ans, il abandonne discrètement la messe du dimanche pour aller manger des crêpes avec ses amis. Redoutant de le voir suivre le chemin de son oncle, le père d'Owen lui offre une édition abrégée de la *Somme théologique* de saint Thomas d'Aquin, avec ses cinq preuves de l'existence de Dieu. Owen lit le livre avec fascination et met sa propre capacité analytique à l'épreuve des arguments de saint Thomas. S'il relève immédiatement les failles dans la logique de certains arguments, il n'en est pas moins ébloui par un tel déploiement d'intelligence.

La révélation vient à Owen lors du premier cours de philosophie auquel il assiste à Fordham. Son professeur, un jeune philosophe issu de Yale, dit : « Platon pose le Bien comme postulat… » et voilà Owen complètement envoûté. Il avait bien une vague idée de ce que postuler voulait dire, mais n'aurait jamais imaginé que quelqu'un l'ait réellement fait. Et puis il y a l'article défini « le » placé avant Bien. Ça lui coupe le souffle ; il est conquis. L'année qu'il passe en compagnie de Platon, Aristote, Nietzsche et Kant – dont Owen trouve les travaux incompréhensibles – scellera son destin de philosophe. Mais il apprécie aussi certains cours de psychologie, notamment celui sur l'histoire de la psychologie que donne un prêtre hongrois, parcourant les présupposés philosophiques qui sous-tendent les théories. C'est à la croisée de l'étude des questions fondamentales de l'existence par la science et la philosophie qu'Owen se découvre une passion intellectuelle. Depuis lors, il s'est fait une mission de chercher à répondre aux grandes questions éthiques sans faire appel à la doctrine religieuse.

Reprenant le fil de son introduction, Owen souligna que le dernier ouvrage du dalaï-lama, *Une éthique pour le prochain millénaire*, s'inscrivait dans la même perspective. « Sa Sainteté a souvent dit dans ses livres que son objectif est de nous aider à trouver un mode de vie acceptable par des gens de religions différentes, ou pas religieux du tout, et je trouve cela tout à fait juste. »

Les faits contre les valeurs

Owen aborda ensuite la vision qu'ont la philosophie occidentale et le bouddhisme des émotions – une question qui occuperait l'essentiel des débats du jour. « Une dernière chose : lors de ma discussion avec Matthieu, et à la lecture du livre de Votre Sainteté, j'ai perçu une différence dans notre façon de concevoir les émotions. En Occident, nous distinguons nettement entre le fait de dire : “Il y a des fleurs dans cette pièce” et “Il y a de belles fleurs dans cette pièce.” Nous considérons la première affirmation comme un fait – c'est une description – alors que la seconde implique un jugement de valeurs ou une norme, esthétique en l'occurrence.

« Les scientifiques nous apprendront comment des émotions comme la colère ou la peur circulent dans le cerveau. Que la peur ou la colère soient bonnes ou mauvaises est une autre affaire, qui touche d'une certaine manière à la philosophie. Dire “il y a de belles fleurs dans la pièce” plutôt que “il y a des fleurs dans la pièce” implique un jugement distinct, esthétique. »

Une longue discussion en tibétain s'est alors engagée autour de la disctinction philosophique entre faits et valeurs, et de la façon dont l'Occident y associe respectivement l'objectivité et la subjectivité. Comme cela se reproduirait tout au long du dialogue, le dalaï-lama posa une question en tibétain, aussitôt traduite en anglais par Jinpa : « Voulez-vous dire que cette distinction est fondamentalement différente dans la pensée bouddhiste ? »

« Oui, je pense qu'il y a là une vraie différence, répondit Owen. Nous en évaluerons l'ampleur cette semaine. Mais, par exemple, dans vos livres *L'Art du bonheur* et *Une éthique pour le prochain millénaire*, lorsque je lis : “J'ai la conviction que nous sommes profondément compatissants par nature”, j'aurais tendance à dire que vous avez raison : nous *pouvons* l'être. »

Sa Sainteté manifesta son appréciation en riant.

« Mais, ajouta Owen, la philosophie occidentale ne trouve pas si évident que nous soyons compatissants tout au fond de nous. Vous comprendrez pourquoi dans un instant, quand je vous aurai expliqué ce que nous avons généralement pensé de la nature humaine. »

Trois questions pour la philosophie

Tout en projetant une diapositive où des flèches représentaient les interconnexions entre différentes disciplines, Owen poursuivit : « Je vous montre ceci pour vous parler un peu de ma façon de travailler et de ce que j'espère pouvoir apporter ici. En abordant un problème, qu'il s'agisse de la nature de la conscience ou de la définition d'une bonne vie, je commence par m'intéresser à ce que disent les gens de leur propre expérience – c'est ce que les scientifiques occidentaux appellent la phénoménologie. Je compare ensuite ces témoignages à ce que les neurobiologistes disent qu'il se produit réellement dans le cerveau.

« Je ressens aussi beaucoup d'intérêt, comme plusieurs de mes collègues ici présents, pour la biologie de l'évolution. Comme la plupart des Occidentaux, nous concevons d'emblée nos débats sur les émotions en termes darwiniens. Nous pensons que les émotions nous ont été léguées, peut-être par des hominidés antérieurs à l'*Homo sapiens*. Ma première question est alors : comment nous, Occidentaux, imaginons l'être humain – en admettant qu'il soit quelque chose – sous toutes les couches de culture et d'histoire ? Je dis "en admettant qu'il soit quelque chose", parce que certains estiment qu'on ne saurait décrire l'homme indépendamment de sa culture. Mais ceux d'entre nous qui sont influencés par la théorie darwinienne de l'évolution pensent que certains traits humains universels doivent bien avoir été fournis avec le matériel.

« Ma deuxième question m'a été inspirée par des ouvrages du bouddhisme tibétain et de Sa Sainteté : existe-t-il un objectif commun à tous les hommes ? C'est une question centrale de l'éthique occidentale, et nous verrons qu'on y trouve beaucoup de concordances avec le bouddhisme. Je voudrais aussi parler du rapport entre vertu et bonheur, parce que je crois que cela intéresse tout le monde.

« La troisième question est : qu'est-ce qui constitue une bonne personne ? Cela nous conduira à nous demander ce qui devrait structurer toute âme. Par quel moyen les émotions devraient-elles être modifiées, modérées ou supprimées ? par la méditation ? les médicaments ?

« Et avant de m'attaquer directement à cette question, il me faut prendre le temps de parler des émotions destructrices et constructives. Je vous livrerai ma propre liste de ce que nous, Occidentaux, estimons constructif et destructif, et cela devrait prêter à débat – je ne suis pas persuadé d'avoir raison. »

Le point de vue occidental : la compassion n'est pas inhérente à l'homme

« Lorsque je me demande à quoi ressemblent les humains tout au fond d'eux-mêmes, je m'interroge sur ce qui est propre à notre corps, ou au type d'animal que nous sommes – car je nous considère bel et bien comme des animaux. À ces questions, la philosophie occidentale a apporté trois grandes réponses, qui reviennent sans cesse. »

Owen projeta alors une diapositive où l'on pouvait lire :

1. Égoïstes rationnels
2. Égoïstes et compatissants
3. Compatissants et égoïstes

« La première réponse voit en nous des égoïstes rationnels : chacun ne cherche au fond que son propre bien, mais constate rationnellement qu'il ne peut l'obtenir sans faire preuve de bonté envers les autres. C'est un avis très répandu. Que ce soit en économie ou en philosophie, beaucoup pensent que les choses ne se passent en douceur que parce que chacun de nous est assez malin pour constater que son propre bien-être dépend du bon traitement qu'il accorde aux autres.

« À ce propos, Votre Sainteté, vous remarquerez que votre propre réponse – nous sommes compatissants par essence – ne fait pas partie des trois réponses de la philosophie occidentale. Il existe en revanche un courant de pensée occidental qui prétend que les humains sont à la fois égoïstes et compatissants. Si l'on songe à l'extrême fragilité des enfants, il leur serait impossible de survivre sans la compassion ou la sympathie de ceux qui en ont la charge. Il apparaît donc assez clairement que la compassion, qu'on la place avant ou après l'égoïsme, est nécessaire à la survie.

« Vous remarquerez que la seule différence entre la deuxième et la troisième proposition concerne leur ordre. Les philosophes qui nous estiment égoïstes avant d'être compatissants pensent que nous ne faisons preuve d'attention et de compassion envers les autres qu'une fois nos propres besoins essentiels comblés.

« Les adeptes de la troisième proposition – qui nous veut d'abord compatissants, puis égoïstes – disent que nous sommes avant tout des créatures compatissantes, aimantes, mais que si la nourriture, les habits ou le logement viennent à manquer, tout cela est mis au rancart, pour céder la place à l'égoïsme. »

La compassion : seulement envers autrui ?

Cette distinction déclencha une nouvelle discussion en tibétain sur le fait qu'en anglais – et plus généralement dans la culture occidentale – la notion de compassion ne semble s'appliquer qu'envers autrui. Sa Sainteté interrogea Owen :

— Le mot tibétain qui désigne la compassion ou la prévenance, *tsewa*, concerne aussi bien soi-même qu'autrui. Alors quand vous parlez de compassion, cela peut-il s'appliquer à soi comme aux autres ?

— Je ne saurais trop vous répondre, dit Owen. Le texte qui me vient spontanément à l'esprit – *Éthique à Nicomaque*, d'Aristote – prétend que l'amour-propre n'est pas toujours égoïste. Il implique surtout un certain respect de soi.

— Je vous demandais en fait si le mot compassion n'avait qu'un sens purement altruiste ? ajouta le dalaï-lama.

La différence était de taille, et cela provoqua de vives discussions entre Sa Sainteté et les traducteurs, sur les différents concepts du bouddhisme que l'anglais regroupe sous le seul mot « compassion ».

Le dalaï-lama développa son propos :

— En tibétain, *tsewa* implique le souhait « d'être à l'abri de la souffrance et de ses causes ». Il désigne aussi l'empathie, dans laquelle chacun peut reconnaître l'attention portée à soi-même comme aux autres, et enfin la compassion envers autrui. Mais tout cela tient en un seul mot, « compassion ». Est-ce très différent du point de vue occidental ?

— D'emblée, dit Owen, je serais tenté de dire qu'il y a une vraie différence, mais j'y réfléchirai davantage au fil de la journée. Nous sommes persuadés en Occident qu'on ne peut aimer les autres qu'à condition de s'aimer soi-même – que si l'on n'a pas d'amour-propre, si l'on a la haine de soi ou si l'on ne se respecte pas, on n'est pas en situation d'aimer les autres.

À ces mots, le dalaï-lama hocha la tête en signe de

compréhension. La question de l'amour-propre avait déjà été abordée en 1990, à la rencontre *Mind and Life* sur la santé et les émotions, dont j'avais également été le modérateur[3]. Sharon Salzberg, une professeur bouddhiste états-unienne, y avait décrit l'enseignement d'une méditation où l'on commence par développer la bonté envers soi-même avant de l'élargir aux autres. L'une des raisons de ce phénomène, avait-elle expliqué, tient au très faible amour-propre dont font aujourd'hui preuve les Occidentaux – qui confine parfois au mépris de soi. Entendant cela pour la première fois, le dalaï-lama s'était alors montré quelque peu incrédule ; l'idée même d'autodétestation lui était étrangère.

Le dalaï-lama se lança dans un long exposé en tibétain sur le fait qu'à ses yeux le souci de soi et des autres est fondamental pour l'existence humaine et que l'omission de soi dans la définition occidentale de la compassion aurait quelque chose de dramatique. Par essence, la compassion n'est pas qu'un simple sentiment envers autrui – l'empathie – mais un souci sincère, une volonté de soulager les souffrances. Et cela vaut quel que soit l'être concerné, soi-même, autrui, ou un animal.

Puis il demanda au vénérable Kusalacitto ce qu'en disait sa propre école de pensée :

— Dans la tradition palie, répondit ce dernier, le mot « compassion » s'applique aussi bien à soi qu'aux autres. Qu'il s'agisse de *karuna* ou de *metta*, la compassion et la bonté, ajouta-t-il en évoquant le pali, la langue de Bouddha, et qui demeure celle du bouddhisme theravâda en Thaïlande, en Birmanie et au Sri Lanka, entre autres.

— Il y a donc concordance entre la tradition palie et le sanscrit qu'emploie le bouddhisme tibétain, résuma

Alan Wallace. Les mots désignant la bonté et la compassion s'appliquent à la fois à soi-même et aux autres. Mais, dans le contexte occidental, si la compassion ne concerne qu'autrui, l'état mental qu'on adresse à soi-même peut se trouver en opposition avec la compassion pour les autres. Les connotations de ces mots peuvent avoir des implications très importantes.

Le mot qui manque cruellement à l'anglais

— Nous, Occidentaux, avons incontestablement la notion de l'apitoiement sur soi, répondit Owen, et on ne trouve pas ça très positif. C'est le sentiment excessif que les choses ne se passent pas bien pour soi. Là encore, c'est égoïste.

Le dalaï-lama apporta un nouvel éclaircissement :

— Lorsque je dis qu'au plus profond la nature humaine est compatissante, j'emploie un terme qui signifie à la fois la compassion envers soi et envers autrui. Mais le bouddhisme possède d'autres termes pour désigner la compassion envers soi opposée à la compassion envers autrui. Il en est un, généralement traduit par « culte du moi », qui implique qu'on se place avant les autres, qu'on tient son propre bien-être pour une priorité absolue – par opposition à l'amour d'autrui, qui implique un souci très sincère du bien-être des autres comme une fin en soi, et pas parce qu'il signifie un retour profitable. Si l'on oppose ces deux termes et que l'on se demande : « Est-il dans la nature humaine de chérir les autres ? » il faut admettre que non, ça ne l'est pas.

Le dalaï-lama constata qu'on touchait à présent à la linguistique, l'une des nombreuses disciplines qui ont forgé la pensée philosophique d'Owen. La sémantique peut avoir des conséquences très réelles sur la perception du monde. Des anthropologues ont même affirmé que, d'une certaine façon, la langue d'un peuple crée sa réalité : nous pouvons être totalement sourds à des phénomènes ou à des notions pour lesquels nous ne possédons pas de mots. C'est en substance ce que dit le dalaï-lama dans l'intervention qui suivit.

— Connaissant la richesse de la langue anglaise, il doit bien y avoir un mot correspondant au terme tibétain qui désigne aussi bien la compassion envers soi-même qu'envers autrui. Si ce mot n'existe pas, il faudra l'inventer.

Rieur, le dalaï-lama interrogea Matthieu Ricard en tibétain :

— Le français est-il mieux doté à cet égard ?

Matthieu répondit qu'il en allait de même en français.

— Ils sont plus doués pour l'amour romantique, plaisanta Owen, faisant à nouveau rire Sa Sainteté.

Une harmonie sociale, pas intérieure

Reprenant le fil de son exposé, Owen se demanda quelles émotions participent de la vertu – c'est-à-dire, quelles émotions la philosophie occidentale juge-t-elle importantes au regard de la morale. Il commença par celles qui paraissent liées à la nature même de l'homme.

— Voici les émotions dont on dirait qu'elles accompagnent d'emblée notre espèce : la colère, le mépris, l'indignation, la peur, le bonheur, la tristesse, l'amour, l'amitié, le pardon, la gratitude, le regret (ou le remords d'avoir fait quelque chose de mal), la honte.

« On peut y ajouter – peut-être – la culpabilité. Je sais que la culpabilité ne figure pas dans l'équivalent bouddhiste de cette liste. C'est peut-être une affaire de sémantique, ou alors c'est que les bouddhistes ne se sentent généralement pas trop coupables (ce que je trouve plutôt bien). Mais, en Occident, la culpabilité est une émotion importante, liée à la honte.

« Enfin, il y a la compassion. Telle est la liste que dresseraient la plupart des moralistes qui ont réfléchi à la nature du bien. Mais il ne s'agit là que d'émotions existantes. Je n'ai pas encore dit un mot sur lesquelles sont bonnes ou mauvaises, lesquelles méritent d'être modérées ou modifiées.

— Mais vous les avez toutes qualifiées d'émotions « morales », dit en souriant le dalaï-lama, allusion subtile à la distinction qu'avait précédemment établie Owen entre faits et valeurs. N'est-ce pas là un jugement de valeur ?

— C'est bien pour cela que je l'avais mise entre guillemets, au cas où vous me poseriez la question, répondit Owen en riant. Mais vous avez tout à fait raison. Nous savons pertinemment que des sentiments tels que la colère, le mépris ou l'indignation sont parfois approriés et parfois pas.

Owen poursuivit :

— La présence de ces émotions dans notre liste tient essentiellement à notre conception de l'évolution. Nous pensons que l'homme a évolué comme un animal social – que nous avons besoin les uns des autres. L'interaction sociale nous donne de multiples occasions d'être bien traité ou maltraité. Chacune de ces émotions survient en réponse à certaines situations sociales. Par exemple, je deviens craintif si quelqu'un menace de me faire du mal. Je ressens de l'amour si quelqu'un m'a bien traité, peut-être parce que je l'avais moi-même bien traité précédemment. Les émotions dites morales semblent d'abord servir à structurer notre vie sociale de façon à la rendre la plus douce possible. Notre tradition accorde moins d'importance au fait de songer à structurer notre âme.

L'interprète Jinpa recadra cette différence entre les notions occidentales et bouddhistes :

— Peut-on dire alors que les philosophes occidentaux considèrent que ces émotions servent davantage à faciliter les relations entre les gens plutôt qu'à perfectionner notre propre nature intérieure ?

— C'est exactement cela, dit Owen. Nous sommes très centrés sur nous-mêmes – par la confiance en soi, l'amour-propre – mais beaucoup moins sur la recherche d'un équilibre intérieur. Ces émotions, et les principes moraux qui les gouvernent, concernent invariablement des relations sociales.

Un Socrate insatisfait ou un cochon satisfait ?

Owen aborda ensuite une thèse que le dalaï-lama avait défendue dans ses écrits, notamment dans *Une éthique pour le prochain millénaire* : l'objectif commun à tous les hommes est le bonheur.

— La pensée occidentale reconnaît en général que cela est vrai, dit Owen. Mais un problème demeure. Le philosophe Emmanuel Kant a dit qu'être heureux est une chose, mais qu'être bon en est une autre.

Et Owen d'ajouter avec malice :

— Je me contente de jeter ça en l'air, histoire de tous nous agacer un peu.

Le dalaï-lama demanda alors :

— Du point de vue de Kant, qui établit une nette distinction entre bonheur et bonté, quelle serait la définition de la bonté ?

Owen répondit en montrant une nouvelle diapositive, où l'on pouvait lire : « Qu'est-ce que le bonheur ? Le plaisir ? Les plaisirs supérieurs ? L'épanouissement ? La vertu ? »

— Comme le bouddhisme, l'Occident reconnaît que l'objectif est le bonheur, expliqua Owen. Mais il y a beaucoup de divergences quant à la définition du bonheur. S'agit-il par exemple du simple plaisir sensuel, ou bien ne peut-il s'agir que d'excellents plaisirs supérieurs ?

Le dalaï-lama demanda :

— Les Occidentaux font-ils une différence entre le bien-être physique ou mental et le bonheur ? Cette distinction est très importante dans le bouddhisme.

— Oui, nous la faisons, dit Owen. L'ensemble des philosophes qui reconnaissent que le bonheur est le but de la vie sont aussitôt contraints de distinguer entre les plaisirs dits supérieurs ou inférieurs, ou les différents types de bonheur. Prenons le terme d'Aristote, *eudaimonia*, qu'on a traduit pendant des années par « bonheur » et qu'on traduit plus volontiers aujourd'hui par « épanouissement ». C'est une métaphore florale – l'idée étant que la fleur n'a pas réellement besoin de se sentir heureuse pour s'épanouir.

Alan demanda alors :

— Owen, pourriez-vous approfondir les notions de bonheurs supérieurs et inférieurs ? C'est assez vague.

La réponse d'Owen était concise.

— Le philosophe John Stuart Mill a dit dans *L'Utilitarisme* : « Chaque homme préférerait être un Socrate insatisfait qu'un cochon satisfait. » Socrate avait quelque chose qui correspond à ce que les gens souhaitent naturellement et pertinemment accomplir. C'est une façon de concevoir les bonheurs supérieurs et inférieurs.

Mieux vaut être bon qu'heureux

— La meilleure façon de comprendre la distinction qu'établit Kant entre bonheur et bonté, ou vertu, poursuivit Owen, consiste peut-être à se demander si le bonheur relève d'une certaine sensation ou d'une certaine manière d'être. Platon dit qu'une personne est heureuse si elle est bonne et qu'elle est bonne si elle est heureuse. C'est forcément lié. Mais les lecteurs de Platon sentent bien que le bonheur dont il parle n'est pas celui de l'enfant qui reçoit un cadeau. C'est un état général très paisible.

« Je crois qu'en distinguant entre le bonheur et la bonté Kant pensait d'abord au fait qu'être bon exige beaucoup de l'individu – les tentations sont toujours si nombreuses. Les exigences d'une vie morale sont telles qu'on risque d'y sacrifier tout ce qui peut procurer du bonheur. Jusqu'à sa vie. Jusqu'à demander à ses enfants de donner leur vie pour une cause importante.

« Kant en était même venu à penser qu'il n'y a aucune valeur morale dans le fait d'accomplir un acte moral parce que les émotions nous y poussent. Il disait par exemple que si l'amour entre parents et enfants est naturel, il n'a aucune valeur morale – parce que la moralité exige qu'il y ait une lutte contre soi-même.

Alan intervint :

— Est-il exact que Kant est parvenu à la conclusion qu'il vaut mieux être bon qu'heureux ?

Owen répondit :

— Oui. Il pensait que renoncer au bonheur pour une cause morale importante est un prix qu'on doit se réjouir de payer.

S'épanouir, c'est du bonheur

Owen aborda ensuite la définition occidentale des émotions. « Platon nous propose un modèle. Il emploie une métaphore où la raison est le conducteur d'un char tiré par deux fougueux chevaux, l'émotion et le tempérament, qui cherchent sans cesse à s'échapper. C'est un peu simpliste, mais cela reflète bien l'idée des philosophes grecs que la raison doit dompter les émotions – humeurs et tempéraments – qui sont la cause de tous les ennuis.

« Le tempérament est un style émotionnel, certaines personnes sont timides, d'autres lunatiques – c'est un trait de caractère. La colère est une émotion ; un tempérament irritable est toujours prompt à se mettre en colère. Platon disait que les émotions, le tempérament et l'appétit – pour le sexe ou pour la nourriture – sont autant de sources de problèmes, et que la raison humaine doit les maîtriser.

« Aristote, qui était disciple de Platon, voyait cela d'un autre œil. Il estimait que le bonheur était une sorte d'épanouissement, et il a établi la doctrine du juste milieu, qui est très, très proche de la doctrine bouddhiste. Il pensait que nous disposons d'une panoplie de vertus – parmi lesquelles on trouve le courage, l'amitié et la compassion – que chacun doit faire harmonieusement cohabiter en soi. On y parvient par la fréquentation des anciens qui ont appris à le faire.

« Aristote disait aussi que toute vertu comporte une composante émotionnelle. Par exemple, s'il est parfois juste de faire preuve de colère, il faut en exprimer la dose appropriée, de la façon qui convient, envers la bonne personne au moment opportun. Ce n'est pas une tâche facile. »

Ces mots firent rire le dalaï-lama.

Owen poursuivit : « Aristote estimait que nous apprenons à réagir de façon vertueuse en imitant les anciens, ou par la *phronesis*, qui veut dire "sagesse pratique". Toute situation nouvelle réclame une réflexion accrue. Mais, en général, savoir modérer ses émotions de façon à ce qu'elles débouchent sur une action positive procurera automatiquement, naturellement, un sentiment de bonheur. Il faut souhaiter ne pas avoir à toujours utiliser ses capacités de discernement. »

Ceci déclencha une discussion entre le dalaï-lama, ses interprètes et la rangée de lamas derrière eux, qui cherchaient le terme tibétain correspondant à *phronesis*. Ils finirent par convenir que *so sor togpa*, qui veut dire « intelligence clairvoyante », s'en approchait beaucoup.

Un éveil sans religion

Owen reprit l'un de ses thèmes centraux : peut-il exister une philosophie de la bonne vie sans implication religieuse ? Bien entendu, en Occident, pendant des siècles, l'idée de vertu a été indissociable de la religion.

— Au XVIIIe et au XIXe siècle, nous avons connu la période des Lumières (bien que notre idée de l'Illumination soit très différente de celle du bouddhisme). On qualifie parfois cette période d'ère de la Raison ; les philosophes se sont mis à dire qu'une bonne vie ne reposait pas forcément sur une pensée religieuse. Le siècle des Lumières a vu les philosophes défendre différents principes susceptibles de gouverner des actes moraux.

« La plupart des Occidentaux, surtout s'ils ne sont pas religieux, se situeront soit dans le camp utilitariste, soit dans celui de Kant. Nous, philosophes, aurons beau passer des semaines, des mois, des années et des siècles à débattre de ce qui sépare les deux camps, ils ont quand même beaucoup en commun.

Le dalaï-lama demanda à Jinpa de clarifier la distinction entre les notions utilitaristes et kantiennes de la vertu, ce que Jinpa fit brièvement en tibétain. Il vérifia ses notes auprès d'Owen :

— Peut-on le résumer ainsi : les utilitaristes entreprennent des actes moraux parce qu'ils nous rendent meilleurs, alors que les kantiens estiment qu'il faut entreprendre ces actions sans se soucier des conséquences qui en découlent ? Y a-t-il en outre une différence ontologique entre leurs notions respectives de la bonté – qui du point de vue utilitariste serait en quelque sorte relative et liée au contexte, alors qu'elle détiendrait pour les kantiens un certain degré d'absolu ?

— C'est exact, répondit Owen. Mais d'un autre côté…

Le dalaï-lama voulait approfondir :

— Alors comment défendre l'idée d'un bien absolu sans recourir à quelque notion théologique ?

Owen admit :

— Dans le cas de Kant, il était bien question de théologie. C'était un luthérien piétiste.

Le dalaï-lama sourit, satisfait. Il en était arrivé là où il le souhaitait : l'éthique selon Kant n'est pas sans lien avec la pensée religieuse.

Cent contre un

Owen poursuivit :

— Les utilitaristes prétendaient qu'il pouvait être moralement juste, par exemple, que cent personnes tirent du plaisir à porter atteinte à une seule. Mais on pourrait rétorquer que c'est faire preuve d'irrespect pour l'individu, qui est une valeur plus élevée, un bien supérieur.

Constatant que la pause matinale approchait à grands pas, Alan intervint :

— Nous allons devoir conclure, mais, auparavant, nous ne voudrions pas vous laisser ainsi en suspens. Nous avons donc cent personnes qui attendent, et une autre, là, toute seule – que faisons-nous, en tant qu'utilitaristes ?

— Les utilitaristes diraient que la cohérence exige d'agir pour la satisfaction à long terme du plus grand nombre, répondit Owen. Quel genre de long terme ? L'éternité. C'est très difficile à mettre en pratique. L'objection généralement opposée aux utilitaristes (bien que certains y voient justement sa cohérence) est que cela peut conduire à sacrifier une personne pour sauver la vie de cent autres. Un kantien y mettra des réserves, disant que, même si cent personnes meurent des suites de votre décision, il ne faut jamais violer le principe de ne pas tuer. Aucun des deux courants ne fait état des émotions ressenties envers qui que ce soit ; tous deux partent de l'idée qu'il faut faire preuve de cohérence.

Owen revint alors sur la question du dalaï-lama qui associait la croyance religieuse à la philosophie.

— Ce que je veux souligner, c'est que la morale occidentale reconnaît aujourd'hui qu'il n'est pas nécessaire de se rendre à l'église pour acquérir ces principes. Il faut étudier la philosophie morale et agir en bon utilitariste ou en bon kantien. Dans la plupart des cas, les deux se rejoignent, parce que l'un comme l'autre accordent à tous le même respect – personne ne vaut plus qu'un autre.

États d'esprit destructifs et constructifs

Conscient que la pause du matin approchait, je priai Owen d'en venir à l'essentiel – sa liste des états d'esprit constructifs et destructifs. Ils apparurent aussitôt à l'écran derrière lui :

États d'esprit destructifs
Manque d'amour-propre
Excès de confiance en soi
Receler des émotions négatives
Jalousie et envie
Manque de compassion
Incapacité à entretenir de proches relations personnelles

États d'esprit constructifs
Respect de soi
Amour-propre (s'il est mérité)
Sentiments d'intégrité
Compassion
Bienveillance
Générosité
Discernement de ce qui est vrai, bien et juste
Amour*
Amitié*

— Je ne revendique pas cette liste, dit Owen, je cherche juste à décrire le point de vue occidental depuis mon fauteuil de philosophe.

En parcourant la liste des états mentaux destructifs, Owen remarqua que le dernier, l'incapacité à entretenir de proches relations personnelles, pouvait révéler quelques différences entre les pensées bouddhiste et occidentale. « Dans la seconde liste, j'ai mis un astérisque à l'amour et à l'amitié parce que je tiens particulièrement à ce que nous en parlions dans le courant de la semaine. De même que nous avons jugé destructeur de ne pas pouvoir entretenir de proches relations avec autrui, nous estimons constructif de connaître des amours et des amitiés profondes.

« L'intégrité, développa Owen, signifie que l'on est fidèle à ses principes ; que l'on vit sa vie selon ses croyances. » Alan expliqua au dalaï-lama la difficulté qu'il y a à traduire le mot « intégrité », car si plusieurs termes tibétains désignent l'honnêteté et l'absence de duplicité ou de faux-semblants, aucun ne semble présenter l'ensemble des connotations qu'il contient.

« Pour l'amour-propre, j'ai ajouté "s'il est mérité" entre parenthèses. Beaucoup de gens font preuve d'un excès d'amour-propre. Ils s'estiment intègres, alors qu'ils ne le sont pas. L'amour-propre n'est donc constructif que s'il est mérité. Je crois qu'une liste bouddhiste contiendrait aussi des éléments comme la compassion, la bienveillance et la générosité. Ainsi que la capacité à discerner la vérité des choses – la perception directe.

« Nous pourrions ajouter à cette liste d'autres états d'esprit constructifs mineurs, tels que la confiance mesurée et l'humilité. Mais je m'en tiendrai là pour remercier Votre Sainteté et le public. Merci beaucoup.

Le dalaï-lama demanda :

— Avez-vous fait une distinction entre négatif et destructif ?

Owen répondit que non – mais que cette question révélerait sans doute dans les jours qui suivraient bon nombre de différences entre le bouddhisme et la philosophie occidentale.

Le yéti et les marmottes

À la pause, Francisco Varela, passablement amaigri mais l'air heureux, s'approcha de Sa Sainteté, qui lui manifesta une affection particulière, avant de chaleureusement nous le présenter : « Voici l'un de mes plus vieux amis – c'est un grand scientifique. »

L'année précédente, Francisco avait subi une transplantation du foie, dernier recours médical après une terrible hépatite. Il avait alors reçu le soutien moral et les encouragements constants du dalaï-lama. Francisco semblait considérer sa présence parmi nous comme un miracle, d'autant qu'il n'était plus en situation permanente d'urgence médicale, mais sa vie ne tenait plus qu'à un cocktail quotidien de médicaments. Il ressentait une immense gratitude envers le dalaï-lama pour ses manifestations quasiment intimes de sollicitude.

« Ça ressemblait à des retrouvailles, dirait-il plus tard de ces instants partagés avec le dalaï-lama. Sortir enfin de cette menace permanente – c'était pour moi comme une célébration extraordinaire. Un vrai cadeau. Un don de vie… et de prévenance. »

À la pause, l'atmosphère s'était détendue. Owen

avait demandé à son fils de faire une photo en compagnie du dalaï-lama, auprès duquel les observateurs se succédaient pour échanger quelques mots. Puis le *bhikku* Kusalacitto approcha, présentant au dalaï-lama un texte sacré en langue palie.

Le vénérable Somchai Kusalacitto est né en 1947 au sein d'une famille de fermiers du nord de la Thaïlande ; son père était chinois et sa mère thaïlandaise. Très tôt venu aux études bouddhiques, il s'était fait moine à vingt ans. Élève doué, il avait fait preuve d'une grande maîtrise dans l'étude des écrits palis, avant d'obtenir une licence en études bouddhiques en Thaïlande et un doctorat de philosophie indienne à l'université de Madras.

Il entame sa carrière universitaire en devenant le doyen de l'université bouddhiste Mahachulalongkornrajavidyalaya à Bangkok, dont il est aujourd'hui le recteur adjoint pour les affaires étrangères, et où il donne des cours de bouddhisme et de religion comparée. Sans renoncer à sa vie monacale, et tout en remplissant les fonctions d'abbé suppléant au monastère de Chandaram, il fait aujourd'hui de fréquentes apparitions à la radio et à la télévision thaïlandaises, et aborde régulièrement différents thèmes bouddhistes dans la presse. Il est aussi cofondateur d'une association bouddhiste internationale engagée dans les questions sociales, d'un groupe prônant un système éducatif alternatif en Thaïlande, et encore d'une confrérie de moines thaïlandais soucieux de préserver la simplicité de la vie monacale forestière traditionnelle. Il ajoute enfin à tout cela la rédaction continue de savantes études autour du bouddhisme.

Pour le dalaï-lama, faire venir ce moine érudit de Thaïlande avait une importance particulière – pas seulement au regard de notre programme scientifique, mais par fidélité à son souci personnel d'engager le dialogue avec les multiples écoles du bouddhisme. Aux premiers siècles du bouddhisme en Inde, une foule de courants ne cessaient de confronter leurs points de vue ; ce fut une sorte d'âge d'or. Mais, à mesure que le bouddhisme s'est propagé en Asie, il s'est divisé en branches et sous-branches pour devenir ce qu'il est aujourd'hui, et ces dialogues se sont faits rares ; dans le Tibet isolé, ils ont fini par totalement disparaître.

Lors des préparatifs de cette rencontre, le dalaï-lama avait insisté pour que soient invités des représentants d'autres branches du bouddhisme. Il s'était plaint en riant d'avoir passé plus de temps à discuter avec des moines chrétiens qu'avec d'autres bouddhistes. Membre lui-même de l'école vajrayâna, importée d'Inde entre le Xe et le XIIe siècle, le dalaï-lama tenait à solliciter des représentants de l'école mahâyâna – essentiellement présente en Asie orientale – et du courant theravâda, prédominant dans des pays du Sud-Est asiatique comme la Thaïlande, terre d'origine du vénérable Kusalacitto.

Le dalaï-lama recevait donc le texte pali des mains du *bhikku*, avec une satisfaction non dissimulée :

— Un moine theravâda – c'est très bien. Jusqu'ici, j'ai surtout eu l'occasion de discuter sérieusement avec des Occidentaux, bien plus qu'avec mes frères bouddhistes, et notamment les moines theravâda, nos aînés. Je serais très heureux de me rendre en Thaïlande. J'attends cela impatiemment... à moins que d'ici-là la foudre ne me frappe !

— Mon université voudrait vous remettre un diplôme d'honneur, dit le *bhikku* Kusalacitto.

Alan plaisanta :

— Alors Votre Sainteté va recevoir un doctorat – ce sera le docteur Sa Sainteté !

Avant de reprendre la séance, je demandai au dalaï-lama s'il souhaitait souligner ou préciser quelque chose.

— J'ai bien une question…, dit-il, pensif. Quel est le fonctionnement précis de l'esprit dans le jaillissement de ces émotions, en termes d'états de cognition conceptuels ou non conceptuels ?

Alan précisa à mon intention :

— C'est une façon typiquement bouddhiste d'envisager un point dont il aimerait présenter sa version. Ça ne presse pas, mais ça viendra. L'après-midi nous en fournira l'occasion.

Le dalaï-lama était impatient de montrer la subtilité de la réflexion bouddhiste sur la nature de la cognition et d'établir qu'elle ne tranche pas aussi nettement entre émotion et cognition (ou raison) que la psychologie occidentale. Le terme tibétain *shepa*, tour à tour traduit par « conscience » ou « cognition », regroupe en fait ces deux notions – il serait plus proche de l'idée d'« événement mental ». Les événements mentaux que le bouddhisme qualifie d'« afflictions » sont perçus comme « conceptuels » – définition plus large qui englobe ce que nous appelons les pensées, les images mentales et les émotions.

Le dalaï-lama espérait pouvoir préciser certains de ces points après le déjeuner.

« Pas sous la forme d'une présentation formelle, juste par quelques mots d'explication », dit-il.

— Voilà pourtant quarante ans que vous préparez cet exposé, dit quelqu'un au dalaï-lama, qui répondit par une vieille fable tibétaine.

— Un yéti se tient près d'un terrier, guettant une

marmotte ; lorsqu'elle en sort, il s'en saisit et la coince sous lui en attendant la suivante – il a bien l'intention d'en attraper quelques-unes. Lorsqu'une autre marmotte se présente, le yéti se penche pour s'en emparer, puis s'assied dessus – mais entre-temps, la première marmotte s'est enfuie. Une troisième marmotte sort du trou, le yéti se penche à nouveau, l'attrape – et celle sur laquelle il était assis s'enfuit à son tour.

« C'est pareil pour moi, dit joyeusement Sa Sainteté, j'ai attrapé beaucoup de marmottes, mais j'en ai laissé filer beaucoup d'autres, ces quarante dernières années. Alors, au bout du compte, il ne m'en reste plus énormément !

4

Une psychologie bouddhiste

Je me souviens d'avoir fait la connaissance du maître tibétain Chogyam Trungpa en 1974, alors que j'enseignais la psychologie à Harvard. « Le bouddhisme, disait-il, viendra à l'Occident en tant que psychologie. »

L'idée même d'apparenter le bouddhisme à la psychologie semblait alors particulièrement absurde à l'ensemble de la profession. Mais cette condescendance en disait plus long sur notre propre naïveté que sur quoi que ce soit ayant trait au bouddhisme. Le fait qu'à l'image des grandes traditions religieuses du monde le bouddhisme soit porteur d'une théorie de l'esprit et de son fonctionnement était pour nous une nouveauté.

En fait, rien dans ma formation de psychologue ne m'avait jamais laissé entendre que la psychologie moderne n'était qu'une version plus récente d'un projet de compréhension de l'esprit humain remontant à deux millénaires. La psychologie moderne puise ses racines dans la science et la culture occidentales, et il est permis de penser que l'ensemble de la discipline est pris dans un carcan culturel, en état de quasi-solipsisme, parfaitement myope et ignorante des systèmes psychologiques d'ailleurs et d'autrefois.

Il se trouve que la plupart des religions asiatiques sont dotées d'une psychologie, bien que ce soit généralement l'affaire des plus érudits et qu'elle demeure peu connue de la masse des fidèles. Ces psychologies sont théoriques, mais aussi pratiques, puisqu'elles établissent des méthodes concrètes permettant aux « professionnels » – yogis ou moines – de discipliner et de réguler leur esprit pour atteindre un état plus proche de l'idéal.

La plus riche de ces psychologies « alternatives » est peut-être celle qu'on trouve dans le bouddhisme. Depuis les temps de Gautama Bouddha, au Ve siècle avant J.-C., l'analyse de l'esprit et de son fonctionnement a été l'élément central des pratiques de ses adeptes. Au long du millénaire suivant la mort de Gautama Bouddha, cette analyse a été codifiée pour devenir ce qu'on appelle l'abhidhamma en pali ancien (ou abhidharma en sanscrit), qui signifie « doctrine ultime ».

Chacune des branches actuelles du bouddhisme propose une version de ces enseignements psychologiques fondamentaux, avec ses propres raffinements. Nous allions ce jour-là entendre le point de vue tibétain, notamment sur les émotions.

Le savant et le moine

Après la pause, Matthieu Ricard, vêtu de la même robe pourpre et or que le dalaï-lama, s'installa à la place de l'orateur, à côté de Sa Sainteté.

« C'est en tant que traducteur, dit Alan dans son rôle de modérateur, que je veux très brièvement vous présenter Matthieu, dont la première visite en Asie remonte à 1967, et qui y vit depuis 1972. »

Né dans le milieu privilégié de l'intelligentsia française, Matthieu Ricard a eu la chance de rencontrer dans son enfance des gens remarquables. Sa mère, l'artiste Yahne Le Toumelin, était proche d'André Breton, l'un des fondateurs du surréalisme. Son oncle J.-Y. Le Toumelin a été parmi les premiers aventuriers à faire à la voile le tour du monde en solitaire, pendant trois ans. Et il a eu pour parrain G. I. Gurdjieff, le mystique russe qui comptait nombre d'adeptes parmi les intellectuels français des années cinquante (si sa mère en était fervente à l'époque, Matthieu lui-même n'a jamais entretenu de contact particulier avec les adeptes en question).

Philosophes et artistes de renom se côtoyaient à la table des Ricard – c'étaient autant d'amis du père de Matthieu, qui sous le pseudonyme de Jean-François Revel reste l'un des plus influents philosophes et politologues français vivants. Auteur d'environ vingt-cinq ouvrages – le plus connu étant *Ni Marx ni Jésus*, un best-seller dans le monde entier –, Revel occupe l'un des quarante sièges d'immortels de l'Académie française, celui de La Fontaine. Le livre de dialogues entre Matthieu et son père, *Le Moine et le Philosophe*, s'est également très bien vendu dans de nombreux pays.

Ce sont les films d'Arnaud Desjardins qui ont incité Matthieu à entreprendre son premier voyage en quête d'un maître tibétain. Desjardins avait réalisé *Le Message des Tibétains*, un documentaire de quatre heures pour la télévision française. Tourné en 1966, quelques années après l'exode des grands maîtres, qui suivit l'invasion chinoise, le film s'achève par une séquence de cinq minutes où se succèdent les visages de dizaines de grands méditants en état de profonde contemplation, fixant l'objectif en silence. Ces visages ont profondément bouleversé Matthieu.

Avec à peine quelques rudiments d'anglais (au lycée, il avait choisi l'allemand, le grec et le latin) – et sans la moindre notion de tibétain – Matthieu est donc parti pour l'Inde. C'est sur les recommandations d'un ami qui a fait le voyage quelques mois plus tôt – le Dr Frédérick Leboyer, dont la méthode d'accouchement « sans violence » (dans une demi-pénombre et dans l'eau tiède) connaîtra un certain succès dix ans plus tard – que Matthieu se présente un jour auprès d'un maître spirituel.

La vie spirituelle de Matthieu commence vraiment le 2 juin 1967, jour de sa rencontre avec l'un des grands maîtres du film de Desjardins, Kangyur Rimpotché, qui entreprend de l'initier au bouddhisme tibétain. Dans la pure tradition des yogis errants, le *rimpotché* a passé l'essentiel de son existence en retraite. Mais, comme c'est souvent le cas dans la tradition nyingmapa, Kangyur Rimpotché est marié et a une famille ; il vit dans une cabane près de la ville de Darjeeling, dans l'Himalaya.

Matthieu est envoûté par la compassion, la sagesse paisible et la grande force intérieure de son maître. À peine âgé de vingt et un ans, il passe trois semaines auprès du *rimpotché* – et, s'il ne le sait pas encore, sa vie a définitivement basculé. Revenu en France, il ne cesse de se remémorer cette rencontre. Tout en menant ses études de biologie à l'Institut Pasteur de Paris, chaque été, il passe quelques semaines en Inde auprès de son maître.

Il prépare son doctorat auprès du prix Nobel François Jacob et réalise lui-même quelques importantes découvertes en génétique. Et c'est encore cette année-là qu'il écrit son premier livre – « *Les Migrations animales* », l'éthologie étant l'un de ses violons d'Ingres (au même titre que la musique, l'astronomie et la photographie de la nature). Mais l'appel spirituel se fait pressant, et Matthieu abandonne sa carrière scientifique pour une vie de disciple du bouddhisme tibétain, sous la tutelle de Kangyur Rimpotché. À la mort de ce dernier, Matthieu se fait moine et devient l'assistant personnel de Dilgo Khyentsé Rimpotché, auprès duquel il passera douze ans, jour et nuit – et à qui il consacrera un livre de photographies après sa mort[1].

Alan conclut sa présentation de Matthieu : « Voilà près de vingt ans qu'il est devenu moine, et c'est l'un des plus anciens pratiquants bouddhistes occidentaux, notamment dans la tradition nyingmapa. Il est depuis longtemps l'interprète en français de Sa Sainteté. Alors, sans plus attendre, Matthieu, si vous le voulez bien... »

Étant au service du dalaï-lama pour ses facultés d'interprète, Matthieu se trouvait ce matin-là dans une situation que n'importe quel moine tibétain trouverait délicate, comme il nous l'avoua tout de go.

« Il est un peu étrange pour moi d'avoir à expliquer quoi que ce soit du bouddhisme en présence de Sa Sainteté », commença Matthieu. « J'ai l'impression d'être un collégien à un examen. Et, en tant qu'ancien scientifique, je ressens la même intimidation face à tant d'éminents savants. Enfin, il faut bien passer des examens de temps en temps », dit-il avec humour.

Matthieu se proposait de commencer par évoquer la différence entre les termes bouddhistes et occidentaux signifiant « émotion ». C'est en effet un terme très général. « Le mot "émotion" vient du latin *emovere* – qui désigne ce qui fait mouvoir l'esprit, que ce soit vers une pensée nocive, neutre ou positive.

« Pour les bouddhistes, en revanche, l'émotion qualifierait plutôt ce qui conditionne l'esprit, lui faisant adopter une certaine perspective, une certaine vision des choses. Il ne s'agit pas forcément d'un accès émotionnel jaillissant avec soudaineté – définition plus proche de l'objet d'étude des scientifiques. Dans la terminologie bouddhiste, ce genre d'événement serait qualifié d'émotion brute – c'est quand par exemple on est manifestement fâché, ou triste, ou encore obsédé. »

Le fossé qui sépare l'apparence des choses de leur réalité

Pour mieux saisir cette importante distinction des conceptions bouddhiste et occidentale de l'émotion, Matthieu entreprit alors un tour d'horizon remarquablement concis du point de vue de la psychologie bouddhiste. Il commença par donner une définition des émotions destructrices très différente de celle des Occidentaux : ce ne sont pas seulement celles qui causent un tort flagrant, car le mal peut être plus subtil – ce sont plutôt des déformations de notre perception de la réalité.

« Comment les bouddhistes, continua-t-il, distinguent-ils une émotion constructive d'une émotion destructrice ? À la base, cette dernière – qu'on peut aussi qualifier de facteur mental "perturbateur" ou "afflictif" – est celle qui empêche l'esprit de voir la réalité telle qu'elle est. En présence d'une émotion destructrice, il y a toujours un écart entre l'apparence des choses et leur réalité.

« L'attachement excessif pour une chose ou une personne – le désir, par exemple – nous cache l'équilibre entre ses caractéristiques plaisantes et déplaisantes, nous conduisant à le considérer un temps comme attrayant à cent pour cent – ce qui attise notre désir. L'aversion nous cache certaines qualités positives de l'objet et nous le rend négatif à cent pour cent, attisant alors notre désir de le repousser, le détruire ou le fuir.

« Ce genre d'états émotionnels détériore notre jugement, notre capacité à évaluer correctement la nature des choses. C'est pourquoi nous disons qu'ils sont perturbateurs : ils voilent la réalité. Ils finissent même par obscurcir notre vision plus générale de la nature même des choses, le fait qu'elles sont impermanentes et dépourvues de propriétés intrinsèques. Ces états sont donc perturbateurs à tous les niveaux.

« Ainsi, les émotions perturbatrices restreignent notre liberté car elles contraignent nos pensées à s'enchaîner de manière à nous faire penser, parler et agir de façon biaisée. Au contraire, les émotions constructives sont porteuses d'une appréciation plus correcte de la nature de ce qu'on perçoit – elles reposent sur un raisonnement sain. »

Très attentif, le dalaï-lama observait le silence, n'interrompant que rarement Matthieu pour demander des précisions. Les scientifiques, eux, ne cessaient de prendre des notes – c'était la première intervention de la partie bouddhiste.

La question de la nuisance

Si Alan avait estimé que ce qui permet de qualifier une émotion de destructrice tient à sa capacité de nuisance, Matthieu montrait que l'appréciation bouddhiste est plus nuancée.

— Venons-en à la description des émotions destructrices comme étant celles qui causent du tort à autrui ou à soi-même. Une action n'est pas bonne ou mauvaise en soi parce que quelqu'un en a décidé ainsi. Le bien et le mal n'existent pas dans l'absolu. Il n'y a que le bien et le mal – le tort, en termes de bonheur ou de souffrance – que causent nos pensées et nos actes, à soi-même ou aux autres.

« On peut aussi distinguer les émotions destructrices et constructives selon la motivation qui les a inspirées : qu'elle soit égocentrique ou altruiste, malveillante ou bienveillante. Il faut donc aussi bien porter notre attention sur les motivations des émotions de l'individu que sur leurs conséquences.

« Cette distinction peut aussi répondre à leur capacité à servir d'antidote les unes aux autres. Prenons par exemple, la haine et l'altruisme. On peut définir la haine comme la volonté de faire du mal à autrui, ou de détruire quelque chose qui lui appartient ou qui lui est cher. L'émotion contraire agit directement comme un antidote à cette volonté de nuire : c'est l'amour altruiste. Si l'on peut osciller entre la haine et l'amour, on ne peut pas à la fois ressentir, au même instant, de l'amour et de la haine pour quelqu'un ou quelque chose. Par conséquent, plus on cultive la bonté, la compassion, l'altruisme – plus ils envahissent notre esprit –, plus leur contraire, le désir de nuire, est tenu de reculer, possiblement jusqu'à disparition totale.

« Aussi, lorsque nous disons qu'une émotion est négative, ce n'est pas vraiment que nous répudions quelque chose, mais qu'elle procure moins de bonheur, moins de bien-être, moins de lucidité et de liberté, produisant davantage de distorsion.

Alan posa alors une question sur la haine.

— Vous définissez la haine comme une volonté de

détruire ou de rejeter quelqu'un, ce qui lui appartient, ou ce qui lui est cher. Sa Sainteté évoquait tout à l'heure la notion de compassion envers soi-même, et je voudrais poser une question qui s'y rapporte : n'est-il pas possible de ressentir de la haine de soi ? Vous semblez ne définir la haine qu'envers les autres.

La réponse de Matthieu fut assez surprenante :

— Lorsqu'on parle de haine de soi, ce qui se trouve au cœur de ce sentiment n'est pas vraiment de la haine. On peut être en colère après soi, mais il peut s'agir alors d'une forme d'orgueil, mêlé d'une certaine frustration de ne pas être à la hauteur de nos propres attentes. Mais on ne peut pas vraiment se haïr.

Alan insista :

— Alors le bouddhisme ne reconnaît rien qui ressemblerait au dégoût de soi ?

Matthieu campa sur sa position :

— Probablement pas, ce serait aller à l'encontre de la volonté première de tout être vivant, celle d'éviter la souffrance. On peut croire qu'on se déteste parce qu'on se voudrait bien meilleur qu'on est réellement. On peut se sentir déçu de ne pas être tel qu'on le voudrait, ou impatient de ne pas le devenir assez vite. La haine de soi est en grande partie constituée d'un gros attachement à l'ego. Même celui qui se suicide ne le fait pas par haine de lui-même, mais parce qu'il croit que ça lui permettra d'échapper à sa souffrance.

Il précisa la pensée bouddhiste sur le suicide :

— En fait, il n'échappe à rien, car la mort n'est qu'une transition vers une autre forme d'existence. Alors pour éviter de souffrir, mieux vaut choisir d'affronter le problème ici et maintenant, ou bien, quand cela n'est pas possible, de l'envisager sous un nouvel angle.

Quatre-vingt-quatre mille émotions négatives

Reprenant le fil de son exposé, Matthieu poursuivit :

« D'où sortent ces émotions ; qu'en disent l'enseignement et la pratique bouddhistes ? À la base, nous savons tous que, de l'enfance à la vieillesse, nous ne cessons de changer. Notre corps ne reste jamais le même et notre esprit acquiert à chaque instant de nouvelles expériences. Nous sommes un flux, en transformation permanente. Pourtant, nous avons bien la sensation que, parmi tout cela, quelque chose nous définit, quelque chose qui est resté constant depuis l'enfance et qui détermine ce qu'on appelle "moi".

« Ce "moi" – qu'on qualifiera de "cramponnement à l'ego" – constitutif de notre identité n'est pas seulement l'idée du "moi" qu'on a en se levant le matin, quand on dit "j'ai chaud" ou "j'ai froid", ou quand quelqu'un nous interpelle. La notion de cramponnement à l'ego fait référence au fait qu'on se raccroche fortement à une identité inchangée, qui semble habiter le cœur même de notre être et nous définit en tant qu'individu.

« Nous sentons aussi que ce "moi" est vulnérable, qu'il nous faut le protéger et le satisfaire. Interviennent alors l'aversion et l'attirance : aversion pour tout ce qui menacerait ce "moi", et attirance vers tout ce qui lui plaît ou le conforte et le rend confiant, heureux. De ces deux émotions fondamentales, attraction et répulsion, découlera une foule d'émotions diverses.

« Les textes bouddhistes font état de quatre-vingt-quatre mille sortes d'émotions négatives. Elles ne sont pas toutes précisément détaillées, mais ce nombre donne une idée de la complexité de l'esprit humain et nous invite à comprendre que les méthodes de transformation de l'esprit doivent être adaptées à l'immense variété des dispositions mentales. C'est pour cette raison qu'on parle des quatre-vingt-quatre mille portes qui mènent à la transformation intérieure. Toutefois, ces multiples facettes de l'émotion peuvent se résumer à cinq autres, plus générales : la haine, le désir, la confusion mentale, l'orgueil et la jalousie.

« La haine est l'envie profonde de faire du tort à quelqu'un, de détruire son bonheur. Elle ne s'exprime pas forcément par un accès de colère. Elle ne s'exprime d'ailleurs pas forcément tout le temps, mais devient manifeste lorsque les circonstances sont réunies pour déclencher l'animosité. Elle est liée à beaucoup d'émotions voisines, comme le ressentiment, la rancune, le mépris, l'animosité, etc.

« Ensuite, à l'opposé, il y a l'attachement, qui comporte encore de nombreuses facettes. Il y a le pur désir de plaisirs sensuels, ou d'un objet qu'on souhaite posséder. Mais il existe un aspect plus subtil de l'attachement, celui qu'on voue à la notion de "moi", à quelqu'un, et à la réalité tangible des phénomènes. Fondamentalement, l'attachement serait en quelque sorte une façon de s'agripper, qui nous fait prendre les choses pour ce qu'elles ne sont pas. Il nous portera à croire, par exemple, que les choses sont permanentes – que les êtres humains, l'amour, les biens que l'on possède, sont durables – bien que ce ne soit évidemment pas le cas. L'attachement revient donc à une façon de s'agripper à notre perception des choses.

« Puis il y a l'ignorance, le manque de discernement entre ce qui doit ou ne doit pas être accompli pour atteindre le bonheur et éviter les souffrances. Évidemment, la culture occidentale ne considère pas l'ignorance comme une émotion, mais c'est indiscutablement un facteur mental qui nous prive d'une appréhension lucide et correcte de la réalité. C'est donc un état mental qui trouble la sagesse ultime ou le savoir. On la considère par conséquent comme un aspect afflictif de l'esprit.

« L'orgueil, lui aussi, revêt de multiples aspects : être plein de suffisance à l'égard de ses réussites, se sentir supérieur aux autres ou leur vouer du mépris, procéder à une mauvaise évaluation de ses propres qualités, ou refuser de les reconnaître chez les autres. Il s'accompagne souvent d'un aveuglement à ses propres défauts.

« La jalousie peut se définir comme une incapacité à se réjouir du bonheur des autres. On n'est jamais jaloux des souffrances de quelqu'un, mais de son bonheur ou de ses qualités. Du point de vue bouddhiste, c'est une émotion négative. Si notre but est précisément d'apporter du bien-être aux autres, nous devons être heureux de les voir trouver le bonheur par eux-mêmes. Leur bonheur signifie qu'une partie de notre mission est déjà accomplie – c'est déjà ça de moins à faire. Pourquoi alors serions-nous jaloux ? »

Le « moi » illusoire

« Pourquoi toutes ces émotions fondamentales sont-elles si intimement liées à la notion de "moi" ? Imaginons que vous disiez à quelqu'un : "Pourrais-tu s'il te plaît te fâcher très fort et tout de suite ?" Il ne pourra pas vraiment se mettre en colère – nul n'en est capable, sauf peut-être un excellent acteur.

« Mais si vous dites à la même personne : "Tu es une crapule ; tu es vraiment répugnant", vous n'aurez pas à attendre longtemps. Cette personne sera aussitôt prise de colère. Pourquoi cette différence ? Parce que vous avez atteint son "moi". Puisque la notion d'existence d'un "soi" semble être à la source de toutes les émotions afflictives, travailler sur ces dernières nous oblige à nous demander plus profondément ce qu'est cette notion. Résiste-t-elle vraiment à l'analyse en tant qu'entité concrète ?

« Le bouddhisme s'est donc lancé dans une investigation méthodique, afin de vérifier si ce "moi" ne serait pas au fond qu'une illusion, qu'un nom qu'on colle à ce courant, à ce flux en transformation permanente. On ne trouve ce "moi" nulle part dans le corps, pas plus qu'à l'extérieur. Nous pourrions penser qu'il repose dans la conscience. Mais la conscience est elle-même un flot en transformation continue. La pensée passée est déjà évanouie ; celle à venir n'a pas encore surgi. Comment le "moi" présent pourrait-il vraiment exister, suspendu entre ce qui est passé et ce qui est à venir ?

« Or, si l'on ne peut déceler de notion de soi ni dans l'esprit ni dans le corps, ni dans les deux à la fois, ni comme une chose distincte de l'un et de l'autre, il apparaît donc qu'on ne trouve rien qui justifie un sens si développé du "moi". Ce n'est qu'un nom qu'on attribue à un continuum, comme on désigne un fleuve en le nommant Gange ou Mississippi. Voilà tout.

« Pourtant, c'est quand on s'y raccroche, quand on croit qu'il y a un bateau sur cette rivière, que les problèmes surviennent – quand on commence à s'agripper à ce "moi" comme s'il existait vraiment et qu'il fallait le protéger et le satisfaire. L'aversion, la répulsion, les cinq afflictions premières, les vingt secondaires et, finalement, les quatre-vingt-quatre mille aspects des émotions afflictives peuvent alors se déployer. »

Trois niveaux de conscience

« La question qui se pose alors est la suivante : ces émotions négatives sont-elles inhérentes à la nature fondamentale de l'esprit ? Pour répondre à cela, il nous faut distinguer plusieurs niveaux de conscience. Le bouddhisme considère qu'il existe trois niveaux de conscience : le niveau grossier, le subtil et le très subtil.

« On trouve au niveau grossier tous les types d'émotions. Il correspond au fonctionnement du cerveau et à l'interaction du corps avec son environnement. Le niveau subtil correspond à la notion de "moi" et à la faculté d'introspection qui permet à l'esprit d'examiner sa propre nature. C'est aussi le continuum de conscience qui véhicule nos tendances habituelles.

« Le niveau très subtil est l'aspect le plus fondamental de la conscience ; c'est le simple fait qu'une faculté cognitive existe[2]. C'est la conscience à l'état pur, sans focalisation sur un objet particulier et sans constructions mentales. Bien entendu, on ne perçoit généralement pas la conscience de cette façon, cela demande une pratique contemplative.

« Lorsque nous parlons de différents niveaux de conscience, ce n'est pas comme si trois ruisseaux coulaient en parallèle – cela ressemblerait plutôt à un océan, avec ses différentes profondeurs. Les émotions concernent le niveau grossier et le niveau subtil, mais n'atteignent pas le niveau très subtil. On pourrait les comparer aux vagues sur la surface de l'océan, la nature fondamentale de l'esprit correspondant alors aux grands fonds.

« On fait parfois référence au niveau très subtil en parlant de "luminosité fondamentale", mais lorsqu'on évoque l'aspect lumineux de l'esprit, cela ne signifie pas que quelque chose soit en train de briller quelque part. L'adjectif *lumineux* fait allusion à la simple faculté de connaître, d'être cognitivement présent, sans aucune coloration due aux constructions mentales ou aux émotions. Lorsqu'on réalise parfaitement et directement ce "pur éveil" basique parfois appelé "nature ultime de l'esprit", sans aucun voile, on atteint alors ce qui est considéré comme l'essence de la bouddhéité. »

Le dalaï-lama écoutait attentivement Matthieu, hochant parfois légèrement la tête en signe d'approbation. Il était en territoire connu et n'intervint pas plus pour demander quelque éclaircissement que pour contester telle ou telle idée.

Se libérer des émotions destructrices

« L'étape suivante consiste à déterminer si l'on peut totalement se libérer des émotions destructrices. C'est possible, parce que les émotions négatives ne sont pas inhérentes à la nature ultime de l'esprit. Si les émotions négatives, comme la haine, étaient inhérentes aux aspects les plus fondamentaux de l'esprit, elles seraient toujours présentes. En scrutant les profondeurs de la conscience, nous devrions alors pouvoir y trouver la haine, l'avidité, la jalousie, l'orgueil, etc.

« Notre expérience quotidienne nous dit pourtant que ces émotions négatives sont intermittentes. Et les contemplatifs nous disent qu'ils ont beau appréhender les aspects fondamentaux de la conscience, ils ne trouvent pas d'émotion négative dans le continuum lumineux du niveau très subtil. C'est au contraire un état libre de toute émotion destructrice et de toute négativité.

« Bien que la grande majorité des gens fasse souvent l'expérience des émotions négatives, cela ne signifie pas que ces émotions soient inhérentes à la nature fondamentale de l'esprit. Pour prendre un exemple, lorsque cent pièces d'or se trouvent en un lieu poussiéreux, elles peuvent être recouvertes de poussière, mais cela n'affecte pas la nature de l'or. L'expérience contemplative nous porte à croire que les émotions destructrices ne sont pas enracinées dans la nature fondamentale de la conscience. Elles jaillissent plutôt en fonction des circonstances, des différentes habitudes et penchants qui s'expriment au niveau des couches superficielles de la conscience.

« Cela nous donne la possibilité d'étudier ces émotions éphémères et les tendances habituelles qui les nourrissent. Si les émotions destructrices étaient inhérentes à l'esprit, tenter de nous en libérer n'aurait aucun sens. Ce serait comme essayer de laver un morceau de charbon. Reconnaître qu'on peut s'en libérer est le point de départ du chemin de la transformation intérieure. Il est possible de chasser les nuages pour trouver que, derrière, le soleil est toujours là et que le ciel n'a jamais cessé d'être clair.

« Pour déterminer si ces émotions destructrices font partie de la nature fondamentale de l'esprit, nous devons les examiner de près. Prenons par exemple la colère. Un accès de colère paraît irrépressible, totalement subjugant. On se sent incapable de ne pas être en colère ; c'est comme si l'on n'avait pas d'autre choix que de l'éprouver. C'est parce qu'on ne regarde pas la nature de la colère elle-même. Qu'est-ce que la colère ? Vu de loin, un gros nuage d'été paraît si massif qu'on pourrait s'asseoir dessus. Mais si l'on y pénètre, il n'y a rien à saisir, rien d'autre que de la vapeur et du vent. Pourtant, ce nuage cache le soleil ; il produit donc un effet.

« Il en va de même pour la colère. Une méthode classique de la pratique bouddhiste consiste à regarder la colère bien en face et à se demander : "La colère est-elle comme le général d'une armée, comme un feu ardent, comme un gros caillou ? Brandit-elle une arme ? Peut-on la localiser, dans la poitrine, le cœur, la tête ? A-t-elle une forme, une couleur ?" Ça n'est tout de même pas comme si quelqu'un vous pointait une lance sur le ventre ! C'est pourtant ainsi que nous concevons notre colère, comme quelque chose de très puissant et de dominant.

« Mais l'expérience démontre que plus on observe la colère, plus elle s'évanouit sous nos yeux, comme le gel qui cède au soleil du matin. Lorsqu'on l'observe réellement, elle perd aussitôt toute sa force.

« On découvre aussi que la colère n'est pas ce que l'on croyait au départ. C'est un assemblage d'éléments distincts. On trouve par exemple au cœur de la colère un aspect de clarté, une brillance, qui n'est pas malveillante. En effet, à la source même des émotions destructrices se trouve quelque chose qui n'est pas encore nocif.

« Ainsi, expliqua Matthieu, le caractère négatif des émotions n'est même pas intrinsèque aux émotions elles-mêmes. C'est le cramponnement, l'attachement, associé aux penchants individuels, qui provoque une réaction en chaîne et transforme la pensée initiale en colère, puis en haine. Si la colère elle-même n'est pas tangible, c'est qu'elle n'est pas une propriété de la nature fondamentale de l'esprit. »

Un antidote universel

« Cela nous conduit à nous demander comment traiter les émotions négatives, non pas en termes d'observation, mais en termes de transformation intérieure. À mesure qu'elles s'implantent dans l'esprit, les émotions négatives se transforment d'abord en humeurs pour finir en traits de caractère. Il faut donc commencer par travailler sur les émotions elles-mêmes. Cela peut se faire de différentes façons et à différents niveaux – débutant, intermédiaire, et avancé.

« Le premier recours, lorsqu'on cherche à éviter les conséquences des émotions destructrices qui font notre propre malheur et celui des autres, ce sont les antidotes. Chaque émotion possède un antidote spécifique. Comme je le disais tout à l'heure, on ne peut pas simultanément ressentir de la haine et de l'amour pour un même objet. L'amour est donc un antidote direct de la haine. On peut ainsi contempler les aspects déplaisants de l'objet d'un désir compulsif, ou tenter d'y porter un jugement plus objectif. Pour l'ignorance, ou le manque de clairvoyance, il est possible de chercher à raffiner notre discernement de ce qu'il convient de faire et de ce qu'il convient d'éviter. Pour contrer la jalousie, on peut chercher à se réjouir des qualités d'autrui. Contre l'orgueil, on tentera d'apprécier les réussites des autres, à ouvrir les yeux sur nos propres défauts et à cultiver l'humilité.

« Ce processus implique qu'il existe autant d'antidotes que d'émotions négatives. L'étape suivante – c'est le niveau intermédiaire – consiste à chercher un antidote plus général qui agirait sur toutes ces émotions. On trouvera cet antidote dans la méditation, dans la recherche de la nature ultime de toutes les émotions négatives. On s'apercevra alors que ces émotions n'ont pas de consistance propre – qu'elles laissent apparaître ce que le bouddhisme nomme leur vacuité. Ce n'est pas qu'elles s'évanouissent d'un coup dans le ciel, mais elles ne sont pas aussi solides qu'elles en ont l'air.

« Procéder de la sorte permet de démanteler l'apparente solidité des émotions négatives. Cet antidote – la reconnaissance de leur vacuité – agit sur toutes les émotions, qui, bien qu'elles se manifestent de différentes façons, ont en commun leur fragilité.

« La dernière méthode, qui est aussi la plus risquée, ne consiste pas à neutraliser les émotions ou à constater leur vacuité, mais à les transformer, à s'en servir de catalyseur pour se délivrer de leur influence au plus vite. C'est comme quelqu'un qui tombe à la mer et se sert de l'eau comme support pour nager jusqu'à la rive.

« On compare parfois ces méthodes à trois façons de traiter une plante vénéneuse. On peut prudemment la déraciner pour l'extraire du sol. C'est l'usage des antidotes. On peut aussi se contenter de verser de l'eau bouillante sur la plante. Cela équivaudrait à méditer sur sa vacuité. La troisième alternative est celle du paon, qu'on a toujours cru capable de se nourrir de substances vénéneuses. Le paon vient donc manger la plante. Non seulement le paon ne sera pas empoisonné, alors que d'autres animaux en mourraient, mais ses plumes s'en trouvent embellies. Cela correspond à la transformation des émotions en moyens de faire avancer sa propre pratique spirituelle. Mais cette dernière méthode comporte des risques. Elle ne vaut que pour les paons – d'autres animaux y rencontreront de graves ennuis !

« Dans ces trois exemples, le résultat est le même, un objectif commun est atteint : on n'est plus l'esclave des émotions négatives, et on avance vers la liberté. Peu importe quelle méthode est “supérieure” aux autres. Ce sont des clés. La fonction d’une clé est d’ouvrir la porte. Qu’elle soit de fer, d’argent ou d’or n’a pas d’importance du moment qu’elle ouvre la porte. Plus pragmatiquement, la méthode la plus efficace pour la transformation intérieure de chacun est celle qui lui convient, c’est celle-là qu’il faut appliquer.

« Rappelons toutefois que la dernière méthode, pour aussi tentante qu’elle soit, revient un peu à tenter d’attraper un bijou sur la tête d’un serpent. En cherchant à utiliser ces émotions en catalyseurs, si l’on ne parvient pas à vraiment les transformer, mais qu’on en fait l’expérience ordinaire, on en ressort plus esclave que jamais ! »

Avant, pendant, ou après ?

Matthieu passa alors à un sujet voisin, le choix du moment de l’intervention sur les émotions destructrices. Faut-il agir après, pendant, ou avant qu’elles surgissent ?

« La première solution – les traiter une fois qu’elles sont survenues – est celle du débutant, parce qu’il n’aperçoit les aspects négatifs ou destructifs de certaines émotions qu’après les avoir vécues. Il en examinera alors les conséquences à l’aide de la raison – en constatant, par exemple, qu’un fort accès de colère, qui l’a porté à considérer quelqu’un comme entièrement mauvais, a pu causer bien des souffrances à autrui sans pour autant l’avoir rendu lui-même plus heureux. Cette méthode permet de distinguer les émotions porteuses de bonheur de celles qui provoquent des souffrances. La prochaine fois que de telles émotions seront sur le point de surgir, il apparaîtra alors nettement qu'il vaut mieux ne pas leur laisser la bride sur le cou.

« Une fois qu'on s'est un peu rodé à cette pratique, l'étape suivante consiste à traiter ces émotions dès qu'elles surviennent. Cette méthode repose sur la possibilité de relâcher les émotions au moment même où elles surgissent à l'esprit, de façon à ne pas les laisser déclencher une séquence de pensées qui prolifère jusqu'à prendre le contrôle de l'esprit, nous contraignant à passer à l'acte – et à causer par exemple du tort à quelqu'un. Pour ce faire, il faut contempler la pensée à peine surgie de la façon décrite plus haut, en se demandant si elle possède une forme, une localisation, une couleur, etc., et constater que sa nature réelle est le vide. Lorsqu'on maîtrise ce processus, pensées et émotions vont et viennent sans donner naissance à une série de pensées assujettissantes, comme un oiseau traverse le ciel sans laisser de sillon, ou comme un dessin sur l'eau disparaît aussitôt qu'on l'a tracé.

« Bien entendu, cela demande une longue pratique, mais, avec de l'entraînement, cela peut devenir une manière tout à fait naturelle de traiter les pensées. Le mot tibétain désignant la méditation signifie littéralement "familiarisation". Par la pratique, on se familiarise avec cette façon de regarder les pensées aller et venir. On s'y habitue.

« Puis, une fois qu'on a acquis suffisamment d'expérience, on atteint le dernier échelon : avant même que ne surgisse une émotion, on est préparé à ne pas lui laisser autant de capacité de domination, d'assujettissement. Cette étape est liée à l'épanouissement, un état de transformation aboutie où les émotions destructrices jaillissent avec nettement moins de force.

« Prenons un exemple, assez trivial : votre estomac est ballonné, et il vous est difficile de toujours vous retenir – cela peut même être douloureux. Mais il n'est pas vraiment bienséant non plus de vous laisser aller. Pas plus la répression que le relâchement ne sont la bonne solution. Le mieux sera donc de traiter le problème à sa source, pour ne plus avoir de ballonnement !

« C'est un peu la même chose pour les émotions. Avec l'expérience, on atteint un stade où la bonté baigne l'esprit. Elle devient une seconde nature, la haine est absente du flux mental et il devient impossible de volontairement faire du mal à quelqu'un. La haine ne survient plus, il n'y a plus rien à réprimer. Cet état marque une validation de notre pratique spirituelle. »

Profond épanouissement

« On pourrait croire qu'à se débarrasser de toutes les émotions, on en devient aussi apathique et peu réactif qu'un caillou. C'est pourtant totalement faux. Une fois libre, l'esprit est aussi vif que lucide. Le sage parfaitement apaisé, libéré des émotions polluantes, fait preuve d'une plus grande sensibilité, d'un plus grand souci du bonheur et du malheur d'autrui – alors qu'un être distrait et confus n'y est pas attentif, comme on ne se rend pas compte de la présence d'une poussière dans la paume de notre main. Une fois entièrement serein et libre de toute émotion gênante, le sage est capable d'une perception aiguë des souffrances d'autrui et de leurs causes ; il les ressent aussi nettement que s'il avait une poussière dans l'œil. Il est capable d'un jugement bien plus fin et d'une compassion plus étendue.

« On dira que ne pas exprimer ses émotions peut être

malsain. Mais il y a mille façons d'exprimer ses émotions. On peut exprimer sa colère, par exemple, sans éclater de rage ni proférer d'insultes, mais en la confrontant à son intelligence. Nous n'avons pas à réprimer nos émotions. Nous pouvons les canaliser dans un dialogue avec notre intelligence et nous en servir pour comprendre la nature de notre esprit, et les voir s'affaisser d'elles-mêmes, sans qu'elles aient pu semer les graines d'une irruption future. Sur le coup, cela permet d'échapper aux conséquences de la haine, et, à plus long terme, de ne lui laisser aucune raison de revenir de façon aussi violente.

« Reste à se demander s'il est possible de complètement se débarrasser des émotions négatives. La réponse est liée aux notions de sagesse et de liberté. Si l'on admet que les émotions destructrices restreignent notre liberté intérieure et faussent notre jugement, alors, à mesure que nous nous en déferons, elles perdront de leur force. Nous y gagnerons davantage de liberté et de bonheur.

« Mais il faut distinguer le plaisir du bonheur. Le bonheur s'entend ici comme un sentiment profond d'épanouissement, accompagné d'une sensation de paix et d'une foule de qualités positives comme l'altruisme. Le plaisir dépend du lieu, des circonstances et de l'objet de sa jouissance. Un même objet peut nous procurer du plaisir certaines fois et pas d'autres. C'est voué à constamment changer. Le plaisir peut bien vite laisser la place à de l'indifférence, puis au déplaisir et même à la souffrance. Le plaisir lui-même s'épuise à mesure qu'on en jouit, à la façon d'une bougie qui se consume et disparaît.

« En revanche, un profond sentiment d'épanouissement ne dépend nullement du moment, du lieu ou de l'objet. C'est un état d'esprit qui croît à mesure qu'on en fait l'expérience. Au fond, cela n'a quasiment rien à voir avec le plaisir. En nous délivrant de l'influence des émotions destructrices, ce que nous cherchons, c'est une forme de sérénité, de clarté et d'épanouissement que nous appelons ici bonheur. »

Bonté originelle, pas péché originel

Matthieu conclut : « Dans l'un de ses articles, Owen cite un philosophe qui dit que dans l'histoire de l'humanité, personne n'a jamais été totalement heureux ni totalement bon. Le bouddhisme propose un autre point de vue. Le mot tibétain signifiant bouddhéité comporte deux syllabes : *sang*, qui désigne celui qui a évacué toute opacité, et *gyey*, qui désigne celui qui a développé en lui toutes les excellences possibles, comme la lumière chasse l'ombre. La bouddhéité est perçue comme l'ultime bonté, la concrétisation de la bonté comme élément central de la conscience.

« Chaque être animé étant doté du potentiel pour atteindre la bouddhéité, l'approche bouddhiste possède donc plus d'affinités avec la notion de bonté originelle qu'avec celle de péché originel. Cette bonté primordiale, la nature de Bouddha, est la nature ultime de l'esprit. On dit cet état totalement dépourvu d'émotions négatives, et, par conséquent, de souffrance. Est-ce vraiment possible ? Pour répondre à cette question, il faudra se fier au témoignage de Bouddha et d'autres êtres éclairés.

« Comme je le disais plus tôt, la capacité d'éveil repose sur l'idée que les émotions perturbatrices ne sont pas inhérentes à la nature fondamentale de l'esprit. Une pièce d'or aura beau passer des siècles dans la boue, elle ne changera jamais de nature. Il suffit de retirer les couches successives qui la recouvrent pour retrouver l'or tel qu'il n'a jamais cessé d'être. Atteindre la bouddhéité est donc un processus de purification, d'accumulation progressive de qualités positives et de sagesse, pour finalement aboutir à un état de conscience absolu où les émotions destructrices, ou troublantes, n'ont plus aucune raison de survenir.

« On se demandera comment un être éveillé peut fonctionner sans émotions. La question ne me semble pas bien posée, puisque les émotions destructrices sont précisément ce qui nous empêche de voir les choses telles qu'elles sont, et donc de fonctionner correctement. Les émotions troublantes nous privent d'une appréhension correcte de la nature de la réalité et de la nature de notre esprit. Voir les choses telles qu'elles sont permet de se défaire plus facilement des émotions négatives et de laisser se développer les émotions positives, qui sont enracinées dans la raison saine – comme par exemple une compassion nettement plus spontanée et naturelle.

« Tout doit reposer sur l'expérience directe. Sans quoi ce serait comme bâtir un beau château sur un lac gelé : il coulera dès la fonte des glaces. Comme l'a dit Bouddha : "Je vous ai montré la voie. À vous de la suivre." Ça ne vient pas facilement. Il faut de la persévérance, de l'assiduité, de la constance dans l'effort. Le grand ermite tibétain Milarépa a dit : "Au début, rien ne vient ; au milieu, rien ne reste ; à la fin, rien ne s'en va." Alors cela demande du temps. Mais il est encourageant de savoir que si l'on fait de son mieux, on peut vraiment ressentir les progrès. »

Matthieu en avait terminé, et le dalaï-lama hocha la

tête en signe d'approbation, avant de dire en souriant : « À son titre de *guélong* – c'est-à-dire de moine – Matthieu doit à présent ajouter celui de *géshé* » – l'équivalent de docteur en philosophie dans les études tibétaines.

5

Anatomie des afflictions mentales

Lorsqu'un événement politique réveille notre sens de l'indignation morale, pouvons-nous réagir avec force sans tomber sous l'emprise déformante de la colère ? Et nos dirigeants politiques, dont les moindres actes ont des conséquences sur la vie de tant de gens, en sont-ils eux-mêmes capables ?

Il est si facile, sous le coup de la colère, de prendre de mauvaises décisions pour ensuite le regretter que la question est loin d'être théorique. Je me souviens d'avoir discuté de la colère des grands de ce monde avec Ronald Heifetz, le directeur et fondateur du Harvard's Center for Public Leadership, à la Kennedy School of Government. Il disait que cette colère peut trouver un écho particulièrement amplifié auprès des militants, parce que les gens accordent beaucoup d'importance aux actes et aux paroles de leur leader – les dirigeants avisés ont donc appris à soigneusement calibrer leurs épanchements d'indignation. Mais en amont, ces mêmes dirigeants doivent savoir tempérer leur colère vis-à-vis d'eux-mêmes s'ils veulent prendre les meilleures décisions politiques possibles.

En 1963, par exemple, apprenant que les Soviétiques

avaient placé des missiles nucléaires à Cuba, John F. Kennedy reçut la nouvelle comme un affront personnel et fut pris d'une colère noire – car l'ambassadeur soviétique lui avait assuré quelques mois auparavant que pareille chose ne se produirait jamais. Les plus proches conseillers de Kennedy veillèrent alors à ne pas le laisser prendre la moindre décision avant d'avoir retrouvé son calme – et peut-être ont-ils ainsi évité une guerre mondiale.

Bien sûr, le fait d'être scandalisé par des affaires politiques peut déclencher des actions d'envergure qui finissent par réparer une injustice – comme Gandhi contre le colonialisme britannique ou Martin Luther King avec le Mouvement des droits civils. Mais, signalait Heifetz, les leaders de ces mouvements jouent le rôle de catalyseur de la colère en action concrète. En mettant des mots sur ce que les gens ressentent, le dirigeant leur montre qu'il les comprend. Mais il doit ensuite aller plus loin : il lui faut absorber leur colère plutôt que de la laisser dégénérer en actes impulsifs et destructeurs.

Sur un plan plus individuel, cette transformation de la colère brute en action efficace allait être l'un des sujets de nos débats de l'après-midi. Il en ressortirait que la psychologie bouddhiste établit une distinction entre la colère née d'une perception tronquée, et l'action claire, énergique – voire furieuse – contre le mal. Et qu'elle considère que toute l'énergie contenue dans le sentiment d'offuscation morale doit être mise au service de la compassion. Des méthodes pratiques pour ainsi procéder sont même fournies. À quoi ressemblerait le monde si davantage de dirigeants politiques appliquaient ces méthodes à eux-mêmes ?

Un cadre bouddhiste

La conférence reprit après le déjeuner. Comme toujours, les murmures cessèrent aussitôt que le dalaï-lama fit son entrée pour aller s'asseoir. Alan Wallace ouvrit les débats par un avertissement d'importance : « Nous avons entendu ce matin deux éminents représentants de leurs traditions respectives, la tradition occidentale et la tradition bouddhiste. En discutant hier soir avec Matthieu et Owen, ils m'ont suggéré de redire ce qui pourrait paraître évident, à savoir qu'il n'existe pas réellement de "tradition occidentale" au sens d'une entité monolithique qui aurait traversé les âges depuis deux mille cinq cents ans, pas plus qu'il n'existe d'entité monolithique bouddhiste.

« En fait, dès qu'on gratte un peu la surface, on découvre de multiples courants, dont beaucoup sont plus ou moins incompatibles à différents égards. Toutefois, nous l'avons bien vu ce matin, on peut tracer quelques grandes lignes qui reflètent assez fidèlement une certaine pensée occidentale, et d'autres qui sont tout aussi nettement bouddhistes. Le pas de deux a donc bien commencé. Sa Sainteté nous a dit ce matin, à Jinpa et moi, que certaines remarques lui viennent déjà à l'esprit. Je voudrais donc à présent inviter Sa Sainteté à prendre la parole. »

Le dalaï-lama tenait à préciser certaines généralités sur la conception bouddhiste des émotions destructrices. Il évoqua l'abhidharma, un texte fondateur de l'épistémologie très riche du bouddhisme, qui ne propose pas seulement une phénoménologie de l'esprit mais aussi une théorie sur notre façon de savoir. Ce débat théorique nous donna un aperçu de l'ampleur de l'érudition du dalaï-lama – ce qui était assez nouveau pour les Occidentaux qui n'avaient jamais entendu ses enseignements religieux : étant lui-même un *géshé* du plus haut rang, c'est sur un plan très subtil qu'il aborda quelques questions soulevées dans nos débats. Certains de ses commentaires passaient sans doute bien au-dessus des têtes d'une partie de l'assistance ; son exposé de niveau universitaire s'adressait à des gens qui, en matière de pensée bouddhiste, n'en étaient qu'au primaire. Comme d'habitude lorsqu'il se fait plus théorique, le dalaï-lama s'exprimait en tibétain, ses propos étant traduits en anglais.

Avant de commencer, le dalaï-lama joignit les mains pour saluer le vénérable Kusalacitto, qui arrivait un peu en retard. « Après l'exposé de ce matin, je me suis dit – et cela peut sembler sans rapport direct avec ce dont nous avons parlé – qu'il serait utile d'avoir à l'esprit la distinction que font les bouddhistes entre deux grandes catégories d'expériences. Il y a d'une part celles qui sont liées à nos sens, et qui en dépendent. Et d'autre part celles qui ne dépendent pas tant de nos facultés sensorielles, et que nous qualifions de "mentales".

« Ce que nous appelons "sentiment" relève à la fois de ces deux domaines, sensoriel et mental. Ici, le terme "sentiment" n'est pas aussi général qu'en anglais, il ne désigne que les sensations de plaisir, de douleur et d'indifférence. Comparé à l'impression ou à la sensation purement sensorielles, le sentiment mental est plus significatif. Les jugements de valeur – entre le bien et le mal, entre ce qui est profitable et ce qui est nocif, désirable et indésirable – se forgent au niveau mental, conceptuel, pas au niveau sensoriel. Lorsque nous parlons d'exercice de la raison, de capacité de juger des conséquences à long terme, de processus d'analyse, nous parlons d'une activité qui relève du domaine que les bouddhistes appellent la pensée discursive. »

Il fit ensuite une distinction fondamentale entre cognition conceptuelle et non conceptuelle. La cognition sensorielle est considérée comme non conceptuelle, son rapport à l'objet n'impliquant pas le langage ou les concepts. Elle est aussi plus directe et non discriminante. Prenons un exemple : vous voyez une fleur devant vous. La cognition visuelle est immédiate – elle n'appréhende cette fleur qu'en tant que formes et couleurs. Mais lorsque vous pensez à une fleur – c'est de la cognition conceptuelle – cela demande le temps d'inclure la fleur que vous avez vue hier, et celle que vous avez vue aujourd'hui.

« Toutefois, ce domaine mental de la cognition n'est pas forcément toujours conceptuel. Si vous pensez à une fleur, par exemple, et que vous réaffirmez constamment votre pensée pour cette fleur en vous focalisant dessus, vous finissez par entretenir un rapport direct avec un objet qui est une construction de votre esprit – pas un objet physique, une fleur qui existerait vraiment quelque part, mais plutôt un assemblage mental, une forme de fleur imaginée. Ce rapport devient alors immédiat ; on reste, à ce stade, dans un mode non conceptuel.

« Pour résumer, la perception sensorielle est toujours non conceptuelle, alors que la cognition mentale – comme la mémoire visuelle – peut être de deux types : conceptuel ou non conceptuel. »

Formes : tangibles, intangibles et imaginées

Les scientifiques s'étaient remis à prendre des notes – ce cadre d'analyse les changeait vraiment de ceux auxquels ils étaient habitués. Le dalaï-lama poursuivit en soulignant combien il était difficile de comprendre que l'idée d'une chose puisse se confondre avec son image mentale. « Un grand nombre d'afflictions, comme l'attachement ou le désir, peuvent prendre de telles proportions que l'image ne correspond plus à la réalité. »

C'est un élément clé de la psychologie bouddhiste : comment le désir (ou l'aversion) crée dans l'esprit ce qui finit par devenir une « forme », l'image imaginée de l'objet du désir[1].

« On dit en fait qu'il existe cinq types de formes imaginaires[2]. » À ce stade, comme il pénétrait en terrain plus ardu encore, le dalaï-lama prit le temps de consulter Alan, Jinpa et Amchok Rimpotché, le directeur de la bibliothèque des archives et ouvrages tibétains, qui se trouvait parmi les quatre lamas assis en rang juste derrière lui.

Après un bref échange, il expliqua que l'un de ces types de formes imaginaires « apparaît dans le contexte d'une méditation, comme une visualisation », c'est une image intangible volontairement évoquée, et qui existe bel et bien dans l'imagination[3]. Un autre de ces types de formes est « le genre d'images mentales qui surviennent dans le contexte des afflictions ». Celles-ci, parfois dites « formes imaginaires », peuvent inclure ce qu'on appellerait en Occident des projections, des fantasmes, ou toutes ces idées qu'on se fait au sujet de quelque chose ou de quelqu'un. Elles représentent la nature déformée des émotions afflictives.

L'image mentale que nous nous faisons de quelqu'un qui nous attire, par exemple, est une version idéalisée de sa véritable personne. Cette image, pure projection de l'esprit, est par essence afflictive, puisqu'elle déforme invariablement la réalité. Cette déformation n'est pas le propre des fantasmes et des rêveries, on la trouve aussi dans le fil de la pensée ordinaire.

Les deux types d'afflictions mentales

« Ainsi, reprit le dalaï-lama, quand nous parlons d'afflictions, nous désignons des types bien précis de modes conceptuels de cognition. Certains antidotes de ces afflictions demeurent conceptuels dans un premier temps, mais ils peuvent se développer sous forme d'états non conceptuels. » En d'autres termes, parmi les moyens de neutraliser les émotions destructrices, il y a certaines méditations qui impliquent des pensées – elles sont conceptuelles – et d'autres qui transcendent la pensée – elles sont non conceptuelles.

Le dalaï-lama précisa : « Les afflictions mentales – *kleshas* en sanscrit – sont par définition considérées comme déformées. L'expression "afflictions mentales" recoupe celle d'"émotions destructrices", sans pour autant que les deux se confondent. Mais cette notion étant ce qui s'en rapproche le plus, elle est appelée à jouer un rôle primordial dans nos débats.

« Il existe deux grandes catégories d'afflictions mentales, poursuivit le dalaï-lama. L'une est une vision afflictive de la réalité, et l'autre ne l'est pas. » Il faisait ici allusion à la distinction entre l'intelligence affligée, qui est plus cognitive, et les afflictions émotionnelles comme l'attachement, la colère et la jalousie. La nuance tient au fait que la déformation réponde essentiellement à une altération des pensées et des idées, ou à une distorsion émotionnelle. La distinction se fait également selon que la déformation peut être corrigée ou contrecarrée.

L'intelligence afflictive déforme la réalité. Le dalaï-lama cita deux courants de pensée que les bouddhistes considèrent classiquement comme afflictifs : le substantialisme et le nihilisme. On dira pour simplifier que ce sont deux pôles philosophiques : les nihilistes nient l'existence d'une chose qui pourtant existe, et les substantialistes affirment ou fabriquent quelque chose qui n'existe pas.

« Imaginons qu'une personne soutienne un point de vue nihiliste affirmant la disparition totale de quelque chose dont la continuité est pourtant bien réelle. C'est une vision déformée, l'expression d'une intelligence affligée. Si l'on se contente de répondre à cette affliction en disant : "Tu as tort, ton point de vue ne me satisfait pas", on ne chassera pas l'idée déformée. On ne peut pas vaincre une distorsion par la réprimande. Il faut plutôt tenter d'y introduire la raison ; pour contrer une vision déformée, il faut faire appel à l'intelligence non affligée, pour qu'elle s'oppose à l'intelligence affligée.

« Il faut y répondre par quelque chose qui établisse la nature de la réalité – pas par une impression, un vœu ou une prière. Ces visions affligées ayant surgi à la suite d'un cheminement de la pensée, il est facile de les tenir pour vraies. Il convient donc d'y répondre par l'application d'idées avérées, ce qui permet de miner les certitudes préétablies et de les faire voler en éclats. Les bouddhistes diront donc qu'il faut saper les visions déformées à l'aide de visions non déformées. »

Contrecarrer les afflictions

Le dalaï-lama ramena la discussion au sujet du jour : comment répondre aux états mentaux destructifs, émotions comprises ? « En règle générale, lorsque nous adoptons tel ou tel antidote spécifique pour une affliction mentale, cet antidote tend à refléter la nature de l'affliction elle-même. Contre l'attachement, par exemple, certaines méditations sont conçues pour faire affleurer à l'esprit les caractéristiques rebutantes de l'objet d'attachement. Quelle que soit la chose si ardemment désirée, on pourra se pencher sur ses propriétés repoussantes pour contrer ce désir obsessionnel. Ou encore, contre la colère ou l'aversion, on cultivera la bonté.

« Comme le disait Matthieu tout à l'heure, ces antidotes agissent directement sur leurs afflictions respectives. Ce ne sont pas des facteurs d'intelligence ou d'épanouissement. Mais, en stimulant la bonté ou la compassion, l'intelligence aura certainement un rôle à jouer.

« Ainsi, dans le contexte bouddhiste, cultiver la bonté ou la compassion par la méditation implique qu'on s'intéresse aux aspects de la réalité qui inspirent la bonté. Ça ne surgit pas de nulle part, de la prière ou de quelque chose de ce genre. Il faut s'attarder sur certaines facettes de la réalité qui déclenchent ou stimulent la compassion et la bonté.

« Prenons le terme occidental *émotion*, et revenons à sa racine latine : "Ce qui met en mouvement." Pour les bouddhistes, il y a deux façons de mettre l'esprit en mouvement, ou de le stimuler. La première est cognitive, elle procède par le raisonnement et la prise en compte d'éléments objectifs. » Cette méthode plus cérébrale tend à faire surgir des émotions positives, comme la bonté.

Mais il y a une autre façon de mettre l'esprit en mouvement, bien plus spontanée. Cela demande un peu de raisonnement, comme lorsqu'on regarde un objet et qu'on se dit : « Ça, c'est attirant », mais la part de raisonnement demeure assez mince. Beaucoup d'émotions négatives ou destructrices proviennent de cette catégorie plus spontanée.

Le dalaï-lama mettait à présent beaucoup d'entrain dans son propos, le ponctuant de gestes qui rappelaient le débat à la mode tibétaine. Il conclut : « Ainsi, du point de vue bouddhiste, même lorsqu'on a affaire à des afflictions, il est essentiel de saisir la nature de la réalité, parce que l'absence de compréhension conduit soit à la construction mentale, soit à un genre de nihilisme ou encore au déni de l'évidence. C'est pourquoi la cognition valide, vérificatrice, revêt tant d'importance[4]. »

Quelques questions

Je voyais à son attitude que Francisco Varela souhaitait poser une question. Alors, avec un signe de la tête, je dis : « Francisco », pour prévenir Sa Sainteté.

Bien qu'ils paraissent relativement obscurs, les propos du dalaï-lama sur la construction mentale et le nihilisme sont assez évidents pour la plupart des adeptes du bouddhisme, dont Francisco faisait partie. Le bouddhisme nous invite à considérer la réalité sur deux plans. Au niveau supérieur, on est conscient de la vacuité de notre esprit et de notre nature ; à ce stade, les illusions s'effilochent aussitôt qu'elles commencent à se constituer. Mais au niveau ordinaire, celui de la réalité quotidienne, nous faisons tous comme si notre être ou les objets qui nous entourent étaient aussi immuables qu'ils en ont l'air.

Pour Francisco, l'idée bouddhiste d'un « soi vide » semble bien correspondre au modèle scientifique du « soi virtuel » dont il est question dans ses propres domaines, la biologie et la science cognitive, ou encore dans la philosophie de l'esprit. On peut considérer la notion de soi comme une propriété émergeant dans ce qui relie l'esprit au monde. Comme l'esprit, le soi n'a pas d'existence substantielle. On ne saurait le localiser, mais on sait qu'il est fabriqué par un réseau interne de systèmes biologiques et cognitifs. Pourtant, par une sorte d'illusion d'optique de l'esprit, nous construisons un soi et lui attribuons une consistance qui ne résiste pas à l'analyse.

C'est dans ce contexte que Francisco pria le dalaï-lama de préciser quel niveau il évoquait.

— Quand vous parlez de construire une réalité, s'agit-il d'une non-perception de la vacuité des choses, ou d'une nature plus relative ?

— Des deux, répondit le dalaï-lama. De la nature phénoménologique de la réalité autant que de sa nature ontologique. Dans tous les cas, la réalité doit être bien comprise.

Autrement dit, dans le système bouddhiste, la réalité relative quotidienne reflète la phénoménologie de nos expériences ordinaires ; le niveau ultime révèle leurs propriétés réelles – leur caractère ontologique.

Francisco insista, à propos de la vérité :

— Que pensez-vous d'une situation où il y aurait de multiples opinions ? Comment pourrait-il n'y avoir qu'une perception correcte, et une seule ?

Le dalaï-lama répondit :

— Si l'on parle de ce qui s'offre aux sens, certaines perceptions sont tout bonnement fausses. C'est très pertinent pour la science. Si une chose est blanche, elle n'est pas noire ; si elle est noire, elle n'est pas blanche. Ce n'est plus une question d'opinion ou de point de vue ; c'est vrai ou c'est faux.

— Mais lorsqu'on parle de cognition conceptuelle, on dit qu'il existe une infinité de vues pour tout ce qui s'offre à l'esprit. C'est parce que la cognition mentale ne sélectionne que certaines caractéristiques précises de l'objet en question, contrairement à la perception sensorielle qui ne le fait pas. Selon cette perspective, c'est ce que nous rejetons ou, au contraire, que nous choisissons qui détermine la vérité. Untel filtrera ceci ou cela, et cette cognition est vraie de son point de vue, mais un autre filtrera autre chose et cette cognition sera aussi vraie dans sa perspective à lui. Owen a soulevé tout à l'heure la question de la beauté, où la différence entre faits et valeurs relève du domaine de la conceptualisation.

— Dans ce cas, dit Francisco, saisir la vraie nature du monde implique de comprendre qu'il est indéterminé, d'en saisir la multiplicité ou les différentes possibilités. Si je me permets de faire ces remarques, c'est que la tradition empiriste est très dominante dans l'esprit occidental. Les empiristes s'empresseraient de traduire votre idée de la vraie nature de la réalité sur un mode objectif, de vérification, bien moins subtil que ce dont nous parlons ici.

La fragilité des afflictions

Voyant qu'Owen cherchait à intervenir, le dalaï-lama lui fit un signe.

— Je suis un peu perdu, maintenant, dit Owen. Je

voudrais demander quelques éclaircissements à Sa Sainteté et à Matthieu.

Il commença sur une note d'approbation.

— Matthieu a expliqué, et je crois que les philosophes occidentaux l'ont aujourd'hui bien compris, que matérialiser le « soi » pose problème. Il n'empêche qu'on a très longtemps cru qu'il devait bien y avoir un ego, un « je » ou un soi.

« Les arguments que vous donnez dans vos écrits, dit Owen en désignant le dalaï-lama, ceux de Matthieu ce matin, et les arguments philosophiques que mes amis et moi avons exposés aux États-Unis se rejoignent pour dire qu'on aurait tort de considérer – que ce soit à propos de corps humain ou de la façon dont fonctionne l'esprit, sa façon d'interagir avec le monde – qu'il existe un ego ou un soi permanents. C'est un raisonnement auquel les sciences et les philosophies cognitives occidentales sont désormais habituées.

Il s'attaqua alors au glissement qu'effectuait Matthieu en partant de généralités sur les techniques poussées de méditation pour tirer des conclusions sur la nature humaine.

— Le deuxième argument avancé par Matthieu, lorsqu'il parlait de conscience lumineuse, voulait qu'en acquérant certaines techniques de méditation on s'aperçoive qu'on peut vider son esprit de tout état émotionnel afflictif. Il y voyait la preuve que les émotions afflictives ou destructrices ne sont pas inhérentes à l'esprit.

— Mais la logique de cet argument me pose problème. J'admets volontiers que certaines pratiques de la méditation soient autovérifiantes, au sens où si mon esprit se vide de son contenu, il n'y reste que du vrai. Mais déterminer ce qui est ou n'est pas inhérent à l'esprit à partir de ces techniques ne me satisfait pas. Si je pouvais vider mon esprit des émotions destructrices, des émotions positives, ou de toute pensée ou sensation, je pourrais alors en déduire que rien de tout cela n'est inhérent à l'esprit. Je serais curieux de savoir ce que Sa Sainteté ou Matthieu ont à répondre à cela.

Le dalaï-lama souriait, prêt à bondir. Sa réponse fusa :

— Le problème tient peut-être à une question de sémantique. En parlant d'afflictions qui ne sont pas inhérentes à l'esprit, les bouddhistes ne prétendent aucunement qu'elles ne sont pas naturelles. Comme les autres propriétés de l'esprit, elles en sont des éléments innés. L'idée est plutôt que ces afflictions n'ont pas intégré ce qu'on appelle la nature lumineuse de l'esprit, qui est en quelque sorte son aspect le plus fondamental.

« Cette affirmation repose sur plusieurs propositions. La première veut que la nature fondamentale de l'esprit soit lumineuse. La deuxième est que toutes nos afflictions naissent d'une perception essentiellement déformée du monde. En quelque sorte, elles ne disposent d'aucun support solide, stable – elles ne reposent pas sur la réalité, et cela les rend fragiles.

« Ensuite, il est dit que de puissants antidotes existent, qui nous permettent de contrecarrer ces afflictions et leurs racines profondes. Ces antidotes ont un rapport valide avec la réalité. Enfin, ces puissants antidotes sont des propriétés de l'esprit, ce qui implique qu'en les cultivant, en les stimulant, il est possible de les développer. Une fois ces prémisses mises bout à bout, l'idée se dessine que ces afflictions sont en principe déracinables.

Owen était satisfait.

— C'est bien ce que je voulais voir préciser. C'est un point extrêmement utile, parce que nous allons beaucoup parler des caractéristiques naturelles de l'esprit. La grande question que se posent nos deux groupes est de savoir à quel point ces caractéristiques sont modifiables, malléables, transformables. Nous avons un tas de techniques à apprendre les uns des autres.

Des bernacles de l'esprit

Le dalaï-lama reprit : « Il existe encore deux grandes catégories d'afflictions mentales. L'une, qu'on tendrait à décrire comme *innée*, serait mieux qualifiée par le néologisme *co-née*. Cela signifie "qui survient avec" ou "co-émergeant". Depuis des temps immémoriaux, les bouddhistes considèrent que l'esprit s'encombre de ces afflictions mentales coémergeantes. Mais une autre catégorie d'afflictions mentales est acquise ; ce sont celles qu'on attrape au cours d'une vie, comme un bateau qui traverse l'océan accumule les bernacles sur sa coque. On peut en amasser beaucoup, mais il se peut aussi qu'on en attrape très peu. »

Si j'avais bien compris, les afflictions mentales acquises ne désignent pas seulement ce que la psychologie occidentale tient pour des manies névrotiques, mais toute croyance déformée que l'on peut acquérir. Ce peut être, par exemple, la croyance en la supériorité naturelle du groupe auquel on appartient.

« Mais, poursuivit le dalaï-lama, que les afflictions soient coémergeantes ou acquises, elles sont dissociables de la nature même de l'esprit. Cette nature lumineuse de l'esprit n'est pas un genre d'élévation, ce n'est pas quelque chose qu'on peut accomplir, mais c'est primordial, basique, essentiel. Si l'on observe la nature profonde de la cognition ou de l'esprit, on y trouve deux propriétés principales. L'une est le pur fait de savoir, le fait cognitif lui-même, que nous nommons *rigpa* : savoir, tout simplement. L'autre est l'aspect lumineux ou éclairé, c'est le facteur d'attention qui permet aux apparences de se produire ; c'est le "faiseur d'apparences".

« La nature fondamentale de la cognition, *rigpa*, concerne le simple fait de savoir. Mais cette luminosité fondamentale est voilée par les afflictions mentales, qui sont par nature erronées et troublantes – ce qui produit un savoir déformé. Ces afflictions sont donc incompatibles avec la nature même de la cognition, ce qui permet de supposer que la cognition et les afflictions mentales sont séparées. »

Le dalaï-lama fit alors un aparté, peut-être à l'intention des trois maîtres de méditation dzogchen assis juste derrière lui – Mingyur Rimpotché, Tsoknyi Rimpotché, et Sogyal Rimpotché – ou des quelques Occidentaux de l'assistance qui avaient étudié auprès d'eux : « Pour ceux d'entre vous qui auraient suivi une introduction au dzogchen, nous ne parlons pas de *rigpa* au sens où l'entend l'enseignement dzogchen, d'un éveil primordial, originel. Nous sommes dans la psychologie bouddhiste de base, où *rigpa* signifie simplement "cognition". »

À afflictions variées, antidotes variés

Cette analyse du fonctionnement de l'esprit implique qu'il y ait toute une gamme de stratégies pour répondre à l'ensemble de la palette des émotions afflictives, comme l'expliqua ensuite le dalaï-lama.

— Il existe donc différents types d'antidotes correspondant à différentes afflictions mentales. Certains sollicitent l'imagination, en procédant à la superposition d'une chose à une autre, c'est un moyen habile de repousser une affliction mentale. Une méditation imaginative de ce genre n'implique pas d'appréhension de la réalité.

« Mais il existe toute une série d'autres procédés de méditation qui agissent spécifiquement sur les afflictions mentales en approchant au plus près de la réalité elle-même. En appréhendant correctement la réalité, vous portez une opposition diamétrale qui étouffe les afflictions mentales, qui sont, par essence, une fausse appréhension de la nature de la réalité.

« En présence d'un état mental très mûr, très enraciné – par exemple, une colère excessive – les mesures qui sollicitent une forme d'imagination restent très rudimentaires. Ce ne peut être qu'un outil temporaire ; il ne traite que les symptômes. Si vous tenez à vraiment éradiquer cette affliction mentale, il n'y a pas meilleur moyen que de se rapporter à la réalité proprement dite, parce que le problème sous-jacent tient à un mauvais rapport à la réalité, une mauvaise appréhension du réel.

Matthieu intervint :

— Quand nous parlons de nous délivrer des émotions négatives, il ne s'agit pas tant de se débarrasser de quelque chose que de rectifier une erreur. C'est se défaire d'une mauvaise façon de traiter le surgissement de la pensée, d'une façon erronée de percevoir la réalité. Ce n'est pas qu'il faille faire abstraction de notre esprit. Il n'y a pas de « chose » dont il faille se débarrasser. Nous nous débarrassons de la méconnaissance et des fausses perceptions.

Le dalaï-lama ajouta :

— C'est un peu comme les différents paliers de l'éducation des enfants. En acquérant des connaissances, ils se défont de leur ignorance sur différents sujets. Mais cela n'implique pas qu'il existe une entité tangible nommée ignorance que l'on puisse grignoter par petits morceaux.

Matthieu soumit alors l'exemple classique d'une perception déformée :

— Si l'on prend une corde pour un serpent, une fois qu'on s'aperçoit que c'était une corde et pas un serpent, on n'expédie de serpent nulle part.

Très attentif depuis le début, Paul Ekman, le chercheur en émotions, fit sa première intervention. Son commentaire reposait sur l'idée que les émotions ont joué un rôle positif dans l'évolution, et qu'elles nous ont permis de survivre. Il dit :

— L'erreur peut s'avérer très utile, me semble-t-il. Elle peut même nous sauver la vie – parce que parfois ce n'est pas une corde, mais bel et bien un serpent. Le mécanisme qui nous met tout de suite en alerte est utile. Une bonne partie des débats semble supposer que les émotions nous égarent systématiquement, mais, si tel était le cas, nous n'en aurions pas du tout. Je ne vois pas comment mon cadre psychologique peut s'adapter au cadre bouddhiste lorsqu'il s'agit de distinguer les moments où nos émotions nous rendent service de ceux où elles ne le font pas.

Cherchant à préciser l'argument pour le dalaï-lama, Jinpa demanda à Paul :

— Vous semblez dire que du point de vue évolutionniste, si elles n'avaient pas d'utilité elles n'existeraient pas… alors, selon vous, pourquoi existent-elles ?

Après un moment de réflexion, le dalaï-lama demanda à Paul :

— De ce point de vue, que diriez-vous de la mort ? Y a-t-il quelque bénéfice que ce soit à la mort ?

— C'est aller un peu vite en besogne, non ? demanda Paul, surpris par cette réplique.

— Ce que je veux dire, c'est que la mort est une chose à laquelle personne n'aspire, ajouta le dalaï-lama, mais le fait même d'être né signifie que la mort est inévitable. La naissance a tout de même ses avantages – à nous de bien les exploiter.

« L'émotion est comme la mort en ce sens qu'elle fait partie de notre esprit, de notre vie, de notre nature, poursuivit le dalaï-lama. Pourtant, parmi les émotions, certaines sont destructrices, d'autres sont positives. Alors, il vaut la peine ou, tout au moins, il n'y a pas de mal à analyser quels types d'émotions sont destructifs, constructifs ou profitables. Dès lors, forts de cette conscience, tentons de réduire ces émotions destructrices et d'accroître les émotions positives, parce que nous aspirons tous à une société plus heureuse. La réponse est somme toute assez simple.

En prenant la mort pour contre-exemple, le dalaï-lama avait quelque peu décontenancé Paul – et cet échange trahissait un choc de cultures. Dans le feu du débat, le dalaï-lama avait évoqué la mort pour contredire l'affirmation évolutionniste selon laquelle le simple fait que nous ayons des émotions signifie qu'elles nous rendent nécessairement service, qu'elles sont utiles à la survie. Dans la dialectique bouddhiste, cette assertion est absurde, et invoquer la mort en exemple visait à faire ressortir cette absurdité.

En répondant de la sorte, le dalaï-lama avait sauté plusieurs étapes d'une séquence logique qui – s'il s'était agi d'un débat dans la cour du monastère – aurait pu ressembler à ceci : « Vous dites que les émotions nous rendent service à cause de l'évolution, mais qu'en est-il de la colère ? de la rage ? Que dire de la cruauté humaine qu'elles provoquent ? Et le viol d'enfants ? » Et cette séquence aurait pu aboutir à sa question sur l'utilité de la mort au regard de l'évolution. Il s'agissait d'établir que le simple fait d'être en présence d'un élément de la vie ne le rend pas automatiquement utile – un point soutenu par des penseurs comme Stephen Jay Gould, qui dit que tout ce que produit l'évolution est susceptible d'adaptation[5].

Retour au quotidien

Sa Sainteté nous ramena sur un terrain plus familier, celui des préoccupations quotidiennes.

— Notre débat sur la nature destructrice des émotions doit s'en tenir au cadre de l'étude de la façon dont les émotions nous affectent, à l'échelle d'une vie humaine. Matthieu nous a fait une présentation sommaire du point de vue bouddhiste, une description des émotions en termes d'aspiration spirituelle, de la possibilité de totalement s'en défaire – ce que les bouddhistes appellent l'éveil ou le nirvâna. Selon ce point de vue, certains types d'afflictions – par exemple le cramponnement à la nature inhérente de la réalité – donnent lieu à des émotions négatives.

« Mais ce contexte n'est pas vraiment celui de notre débat – nous sommes dans un cadre laïc. Ici, s'attacher à la nature inhérente de la réalité n'a pas de raison d'être afflictif. Cela peut même avoir des effets positifs. Nous n'avons donc pas à nous demander comment se défaire de la croyance en la nature inhérente de la réalité.

Ces mots firent plaisir à Paul Ekman.

— Je suis tout à fait d'accord, dit-il. À mes yeux, la question est plutôt de savoir comment déterminer si une émotion est destructrice ou pas, pourquoi elle peut parfois l'être et pas d'autres, et comment y remédier. Nous risquons de nous noyer dans les mots eux-mêmes – comme *négatif* – parce que les émotions que nous tenons généralement pour négatives, comme la peur, peuvent parfois s'avérer extrêmement positives.

— C'est tout à fait vrai, approuva le dalaï-lama. Pour les bouddhistes aussi.

De la bande dessinée à Cambridge

Jusque-là, l'après-midi avait été l'occasion d'une exploration captivante, quoique assez pointue, des subtilités de la psychologie et de la philosophie bouddhistes. Le dalaï-lama avait brillamment mené cette expédition, prenant un plaisir manifeste à s'attarder sur chaque détail. Le reste de la journée serait consacré à une réponse plus précise de la partie bouddhiste à l'exposé d'Owen.

Comme le dalaï-lama, Thupten Jinpa, un érudit extrêmement considéré, avait ressenti la nécessité de préciser quelles émotions particulières sont considérées destructrices par la pensée bouddhiste. Jinpa avait été unanimement désigné pour tâcher d'éclaircir la notion de faculté mentale afflictive, l'équivalent bouddhiste le plus proche de l'idée d'émotion destructrice. Pendant le déjeuner, il avait établi avec Alan une liste inspirée de l'abhidharma. Une fois de plus, Alan devrait outrepasser ses fonctions d'interprète pour présenter l'analyse de Jinpa, laissant à ce dernier le soin de traduire au dalaï-lama les questions qui se présenteraient.

Tous ceux, nombreux, qui ont pu voir Jinpa (comme l'appellent ses amis) faire son travail d'interprète ne soupçonnent pas l'invraisemblable parcours qui l'a conduit à devenir le premier traducteur de l'anglais auprès de Sa Sainteté. Né près de la frontière du Népal, dans l'ouest du Tibet, Jinpa a suivi l'exode de sa famille en 1960, juste après le départ précipité du dalaï-lama. C'est à l'âge de cinq ou six ans qu'il fait sa première rencontre avec le dalaï-lama, en visite à l'école maternelle tibétaine de Smila, en Inde. Prenant sa main en marchant à ses côtés, Jinpa n'a qu'une question : « Quand pourrai-je devenir moine ? »

À onze ans, Jinpa entre effectivement dans un monastère. Élève rapide, il apprend l'anglais, en y consacrant son temps libre après les mémorisations et les cours quotidiens. Il a reçu quelques rudiments d'anglais à l'école primaire, mais il continue tout seul, d'abord à l'aide de bandes dessinées indiennes (des adaptations anglophones du Râmâyana et d'autres poèmes épiques de la mythologie indienne), puis avec des romans policiers à la Perry Mason. Sur un vieux transistor, il écoute avidement la BBC, ce qui lui vaut aujourd'hui cette élocution aux intonations oxfordiennes raffinées.

Il apprécie aussi les émissions de Voice of America, dont les locuteurs emploient à dessein un vocabulaire simple, parlent lentement et veillent à répéter chaque phrase. Dans son monastère de Dharamsala, au début des années soixante-dix, Jinpa, pour perfectionner son anglais, fréquente les hippies qui ont alors envahi les lieux. De temps à autre, il récupère de vieux numéros du magazine *Time* et peut alors passer une journée entière à en déchiffrer une seule page, mot à mot, à l'aide d'un dictionnaire de poche. À dix-sept ans, il dévore les romans victoriens.

Dès lors, ses connaissances le désignent tout naturellement pour prendre part aux affaires de la communauté monastique – il est le seul moine à parler anglais. Il vit dans un monastère du sud de l'Inde, avant de passer deux années « en civil », à travailler dans le commerce de toile de jute à Bangalore ; revenu au monastère – et à ses robes de moine – on lui confie la direction d'une fabrique de tapis. Sa soif d'études le pousse à solliciter un professeur, un érudit vivant en semi-retraite non loin de là. Afin de pouvoir rester sous sa tutelle, Jinpa quitte son premier monastère et rejoint celui de Ganden, près de la ville indienne où vit son maître.

C'est là, à vingt ans, que Jinpa entame les études qui feront de lui un *géshé*, ce qui demande en général vingt ou trente ans. Mais, que ce soit à l'école ou au monastère, sa faculté d'apprentissage a toujours valu à Jinpa de finir très loin devant le deuxième de la classe. Il ne met que onze ans à devenir *géshé*, ce qui est extraordinairement court. Il reçoit le diplôme de *géshé lharampa*, l'équivalent d'un doctorat en théologie, au Shartse College de l'université monastique de Ganden, où il passe ensuite quelques années à enseigner la philosophie bouddhiste.

Alors, quasiment par hasard, l'occasion se présente de servir d'interprète pour le dalaï-lama. Jinpa a entendu dire que ce dernier, venu voir ses propres frère et sœur dans l'école, dispensera le lendemain quelques enseignements autour du dharma. Décidant d'y assister, Jinpa est abordé par l'un des organisateurs de l'événement, qui a entendu dire qu'il parle bien l'anglais. L'interprète initialement prévu ayant une journée de retard, Jinpa pourrait-il le remplacer jusqu'à son arrivée ?

Pas rassuré pour un sou, Jinpa a la chance de devoir traduire un texte qu'il connaît par cœur, ce qui lui simplifie beaucoup la tâche. Sa traduction est diffusée sur le réseau FM et parvient aux oreilles du grand public anglophone, ce qui procure à Jinpa le plaisir supplémentaire de se sentir dans la peau d'un de ces commentateurs de rencontres sportives de la BBC qu'il aime tant. Il finira par assurer l'essentiel des traductions des journées restantes.

Cela lui permet de revoir le dalaï-lama, qui lui demande s'il accepterait de l'accompagner dans ses voyages en tant qu'interprète – honneur que Jinpa se fait une joie d'accepter. C'est aujourd'hui le premier interprète de l'anglais auprès du dalaï-lama, depuis 1986, notamment lors de ses voyages outre-mer à l'occasion de la rédaction de nombreux livres.

Au fil des rencontres de Sa Sainteté avec des philosophes et des scientifiques occidentaux, Jinpa constate combien ces intellectuels ignorent ou mésestiment la richesse de la tradition philosophique du bouddhisme. Il y a bien des cours académiques sur le bouddhisme, mais quasiment aucun dialogue entre philosophes occidentaux et bouddhistes, et en tout cas pas sur un plan d'équité. C'est en partie pour rétablir un certain équilibre, mais aussi pour élargir ses propres horizons, que Jinpa entre à l'université de Cambridge en 1989, où il étudie la philosophie occidentale – sans pour autant interrompre ses voyages auprès du dalaï-lama. Il y élabore une thèse sur Tsongkhapa, un grand penseur tibétain du XIVe siècle[6].

Muni d'une licence de philosophie et d'un doctorat en études religieuses, Jinpa reste à Cambridge, où un poste de chercheur en religions orientales lui est confié au Griton College. Il abandonne alors ses robes pour mener une vie moins astreignante de civil. Aujourd'hui marié (avec Sophie Boyer, rencontrée lors d'un voyage au Canada), Jinpa est le père de deux enfants et vit à Montréal. Il travaille à la correction et à la traduction de textes tibétains, et dirige l'Institute of Tibetan Classics, qui a pour but de faire entrer les grands classiques du Tibet dans le patrimoine culturel et littéraire mondial. Et, toujours fidèle à sa démarche en Occident, il a rédigé l'article sur la philosophie bouddhiste tibétaine dans l'*Encyclopédie de la philosophie asiatique*[7].

Au cours de ses années de formation de *géshé*, Jinpa s'était particulièrement distingué dans l'art du débat et du discours intellectuel tibétains – à tel point que c'est devenu chez lui comme une seconde nature. Aujourd'hui encore, lorsqu'il traduit pour le dalaï-lama, il n'est pas rare de le voir spontanément se mettre à poser des questions à la mode tibétaine, et servir de sparring-partner intellectuel à Sa Sainteté. Il aura parfois un tout petit geste pour signifier que quelque chose le dérange, un signe imperceptible que le dalaï-lama ne manque pourtant jamais. Jinpa procède alors poliment à son commentaire.

S'il ne cède que rarement à cette tentation dans ses fonctions ordinaires d'interprète – et jamais lors d'offices religieux – nous avons eu un aperçu de son talent de débatteur, auquel il donne libre cours comme par réflexe, bien que ce soit habituellement lors de discrètes conversations en tibétain, pour remettre en question tel ou tel point de philosophie bouddhiste. Ces microdébats provoquaient toujours beaucoup d'animation dans le cercle tibétain – et donnaient à nos échanges un peu de la saveur dialectique intellectuelle monastique.

Émotions destructrices : la liste bouddhiste

Pour présenter la liste de Jinpa, Alan dit : « Owen a dressé une liste très utile de différentes émotions – mais qui, du point de vue bouddhiste, semble assez hétérogène. Nous avons estimé intéressant de consacrer quelques minutes à en établir un équivalent bouddhiste. Et vous êtes nombreux à le savoir, il n'existe pas de terme sanscrit ou tibétain pour précisément traduire celui d'"émotion"[8]. »

Comme l'avait souligné Matthieu, la nécessité de résister à l'appel destructif de ce que les Occidentaux nomment « émotion » est au cœur même de la doctrine bouddhiste. Mais le lien qu'établit le bouddhisme entre ces émotions nocives n'est pas celui qu'on trouve dans la pensée occidentale, puisqu'il les considère comme des états d'esprit afflictifs empêchant la clairvoyance et l'équilibre émotionnel. Ainsi que l'on ne tarderait pas à s'en apercevoir, cette analyse a conduit le bouddhisme à un raisonnement plus méticuleux et plus détaillé que celui de l'Occident quant aux états mentaux qu'il convient d'inscrire dans cette catégorie – et aux raisons de le faire.

Alan poursuivit : « Quels termes de la psychologie bouddhiste peuvent recouper les catégories occidentales d'émotions destructrices ou constructives ? À partir d'une liste classique, Thupten Jinpa a choisi six afflictions mentales primaires, dont certaines seront aisément identifiables comme étant des émotions, mais d'autres pas. Il y a ensuite une liste de vingt afflictions mentales dérivées. Là encore, certaines sont des émotions, d'autres n'en sont pas. »

Sous le titre « Six afflictions mentales majeures », la liste suivante apparut à l'écran :

1. Attachement ou désir
2. Colère (incluant l'hostilité et la haine)
3. Orgueil
4. Ignorance et illusion
5. Doute afflictif
6. Visions afflictives

— Les deux afflictions mentales que sont l'attachement ou le désir, et l'hostilité ou la colère, souligna le dalaï-lama, se fixent sur un objet donné. L'une consiste à appréhender par attachement, en se rapprochant de l'objet, et l'autre à appréhender par répulsion, en s'en éloignant – avec une connotation d'impatience.

Il poursuivit :

— Le doute afflictif correspond à un type de doute bien précis qui nous conduit à une mauvaise appréhension de la réalité. Ce n'est pas vraiment une indécision, mais un doute qui implique qu'on s'éloigne de la réalité.

Alan développa :

— Certaines formes de doute sont saines. En fait, le doute est très important pour quiconque cherche à cultiver le savoir et l'entendement. Dans le bouddhisme comme dans la science, faire preuve de scepticisme est nécessaire, sous peine de ne jamais progresser. Ces notions sont ici définies comme des afflictions mentales, mais cela ne signifie pas que toute acception de ces termes soit invariablement afflictive.

— De la même façon que tous les doutes ne sont pas afflictifs ? demanda Paul Ekman. Dans ses écrits, Votre Sainteté dit que toute colère n'est pas afflictive. Pourquoi alors ne pas systématiquement parler de colère afflictive, pour ne pas nous laisser penser qu'il s'agit de tous les types de colères ?

La colère peut-elle être une vertu ?

— Il y a une différence, dit le dalaï-lama. En tibétain, nous avons deux mots très voisins, *khontro*, qui est souvent traduit par « colère » et *shédang*, qu'on traduit plutôt par « haine ». Certains types de colère sont effectivement inspirés par la compassion, et dans ce cas la colère est un état d'esprit rugueux, mais je ne crois pas que ce soit la haine, ou *shédang*. La compassion est la motivation, bien qu'elle s'exprime dans ce cas comme un genre de colère.

— Elle devient donc une colère à bon escient, qui perçoit la réalité telle qu'elle est, remarqua Francisco Varela.

Alan se tourna vers le dalaï-lama et traduisit cette remarque en tibétain par « un type valide de colère alimenté par la compassion, qui appréhende correctement la réalité ». Puis il demanda :

— Une telle chose existe-t-elle ?

Songeur, le dalaï-lama leva les yeux au plafond, avant de répondre :

— Je ne suis pas sûr qu'on puisse dire cela. Mais il y a bien quelque chose qu'on appelle la « compassion afflictive ».

Ces mots provoquèrent le hoquet de surprise d'un spectateur.

— La compassion est l'une des vertus classiques, mais elle peut aussi devenir afflictive.

— Dans quelles circonstances ? demandai-je, surpris.

— J'ai trouvé cela dans le Pramânavarttika, un classique fondateur de l'épistémologie du bouddhisme indo-tibétain, mais aucun exemple n'est fourni[9]. On se contente de dire que cela existe. La compassion est pourtant habituellement considérée comme un état d'esprit vertueux, ou sain. De la même manière, l'affection peut parfois se mêler d'attachement.

Ce mélange de compassion et d'attachement est peut-être ce qui rendrait la compassion afflictive.

— Mais si des références à la compassion afflictive existent, on doit pouvoir trouver une colère vertueuse ! dit le dalaï-lama dans un éclat de rire, car, dans la pensée bouddhiste, la notion même de « colère vertueuse » est un oxymoron.

Le dalaï-lama avança ensuite :

— Je propose qu'à la place de la colère nous inscrivions la haine sur cette liste, *shédang*.

— C'est une affaire de motivation, dit Matthieu Ricard. Si quelqu'un marche vers une falaise, qu'il est sur le point de tomber, et ne vous entend pas crier « stop ! », vous pouvez vous mettre en colère et dire : « Hé, mais arrête-toi donc, imbécile ! » Votre motivation est alors totalement altruiste. Vous vous fâchez parce que les méthodes douces n'ont pas suffi pour arrêter cette personne qui allait se faire du mal.

Comme cela se produit si souvent lorsque des érudits tibétains débattent d'un point de philosophie, une longue discussion passionnée commença alors entre lamas. Le dalaï-lama ne se satisfaisait pas de l'idée de Matthieu selon laquelle une colère vertueuse pouvait exister aux yeux du bouddhisme – c'est-à-dire un genre de colère non afflictive. Pour lui, s'il s'agit vraiment de colère, elle est afflictive par définition – même si elle se manifeste par des actes compassionnés. D'autre part, on peut *sembler* agir sous le coup de la colère sans réellement en faire l'expérience intérieure. Et cette apparente colère peut naître de la compassion, comme dans l'exemple de Matthieu. Mais le dalaï-lama ne voulait pas laisser passer une idée qui contredise la définition bouddhiste fondamentale de la colère comme étant invariablement afflictive.

Alan finit par expliquer :

— Matthieu a montré qu'un comportement exaspéré ou la rudesse verbale – « Mais arrête-toi donc, imbécile ! » – peuvent parfois constituer le moyen le plus habile, voire le seul moyen, d'empêcher quelqu'un de tomber d'une falaise. Mais la question subsiste : faut-il subir l'affliction mentale intérieure de la colère pour émettre ce genre d'avertissement ?

Le dalaï-lama avança alors :

— Si l'on observe le déroulement cognitif de cette scène, on verra qu'à un moment précédent de la séquence la compassion a émergé comme une source de motivation. Puis, dans un moment de lucidité, il a pu y avoir un jaillissement de colère alimentée par la compassion. Cela peut se produire.

Le dalaï-lama expliqua ensuite que la tradition du Vajrayâna, prédominante au Tibet, possède des pratiques spirituelles visant explicitement à transformer la haine et l'agressivité (mais aussi le désir et l'attachement), plutôt qu'à les supprimer ou à les contrecarrer, comme le préconisent les autres branches du bouddhisme. On travaille alors directement sur les afflictions mentales elles-mêmes, de façon à délivrer l'individu de leur emprise. Celui qui s'est ainsi libéré des afflictions, conclut-il, « estimera parfois que la méthode la plus efficace, le moyen le plus habile, passe par un comportement colérique – un discours colérique, des actes colériques » – mais, malgré les apparences, cette personne sera libre de tout sentiment de colère [10].

La valeur de l'indignation morale

Owen s'inclina un peu, comme pour mieux entrer dans la mêlée.

— Sa Sainteté a bien pris soin de dire qu'il pouvait y avoir une colère issue de la compassion, une colère non afflictive. Je crois qu'il existe, peut-être, une différence entre les points de vue bouddhiste et occidental en la matière. À mon avis, tout ça n'est pas sans rapport avec ce qu'a dit Paul des émotions positives. Je pense que si nous accordons une valeur à l'indignation ou à l'exaspération morale, ce n'est pas seulement parce qu'elles peuvent s'avérer utiles dans la pratique. En fait, nous donnons de la valeur au sentiment profond d'indignation que nous inspirent Pol Pot, ou Hitler, Staline ou Milosevic – je vous laisse l'embarras du choix. Sommes-nous différents à cet égard ?

— Nul doute qu'il existe une notion d'indignation morale face à l'injustice, répondit le dalaï-lama, mais, chez les bouddhistes, elle figure dans le Vajrayâna, qui n'est pas vraiment majoritaire. On y trouve par exemple l'idée que la signification symbolique d'une divinité en colère consiste à manifester cette colère, voire de la férocité, contre certaines formes de mal.

« Dans l'incident qu'évoquait Matthieu, poursuivit-il, où la colère vise une personne sur le point de basculer dans le vide, deux choses se produisent. Il y a à la fois la compassion pour cette personne qui risque de tomber de la falaise, et la colère pour son comportement stupide. L'une et l'autre jaillissent ensemble, de façon très rapprochée.

« Dans la méditation cultivant la patience ou la tolérance, on peut se focaliser sur une personne au comportement particulièrement ignoble. En cultivant la patience envers cette personne, il n'est pas question de colère ou d'hostilité ; il s'agira plutôt de compassion, peut-être. Mais il existe indiscutablement une attitude qui consiste à vouloir faire cesser, à repousser et annihiler ce comportement déplorable. Et cette volonté puissante de mettre un terme à ce comportement est tout à fait compatible avec l'absence de colère envers cette personne. On fait preuve de patience à son égard, mais pas envers ses actes terribles, et ces deux sentiments doivent être cultivés ensemble de façon à ne pas confondre patience et apathie.

L'idée qu'on puisse radicalement transformer la colère en une compassion mêlée de patience frappa immédiatement Paul Ekman, qui avait longtemps réfléchi aux moyens de faciliter cette transformation.

— Je crois que c'est une idée extrêmement utile, dit-il au dalaï-lama.

« J'étais justement en train de lire ce que vous dites à ce sujet dans l'un de vos ouvrages quand j'ai trouvé exactement la même idée dans le dernier livre de Richard Lazarus, un psychologue états-unien qui ne connaît rien des travaux de Sa Sainteté [11]. Lazarus souligne, à juste titre selon moi, que c'est une chose difficile, mais possible. J'espère que nous aurons l'occasion de nous demander comment peuvent y parvenir ceux qui n'ont pas une longue pratique de la méditation. Je pense qu'il doit exister des étapes intermédiaires.

« À ce propos, il me semble que nous confondons deux choses, ajouta Paul. La première est ce dont l'être humain est capable, par de grands efforts et une énorme concentration, comme devenir imperméable à la colère – c'est l'une des choses que l'Occident peut tirer de la théorie et la pratique bouddhistes. L'autre consiste à se demander s'il n'y a pas certaines circonstances de la vie courante, comme le suggérait Matthieu, où nous serions d'accord pour admettre que la colère n'est pas plus nocive que destructrice.

— Je crois que nous y reviendrons souvent dans les jours qui viennent, répondit Alan.

C'était peu dire. En fait, la transformation de la colère allait devenir l'un des thèmes majeurs de la rencontre, pas seulement d'un point de vue théorique, mais dans la vie même de certaines des personnes présentes dans la salle – dont Paul.

D'autres afflictions

Alan avait manifestement envie de revenir à la liste des émotions destructrices qu'avait établie Jinpa. Il insista. « Vu l'amusement que nous ont procuré les six afflictions mentales primaires, je crois que les vingt afflictions mentales dérivées risquent de nous faire danser sur les tables – alors pourquoi ne pas y venir tout de suite ? Elles naissent toutes des afflictions premières que sont l'avidité ou l'attachement, la colère et l'ignorance » – ce que la littérature bouddhiste nomme les Trois Poisons.

Une nouvelle liste apparut à l'écran :

Vingt afflictions mentales dérivées

Colère

1. Emportement
2. Ressentiment
3. Dépit
4. Envie/jalousie
5. Cruauté

Attachement

6. Avarice
7. Amour-propre exacerbé
8. Excitation
9. Occultation de ses propres vices
10. Lourdeur d'esprit

Ignorance

11. Foi aveugle
12. Paresse spirituelle
13. Inadvertance
14. Manque de vigilance introspective

Ignorance + attachement

15. Prétention
16. Tromperie
17. Absence de vergogne
18. Manque de considération pour autrui
19. Inconscience
20. Dissipation

« De ces vingt afflictions dérivées, commença Alan, les cinq premières naissent de la colère. L'emportement n'est qu'un accès aggravé de colère. Le ressentiment est une rétention plus longue de cette colère. Le dépit en est encore un dérivé – toutes ces émotions sont très nettement liées à la colère. Bien que ce soit moins évident, on dira que l'envie ou la jalousie aussi. Dans la discussion avec Thupten Jinpa, quand nous cherchions à établir qui dérivait de quoi, Jinpa s'est montré assez persuadé que l'envie et la jalousie sont des dérivés de l'attachement. J'étais pour ma part assez convaincu qu'elles naissent à la fois de la colère et de l'attachement. Nous avons vérifié dans le texte, qui ne mentionne que la colère. Cela peut donc se discuter. La cruauté, en revanche, naît incontestablement de la colère.

« Venons-en aux afflictions dérivées de l'attachement. Il y a l'avarice et l'amour-propre exacerbé – c'est ce que décrivait Owen ce matin, une hypertrophie, une exagération de la perception de ses propres qualités. L'"excitation" est un terme technique du domaine de la méditation : c'est quand l'esprit est agité parce qu'il est compulsivement attiré par un objet de désir.

« L'occultation de ses propres vices est un type d'illusion qui naît de l'ignorance. On se les occulte aussi à soi-même. "Lourdeur d'esprit", voilà encore une notion qui apparaît essentiellement dans la méditation, bien que les manifestations en soient nettement plus répandues : c'est un manque de clarté de l'esprit. Ceux qui méditent connaissent ça très bien. »

Quand l'ignorance nous afflige

La série d'afflictions suivantes naît de ce que le bouddhisme appelle l'illusion ou l'ignorance. Cela commence par la « foi aveugle », et Alan souligna immédiatement combien cela pourrait sembler étrange aux observateurs occidentaux.

— La foi est considérée comme une vertu, mais pas la foi aveugle. La foi intelligente est fondée sur la réalité, sinon, c'est une affliction mentale.

« Puis vient ce qu'on appelle *lelo* en tibétain, et qui est souvent traduit par "paresse" alors que c'est bien plus précis que cela. Une personne peut travailler seize heures par jour, et totalement se consacrer à gagner beaucoup d'argent sans avoir le moindre souci de la vertu : elle sera considérée par les bouddhistes comme sujette à *lelo*. Ce genre de stakhanoviste n'est manifestement pas paresseux, mais il est considéré comme *lelo* au sens où il fait preuve d'une léthargie et d'une fainéantise totales en matière de culture de la vertu et de purification de l'esprit. Nous avons choisi de traduire ce mot par "paresse spirituelle", en nous inspirant de la tradition chrétienne, ce qui se rapproche beaucoup de l'idée bouddhiste.

« L'inadvertance, voilà encore un mot tiré de la méditation, qui désigne un manque de vigilance qui nous pousse tout simplement au désengagement. Le contrôle intérieur est un élément fondamental de la méditation, et l'absence de ce contrôle, lorsqu'on manque de vigilance introspective, est l'inadvertance. Je crois qu'on rejoint là l'un des sujets que vous avez abordés, Dan, dans *L'Intelligence émotionnelle*. Si l'on manque de cela, on est moins émotionnellement intelligent.

— S'agit-il de la conscience de soi ? demandai-je, puisque tel était le terme général que j'avais employé dans mon livre pour désigner ce genre d'attention introspective.

— Les bouddhistes n'emploieraient pas vraiment cette expression, répondit Alan – sans doute parce qu'ils considèrent la notion de soi comme une construction mentale illusoire, ainsi que nous l'avait précédemment dit le dalaï-lama –, mais c'est très comparable.

« Ensuite, poursuivit Alan, il y a la dernière série, qui regroupe les afflictions dérivant à la fois de l'attachement et de l'ignorance. La prétention – une illusion d'un type très particulier – nous porte à affirmer de façon consciente et intentionnelle que nous sommes dotés de qualités que nous n'avons pas, ou à les exagérer. La tromperie en est l'autre versant, c'est lorsqu'on tente de cacher, de dissimuler ou de minimiser ses défauts.

« L'absence de vergogne revient à ne pas avoir de conscience, quand, indépendamment du fait qu'on puisse se faire prendre ou pas, on n'a pas la moindre notion de décence personnelle. C'est considéré comme une affliction mentale. Ce n'est pas l'absence de remords – c'est la capacité de se lancer dans une entreprise vraiment honteuse, sans le moindre scrupule intime. Se faire attraper ou pas, la question ne se pose même pas. Le manque de considération pour autrui en est le pendant : c'est un manque d'intérêt pour la façon dont les autres jugent notre comportement. Non pas qu'il faille absolument se raccrocher à sa réputation ou quoi que ce soit de ce genre, mais, en l'occurrence, il s'agit d'un manque de souci pour le fait bien réel qu'on est une créature sociale, compromise avec les autres. Si l'on entreprend quelque chose de peu vertueux ou de répréhensible, et qu'on se fiche tout bonnement de ce qu'en pensera le monde, alors on souffre de cette affliction mentale.

« L'inconscience est une attitude totalement blasée envers nos actes, nos paroles et notre esprit, où l'on ne cherche pas à savoir s'ils sont sains ou malsains. Enfin, la dissipation, qui ressemble à l'inadvertance, désigne simplement un esprit atteint d'incohérence, qui se laisse attirer de toutes parts, au gré de ce qui se présente. Ces dernières afflictions naissent à la fois de l'ignorance et de l'attachement.

Atteint de numéro 17

Toutes ces explications étaient tirées de sources tibétaines. Pourtant, comme dans la psychologie occidentale, le bouddhisme est constitué de différentes écoles de pensée. Moine de la tradition thaïe theravâda, le vénérable Kusalacitto avait été prié d'apporter l'éclairage des classiques palis. Le *bhanté* (c'est ainsi qu'on appelle les moines en Thaïlande) prit la parole :

Si nous pouvions revenir au numéro 17, le manque de vergogne, qui se dit en pali *ahirika*, « sans honte ». Une personne atteinte d'*ahirika* est capable de très vilaines choses – pas seulement de déranger les autres, mais même de tuer. Elle n'a aucun souci des bonnes manières ou des usages et n'hésite pas à profiter de sa position sociale à de mauvaises fins. Voilà ce que signifie *ahirika*.

« Mais le numéro 18 se dirait *anottopa* en pali, c'est faire preuve d'un manque de considération pour les autres. Sans craindre un mauvais karma. Cela peut aussi vous porter à faire du mal, mais, cette fois, c'est parce que vous n'avez pas le moindre regard pour les conséquences de vos actes.

— C'est donc une sorte d'irresponsabilité totale et un manque de préoccupation à long terme, résuma Alan.

Le commentaire du *bhanté* déclencha un débat sur les nuances de sens entre ces deux afflictions, et Alan consulta *The Mind and Its Functions*, un livre de Géshé

Rabten, qui fut l'un de ses premiers maîtres, et dont il avait distribué aux participants des extraits parmi les documents préparatoires de la conférence. Ce débat était en partie le reflet de vieilles querelles internes du bouddhisme quant à la phénoménologie de la conscience. Jinpa espérait au moins donner aux scientifiques un aperçu de toute la complexité de la psychologie bouddhiste et de la diversité des sources disponibles[12].

Owen intervint alors :

— Dans les dialogues de Platon, Thrasymaque, l'un des interlocuteurs de Socrate, cherche à expliquer qu'il vaut bien mieux paraître qu'être. On voit clairement que, selon ce point de vue, ce qui est bénéfique, c'est d'avoir l'air bon, pas de l'être.

— Il est atteint du numéro 17 ! dit Alan.

— Il souffre de numéro 17 et il le revendique ! surenchérit Owen. En effet, il affirme qu'au plus profond c'est à cela que chacun aspire. Et – au moins pour lui – que c'est plaisant.

Alan eut le dernier mot :

— En termes bouddhistes, sa justification serait qualifiée d'intelligence affligée.

Les afflictions perturbent l'équilibre de l'esprit

— C'était un petit tour d'horizon très rapide, conclut Alan. Mais nous tenons désormais notre liste. Vous remarquerez qu'on peut immédiatement identifier certaines de ces afflictions comme des émotions et que d'autres n'en sont pas du tout. Mais cette distinction n'a aucun sens dans la logique bouddhiste. La classification des émotions proprement dites n'a jamais été établie, parce que ça n'a jamais paru spécialement utile.

— Une question très importante se pose, souligna Francisco Varela. Nous sommes d'accord pour dire que l'absence de vergogne, par exemple, est un état mental afflictif, mais il ne semble pas clairement impliquer d'émotion. Si les afflictions mentales ne sont pas des émotions, que sont-elles ?

— Des états mentaux, des processus mentaux, proposa Alan, reprenant les expressions neutres les plus fréquemment employées.

— Oui, dit Francisco, mais n'est-il pas un peu curieux que certains soient porteurs d'émotions et pas d'autres ?

— Sa Sainteté a dit tout à l'heure que tous les états mentaux surgissent accompagnés de sentiments, lui rappela Alan. Le plaisir et la douleur figuraient dans sa liste d'émotions. La peine et la joie aussi, et le bonheur…

— C'est vrai, admit Francisco. Mais, par exemple, la honte est une émotion. L'absence de honte, ou de vergogne, en revanche, peut être tout à fait neutre. Cela veut-il dire, quant à la nature de l'esprit, qu'il est possible de subir une affliction mentale qui ne relève pas de l'émotion ?

Francisco avait mis le doigt sur une différence fondamentale entre les tout premiers paradigmes sur lesquels reposent les notions occidentales et bouddhistes d'émotion destructrice. En Occident, la valeur positive ou négative d'une émotion – le fait qu'elle soit plaisante ou déplaisante – est déterminante, comme la question de savoir si cette émotion peut conduire les gens à se faire du mal, ou à en faire aux autres.

Pour le bouddhisme, la destructivité dépend d'une appréciation nettement plus subtile de ce qu'est le mal : elle tient au fait qu'un état mental (émotions comprises) perturbe l'esprit et entrave le développement spirituel. Comme le résuma Alan :

— En tibétain, une affliction mentale est un processus mental qui a pour fonction de perturber l'équilibre de l'esprit. Elles ont toutes cela en commun, que leur composante émotionnelle soit forte ou pas.

Manifestement satisfait, Francisco acquiesça vivement.

Les afflictions dans un contexte plus vaste

Le dalaï-lama ressentit à nouveau la nécessité d'apporter aux scientifiques présents une vision plus large du contexte théorique de cette liste d'émotions afflictives. « À mon sens, tous les éléments de cette liste ne sont pas forcément des afflictions à proprement parler. Le fait qu'y figure l'inadvertance ne signifie pas que toutes les formes d'inadvertance soient afflictives. Il en va de même pour le doute. Des formes saines de doute existent – par exemple pour cultiver la spiritualité. Comme dans la démarche scientifique, il faut savoir faire preuve de scepticisme – rien n'est possible sans le doute. La vingtaine d'éléments de cette liste ne sont donc jugés afflictifs qu'au sens où ils dérivent de l'une des afflictions majeures. »

Il se lança ensuite dans une exploration du contexte plus général, expliquant que ces vingt propriétés mentales font partie d'un ensemble plus vaste. « Beaucoup de facteurs mentaux n'ont aucun lien avec les afflictions mentales primaires. Lorsqu'on est profondément endormi et qu'on ne rêve pas, par exemple, on ne peut pas avoir de sentiment de honte. Le simple fait de ne pas ressentir de honte ne nous rend donc certainement pas sujets à l'affliction mentale qu'est l'absence de vergogne. Les éléments de cette liste ne sont des afflictions mentales dérivées que s'ils sont associés à l'une des afflictions mentales primaires.

« Pour mieux comprendre ce que sont les afflictions mentales, poursuivit-il, il faut les situer dans le contexte plus large de l'Abhidharmakosha, un texte sanscrit qui établit une liste de cinquante et une facultés mentales, sans être absolument complète pour autant. Cinq facteurs mentaux sont omniprésents : le sentiment, le discernement, l'intention, le contact et l'attention ; il y a aussi cinq facteurs mentaux de vérification : l'aspiration, l'appréciation, le souvenir, la concentration et l'intelligence ; quatre facteurs mentaux variables, au sens où ils peuvent être vertueux ou non vertueux : l'engourdissement, le regret, l'examen général et l'observation précise ; et onze facteurs mentaux sains, parmi lesquels on compte la foi. Il conclut : Notre liste des afflictions mentales prend plus de sens dans ce contexte. »

Ainsi, comme dans les sciences cognitives, le bouddhisme prend en considération les processus neutres de la vie mentale qui permettent la perception et la pensée. Mais à la différence du modèle scientifique, l'analyse bouddhiste comporte un volet spirituel pratique. Les onze facteurs sains sont des éléments essentiels du développement spirituel. Au contraire, les afflictions mentales sont autant d'obstacles à ce développement. Lorsqu'ils dérivent des Trois Poisons – l'avidité, l'aversion et l'illusion – les états d'esprits afflictifs perturbent la discipline mentale, la méditation et l'entendement.

Sous ce jour, le fait que, disons, l'inadvertance ou le manque de vergogne puissent faire entrave au progrès spirituel, devenant ainsi afflictifs, est plus clair.

Affliction sans émotion ?

Richard Davidson, dont les travaux touchaient à certains de ces points, intervint pour la première fois.

— Permettez-moi d'en revenir au fait de savoir si une affliction peut exister sans qu'il y ait d'émotion négative. Bien des scientifiques occidentaux qui se sont penchés sur les émotions admettront qu'elles sont porteuses d'une valeur positive ou négative – que la présence d'une émotion produit une sensation à la tonalité positive ou négative. Les afflictions dont nous parlons sont des processus mentaux complexes qui paraissent détenir une certaine composante émotionnelle. Elles semblent aussi impliquer d'autres choses, mais, pour mon école de pensée, chaque élément de cette liste paraît bien doté d'une composante émotionnelle. Je me demande si toutes les afflictions impliquent nécessairement une émotion négative ou s'il est possible de les voir apparaître en l'absence de toute émotion négative.

— En tant qu'interprète et animateur, je dois vous demander de préciser quelque chose, dit Alan. Voici quelques minutes, Sa Sainteté caractérisait l'attachement comme une sorte d'attirance compulsive vers un objet, et l'aversion ou l'hostilité comme un éloignement. La terminologie occidentale porte très facilement à penser qu'« aller vers » est positif et que « s'écarter de » est négatif. Quand vous dites « positif », cela veut-il dire vertueux, non-déformé, et non afflictif ? Ou bien entendez-vous par positif, « plus lié à l'attachement », et par négatif, « plus lié à l'aversion » ?

— L'usage occidental de ces termes, répondit Richie (c'est le surnom que lui donne quasiment tout le monde), renvoie généralement aux listes conventionnelles d'émotions positives et négatives. Le bonheur et le contentement entrent dans la colonne positive. La notion d'attachement ne figure pas dans le lexique occidental de la psychologie des émotions.

— Mais elle serait probablement jugée positive, n'est-ce pas ?, demanda Alan. Par exemple, quand on dit « j'aime vraiment le pamplemousse ».

— Sans doute, répondit Richie. Et cela soulève une autre question : les émotions positives peuvent-elles aussi créer des distorsions dans notre aptitude à appréhender le réel, comme le font les émotions destructrices telles que Matthieu nous les a décrites ? Je suppose que, dans la pensée bouddhiste, les émotions positives associées à l'attachement portent atteinte à notre capacité d'appréhension correcte de la réalité.

Alan et Richie évoquaient en fait une différence fondamentale des présupposés sur lesquels reposent les deux listes. La distinction bouddhiste entre les états mentaux sains ou malsains (positifs ou négatifs) veut que les premiers favorisent l'éveil spirituel, quand les seconds y font obstacle.

En revanche, la vision occidentale sépare les émotions plaisantes – positives – et déplaisantes – négatives. Le critère de l'Occident semble se réduire à déterminer si une émotion fait du bien, alors que, pour les bouddhistes, cela dépend du fait qu'elle facilite ou empêche le développement spirituel.

Quand l'attachement peut être positif

— Pour répondre sur les formes positives de l'attachement, dit le dalaï-lama, il est important d'avoir à l'esprit que l'aspiration spirituelle ultime du bouddhisme est d'atteindre l'éveil et que l'attachement passe pour l'un des principaux obstacles que rencontre l'individu. À cet égard, l'attachement est considéré comme une affliction radicale.

« Le fait qu'il y ait très peu d'attachement permet au cycle de la renaissance de se perpétuer. De ce point de vue, l'attachement est donc bien sûr considéré comme une affliction, un obscurcissement. Toutefois, si l'on revient au cadre de notre discussion et qu'on retire de l'équation cette aspiration ultime à la libération – si l'on s'en tient au cadre laïc de l'étude des émotions, cela change totalement, bien sûr.

« Certaines formes d'attachement que le bouddhisme tient pour afflictives ne sont pas nécessairement destructrices. En société, certaines formes d'attachement sont en fait positives. Mais si l'on se propose d'atteindre le nirvâna, elles sont jugées destructrices.

— La notion de ce qui est afflictif dépend donc du contexte, remarquai-je.

— « Destructif » peut dépendre du contexte, précisa Jinpa. L'attachement, qui peut être totalement destructif aux yeux des bouddhistes, peut s'avérer utile au quotidien, où l'on aspire d'abord à une vie et à une société plus heureuses.

Jeanne Tsai, chercheuse en émotions, posa la question suivante :

— Le bouddhisme fait-il une différence entre des individus plus ou moins responsables de leur état d'affliction ? En psychologie clinique, on considère que certains individus n'ont aucun contrôle sur leurs comportements destructeurs : il y a les schizophrènes, ou ceux qui souffrent d'un état psychotique à cause d'un désordre génétique, biologique, ou encore ceux pour qui quelque chose s'est mal passé à la naissance. Que pensent les bouddhistes des psychopathes, de ceux qui adoptent des comportements extrêmement destructeurs envers les autres et n'en ressentent aucun remords, ceux qui n'ont aucun moyen de contrôle ?

— Il y a sans conteste un équivalent dans la conception bouddhiste des valeurs morales, répondit le dalaï-lama. Ces actes sont commis par ignorance et sont jugés moins négatifs que s'ils étaient commis par une personne totalement consciente des conséquences et de la gravité de ce qu'il fait, qui serait moralement répréhensible. L'ignorance est donc souvent une excuse valable. Par exemple, un simple promeneur peut aisément écraser des fourmis sans même les voir. Il est en train de tuer, et il accumule du mauvais karma – mais ça reste assez léger. Il n'avait pas du tout conscience de ce qu'il était en train de faire.

« Ensuite, continua le dalaï-lama, prenons le cas d'enfants qui jouent à tourmenter des insectes, ou à les donner aux araignées, sans savoir qu'ils ont des sensations. Ce type de meurtre est motivé par l'ignorance et l'illusion. De la même manière, des gens qui sacrifient des animaux en croyant satisfaire quelque divinité sont aussi sous le coup de l'illusion, parce qu'ils ne pensent pas vraiment faire du mal. Je suppose qu'on fait rarement ces choses par méchanceté ou par désir de faire du mal à la créature en question. Ils pensent plutôt que c'est bien, que cela plaira à leur dieu.

« Ce genre de crime naît de l'illusion. On atteint un deuxième niveau de responsabilité lorsqu'on tue par attachement. On a vraiment envie de manger ce yack, là-bas. Pas de lui faire mal, juste de manger sa chair. Puis, encore au-dessus, il y a le niveau où l'on désire infliger une blessure. On veut vraiment faire du mal, et on tue avec cette intention malveillante.

« En termes de responsabilité, le karma le plus léger est probablement celui qui découle de l'illusion ; celui qui vient de l'attachement est un peu plus lourd ; et le plus lourd, celui où l'on porte la plus grande responsabilité, est issu de la malveillance. Les personnes psychotiques et autres schizophrènes souffrent d'une forme aiguë d'illusion. Tuer par schizophrénie revient à tuer à cause d'une illusion très profonde. La responsabilité et les répercussions sur le karma sont inversement proportionnelles à l'intensité de l'illusion.

Je demandai alors :

— Que pensez-vous de l'affaire que j'ai évoquée, où un garçon de six ans s'est mis en colère, a apporté un pistolet à l'école et tué une fillette ? Il n'est d'ailleurs pas accusé de meurtre.

Cela déclencha une longue discussion dans le cercle tibétain qui procédait à l'évaluation des détails de l'affaire.

« Il était en colère, finit par dire le dalaï-lama. C'est sans doute un cas de meurtre par colère. Avec probablement une très forte dose d'illusion. J'ai tendance à penser que ce petit garçon de six ans a peut-être voulu tuer la fillette, mais sans pleinement saisir qu'elle ne reviendrait jamais à la vie.

— Il n'est pas sûr qu'il ait bien compris ce qu'est la mort, répondis-je.

— Comment aurait-il pu croire qu'elle n'allait pas mourir ? demanda Matthieu avec scepticisme. Ne sait-il vraiment pas ce qu'est la mort ?

— Cette question relève du développement, fis-je remarquer.

Saisissant la balle au bond, Mark Greenberg, psychologue du développement, apporta ses lumières :

— Nous pensons qu'avant sept ans la plupart des enfants ne saisissent pas le caractère définitif d'un tel acte. Nous dirions qu'il cherchait à lui faire de la peine, peut-être à lui faire physiquement mal, mais de façon temporaire, pas définitive.

Alan releva l'un des facteurs susceptibles d'inculquer à un enfant l'« idée magique » que la mort ne dure pas.

— N'oublions pas que les enfants de six ans regardent des dessins animés dont les personnages se font tuer, tombent sur la tête du haut de falaises, sont criblés de balles et se relèvent aussitôt. Le genre de média qui leur est adressé ne dit jamais clairement que la mort est irréversible.

— Oui, approuva Matthieu. J'ai lu qu'aux États-Unis, à l'âge de vingt ans, un adolescent a déjà assisté à quelque quarante mille assassinats à la télévision. Cela doit forcément avoir une influence.

Alan profita de ce commentaire pour clore le débat du jour :

— La morale de l'histoire, c'est peut-être que nous avons tous besoin de plus de clarté et de sens des responsabilités et, surtout, de bien vouloir remarquer qu'il est quatre heures. Nous libérons donc Sa Sainteté, avec toute notre gratitude pour sa présence ici. Merci à tous mille fois – et spécialement à nos deux orateurs du jour.

La journée s'achevait là où nous l'avions entamée : autour du rôle des émotions destructrices, en l'occurrence dans le cas très embarrassant d'un assassin de six ans.

Deuxième jour

LES SENTIMENTS AU QUOTIDIEN

21 mars 2000

6

L'universalité de l'émotion

La rage, la panique ou la dépression ont-elles une utilité ? Ou bien les émotions destructrices seraient-elles des sortes de « tympans » de l'évolution – un sous-produit accidentel de la sélection naturelle ?

En architecture, le tympan est l'espace triangulaire délimité par la corniche et les rampants d'un fronton – il n'a pas de fonction essentielle, il est « gratuit ». On peut en profiter à des fins esthétiques, ou se contenter de faire avec, mais il n'est pas utile au maintien de la structure.

En 1994, Owen Flanagan a prononcé devant la Society for Philosophy and Psychology un discours intitulé *Rêves déconstructeurs : les « tympans » du sommeil*, qui s'inspirait de la théorie de Stephen Jay Gould et Richard Lewontin sur la façon dont l'évolution produit ces tympans. Comme en architecture, les tympans du comportement humain ne remplissent aucune fonction de survie, ils sont la conséquence d'une chose qui, elle, est vitale. Influencée par les travaux novateurs d'Alan Hobson à Harvard, la thèse de Flanagan établissait que si le sommeil joue un rôle adaptatif, le rêve, lui, n'a pas été voulu par dame nature dans ce but. Les rêves sont riches, ils peuvent être utiles à l'introspection, mais ils ne sont pas, dans cette optique, essentiels à la survie.

On pourrait se demander si les émotions destructrices ne sont pas, elles aussi, le sous-produit de quelque chose d'utile dans le comportement humain, qui ne remplit aucune fonction de survie et peut d'ailleurs même parfois avoir une valeur négative. On pourrait même étendre ce raisonnement à toutes les émotions pénibles, notamment l'avidité, la colère, la peur ou la tristesse (sans parler de l'envie ou de la jalousie, pour reprendre la liste bouddhiste), lorsqu'elles prennent des proportions destructrices. En fait, l'essentiel du vademecum officiel de l'American Psychiatric Association peut être entendu comme une typologie des émotions destructrices inutiles, des désordres suscités par une émotion devenue excessive, hors de propos, ou simplement incontrôlable.

Le répertoire comportemental humain n'est pas tout entier le fruit de l'adaptation, bien que la majeure partie semble l'être. Owen Flanagan appartient à cette école de pensée évolutionniste qui s'interroge sur la valeur adaptative de tel ou tel trait de caractère. Paul Ekman ne fait pas autre chose avec les émotions de base. Il a acquis la quasi-certitude qu'elles sont apparues sous forme de systèmes adaptatifs, dans des environnements où elles étaient indispensables. Mais l'une des questions centrales que soulèverait son exposé lors de notre deuxième journée était la suivante : en admettant que les émotions de base jouent un rôle dans l'évolution, les émotions destructrices pourraient-elles n'être que les tympans du comportement humain – des éléments avec lesquels il faut composer, mais dont on n'a pas besoin ?

Une touche sombre

La veille avait été très ensoleillée, mais de gros nuages s'amassaient à présent, et le tonnerre ponctuerait les débats tout au long de la journée, un crachin glacial tombant même par intermittence à l'heure du déjeuner.

Nous avions appris qu'un chien enragé errait dans les rues du village, ce qui nous fit hésiter à nous y rendre, car l'animal avait déjà attaqué sept personnes. L'un de nos observateurs, Dick Grace, un véritable homme d'action compassionnelle, parvint à trouver l'une des victimes, un enfant gravement mordu au visage, qu'il fit conduire à l'hôpital.

En outre, le dalaï-lama était pris de quintes de toux ; il avait attrapé un rhume la semaine précédente, à l'occasion d'une visite de cinq jours dans le sud de l'Inde où il avait ordonné des centaines de moines apprentis. La pluie, le chien enragé et le rhume du dalaï-lama donnaient à la journée une touche un peu sombre – mais c'était peut-être la toile de fond qui convenait à notre sujet, les émotions destructrices.

J'ouvris la séance par une métaphore : « Votre Sainteté, ainsi que vous l'ont appris les précédentes rencontres tenues ici, le déroulement de ce dialogue est un peu comme le tissage d'une tapisserie dont la trame complexe se dessine à mesure que nous progressons. Hier nous avons posé les premières fibres sur le métier, celles du contexte philosophique. Owen Flanagan a présenté les différentes questions que pose la philosophie occidentale. Matthieu a résumé la pensée bouddhiste sur cette idée fondamentale que les émotions sont une entrave à la clairvoyance, précisant qu'il nous est possible d'intervenir avant, pendant et après une émotion afflictive. Nous avons aussi passé en revue la liste d'Alan, que nous avons comparée à celle qu'Owen nous avait soumise plus tôt, ce qui a été très intéressant, pas seulement pour leurs nombreux points communs, mais aussi pour toutes leurs différences. On peut s'attendre à voir réapparaître certaines de ces questions au fil de la journée.

« Votre Sainteté a eu la bonté de nous offrir un aperçu de l'idée très sophistiquée que se fait la psychologie bouddhiste de la nature des émotions afflictives et des processus mentaux. Cet éclairage nous est précieux : si nous espérons pouvoir intervenir au sein d'un processus, il faut le comprendre dans le détail, pour adapter les remèdes au problème.

« Ce sont donc les premières fibres de notre tissage. Nous allons commencer d'y enchevêtrer les suivantes – et de leur intersection surgira toute la richesse du motif. Nous commençons avec Paul Ekman, qui est professeur de psychologie et dirige le laboratoire d'interaction humaine à l'école de médecine de l'université de Californie, à San Francisco. Mais ce qu'il ne faut pas perdre de vue à son sujet, c'est que c'est un maître de l'expression faciale des émotions. Il a passé plus de trente ans à diffuser son savoir à travers le monde et possède un talent tout à fait exceptionnel – c'est presque un cas de *siddhi*, fis-je, employant le mot sanscrit désignant une capacité humaine extraordinaire.

« Il a appris à contrôler chacun des quelque quatre-vingts muscles du visage humain, de façon à pouvoir analyser avec précision et scientifiquement déterminer quel muscle répond à quelle émotion. Ce qui lui donne l'extraordinaire capacité de percevoir sur notre visage les émotions fugaces qui trahissent nos sentiments cachés. Il a même eu l'occasion d'enseigner ce savoir-faire à des représentants des services secrets.

« Je voulais juste vous avertir que, si jamais vous cherchez à dissimuler une émotion, il ne manquera pas de la détecter ! »

Le détecteur d'émotion

Voici à titre d'exemple une anecdote très représentative de Paul Ekman. Un jour de décembre, Paul et moi marchions le long des belles maisons victoriennes jaunes de Cambridge, vers une réunion au Harvard Divinity's School's Center for Comparative Religions. J'étais le coordinateur des sept savants censés présenter au dalaï-lama leurs travaux sur la question des émotions destructrices. La tête en partie occupée par la réunion que je m'apprêtais à diriger, je fus frappé par ce que me disait Paul.

Il avait mis au point une vidéocassette d'une heure qui, m'assurait-il, pouvait enseigner à n'importe qui la façon de déceler les moindres signes de la colère ou de la peur – ou de toute autre émotion fondamentale – aussitôt qu'ils affleurent au visage de quelqu'un. Une heure, c'était suffisant pour apprendre à percevoir ces signes de micro-émotion qui ne durent parfois qu'un vingt-cinquième de seconde.

Je n'étais pas seulement intéressé, j'étais fasciné, et même surexcité. Cela faisait des années que je disais dans mes conférences qu'il était possible d'acquérir l'empathie, cette sensibilité aux émotions d'autrui. Et on me demandait bien souvent de quelle façon. Et voilà que Paul m'apportait une réponse précise.

Alors que nous approchions du bâtiment où se tenait la réunion, Paul se lança dans ce qui m'apparut comme une digression inopportune, au sujet du livre qu'il était en train d'écrire. Ce n'est pas que cela ne m'intéressait pas, mais j'étais pressé et soucieux de ce qui m'attendait. Je me disais que j'aurais bien consacré ces derniers instants à en apprendre davantage sur sa cassette vidéo. L'espace d'une seconde, j'ai commencé à ressentir de l'impatience, voire un soupçon d'irritation à son égard, mais j'étais certain de ne pas le lui avoir montré.

À ce moment précis, l'air de rien, il intégra ce commentaire au fil de son propos : « Par exemple, quelqu'un qui aurait visionné ma cassette saurait que là, maintenant, tu es un peu irrité envers moi. »

C'était un petit miracle : comment diable avait-il pu savoir en une fraction de seconde que je commençais à m'énerver ? Et Paul ne donnait pas du tout l'impression d'avoir accompli quelque chose d'inhabituel. Il en revint à sa vidéocassette, me racontant qu'il avait formé des policiers. Il termina au moment où nous entrions dans la salle de réunions.

Cette anecdote en dit long sur le génie de Paul : il ne lit pas dans les pensées – mais c'est sans aucun doute le lecteur d'émotions par excellence.

Observer ce qui n'a jamais été observé

C'est à l'âge de quinze ans que Paul Ekman entame ses études, lorsque, fuyant le dysfonctionnement de sa famille du New Jersey, il trouve refuge à l'université de Chicago, au sein d'un programme de repêchage destiné aux élèves doués qui, comme lui, n'ont jamais achevé leur cycle secondaire. D'une certaine façon, cela lui sauvera la vie : il abandonne ainsi la rébellion lasse qu'il mène chez lui pour les grands défis de l'humanité et, découvrant Freud, décide de devenir psychothérapeute.

Paul se met alors à étudier la psychologie à l'université Adelphi, dans l'un des rares programmes consacrés à la pratique clinique plutôt qu'à la recherche académique. Mais il est le mouton noir de sa classe et, contrairement aux autres, il deviendra chercheur, pas thérapeute. Le déclic se produit à l'université lorsque, en observant des séances de psychothérapie derrière une glace sans tain, il prend toute la mesure de ce qui n'est pas véhiculé par les mots mais par des signes non verbaux, comme le ton de la voix, l'expression du visage, ou les gestes.

Paul se lance alors dans ce qui deviendra l'œuvre de sa vie : l'observation de ce qui ne l'a jamais été. Il quitte Adelphi pour le Langley Porter Institute, l'hôpital psychiatrique de l'école de médecine de l'université de Californie à San Francisco, essentiellement pour suivre les cours de Jürgen Ruesch, l'un des rares chercheurs à avoir écrit sur le comportement non verbal.

Enrôlé dans l'armée dès sa sortie de l'université, Paul devient le psychologue en chef de l'immense camp d'entraînement de Fort Dix, dans le New Jersey. S'il est censé y pratiquer la psychothérapie, pas la recherche, aucun des quarante mille soldats qui se succèdent dans la base toutes les huit semaines n'a vraiment le temps ni l'envie de consulter un psychologue. Mais Paul y trouvera deux de ses premiers succès de chercheur.

Dans une étude, il montre que si l'on donnait aux soldats la possibilité de se rétracter dans les trois premiers jours de leur instruction – c'est-à-dire de se déclarer inaptes au service pour rentrer chez eux – cela n'aurait aucune incidence sur le taux de désaffection globale. En d'autres termes, les soldats n'abuseraient pas de cette échappatoire, et tout le monde serait soulagé de ne plus voir certains craquer dès les premiers exercices, pour de toute façon finir par être renvoyés chez eux. Le général change la politique de Fort Dix et donne aux nouvelles recrues l'opportunité de quitter l'armée dès le début de l'instruction.

Paul porte ensuite son attention sur le cachot, qui est essentiellement peuplé de déserteurs. Il relève que la plupart d'entre eux se sont livrés d'eux-mêmes aux autorités, et que ceux qui ont été punis de simples corvées ne récidivent que rarement. En revanche, ceux qu'on envoie au cachot le font à quatre-vingt-dix pour cent. Cela suscitera un autre changement de politique, et la désertion sera punie de corvées, pas de cachot.

Ces premiers succès donnent à Paul le sentiment qu'on ne changera pas le monde par la psychothérapie, mais par la recherche.

L'homme aux sept mille visages

De retour à Langley Porter, dans les années 1960, Paul rencontre Sylvan Tomkins, un philosophe devenu psychologue dont les travaux sur l'expression non verbale l'ont marqué. Obtenant une bourse pour étudier les gestes et l'expression de l'émotion dans différentes cultures, Paul part en Nouvelle-Guinée observer une ethnie dont le mode de vie est resté assez proche de l'âge de pierre. Il constate que le langage émotionnel de ces gens serait parfaitement reconnaissable dans le monde entier – découverte fondamentale quant au caractère universel de l'expression émotionnelle. Cela l'incite à relire en profondeur les écrits de Darwin, qui avait jadis évoqué cette universalité.

C'est au début des années quatre-vingt que j'ai fait la connaissance de Paul, en écrivant un article sur ses travaux. Paul avait très vite compris que les expressions du visage sont une fenêtre ouverte sur les émotions de l'individu – mais il n'en existait aucun système de lecture scientifique. Paul s'est donc attelé à mettre ce système au point. Avec son partenaire Wallace Friesen, ils ont passé près d'un an à étudier l'anatomie faciale, mais aussi à apprendre à contrôler chaque muscle de leur propre visage, un par un, ce qui leur permettrait d'étudier le rôle de chacun dans la configuration correspondant à une émotion donnée. Notre morphologie permet environ sept mille combinaisons de ces muscles.

Ce travail a été extrêmement pénible, douloureux même. Paul s'est inspiré de la méthode de Guillaume Duchenne de Boulogne, un neurologue du XIXe siècle qui avait soumis les muscles faciaux à une stimulation électrique pour décrire la façon dont ils transforment l'apparence – mais le sujet qui avait servi aux expériences de Duchenne était insensible à la douleur et ne redoutait donc pas les petites décharges. Paul n'avait pas cette chance. Lorsqu'il ne parvenait pas, précisément, à actionner tel ou tel muscle, il devait se planter une aiguille dans la peau jusqu'au muscle concerné avant de le stimuler électriquement. Il n'oublierait jamais, car ce n'était pas drôle tous les jours.

Mais, six ans plus tard, cela a abouti à une grande découverte. À chaque émotion, révèle Paul, correspond une configuration des muscles sous-jacents – si précise qu'il est possible d'établir la formule exacte de toute émotion. Pour la première fois, les scientifiques pouvaient mesurer les émotions d'un sujet avec fiabilité, par la simple observation des mouvements des muscles de son visage.

Plus de quatre cents chercheurs utilisent aujourd'hui le Facial Action Coding System. Deux équipes sont en train de développer un système automatique qui permettra un jour – sans doute d'ici à cinq ans – d'obtenir le relevé graphique de la moindre oscillation émotionnelle du sujet, comme un EEG permet une lecture continue des ondes du cerveau.

Notre présente réunion est survenue alors que Paul préparait le livre dont il m'avait parlé dans les rues de Cambridge[1]. Le lecteur y retrouvera quantité de points abordés ici, notamment sur les émotions fonctionnelles et dysfonctionnelles, et sur les moyens d'intervenir sur ce qui nous rend émotifs. Paul savait bien que toutes ces années de recherche avaient de quoi intéresser le dalaï-lama, mais il était surtout impatient de découvrir ce qu'il pourrait apprendre lui-même. Les siècles de pratique introspective du Tibet, soupçonnait-il, risquaient d'être riches d'enseignements sur les manières de gérer notre vécu émotionnel, un domaine que la science occidentale découvre à peine.

La rencontre de Dharamsala avait aussi pour Paul une signification plus personnelle. Depuis qu'à l'armée, en pleine guerre froide, il avait étudié les pertes qu'occasionnerait une attaque nucléaire, il s'est intensément engagé pour le désarmement nucléaire. Ève, sa fille lycéenne, a d'ailleurs hérité de son esprit militant, et s'est engagée dès quinze ans dans la cause tibétaine. C'est cet engagement qui avait incité Paul à venir ici à Dharamsala, accompagné d'Ève ; les signes non verbaux de Paul trahissaient toute sa fierté et son plaisir de l'avoir ici à ses côtés.

Les universaux

Avant de nous décrire le cadre scientifique dans lequel se situe l'étude des émotions, Paul commença : « Votre Sainteté, c'est un grand honneur pour moi que de m'adresser à vous. Je dois d'abord m'excuser pour le fait qu'après quarante années d'étude de l'émotion je n'ai consacré que quatre mois à m'intéresser au bouddhisme. Mes connaissances se résument à ce que j'ai trouvé dans quatre de vos livres, alors il faudra pardonner ma naïveté si je les ai mal compris, lorsque je tenterai d'établir ici et là certaines équivalences.

« Dans mon exposé, je séparerai les faits scientifiques, dont on possède les preuves, de la théorie, pour laquelle nous n'avons pas de preuves, mais qui soulève des questions extrêmement intéressantes. Je tenterai de passer plus de temps sur la théorie que sur les faits, mais je commencerai toutefois par ces derniers.

« Prenons d'abord la question des universaux. Quand j'ai commencé à m'y intéresser, l'idée communément admise en Occident voulait que les émotions soient nettement différentes d'une culture à l'autre, à l'image du langage ou des valeurs morales. On supposait que les émotions relevaient de l'acquis et on y voyait le reflet de la diversité des cultures. Ce n'était pourtant pas ce qu'en avait dit Charles Darwin en 1872 dans *L'Expression des émotions chez l'homme et les animaux*. Darwin soutenait que nos émotions ont évolué, que nous en partageons certaines avec les animaux, et qu'elles sont communes au genre humain. »

En projetant une série de diapositives représentant des visages très expressifs, il expliqua : « Ma première expérience a consisté à montrer ces visages, et d'autres du même genre, aux représentants de vingt et une cultures dans le monde. Ils devaient dire quelle émotion était représentée. Malgré les différences de culture et de langue, toutes les réponses ont coïncidé. L'expression de la première image a été systématiquement identifiée comme la joie, même si le terme employé n'était pas forcément celui-là. Et tout le monde a reconnu dans la deuxième le dégoût, ou le mépris.

« Toutefois, ce genre d'expérience avait une faille. Chacun des sujets interrogés ayant vu les mêmes films à la télévision ou au cinéma, on pouvait se demander s'ils n'avaient pas appris le sens de ces expressions par l'intermédiaire de Charlie Chaplin, John Wayne ou Richard Gere – c'était une manière de saluer la présence à notre rencontre de M. Gere, assis derrière Paul –, plutôt que par l'évolution de l'espèce. Pour en avoir le cœur net, il m'a fallu trouver des populations totalement coupées du monde. À l'époque, quelqu'un s'était intéressé à une population de Nouvelle-Guinée qui en était resté à l'âge de pierre et dont les membres souffraient d'une maladie rare. Ce chercheur avait tourné des dizaines de milliers de mètres de pellicule sur ces gens, qui se servaient encore d'outils taillés dans la pierre et n'avaient jamais eu le moindre contact avec l'extérieur.

« J'ai passé six mois à étudier ces films. C'est là que j'ai vraiment fait ma découverte, parce que je n'y voyais rien que je n'aie déjà vu auparavant. Rien d'unique, rien de nouveau, et chaque séquence confirmait que mon interprétation de leurs émotions était correcte. Je n'avais pas à apprendre leur langage expressif – leurs expressions faciales. Leur langage expressif était le mien.

« En 1967, je me suis rendu en Nouvelle-Guinée, pour observer ces gens de plus près, poursuivit Paul en montrant les photos de quelques expressions spontanées saisies par son équipe. Voici un jeune garçon manifestant de la joie. Là, cette femme exprime la surprise en haussant les sourcils. Dans la suivante, la femme au fond me regarde avec colère parce que, en lui prêtant attention, j'ai enfreint une règle culturelle. Cet homme montre tout son dégoût pendant qu'il me regarde manger les conserves que j'ai amenées avec moi. Bien entendu, j'ai eu la même expression en m'essayant à sa nourriture.

« Ce sont de beaux exemples, mais ils ne prouvent rien ; il fallait procéder à des expériences systématiques. Dans la plus intéressante de ces expériences, je leur ai raconté des histoires, en leur demandant de me montrer quelle tête ils feraient dans chaque circonstance. » En poursuivant son récit, Paul montra quelques photogrammes de ses propres films de la tribu de Nouvelle-Guinée.

« Comme ils ne savaient pas ce qu'est une caméra, le fait d'être filmés ne les gênait pas : "Montrez-moi quelle tête vous feriez si vous vous apprêtiez à vous battre." Ou : "Si quelqu'un faisait quelque chose qui ne vous plaît pas mais que vous n'avez pas l'intention de vous battre." Ou encore : "Si vous appreniez la mort de votre enfant." Et enfin : "Si des amis que vous n'avez pas vus depuis longtemps se présentaient au village."

« Comme vous pouvez vous y attendre, lorsque j'ai montré ces images aux États-Unis, à des lycéens qui ignoraient tout de ce peuple, ils n'ont eu aucun mal à reconnaître leurs émotions. Cela démontrait l'universalité de l'expression. Darwin ne s'était pas trompé : elle appartient bien au patrimoine commun de l'humanité.

« On trouve des universaux non seulement dans les expressions de l'émotion mais aussi dans certains des événements qui déclenchent l'émotion. Nous n'en avons pas la preuve formelle, mais tout porte à croire que, sur un plan abstrait, c'est pareil pour tout le monde, bien que certains détails puissent varier. Le thème commun à la tristesse ou à l'angoisse est une perte importante. Ce qui peut changer selon les individus et les cultures, c'est la personne ou la chose qui a été perdue.

« De la même façon qu'il y a des universaux dans ce qui provoque l'émotion, il y en a aussi dans les changements que subit notre corps lorsque nous ressentons une émotion. Avec Robert Levenson, un collègue de l'université de Berkeley, j'ai observé les changements physiologiques correspondant à chaque émotion. Prenons juste la colère et la peur. Ces deux émotions provoquent une accélération cardiaque et une augmentation de la sudation. Mais la colère échauffe les mains, alors que la peur les refroidit. Cette différence de température est universelle. Je dis que c'est universel parce que nous avons procédé aux mêmes études dans les hauteurs de Sumatra, dans le Minangkabao, pour trouver exactement les mêmes résultats. »

Dix-huit sortes de sourire

— Il y a aussi la différence entre expression volontaire et involontaire. Ce n'est pas moi qui ai découvert cela mais un neurologue français du siècle dernier, le Dr Guillaume Duchenne.

Paul montra la photo du Dr Duchenne à côté d'un patient au sourire simulé, et une autre où le patient affichait un sourire authentique.

— Ce patient était insensible à la douleur. Le Dr Duchenne lui avait donc appliqué des électrodes qui stimulaient ses muscles. Cela lui a permis de découvrir par exemple quel muscle tire la lèvre vers le haut. Mais, en regardant la photo qu'il avait prise, il s'est dit : « Cet homme sourit, mais il n'a pas l'air content. » Il raconta alors une blague au sujet et prit le second cliché. La différence entre les deux tient au muscle qui entoure l'œil, c'est lui qui rehausse les joues.

Sur des photos de lui-même affichant tour à tour un sourire simulé et un sourire authentique, Paul continua :

— Duchenne a constaté que ce muscle autour de l'œil ne répond pas à la volonté. Qu'il n'est actionné que si l'émotion est authentique. Pour reprendre les mots de Duchenne : « Son inertie trahit le faux ami. » Votre Sainteté, dans l'un de vos livres, vous dites toute l'importance que vous accordez au sourire. J'ai tenté pour ma part d'en distinguer dix-huit types différents.

Ces mots inspirèrent au dalaï-lama un large sourire qui semblait actionner tous les muscles de son visage.

— Dix-huit ! s'exclama-t-il. Et d'ajouter, narquois : Et quand trouverez-vous le dix-neuvième ?

— Jamais, je l'espère, répondit Paul. J'ai déjà assez de mal à convaincre les gens qu'il y en a dix-huit. Laissez-moi à présent vous parler de ces dix dernières années. Les découvertes de Duchenne sont ressorties de l'oubli voici une quinzaine d'années : jusqu'alors, c'était comme si elles n'avaient pas existé.

« Le premier indice sérieux est apparu dans l'expérience qui mettait en évidence des différences du sourire des gens qui mentent, quand ils prétendent qu'ils vont bien alors que ce n'est pas le cas. Deux études que j'ai menées avec Richard Davidson ont révélé des différences dans l'activité cérébrale de ces deux types de sourire. Une bonne partie de l'activité correspondant à une joie authentique n'est présente que lorsque le muscle autour de l'œil est actionné[2].

Mensonges, détection et lot émotionnel

Paul délaissa les sourires simulés pour en venir à ses expériences sur la tromperie et le mensonge.

— Je n'ai travaillé là-dessus qu'aux États-Unis. Nos recherches ont montré que la plupart des gens se laissent facilement tromper – même des policiers, des psychiatres, des avocats et des douaniers. Ils sont incapables de déceler le mensonge chez leur interlocuteur.

— Et les politiciens ? demanda le dalaï-lama, toujours souriant.

La question avait beau paraître anodine, Paul y avait décelé une certaine intensité. Dans l'avion qui l'emmenait en Inde, il avait lu *Au loin, la liberté*, l'autobiographie du dalaï-lama, et avait été frappé par les innombrables fois où ce dernier avouait avoir été trompé par les politiciens, alors que la Chine envahissait le Tibet. Paul répondit :

— Je n'ai étudié que les mensonges des politiciens, pas leur aptitude à débusquer le mensonge. Mais le fait qu'on se laisse généralement abuser est assez surprenant, d'une certaine façon, parce qu'il y a dans le comportement beaucoup de signes du mensonge ou de la sincérité. On peut les détecter en observant le visage et la voix. Et ces mesures sont fiables à plus de quatre-vingt-cinq pour cent.

« Nous avons constaté que très peu de gens s'avèrent aussi efficaces que nos mesures objectives. Mais il leur suffit d'écouter, de regarder pour tout de suite savoir ce qu'il en est. Je cherche aujourd'hui à comprendre d'où vient cette aptitude particulière, car elle ne concerne que moins d'un pour cent de la population[3].

Paul en vint ensuite au lien étroit qui existe entre l'expression faciale des émotions et les réactions physiologiques du corps.

— Au cours de nos recherches, nous avons fait une découverte étonnante. En affichant intentionnellement une expression faciale, on modifie sa physiologie. En adoptant une expression donnée, on voit se produire en soi les changements physiologiques qui accompagnent l'émotion correspondante. Nous avons constaté cela aussi bien dans nos études physiologiques que dans certaines expériences de Richard Davidson sur l'activité cérébrale. Le visage n'est donc pas seulement un espace d'affichage, c'est aussi un moyen d'activer l'émotion[4].

— Cela concerne-t-il les expressions volontaires ? demanda le dalaï-lama.

— C'est strictement volontaire, répondit Paul – mais ces expressions déclenchent la mise en route du système involontaire.

Autrement dit, le simple fait de sourire engage le cerveau dans l'activité caractéristique du bonheur – il en va de même avec la grimace, qui entraîne la tristesse, comme l'ont aussi constaté Paul et Richard Davidson. Paul ajouta :

— Je voudrais évoquer les particularités individuelles de l'émotion. J'ai commencé par parler des universaux, mais, au cours des dix dernières années, j'ai travaillé sur les différences entre individus. Nous sommes tous différents dans notre mode affectif. Chez certains, les émotions surviennent bien plus rapidement ou plus fort que chez d'autres. Leurs émotions peuvent aussi durer plus longtemps. Et chez les uns elles sont très apparentes, chez d'autres moins.

« Nous avons aussi découvert que le système émotionnel de la plupart des gens est unifié, pas fragmenté, contrairement à ce qu'avaient affirmé les scientifiques, qui pensaient qu'on peut à la fois manifester une grande expression et une petite réaction physiologique. Les différents éléments de l'assemblage émotionnel sont indissociables. Si l'expression est importante, ou rapide, il en va de même pour les altérations physiologiques du corps commandées par le système nerveux autonome. Nous avons également montré que, globalement, ces différences entre individus ne concernent pas qu'une seule émotion. Si l'on réagit fortement à la colère, on en fait autant sous le coup de la peur.

Ces différences expliquent en partie l'existence des malentendus émotionnels : nous supposons tous – de façon naturelle, mais à tort – que les autres vivent leurs émotions comme nous. Les travaux de Paul laissent aussi penser que certaines personnes – celles qui ont des réactions émotionnelles immédiates, intenses et longues – peuvent avoir des difficultés particulières à gérer leurs émotions. Cela nous amène à nous demander à quel âge se dessinent ces différences dans la gestion de l'émotion. Paul est convaincu que la réponse à cette question nous permettra d'intervenir dans le développement pour apprendre aux gens à mieux gérer leurs émotions. Mais il croyait cette éventualité lointaine. Or, le surlendemain, Mark Greenberg nous parlerait précisément de ce genre de programmes éducatifs destinés aux enfants.

Liberté dans l'expression

Paul m'avoua plus tard qu'il avait été frappé par l'absence de retenue et la liberté qu'affiche le dalaï-lama dans l'expression de ses sentiments. Il trouvait son visage particulièrement expressif, laissant libre cours à tout changement soudain, non seulement dans ses émotions mais dans ses pensées : on peut deviner s'il se concentre, s'il doute, s'il comprend ou s'il approuve. Et, par-dessus tout, il conserve cette extraordinaire bonne humeur, ce sens permanent de l'amusement et de la délectation qui s'exprime comme une réjouissance contagieuse devant le moindre fait de la vie quotidienne.

Cela ne signifie pas, précisa Paul, que le dalaï-lama ne ressente jamais de tristesse ou d'autres sentiments de ce genre. Au contraire, il paraît très sensible aux souffrances des autres ; l'angoisse qu'elles lui inspirent est extrêmement visible – au moins pour un moment. Mais Paul était aussi frappé par la vitesse à laquelle il se remet d'une émotion pénible – et par le fait que ce qui le caractérise aux yeux des autres est sa façon de toujours voir la joie ou l'amusement qu'il y a à tirer de la situation, le côté positif de tout ce qui se présente.

Fin connaisseur des visages, Paul avait trouvé celui du dalaï-lama particulier à d'autres égards. D'une part, il est étonnamment grand, et ses muscles très articulés. Mais le plus surprenant est son apparence juvénile – il a les traits musculaires d'un homme de vingt ans, pas de soixante-quatre ans. Paul supposait que cela se doit à l'habitude de ne jamais réfréner ses émotions et de les laisser clairement affleurer au visage – ce qui implique un emploi beaucoup plus fréquent de ses muscles. Si la plupart des gens acquièrent une conscience inhibitoire qui leur interdit d'exprimer ouvertement leurs émotions, le dalaï-lama ne semble pas avoir la moindre réticence à les laisser paraître.

En outre, cette absence de retenue révèle une

confiance inhabituelle. À l'âge de quatre ou cinq ans, la majorité des enfants commence à avoir honte de certains sentiments, c'est le premier signe d'une censure qui les accompagnera toute la vie. Mais le dalaï-lama semble n'avoir jamais appris à se sentir gêné de ses sentiments – attitude qu'on ne trouve que chez les enfants les plus heureux.

Dans les griffes de l'émotion

On aborda alors ce qui se produit à l'instant précis où nous éprouvons une émotion.

— On estime en Occident que ce qui distingue l'émotion des autres phénomènes mentaux est, entre autres, qu'elle survient parfois très rapidement. Elle peut se déclencher en une fraction de seconde (bien que cela prenne beaucoup plus de temps chez certains). Un autre trait distinctif de l'émotion, c'est l'évaluation automatique dont elle procède. L'appréciation qui déclenche une émotion est si rapide que nous n'en avons pas conscience. Nous n'assistons jamais au processus d'évaluation qui engendre l'émotion. Nous constatons généralement que nous avons peur, ou que nous sommes en colère, ou triste, une fois seulement que l'émotion a commencé, pas avant.

« Cela nous demande une demi-seconde, ou un quart de seconde après la survenue de l'émotion, pas moins. C'est en ce sens que nous parlons d'évaluation automatique.

Autrement dit, on peut être sous l'emprise d'une émotion avant même de s'apercevoir qu'elle a commencé. Le dalaï-lama demanda une précision.

— Il semble qu'on évoque deux choses, ici. La première est le processus qui fait survenir l'émotion ; l'autre est le fait de ressentir l'émotion elle-même. Êtes-vous en train de dire qu'on ne prend conscience de l'un comme de l'autre qu'après l'événement ?

— Non, expliqua Paul. On en prend généralement conscience lorsqu'elle commence. Elle se signale et mobilise notre attention dès qu'elle se manifeste, mais pas au cours du processus qui lui donne naissance. Si nous procédions consciemment à cette évaluation, nos vies seraient totalement différentes, en bien ou en mal, car nous serions responsables du déclenchement de chaque émotion. Au lieu de cela, on sent qu'une émotion *se produit en nous*. Je ne choisis pas d'être ému, d'avoir peur, ou de me fâcher. Je suis soudainement fâché. En général, je peux déterminer ce qui a causé cette émotion, mais je ne suis pas conscient du processus qui évalue, par exemple, ce qu'a fait Dan pour me mettre en colère.

« Selon la conception occidentale de l'émotion, le fait que l'instant de départ – qui est un processus capital – ne nous inspire que des interrogations, le fait de ne pas savoir, pose un problème dramatique. Nous n'en prenons conscience qu'une fois sous son emprise. Nous ne sommes pas maître dès le début.

— Je me demande, dit le dalaï-lama, si l'on ne trouve pas quelque chose de comparable dans la méditation qui consiste à cultiver la capacité d'observation de ses propres états mentaux. On guette aussi bien la survenue de l'excitation, quand l'esprit s'agite ou qu'il se distrait, que celle du relâchement, lorsqu'il commence à faiblir et à perdre de sa clarté. Les premiers temps, quand on n'a pas encore acquis le savoir-faire nécessaire, on ne peut vérifier la présence d'excitation ou de relâchement qu'une fois qu'ils ont commencé.

Mais, à mesure qu'on se perfectionne, on apprend à les percevoir juste avant qu'ils apparaissent. Il en va de même pour l'attachement ou l'hostilité.

— C'est un point extrêmement important, répondit Paul. Nous ne savons que très peu de choses à ce sujet. Mais j'espère trouver ici des pistes pour mieux connaître le processus d'évaluation.

— Voilà qui devrait intéresser Dan, dit Alan. La psychologie bouddhiste considère cette aptitude – l'introspection, l'observation de nos propres états mentaux – comme un dérivé de l'intelligence.

Les théories de l'intelligence émotionnelle, au sujet desquelles j'ai écrit, stipulent que la conscience de soi est l'une de nos quatre principales facultés[5]. Alors, pour m'assurer que c'était bien de cela qu'il s'agissait, je demandai :

— C'est de l'intelligence émotionnelle ?

— En fait, l'intelligence émotionnelle n'en est qu'un aspect, répondit Alan. *Prajna* signifie parfois « sagesse », mais dans la psychologie bouddhiste cela revient plus souvent comme « intelligence ».

Dans la notion d'intelligence émotionnelle, la conscience de soi – y compris la capacité à observer ses émotions – est indispensable si l'on veut faire preuve d'intelligence dans sa vie émotionnelle. Idéalement, il faudrait qu'on puisse détecter les émotions destructrices au moment précis où elles naissent – ce que le dalaï-lama disait possible par la méditation –, plutôt qu'une fois qu'elles se sont emparées de notre esprit – cas de figure que Paul estimait le plus fréquent. Prendre conscience des émotions destructrices, dès leur premier frémissement, nous offrirait davantage de choix dans la gamme de nos réactions possibles.

Pensées privées, sentiments publics

— L'évaluation qui se produit, poursuivit Paul, est influencée par deux choses. Il y a d'abord l'histoire de notre espèce sur cette planète. Un théoricien a dit que ce qui nous fait réagir est le reflet de la sagesse des âges. Vient ensuite notre histoire personnelle. Tant la phylogénie que l'ontogénie – ce qui s'est avéré utile et adaptatif pour l'espèce humaine et ce qui l'a été pour notre propre développement individuel – déterminent le résultat de l'évaluation.

— Les émotions sont publiques, pas privées. Je veux dire que par la voix, le visage, la posture, notre expression indique aux autres quelle émotion nous ressentons. Nos pensées sont privées, mais pas nos émotions. Les autres savent ce que nous ressentons – et c'est très important dans notre façon de coexister les uns avec les autres.

Cela ouvrit une longue parenthèse en tibétain, le dalaï-lama cherchant la traduction de « pensée » au sens où l'avait employé Paul. C'était fondamental pour l'ensemble du dialogue du dalaï-lama avec les psychologues : les bouddhistes estiment que les pensées sont généralement chargées d'émotions, et les émotions invariablement chargées de pensées, de telle sorte que le terme tibétain qui désigne les pensées englobe leur tonalité affective. À la différence de l'Occident le bouddhisme ne dissocie pas nettement la pensée de l'émotion, il les conçoit plutôt comme entrelacées – ce qui est plus proche de la réalité du cerveau que découvrent aujourd'hui les neurobiologistes[6].

— Il est aussi possible d'adopter une attitude mentale qui se transforme en émotion – disons par exemple une attitude négative dans laquelle tout ce qui se présentera inspirera de la haine, souligna le dalaï-lama.

— Beaucoup de pensées impliquent des émotions, reconnut Paul, mais pas toutes. Si la pensée est liée à une émotion, on ne constatera que les signes de cette émotion. Prenons un exemple, que j'évoque souvent dans mon travail sur la tromperie. Si l'on parle avec une personne soupçonnée d'un crime et qu'elle paraît apeurée, on ne peut pas savoir si c'est la peur d'être démasquée, ou celle, honnête, de ne pas être crue. Nous ne pouvons pas déterminer le processus de la pensée. Nous observons l'émotion qui correspond à cette pensée, mais pas son contenu. Dans un cas comme dans l'autre, cette personne a peur.

« Dans la pièce de Shakespeare, Othello tue Desdémone. Il a eu raison de constater qu'elle a peur, mais tort dans les motivations qu'il lui attribue. Il se croit face à une femme effrayée pour avoir été prise en situation d'infidélité. Mais cette femme craint en fait pour sa vie face à un mari jaloux.

— Dans la pensée bouddhiste, dit le dalaï-lama, on cherche beaucoup à comprendre la relation de causalité entre émotions et pensées. Il n'est pas rare qu'une émotion puissante donne naissance à une certaine intention, et c'est souvent l'émotion qui précède la pensée, agissant comme un catalyseur.

« La morale bouddhiste mentionne trois types d'états mentaux non vertueux, dont deux sont très liés aux émotions. Le premier est la convoitise, et l'autre la volonté malsaine. La convoitise naît d'un puissant attachement envers un objet donné. Cet attachement finit par donner lieu à la pensée : “Je veux cela.” Mais la convoitise pourrait aussi être alimentée par la colère ou d'autres émotions. Pareillement, la colère et la haine donnent souvent naissance à une volonté malsaine et aux pensées qui l'accompagnent.

— Je n'ai rien à redire à cela, répondit Paul.

— Le fait est, précisa le dalaï-lama, que l'émotion semble précéder la pensée.

— Elle la précède parfois, répondit Paul, elles sont parfois simultanées, et, parfois encore, elle vient après.

Se mettre en mouvement sans y penser

Paul poursuivit :

— Deux choses encore : quand une émotion se déclenche, elle entraîne certains changements. Elle transforme notre expression, notre visage, notre voix, notre façon de penser, elle nous pousse à agir. Tout cela survient involontairement et, si nous ne nous en satisfaisons pas, nous le vivons comme un conflit. Nous luttons pour maîtriser cette émotion, pour la cacher, pour nous retenir de parler, ou d'agir. C'est l'un des aspects qui définissent l'émotion : elle s'empare de nous l'espace d'un instant, parfois plus, dit Paul.

« Les émotions peuvent être très courtes. Elles peuvent ne pas dépasser une ou deux secondes. Je peux être heureux un instant, fâché à l'instant suivant, et encore triste juste après. Mais elle peut aussi durer un certain temps.

« Ce que je dis là relève vraiment d'une vision évolutionniste de l'émotion. Charles Darwin évoque dans son autobiographie son sentiment que "tous les êtres animés se sont développés par sélection naturelle en se laissant guider par leurs sensations plaisantes, notamment par le plaisir que procure la sociabilité et l'amour de sa famille". Je crois que cette idée rejoint à certains égards celle de Votre Sainteté, bien que des différences demeurent.

Paul tendit alors au dalaï-lama un exemplaire de *L'Expression des émotions chez l'homme et les animaux*, le classique de Darwin sur les émotions, dont il venait de produire une réédition commentée.

— L'une des idées maîtresses de Darwin, qui a résisté au temps, est la continuité des espèces. Elle implique que les émotions ne sont pas le propre de l'homme. On a successivement cru en Occident que les animaux avaient des émotions mais pas les hommes, puis l'inverse. Reconnaître que les animaux ont des émotions risquait de nous contraindre à ne plus les traiter de la même manière. Il y a donc une continuité entre les espèces au même titre qu'il y a une universalité entre les cultures.

« Mais l'idée maîtresse de Darwin est sans doute la suivante : nos émotions ont évolué au fil de notre histoire pour nous permettre d'appréhender les grandes questions – l'éducation de nos enfants, l'amitié, l'accouplement, les antagonismes – et leur rôle consiste à nous mettre en mouvement très rapidement sans réfléchir.

« Le trajet pour venir jusqu'ici m'en a fourni un bel exemple, dit Paul, évoquant notre effrayante expédition sur les autoroutes encombrées de l'Inde, parmi l'imprévisible tohu-bohu des immenses camions Tata, des autocars bondés, des taxis, pousse-pousse et piétons, des vaches allongées au soleil – tout cela répondant à la loi du hasard et du mouvement brownien.

Lorsqu'un véhicule en double un autre, c'est souvent au moment où un troisième arrive très vite en sens contraire. S'ensuit généralement une phase de défi et de montée d'adrénaline où les deux conducteurs écrasent leur klaxon jusqu'à se croiser en se frôlant. Ce genre de scène bien ancrée à l'esprit, Paul poursuivit :

— Vous conduisez une voiture, et une autre voiture semble soudain venir vous heurter. Sans réfléchir, avant même de comprendre ce qu'il se passe, vous braquez le volant en enfonçant le frein. L'émotion vous a sauvé la vie. S'il vous avait fallu réfléchir pour identifier le danger et décider de la meilleure façon d'agir, vous n'auriez pas survécu. Mais ces mêmes dispositifs peuvent aussi nous attirer des ennuis.

Le dalaï-lama posa une question :

— Ne diriez-vous pas que cette réaction rapide est une réponse conditionnée ? Parce que si l'on n'a pas appris à conduire, à freiner, on ne pourrait pas le faire.

— C'est tout à fait exact, répondit Paul. Le fait que ce soit acquis, pas dans l'enfance mais au début de l'âge adulte, et que cela s'intègre quand même au mécanisme de l'émotion, est très intéressant. Cela vient s'inscrire dans une rubrique déjà présente en nous : réaction à toute chose se déplaçant rapidement vers notre champ de vision. Sans considération pour ce dont il s'agit. Plus une réaction correspond à cette rubrique, plus il nous est facile de l'apprendre. Mais la plupart des choses qui nous émeuvent ont été acquises à l'éducation. Nous verrons plus tard s'il est possible d'en désapprendre certaines.

Les grandes familles d'émotions

« La dernière des idées de Darwin qui nous intéresse ici est l'existence de différentes émotions. Elles ne sont pas seulement positives ou négatives. Chacune possède des fonctions et des signes particuliers. On peut donc se demander combien il y a d'émotions. Alors j'ai dressé la liste de celles dont l'existence est scientifiquement prouvée. »

La question de savoir quelles sont les émotions basiques – celles dont dérivent les autres – a beaucoup agité le milieu scientifique. Nous disposons pour y répondre de plusieurs courants de pensée, et de tout un corps récent de recherche, y compris d'études interculturelles visant à vérifier si une émotion est universelle, et d'autres interespèces pour vérifier si on la retrouve chez les primates – ce qui indiquerait qu'une émotion donnée a pu jouer un rôle déterminant dans l'évolution. Paul en dénombre dix : la colère, la peur, la tristesse, le dégoût, le mépris, la surprise, la joie, la gêne, la culpabilité et la honte. « Chacun de ces mots ne désigne pas seulement une émotion, mais une famille d'émotions. Il y a par exemple la famille des sentiments colériques. »

La liste de Paul présentait quelques ressemblances avec celle des états mentaux selon la psychologie bouddhiste. En y repensant, à la fin de la semaine, le dalaï-lama trouvait fascinante la notion de familles d'émotions. Sur le coup, il l'avait immédiatement comparée à la typologie du bouddhisme, qui lui était plus familière, entamant à ce sujet une longue discussion en tibétain avec Jinpa, qui avait aussitôt adopté son habituelle posture de débat. Sa Sainteté avait fini par demander à Paul :

— Diriez-vous de la convoitise que c'est une émotion ? Il y a divergence sur ce point.

— C'est plus proche de l'envie, répondit Paul. Je considère qu'à chaque émotion correspond une famille de sentiments, et la convoitise appartient à la famille de l'envie, (qui ne figurait pas sur la liste des émotions essentielles à l'évolution).

Il poursuivit :

— Quand je me suis mis à étudier le mépris, je pensais que c'était une émotion strictement occidentale – anglaise, notamment. Mais l'hypothèse de son universalité était aussi plausible, et on en a même trouvé les signes chez certains animaux ; elle n'est pas propre à l'homme. Le chercheur Stephen Suomi a constaté que lorsqu'un primate dominant est provoqué par un jeune mâle, il affiche la même configuration musculaire de mépris que les humains.

Le dalaï-lama demanda :

— Toutes les émotions de cette liste – la peur, la colère, le dégoût, etc. – sont-elles spontanées ? Sont-elles partagées par les animaux ? Et sommes-nous forcément inconscients de leur déclenchement – peut-il y avoir des circonstances où la peur, par exemple, découle d'un processus de pensée ?

— Oui, dit Paul. La peur survient lorsque nos perspectives sont négatives. Admettons, par exemple, que j'attende les résultats d'examens qui détermineront si j'ai un cancer. Il faut que je patiente quelques jours et – pas de façon continue, mais souvent, chaque fois que mon esprit y revient et que je songe aux conséquences possibles – j'ai peur. À mon sens – et tout le monde n'est pas d'accord avec moi là-dessus – les primates sont aussi capables de cela. Certains d'entre eux, au moins, peuvent avoir conscience de leurs sentiments et anticiper sur certains événements, souffrir par anticipation.

Le dalaï-lama poursuivit :

— Cela nous renvoie à la question de l'intelligence afflictive. Il nous est incontestablement possible d'induire la peur en nous par notre intelligence, en réfléchissant, en anticipant etc. Je me demande à quel point les animaux peuvent par exemple se faire peur par la cogitation. C'est probablement possible en principe, mais de façon assez marginale par rapport aux humains.

— Je suis assez d'accord avec vous, dit Paul, mais je connais trop bien notre tendance à sous-estimer ce qui survient chez les autres animaux. C'est si pratique, de sous-estimer.

Ces mots faisaient fortement écho aux écrits du dalaï-lama sur la compassion, qui invitent les gens à ne jamais tuer, ne serait-ce qu'un insecte.

Sept types de bonheur

Paul expliqua ensuite qu'à chaque famille d'émotions correspond un réseau complexe de sentiments afférents, comme le montrent ces sept variations appartenant à la famille du bonheur :

Amusement
Fierté
Soulagement
Excitation, sentiment de nouveauté
Respect admiratif, émerveillement
Plaisirs sensoriels (dans toutes les acceptions du terme)
Paix sereine

— Je crois que chaque élément de cette liste est une émotion, mais cela ne paraît pas si évident pour certains. J'ai ajouté le dernier – l'état de paix sereine – à la suite de mes réflexions autour de la rencontre de cette semaine. Ces termes ne me satisfont pas tout à fait, mais ils montrent bien de quoi il s'agit.

— Que pensez-vous d'« équanimité » ? dis-je, reprenant le mot qu'emploie la littérature bouddhiste pour désigner un état de satisfaction équilibrée.

— C'est pas mal, approuva Paul. Le fait que nous ne possédions pas de terme approprié ne signifie pas que ça n'existe pas et, à l'inverse, le fait qu'un mot existe ne prouve pas l'existence de ce qu'il désigne, comme l'a dit Sa Sainteté dans l'un de ses livres.

« Je ferai une dernière remarque avant la pause. En soi, le terme "bonheur" ne dit pas de quel type de bonheur il est question. J'en ai distingué sept types. Cela ne signifie pas qu'il n'en existe pas d'autres ; ce nombre ne traduit que les limites de mon imagination. Il y a l'amusement, qui peut être très léger ou très intense. Il y a la fierté, qui est autre chose. Il y a le merveilleux sentiment de soulagement : "Ouf ! je n'ai pas le cancer."

« Il y a ce sentiment d'excitation qui accompagne la nouveauté. Il y a aussi les sentiments d'admiration et d'émerveillement, une émotion très intéressante, qui nous subjugue. Cela n'arrive pas si souvent à la majorité d'entre nous, mais c'est très important. Et il y a enfin le sentiment de calme, de sérénité. Voilà sept types de bonheur que je voudrais distinguer.

Alan demanda :

— Le respect admiratif, tel qu'il apparaît dans cette liste, ne survient-il qu'envers quelque chose de bon, d'élevé, ou d'excellent ? Si je vois un accident de la route, avec un corps étendu sur la chaussée et que je dis : « Bon sang, quel désastre ! » parlera-t-on alors de respect admiratif ?

Paul répondit :

— Je n'ai pas vraiment de réponse à cela. Mais quand j'ai demandé à des gens de me raconter leurs expériences de respect admiratif, ils n'ont parlé que d'émerveillement.

— Il faut donc que ce soit quelque chose de bon, conclut Alan.

— Oui, précisa Paul, et vu le sens auquel je l'entends, employons plutôt l'expression de respect positif.

Sur ces paroles, l'heure de la pause matinale était venue. En prenant le thé, Sa Sainteté me parla de son vif intérêt pour les corrélations neurales des processus mentaux dont avait parlé Paul. Il se réjouit de m'entendre lui dire que Richard Davidson y reviendrait le lendemain.

Les humeurs et leurs déclencheurs

Après la pause, Paul reprit son exposé :

— Les humeurs ne figurent pas sur la liste. Elles sont liées aux émotions, mais s'en distinguent, notamment par la durée. Les émotions surgissent et s'évanouissent en quelques secondes ou en quelques minutes, alors qu'une humeur peut durer toute la journée.

— Comment définiriez-vous l'humeur ? demanda le dalaï-lama. S'agit-il de l'impact laissé par un accès d'émotion ?

— Cette question nous amène à la deuxième différence qui existe entre humeur et émotion, répondit Paul. D'ordinaire, lorsque nous ressentons une émotion, nous sommes capables de déterminer ce qui l'a produite. Nous pouvons désigner l'événement qui l'a déclenchée, celui qui a mis notre émotion au premier plan. C'est rarement le cas pour les humeurs. On se lève le matin d'humeur irritable, ou au contraire très positive ; on se réveille très appréhensif ou très triste, sans savoir pourquoi. Je crois que ces humeurs sont le fruit de mouvements internes indépendants de ce qui nous arrive à l'extérieur.

« Voilà une façon dont les humeurs surviennent, mais il en existe une autre : à la suite d'une expérience émotionnelle très intense. Si l'on passe un bon moment à s'amuser, on en conservera une humeur euphorique. Si l'on passe un long moment en colère, on connaîtra une longue période d'irritabilité. Nous voyons donc là deux cheminements différents que suivent les humeurs.

Je demandai :

— Ne peut-il y avoir de pensées de fond qui déclenchent continuellement une humeur sans que nous en soyons conscients ?

Je songeais à la thérapie cognitive, qui soutient que les émotions pénibles sont déclenchées par des pensées subtiles appartenant à la toile de fond de l'esprit, et dont on peut se libérer en les faisant émerger à l'esprit.

— C'est tout à fait possible, approuva Paul. Nous sommes loin d'en savoir autant sur les causes des humeurs que sur celles des émotions.

Le dalaï-lama demanda si notre état de santé ou notre environnement – comme le mauvais temps – peuvent aussi donner lieu à des humeurs, ce à quoi Paul répondit affirmativement. Et Alan d'ajouter :

— Et si l'on est pris dans une relation de maltraitance, cela peut-il aussi influencer l'humeur ?

— Ce serait alors une humeur due à l'expérience émotionnelle intense dont nous parlions tout à l'heure, répondit Paul.

— Mais le déclencheur en serait identifiable, remarqua le dalaï-lama.

— Oui, dit Paul. Lorsqu'une humeur suit le second cheminement, celui de l'expérience émotionnelle intense, on sait ce qui nous met dans cette humeur. Le fait d'être dans une humeur donnée joue sur notre jugement en le limitant. Cela nous rend plus vulnérable que de coutume. Les humeurs négatives sont donc un vrai problème parce qu'elles altèrent notre pensée. Quand on se lève d'humeur irritable, on cherche la première occasion de se fâcher. Des choses qui d'ordinaire ne nous frustreraient pas le font. Le danger d'une humeur n'est pas seulement qu'elle déforme la pensée, mais qu'elle intensifie les émotions. Quand je suis d'humeur irritable, ma colère survient plus fort, plus vite et dure plus longtemps, elle est plus difficilement maîtrisable que d'habitude. C'est un état terrible... que j'aimerais bien ne jamais connaître.

Cette dernière remarque s'avérerait prémonitoire vers la fin de la rencontre.

Le dalaï-lama, les autres lamas et les traducteurs s'engagèrent alors dans un nouvel aparté, qu'Alan nous expliqua :

— Ils cherchent un équivalent tibétain au mot « humeur ». Et c'est loin d'être simple.

— Je voudrais à nouveau rappeler ce qu'a dit Sa Sainteté dans ses livres, intervint Paul. Ce n'est pas parce qu'on ne sait pas nommer une chose qu'elle n'existe pas.

— Nous nous demandons comment comprendre que les humeurs surviennent spontanément, de façon inexplicable, dit Jinpa.

À ce sujet, le dalaï-lama avança :

— Il doit bien y avoir des raisons, même si elles ne nous paraissent pas évidentes.

Paul répondit :

— Il y a sans doute des situations qui provoquent des humeurs. Elles nous sont en général obscures – et puisque cela se passe hors de la sphère de notre vigilance, nous ignorons ce qui nous met dans cet état. On dit couramment : « Je ne sais pas pourquoi je suis si irritable. » Cela ne signifie pas qu'il n'y a pas de cause ; c'est juste qu'on ne la connaît pas.

Le dalaï-lama poursuivit son raisonnement :

— La psychologie bouddhiste avance des explications sur les raisons et le mécanisme qui conduisent à la colère. La traduction littérale du terme employé pour désigner ce qui suscite la colère pourrait être « infélicité mentale », mais ça n'est pas tout à fait ça non plus. C'est plutôt un sentiment d'insatisfaction prolongée. Qui peut vraiment nous rendre irritable. On devient très prompt à se fâcher. Je me demande si cela ressemble à votre conception.

— Ça m'en a l'air, approuva Paul. C'en est très proche.

La psychologie bouddhiste explique l'avènement d'un état mental donné, comme la colère, à la fois par des causes immédiates et indirectes. On peut trouver parmi ces causes une stimulation externe due à l'environnement, à notre état de santé, nos pensées, et d'autres influences cachées (y compris ce que les bouddhistes voient comme les expériences de nos vies antérieures, accumulées dans l'esprit comme autant d'habitudes acquises).

Mais cette différence fondamentale tient au fait que les bouddhistes visent à se libérer totalement de la colère, alors que l'Occident y voit un état parfaitement acceptable, tant qu'elle est mesurée et opportune – rares sont ceux qui envisagent son éradication absolue.

Paul en vint ensuite à la famille de la colère, à commencer par ses cousins émotionnels, la haine et le ressentiment.

— Ces mots n'ont pas pour moi le sens qu'on leur attribue ordinairement en Occident, ni celui que leur donne Votre Sainteté dans ses écrits, commença-t-il. Mais peu importent les mots. Ce qui compte, c'est de déterminer si ce sont des états importants et distincts.

« Le ressentiment est le sentiment prolongé qu'on subit un traitement injuste, inéquitable. Quand nous avons du ressentiment, ce n'est pas permanent, mais cela revient dès qu'un événement nous le rappelle. Le ressentiment peut être bouillonnant et occuper sans cesse le premier plan de notre esprit, mais ça n'est pas systématique. Il peut être totalement absent de notre esprit, pour n'apparaître que lorsque survient quelque chose de nouveau.

— Lorsque le ressentiment n'est pas manifeste, qu'il ne déborde pas, peut-on le caser dans cette grande catégorie qui revient si souvent dans la psychologie occidentale, le subconscient ? demanda le dalaï-lama.

— Nous ne pouvons pas dire où il réside, dit Paul. Il est hors de la conscience, prêt à être réactivé.

— La psychologie bouddhiste, dit le dalaï-lama, considère que beaucoup de ces émotions ne sont pas nécessairement manifestes. En fait, les émotions elles-mêmes peuvent être ressenties, éprouvées, mais elles se présentent aussi sous la forme de penchants usuels qui demeurent inconscients, ou dormants, jusqu'au moment où ils sont catalysés.

J'intervins alors :

— On dit *anusayas* en pali, « tendances latentes ». Cette notion de la psychologie bouddhiste veut que l'esprit héberge des propensions, parfois destructrices, pour différents états émotionnels, du fait que les expériences passées sont devenues des habitudes mentales[7]. Ces tendances latentes sont considérées comme la raison pour laquelle, si la colère peut surgir avec force, elle peut aussi survenir plus tard, plus fort encore ou plus facilement – même si elle s'est totalement dissipée entre-temps, cédant même parfois la place à la bonté ou la compassion. C'est une fois que les circonstances du déclenchement sont réunies que la colère latente peut resurgir dans toute sa violence. Dans l'idéal bouddhiste d'éradication des émotions destructrices, ces tendances latentes doivent aussi être déracinées.

Paul résuma :

— Le ressentiment peut être facilement ranimé, mais la clé en réside dans le sentiment d'injustice ou d'absence d'équité. Comme la colère, la haine est durable, et elle implique au moins trois émotions : le dégoût, la colère, et le mépris.

— Ne feriez-vous pas une distinction, demanda le dalaï-lama, entre le ressentiment fondé sur la réalité et celui qui répond à des pensées déconnectées du réel ? Les placeriez-vous dans la même catégorie ?

— Eh bien, ce sont incontestablement des ressentiments de type différent, répondit Paul. Comme le ressentiment, la haine est durable. Comme lui, elle peut être inconsciente. Comme lui encore, elle peut entrer en ébullition et ne cesser d'occuper notre esprit. Mais elle présente cette différence importante : bien qu'elle soit adressée à une personne, elle n'est pas focalisée sur une injustice particulière. J'espère que nous aurons l'occasion cet après-midi de nous demander si la haine est forcément destructrice. J'aurais tendance à dire que cela dépend du type de haine.

Il donna un exemple :

— Ma haine envers Hitler pourrait m'inciter à

consacrer ma vie à vaincre le fanatisme et la violence. À mon sens, la haine ne mène pas forcément à un comportement autodestructeur, ni à un comportement visant à la destruction de l'autre.

Les subtilités de l'amour et de la compassion

La liste des grandes familles d'émotions toujours à l'écran, Paul en vint à une émotion de la famille de la joie, qui en compte une quinzaine : l'amour. Bien sûr, l'amour inclut la simple joie, mais il va bien au-delà. Bien que l'on puisse apprécier le picotement amoureux, l'amour désigne un engagement à long terme – c'est un état d'attachement complexe – pas une émotion momentanée.

— J'ai tenté de distinguer trois types d'amour, et j'aurais aimé que l'anglais soit doté de mots différents pour désigner chacun. Il y a l'amour parental. Il y a l'amitié. Et il y a l'amour romantique – c'est souvent le plus bref des trois, ajouta Paul en provoquant l'hilarité.

— L'amour romantique n'est-il pas une sous-catégorie de l'amitié ? demanda le dalaï-lama.

— En effet, je ne pense pas que l'amour romantique survive s'il ne s'y développe de l'amitié – c'est elle qui fournit la structure sur laquelle il repose, répondit Paul. L'amitié ne se développe pas toujours, et l'amour romantique n'y survit pas. Mais l'amour romantique possède deux ingrédients supplémentaires. Le premier est l'intimité sexuelle, qu'on ne trouve pas dans l'amitié, et l'autre, de façon normative, est la procréation, et l'éducation d'enfants au sein d'une relation à long terme.

« Ces types d'amour sont des contextes qui procurent beaucoup d'émotions. J'aime ma fille (assise là-bas), mais cela ne signifie pas que je ne me fâche jamais avec elle ou qu'elle ne me donne pas beaucoup de souci. Elle ne m'inspire que rarement le dégoût, mais elle me surprend fréquemment, et j'en suis souvent fier. Je ressens beaucoup d'émotions différentes à son égard, mais l'essentiel n'est pas dans les émotions. C'est l'endurance, l'engagement sans conditions.

« Quelle place occupe là-dedans la compassion ? À ce stade, je dois me contenter d'émettre des hypothèses. Est-ce un trait de caractère émotionnel ? Est-ce plutôt une attitude ? De toute évidence, la compassion semble être un état de sensibilité aux émotions des autres. C'est la capacité de savoir et comprendre ce qu'ils ressentent, mais ça va au-delà de l'empathie. Pourquoi n'est-elle pas facile à acquérir ? Tout le monde peut-il se montrer compassionné ? Certains peuvent-ils apprendre plus aisément que d'autres à le devenir, et, si tel est le cas, pourquoi ?

Acquiesçant sans cesse de la tête, le dalaï-lama semblait captivé par ce que disait Paul.

— Le premier modèle de la compassion qui me vienne à l'esprit est la véritable absorption, la préoccupation inconditionnelle qui lie une mère à son enfant. C'est un état si puissant que les mots ne suffisent pas à le décrire. Il nous prémunit contre d'innombrables actions négatives. Cela ne signifie pas qu'une mère ne se fâche jamais avec son enfant, mais, dans l'idéal, elle ne lui fera jamais de mal. Je sais que les Occidentaux me demanderont pourquoi je ne parle pas des « parents » ou du « tuteur », mais je ne suis pas sûr que leur modèle biologique soit aussi net que celui de la mère et son enfant. Le débat reste ouvert. Nous commençons toutefois à découvrir que certaines hormones joueraient le rôle de médiateurs biologiques de cette relation entre mère et enfant. Mais je préfère laisser cela à mon ami Richie.

En effet, Richard Davidson parlerait le lendemain de la biologie des émotions.

— Paul, ce modèle est aussi celui auquel se réfèrent les textes bouddhistes – la mère et son enfant, dit le dalaï-lama. Ainsi qu'Alan le développerait plus tard, « il existe une méditation tibétaine très courante sur la compassion, où l'on considère tous les êtres animés comme s'ils étaient notre mère, en se disant que, dans une vie précédente, tous l'ont sans doute été en fin de compte. Le propos est de développer un sentiment d'affection et de gratitude en se focalisant sur la personne qui vous a montré le plus d'amour et de compassion[8]. »

— La définition technique de la compassion, intervint Matthieu pour préciser la pensée bouddhiste, est de souhaiter que les autres soient délivrés de la souffrance et de ses causes, alors que l'amour est défini comme le souhait que les autres soient heureux et qu'ils trouvent les causes du bonheur.

— La nature de cette relation ne laisse aucun doute quant au fait que les parents n'hésiteraient pas à sacrifier leur vie pour leur enfant, reprit Paul. Avant de lire vos livres, je pensais que c'était unique, qu'on ne pouvait ressentir cela que pour ses enfants. Mais vous vous demandez si on peut le ressentir à l'égard d'un groupe bien plus étendu. J'espère que nous y reviendrons parce que je n'ai pas grand-chose à ajouter, hormis l'émerveillement que cela m'inspire.

— Je me demande si vous faites une distinction entre compassion afflictive et non afflictive, dit le dalaï-lama. La compassion peut être afflictive lorsque l'objet de la compassion est aussi objet d'attachement. On tend d'ailleurs naturellement à le souhaiter. On trouve son enfant si mignon, si adorable que, s'il venait à croiser le mal, il y aurait en nous de la compassion et de l'attachement mêlés. Alors que, dans d'autres cas, l'objet de notre compassion n'est pas du tout objet d'attachement – il peut même s'agir d'un ennemi. On parle alors de compassion non afflictive.

— Cette distinction est fondamentale, répondit Paul. Je crois que le premier type de compassion dont vous parlez comporte une part de possessivité. En tant que parent, le plus difficile pour moi a été d'apprendre à donner de l'autonomie à mes enfants. C'est précisément au moment où ils devenaient assez grands pour vraiment pouvoir se faire du mal que je n'ai plus eu aucun contrôle sur eux. Il m'a fallu leur accorder la liberté, et c'est très difficile pour un parent, parce qu'on tient vraiment à ce qu'aucun malheur ne leur arrive. Et que, si on ne leur laisse pas la liberté de mener leur propre vie, c'est déjà un malheur en soi. Le rôle de parent est d'être voué à se faire du souci.

— Vous êtes un très bon père ! s'exclama joyeusement le dalaï-lama, avant de prendre une expression plus grave, comme pour souligner la sincérité de sa remarque tandis que s'évanouissaient les rires dans la salle.

Sa Sainteté m'a dit plus tard qu'il avait trouvé Paul aussi éloquent que touchant. Quant à Paul, il conserverait de ce moment un souvenir particulièrement ému.

Entre l'impulsion et l'action : des points de levage dans l'esprit

Paul en vint alors à une question cruciale : comment mieux maîtriser nos émotions destructrices ? Il admit d'emblée que la science ne sait pas grand-chose du déclenchement des émotions, mais que cela semble être automatique, leur apparition échappant totalement à notre attention. Les émotions peuvent ainsi nous prendre par surprise et s'installer dans notre conscience sans y avoir été invitées. Il faut donc se demander si nous pouvons intervenir sur les évaluations premières qui les déclenchent, de façon à les rendre moins automatiques. Cela nous donnerait le temps d'agir entre l'impulsion et le moment de notre réaction – nous offrant le choix d'une réaction plus mesurée.

« Il y a plus de quarante ans, quand j'étais psychothérapeute, continua Paul, mon professeur m'a dit : "L'objectif avec vos patients est d'étirer le temps qui sépare l'impulsion de l'action. S'ils y parviennent, ils y auront gagné ce choix." Ce dont parle Votre Sainteté, c'est d'étirer le temps d'évaluation qui *précède* l'impulsion. Ce n'est pas celui qui sépare l'impulsion de l'action, mais l'évaluation de l'impulsion. Cette différence est aussi extraordinaire que capitale. »

En résumé, la conscience – le fait de savoir ce qui se passe – dispose de deux moments pour intervenir sur notre capacité à réguler les émotions destructrices. Admettons qu'une personne nous double sans aucune considération dans une file d'attente. Nous procédons aussitôt à une évaluation de son acte : cette personne fait preuve d'incorrection. Si nous pouvions être témoin de cette évaluation, si nous en avions conscience au moment où elle s'effectue, peut-être saurions-nous suspendre cette première supposition pour l'examiner, ce qui nous permettrait alors de remarquer que la personne ne nous avait pas vus, ou qu'au fond cela ne mérite pas qu'on se fâche. On pourrait appeler cela la « conscience de l'évaluation ». Mais Paul avait peu d'espoir que ce soit possible, parce que l'évaluation se produit généralement trop vite, et dans des régions du cerveau qui opèrent hors de notre conscience.

« À l'instant d'après, poursuivit Paul, l'évaluation s'est déjà produite (cette personne s'est montrée injuste et incorrecte), et voilà que survient une impulsion d'action – qui nous incite par exemple à émettre une objection courtoise au sujet de ce que la personne vient de faire. » Paul a pu constater que ce moment offre une seconde opportunité à la conscience de nous accorder un choix. Nous pourrions apprendre à prendre conscience de ce type d'impulsion pour délibérément l'évaluer, et choisir éventuellement d'y obéir si nous le désirons. Cette « conscience de l'impulsion », pense Paul, serait parfois accessible à certains d'entre nous – mais ça n'est pas facile et ça demande de l'entraînement.

Toutefois, si l'on avance encore un tout petit peu dans le temps pour en venir au moment où nous sommes déjà en train de parler, nous entendons alors notre propre voix, nous sentons la tension de notre corps et, avant que les premiers mots aient fini d'être prononcés, nous sommes conscients de ce qui se passe. À ce stade, notre aptitude à nous observer en train d'agir fournit un troisième moment d'intervention possible. Paul l'a nommé « conscience de l'acte », et c'est la capacité à surveiller nos actes et à interrompre ou à modifier nos « thèmes » – nos habitudes émotionnelles – au moment où ils se déroulent.

Comment éduquer notre conscience pour renforcer notre aptitude à surveiller nos évaluations et à étirer le temps qui sépare l'impulsion de l'action ? C'est sur ce point précis que Paul a été frappé par la méditation dite de « l'attention vigilante », une pratique bouddhiste d'entraînement de notre capacité à surveiller ce qui se produit dans notre esprit. Paul voit dans cet exercice un moyen d'accéder à la conscience de l'acte et à la conscience de l'impulsion (mais il n'était pas convaincu qu'il permette la conscience de l'évaluation). Selon lui, d'autres techniques pourraient conduire à la conscience de l'acte, notamment en développant notre sensibilité aux signaux qu'émet notre corps sur ce que nous ressentons et ce que nous faisons. Mais il ne pense pas ces méthodes capables de favoriser la conscience de l'impulsion, et encore moins celle de l'évaluation.

Ce qui est en jeu, au fond, c'est le choix. Paul expliqua que les émotions ne sont pas prévues pour – ou qu'elles n'ont pas évolué de façon à – nous permettre de choisir notre évaluation et nos actes. Les émotions ont beau nous rendre souvent de fiers services, nous préférerions tous pouvoir exercer un choix quand elles nous conduisent à agir de façon destructrice, à cause d'une mauvaise perception de ce qui se produit. Et Paul avait relevé trois moments pour ce choix : l'évaluation, l'impulsion et l'acte qui en découle.

— Permettez-moi maintenant de revenir à la question plus générale du fonctionnement de l'évaluation. L'évaluation ne nous pousse pas à réagir à tout ; certaines choses nous émeuvent, d'autres pas. Mieux encore, nous sommes émus par certaines choses qui émeuvent aussi les autres, et par d'autres qui ne les émeuvent pas du tout.

— Ai-je raison, demanda le dalaï-lama, de penser que le postulat général de la psychanalyse et de la psychologie occidentales veut que seule la manifestation physique et verbale des émotions négatives soit indésirable, chacun devant donc faire son possible pour l'empêcher. Mais qu'on tient les émotions elles-mêmes pour un élément naturel de la psyché humaine, qui ne pose pas de problème. Qu'on ne peut pas les modifier ou les arranger.

C'était une façon de comparer l'objectif bouddhiste d'élimination des émotions destructrices et celui de la psychothérapie, qui est d'intervenir sur la réaction des gens plutôt que sur les émotions qui l'ont provoquée.

La réponse de Paul éluda le sujet, car elle portait plutôt sur l'existence de réactions émotionnelles fondamentales totalement intégrées, impossibles à éradiquer.

— Il est très peu probable que nous puissions apprendre un jour à ne plus nous émouvoir de certaines choses. Si l'on se sent soudainement tomber en chute libre, comme l'avion dans un trou d'air, cela déclenche une réaction de peur. Des pilotes de ligne m'ont dit qu'ils continuaient d'avoir cette réaction à un événement pourtant quotidien. Voilà, à mon sens du moins, un thème émotionnel qui nous est intégré ; nous ne l'éliminerons pas.

Le dalaï-lama demanda :

— Mais ces pilotes, malgré leur exposition répétée, subissent-ils vraiment toujours la même émotion ? J'ai constaté que ma peur a diminué avec l'habitude de prendre des avions – plus je voyage, moins je transpire.

— Il y a dans ce que vous dites deux questions différentes, précisa Paul. La première est : peut-on amoindrir cette peur ? Mais, par ailleurs, ils ne seraient peut-être pas devenus pilotes de ligne s'ils n'étaient pas moins vulnérables à cette peur dès le départ. Sans compter que les pilotes d'avion n'ont pas la même expérience que vous, alors nous ne pouvons peut-être pas généraliser à partir de votre cas.

— Si vous vouliez prendre mon expérience en considération, dit le dalaï-lama, il faudrait aussi tenir compte du fait que j'ai vraiment eu très peur lors de mes premiers voyages ! (Cet aveu provoqua des rires.) Le fait demeure qu'étant donné l'expérience du pilote il ne devrait pas du tout y avoir de peur dès le début.

Se délivrer de la peur proprement dite

Paul poursuivit :

— La question que nous soulevons est en fait très importante : peut-on demander à l'homme d'apprendre à ne plus craindre certaines des choses qu'il craint ? Je dirais qu'attendre des gens qu'ils désapprennent des choses issues de l'évolution est trop exiger, pour la plupart d'entre eux. Mais ces choses-là ne sont pas très nombreuses. L'essentiel de ce qui nous fait peur ou de ce qui nous met en colère a été acquis, il devrait donc nous être possible de le désapprendre.

— Un corollaire du bouddhisme, dit le dalaï-lama, veut qu'il y ait deux façons de stimuler les afflictions mentales. La première est un événement bref et spontané – aussitôt qu'il se produit, l'affliction mentale est stimulée. Mais d'autres afflictions mentales relèvent de causes plus profondes que les simples circonstances fortuites. Elles naissent de nos prédilections et propensions courantes. Ce sont les plus difficiles à traiter.

Cela me permit de poser une question qui m'était venue un peu plus tôt, sur ce qui peut – ou ne peut pas – être modifié par la psychothérapie.

— Votre Sainteté, fis-je, je voudrais évoquer une étude de Lester Luborsky, de l'université de Pennsylvanie. Il a constaté que la psychothérapie n'agit pas sur les sentiments – les gens conservent leurs peurs et leurs colères, bien que sous une forme atténuée. Mais ils semblent capables d'intervenir sur leur réaction, même s'ils ressentent la même impulsion émotionnelle.

— Ce constat révèle peut-être surtout les limites de l'approche thérapeutique spécifique étudiée – en général la psychothérapie peut tout de même faire mieux que ça, dit Paul. Pour prendre une métaphore informatique, nous sommes dotés d'un système de stockage où sont sauvegardés les événements que nous avons appris à craindre, ou pour lesquels nous avons appris à nous mettre en colère, ou à être triste. Tout au long de notre vie, les choses entrent dans ce dossier. Il y a sans doute des périodes critiques où les choses s'enracinent plus fort qu'à d'autres. Et l'intensité de l'événement émotionnel au moment où nous le vivons peut aussi influencer la difficulté qu'il y aura à l'éradiquer plus tard.

« J'aimerais revenir à ce que disait Sa Sainteté sur la grande différence qu'il y a à réguler notre réponse avant et pendant une émotion. Nous avons identifié trois processus mentaux – ou, si vous préférez, trois occasions. L'objectif, je suppose, est de faire mieux que les patients de la psychothérapie dont parlait Dan. C'est de ne plus en arriver à s'émouvoir et se dire : "Pourquoi me suis-je fâché pour ça ? Qu'est-ce qui m'a fait peur ?" L'objectif premier, c'est que cela ne se produise plus.

« Mais si l'on n'y parvient pas, l'objectif suivant est de se retenir d'agir sous le coup de l'émotion, de ne pas la laisser affecter les autres. Et si cet objectif est inaccessible à son tour, il ne reste qu'à apprendre à tirer les enseignements de l'incident et espérer qu'on fera mieux la prochaine fois. Notre véritable objectif ici est, selon moi, la première de ces étapes.

— Ces trois objectifs correspondent-ils aux trois stades, avant, pendant et après l'émotion ? demanda le dalaï-lama.

— Il semblerait que oui, répondit Paul, mais je voudrais approfondir par un exemple. Une dernière précision abstraite auparavant : l'une des raisons de toutes les difficultés que nous rencontrons lorsque nous sommes émus est que l'émotion elle-même nous asservit. On traverse ce que j'appelle une « période réfractaire », pendant laquelle les nouvelles informations n'entrent plus, ou si elles le font, c'est pour être interprétées de façon biaisée. Nous n'interprétons alors le monde que de façon à conforter l'émotion qui nous tient. Cette période peut ne durer que quelques secondes, mais aussi beaucoup plus. Tant qu'elle se prolonge, nous sommes incapables d'échapper à l'emprise de l'émotion. Cela ne signifie pas qu'elle nous pousse forcément à l'acte, mais elle nous possède quand même. Une fois que la période réfractaire s'achève, l'émotion peut cesser.

« S'il est une question à laquelle je n'ai pas de réponse, c'est celle des pratiques qui pourraient nous aider à abréger cette période réfractaire, dit Paul, avant de conclure qu'il existait trois façons d'intervenir : ne pas être ému du tout, abréger la période réfractaire, ou mieux contrôler nos actes pendant cette période.

Le cas de Tim le susceptible

Paul en vint enfin à l'exemple qu'il nous avait promis, tout droit tiré de *Gripped by Emotion*, le livre qu'il était en train d'écrire.

— Imaginons un enfant, nommé Tim, que son père taquine constamment par des piques qu'il veut amusantes, mais dont l'aspect moqueur et humiliant confine à la cruauté. Chaque fois que Tim se vexe, c'est à la grande délectation de son père qui repart de plus belle. Très tôt, peut-être avant l'âge de cinq ans, la possibilité qu'une personne influente l'humilie en le taquinant s'est installée dans le système de stockage émotionnel de Tim.

« Vingt ans plus tard, Tim est un adulte. Plus personne ne cherche à l'humilier, mais, dès qu'on l'asticote, il répond par la colère. Il ne sait pas réagir à une plaisanterie bien intentionnée. Alors que doit faire Tim de tout cela ? Il n'a plus envie de passer sa vie à se fâcher, c'est une évidence. Il lui arrive souvent de se dire après-coup : "Je n'aurais pas dû faire ça. Je me suis emporté alors qu'on ne me voulait aucun mal", mais ça échappe à sa volonté.

« La première étape consiste donc à identifier le déclencheur – pour permettre à Tim d'en déterminer l'origine et de prendre conscience que c'est un déclencheur très important pour lui. Ça n'est pas toujours simple. Il aura sans doute grand besoin de l'affection de ses amis, qui pourront l'aider à comprendre ce qui excite tant sa colère. Sachant cela, il devra ensuite y réfléchir et se convaincre que les taquineries peuvent être bien intentionnées, qu'elles ne sont pas forcément désagréables, et procéder dans son esprit à la redéfinition de ce qu'est une plaisanterie.

« Il pourra alors commencer à apprendre à calibrer sa réaction. Il pourra même sentir qu'une taquinerie est sur le point de lui être adressée et s'y préparer. De façon que, avec le temps, cela devienne pour lui un déclencheur moins puissant.

« Sept facteurs déterminent à mon sens la possibilité de se défaire de ce déclencheur. Le premier est la proximité de l'événement avec le thème d'évolution. Nul ne sait quel est vraiment le thème d'évolution de la colère, mais admettons qu'il s'agisse de la contrariété de voir quelqu'un ou quelque chose faire obstacle à ce qu'on essaie soi-même de faire.

« Plus l'événement déclenchant sera proche de ce thème, plus il sera difficile d'ignorer le déclencheur. Si le père de Tim, au lieu de le chambrer, avait joué à lui immobiliser les bras jusqu'à le faire crier, sa colère serait nettement plus difficile à désapprendre, le déclencheur étant alors bien plus voisin de l'expérience de contrariété. La taquinerie reste somme toute assez loin de cela. Tout peut nous apprendre à nous fâcher, mais plus ce sera éloigné du thème d'évolution, plus il sera simple de le désapprendre.

« Prenons un autre exemple. En découvrant le sujet du livre que je préparais, le chef de mon service m'a dit : "Expliquez-moi donc ceci : comment se fait-il qu'en venant au bureau, lorsque la chaussée se rétrécit à une voie, le fait qu'un automobiliste viole la loi tacite qui veut que ce soit chacun à son tour et qu'il se faufile devant moi me fasse enrager ? Au fond, qu'est-ce que cela change ? Je n'arriverai à destination que trois ou quatre secondes plus tard. En revanche, au travail, quand quelqu'un fait obstacle à un projet sur lequel j'ai passé des mois, ça ne me met pas dans cet état. C'est pourtant extrêmement important, mais ça ne me rend pas furieux. Contrairement à l'autre situation. Pourquoi ?"

« Je lui ai répondu : "Je suppose que l'expérience de cette voiture vous brûlant la politesse est très proche du thème de la contrariété, et c'est d'ailleurs ce qui se produit physiquement. Ainsi, bien que cela n'ait aucune conséquence réelle, ça en a par rapport à ce qui est engrangé dans votre cerveau. C'est beaucoup plus difficile à traiter."

— C'est un très bon exemple, apprécia le dalaï-lama.

— Le deuxième facteur déterminant, poursuivit Paul, est le moment auquel le déclencheur a été acquis. Il y a peut-être des périodes d'acquisition plus critiques qui rendent les choses plus difficiles à éliminer plus tard. On estime généralement en Occident que plus cela survient tôt dans l'existence, plus ce sera dur. Tim aura bien du mal à se défaire de son déclencheur, parce qu'il s'est installé très tôt dans sa vie.

« Le troisième facteur est la force de la charge émotionnelle présente lors de l'acquisition. Dans l'exemple de Tim, l'émotion a été très forte. Son père le tourmentait sans pitié. Ce sera très difficile à vaincre. La récurrence peut être considérée comme le quatrième facteur, puisqu'elle contribue à la force de l'émotion.

« Le cinquième facteur est plus complexe. Certaines personnes éprouveront beaucoup plus de difficultés à se soigner que d'autres. Si Tim est de ceux dont les émotions surviennent généralement plutôt rapidement, ou si ses émotions sont plutôt fortes, ce sera plus difficile. Une expérience en tout point identique aurait des répercussions différentes chez un autre.

« Le sixième facteur tient au fait que Tim soit d'humeur irritable. Une fois parvenu au stade où il ne répondra quasiment plus aux taquineries par la colère, cela pourra quand même lui arriver s'il est d'humeur irritable, parce que les humeurs nous vulnérabilisent.

« Quant au dernier facteur, c'est le tempérament.

— Quelle différence faites-vous entre humeur et tempérament ? demanda le dalaï-lama.

Il me confierait plus tard qu'il avait trouvé cette distinction très intéressante, parce que le bouddhisme ne s'est jamais vraiment attardé dessus.

— Le plus flagrant, c'est la durée, dit Paul. Les humeurs durent quelques heures, généralement pas plus d'une journée. Un tempérament se manifeste souvent sur une longue période, mais pas nécessairement toute la vie. On ne le sait pas exactement. Il semble que certains tempéraments soient héréditaires et que d'autres se développent à travers l'expérience. Mais tous restent assez stables pendant des années. Si Tim est doté d'un tempérament hostile, si la colère apparaît facilement et fréquemment dans sa vie, ce sera bien plus difficile que si son tempérament est fondamentalement sociable et amical.

Le coup de téléphone qui ne venait pas

« Je voudrais évoquer un autre exemple. Cela m'est personnellement arrivé il y a à peine un mois, alors que je préparais ma présente intervention. Je n'en tire pas une grande fierté, mais c'est un bon exemple parce qu'il me concerne directement. Mary Ann, ma femme, qui enseigne dans une autre université que moi, participait à une conférence à Washington – nous habitons San Francisco. D'ordinaire, quand l'un de nous est en voyage, nous nous appelons tous les soirs pour prendre des nouvelles. Lorsqu'elle m'a appelé le vendredi soir, je l'ai prévenue que je comptais sortir dîner samedi avec un chercheur, pour travailler un peu. Et comme je ne serais de retour qu'à vingt-trois heures, heure locale, soit deux heures du matin à Washington, il serait bien trop tard pour qu'elle m'appelle. Alors elle a dit : "OK, je t'appellerai dimanche matin. — Parfait", lui ai-je répondu.

« Mary Ann me connaît très bien, elle sait que le dimanche, en son absence, je suis installé à mon ordinateur dès sept heures trente du matin, soit dix heures trente pour elle. Mais l'appel ne vient pas. Huit heures trente, toujours pas d'appel. À neuf heures, soit midi à Washington, je commence à me fâcher. Pourquoi ne m'a-t-elle pas appelé ? Pis, je commence à me dire qu'il s'est passé quelque chose la veille au soir, et je deviens jaloux. Puis je m'en veux d'être jaloux, et je lui en veux aussi, parce que si elle m'avait appelé, je ne le serais pas. Vous pouvez constater qu'à ce stade je suis dans la période réfractaire. Je n'ai pas accès à l'information qui pourrait mettre un terme à cette émotion, alors qu'elle est disponible.

« Je me mets ensuite à penser qu'elle a peut-être eu un accident de voiture. J'ai peur, à présent. Faut-il appeler la police à Washington ? Puis je me fâche à nouveau. Pourquoi faut-il donc que j'aie peur ? Si elle appelait, je n'aurais pas peur.

« Il est maintenant onze heures, quatorze heures à Washington, toujours rien. Vers midi, elle appelle enfin. À ce moment, je suis en colère, mais je fais mon possible pour ne rien dire. Je ne dis pas : "Pourquoi n'as-tu pas appelé ?", ou : "Tu m'as fait subir toutes ces émotions atroces." J'aurais envie de le dire, mais je m'en abstiens. Cependant, je ne puis empêcher le ton de ma voix de me trahir. C'est très apparent malgré moi, et elle sait donc que je suis en colère.

« Mais elle ne me demande pas : "Tu es fâché ?" Notre conversation est assez insatisfaisante. Indiscutablement, Mary Ann ne réagit pas de façon positive à ce qu'elle dénote dans ma voix, et il nous est impossible d'en parler. Je sens bien que si je dis quoi que ce soit à ce propos, même si je m'excuse, ça explosera. Il faut donc que j'évite le sujet. Après deux ou trois minutes, nous raccrochons, sachant qu'elle rentre le lendemain soir, et nous nous disons : "À demain."

« C'est alors que la période réfractaire prend fin, et que je parviens à me dire : “Tu sais bien que Mary Ann a horreur du téléphone.” Elle déteste même tellement ça qu'elle me demande souvent à la maison de passer ses appels à sa place. Ce qui me permet d'ailleurs de lui répondre : “OK, mais c'est toi qui fais la vaisselle.” Si je me l'étais dit, j'aurais compris que son comportement n'était pas dû à une infidélité ou à un manque de considération, mais au simple fait qu'elle déteste téléphoner.

« Je sais aussi à mon propre sujet qu'ayant été abandonné par ma mère à l'âge de quatorze ans, la colère que je ressens dès qu'une femme m'abandonne est un scénario émotionnel récurrent de ma vie. Comme je n'ai jamais eu l'occasion de manifester cette colère envers ma mère, elle reste là, en attente. Je suis conscient de cela. Je le sais, mais je n'ai pas pu exploiter cette information. Pendant la période réfractaire, je n'y avais pas accès. Je sais aussi, après vingt ans de mariage, que Mary Ann est parfaitement digne de confiance. Qu'il n'y a pas de raison d'être jaloux. Toutes ces informations étaient bien dans ma tête, mais je ne pouvais pas y accéder parce que je n'étais capable de voir que ce qui confortait mon émotion.

« Heureusement, à peine deux minutes s'étaient écoulées depuis le coup de téléphone, que j'avais procédé à cette réévaluation. Je l'ai rappelée, sans dire un mot de ma colère, et notre conversation a été très agréable. Quelques jours plus tard, quand je lui ai parlé de cet épisode, elle m'a dit : “Je sentais bien que tu étais fâché, mais je ne voulais surtout pas en parler.”

« Je crois à présent que, si cela se reproduit, je ne me fâcherai plus, parce que j'en ai tiré les enseignements nécessaires. Je n'ai pas su abréger la période réfractaire, mais j'ai réussi à m'interdire d'agir et de dire des choses que j'aurais regrettées. J'y ai longuement réfléchi par la suite, et cela, je le pense, me permettra d'affronter cette situation sans céder à la colère. Je n'aurai pas à répéter mes erreurs.

« Savoir systématiquement anticiper l'arrivée d'une émotion est peut-être trop demander, mais tirer les leçons de nos épisodes émotionnels fait partie du travail qui nous rendra plus adroits, plus émotionnellement intelligents. »

Ce récit avait été l'un des temps forts de l'exposé de Paul, notamment pour Sa Sainteté, qui voyait dans son attitude un genre de contemplation de la nature destructrice de la colère – très proche d'une pratique analytique bouddhiste servant à gérer ce genre d'émotion, où l'on procède à l'analyse rationnelle de ce qu'il en coûtera de se laisser emporter. Paul n'est pas bouddhiste ; toutefois, son approche scientifique trouvait une étonnante résonance dans la conviction du dalaï-lama que toutes les grandes religions du monde ont pour objectif central de renforcer les vertus de la nature humaine.

Bien sûr, certaines méthodes spécifiques de gestion des émotions destructrices sont propres au bouddhisme[9]. Mais le dalaï-lama sentait qu'exercer son esprit à mieux cerner l'aspect destructeur des émotions – et donc à les maîtriser – est à la portée de tous, comme le laissait entendre l'exemple de Paul.

La colère : éradiquer ce qui nous fait obstacle

Paul souhaitait pousser plus loin son exploration de la colère « parce que c'est une émotion qui pose une foule de problèmes – c'est celle qui nous rend le plus capables de nuire aux autres. D'abord, je crois que la violence n'est pas constitutive de la colère – elle n'en est pas une conséquence nécessaire ou biologique. Je maintiens, bien que je n'en aie pas la preuve, que ce qui est constitutif de la réaction colérique, c'est l'impulsion destinée à se débarrasser d'un obstacle dressé devant soi. Cela n'appelle pas forcément la violence. »

Le dalaï-lama demanda :

— Voulez-vous dire que la violence, ou le fait de faire du mal aux autres, n'est pas le véritable propos, le but de la colère, du point de vue du thème d'évolution – mais que ce propos est plutôt de faire cesser tout ce qui fait interférence ?

— C'est mon avis, dit Paul. Nous n'en avons pas de preuve, et tous les chercheurs occidentaux ne seront pas forcément d'accord. J'ai établi la liste des événements qui précèdent le plus souvent la colère : ce sont l'interférence physique, la frustration, le fait qu'on cherche à nous faire du mal et la colère d'autrui. L'un des plus grands dangers avec la colère, c'est qu'elle appelle la colère. Ne pas répondre à la colère par la colère demande un gros effort.

À ces mots, le dalaï-lama approuva vivement.

Paul poursuivit :

— Le constat que les croyances de quelqu'un nous offensent peut aussi conduire à la colère. Le point commun à tous ces cas, c'est l'interférence.

Le dalaï-lama commenta :

— Le bouddhisme considère la tolérance et la colère comme des opposés. Or la tolérance, ou la patience à l'égard du tort causé par un autre, est à l'opposé de la violence. Je me demande si cela concorde avec votre idée que le propos de la colère, du point de vue de l'évolution, n'est pas la violence.

Paul répondit :

— J'irais même un peu plus loin, en disant que, bien souvent, le meilleur moyen de lever l'obstacle est de se mettre à la place de l'autre. Au lieu de réagir verbalement ou physiquement, cherchez à comprendre pourquoi cette personne semble vous faire obstacle. Dans les écrits de Votre Sainteté, la distinction est nette entre l'acte et l'agissant, ce qui à mon sens est très compatible avec la vision occidentale.

Les différentes variétés de la violence

Paul reprit :

— Je voudrais insister, une fois encore, sur le fait que le terme colère désigne une famille de sentiments. Ces sentiments ont des intensités différentes, qui vont par exemple de la contrariété à la fureur en passant par le courroux. On trouve aussi dans cette famille l'indignation, le pharisaïsme, la bouderie, la colère passive et le désir de revanche. J'ai déjà évoqué tout à l'heure les cas particuliers de ressentiment et de haine liés à la famille de la colère.

« Je viens à peine de me mettre à lire ce que la science a produit sur la violence. C'est une question que je n'ai pas étudiée, je n'en dirai donc que quelques mots, et de façon forcément partielle. Parmi les questions qui demeurent à ce jour sans réponse, la plus importante est peut-être de savoir si nous possédons tous un seuil de rupture. Sommes-nous tous susceptibles d'en venir à la violence ? Je ne saurais le dire. Je peux en revanche donner mon sentiment personnel, qui serait que non. Certains le sont, d'autres pas. Mais nous n'avons aucune certitude, et il serait très important de le découvrir.

Paul estime que les actes de cruauté sont à cet égard particulièrement significatifs.

— Il n'est malheureusement pas aberrant d'agir avec cruauté, pour peu que l'on ait reçu le type d'incitation adéquat. Mais la première cruauté est la plus difficile à commettre – c'est comme l'infidélité conjugale ou le mensonge, une fois qu'on a franchi la ligne, il devient de plus en plus facile de le refaire. La clé pour prévenir la cruauté est donc d'empêcher ce premier passage à l'acte.

Sachant l'immense cruauté que le peuple tibétain a endurée de la main de ses oppresseurs, Paul espérait aborder plus profondément ce sujet avec le dalaï-lama. Il pense que la cruauté pourrait trouver un antidote en son contraire, la compassion. Si l'on pouvait montrer à ceux qui commettent ces cruautés qu'ils font du tort à quelqu'un qui leur ressemble, s'ils en venaient à ressentir de la peine à son endroit, il leur serait plus difficile – voire impossible – d'être cruels. Mais, en général, la victime est dépersonnalisée longtemps avant que ne commencent les actes de cruauté, de façon à rendre les exécutants aveugles à son humanité.

Paul continua :

— L'une des choses que nous ont apprises nos études de la guerre, c'est que près de la moitié des soldats des États-Unis n'emploie jamais son arme au combat. Cette donnée tirée d'une étude sur la guerre de Corée préoccupe l'armée. Elle me porte à croire que même si l'on a été préparé à haïr l'ennemi et si notre propre vie est menacée, tout le monde n'est pas capable de tuer. Certains ne le peuvent pas, et nous n'en savons pas encore assez long sur ce qui les distingue de ceux qui le peuvent.

— Voilà pourquoi, dit le dalaï-lama, les soldats sont soumis à tant d'endoctrinement.

— Mais ça ne fonctionne pas toujours, dit Paul. Peut-être que tout le monde ne peut pas tuer. J'aimerais au moins croire que c'est vrai.

— Et la guerre mécanisée ? demanda le dalaï-lama.

— La guerre mécanisée est plus dangereuse – parce qu'on est à distance, dit Paul.

— C'est vrai, c'est vrai – elle est plus dangereuse, approuva le dalaï-lama.

En fait, un historien de l'US Army prétend qu'au cours de l'histoire de la guerre le nombre de morts s'est accru proportionnellement à la distance d'où il était possible de tuer. Aux temps du fusil à silex, la devise était : « Ne tirez pas tant que vous ne voyez pas le blanc des yeux. » Mais beaucoup de soldats ne tiraient pas précisément parce qu'ils voyaient le blanc des yeux de l'ennemi, se rendant alors compte de ce qu'ils étaient sur le point de faire.

— Nous serions bien mieux lotis avec des épées qu'avec nos armes à feu, approuva Paul. Elles nous obligeraient à rester à proximité de l'ennemi.

Il reprit :

— Les spécialistes de la violence distinguent différentes catégories. La violence instrumentale est commise pour atteindre un but. C'est celle du criminel qui vous demande de l'argent en vous menaçant ; si vous ne lui donnez pas votre portefeuille, il commettra un acte violent pour l'obtenir.

« Cette violence se distingue du crime passionnel, dont l'archétype est la découverte de l'épouse dans les bras d'un amant, l'intensité de l'instant poussant à l'acte violent. Nous savons avec certitude que rares sont ceux qui, après avoir commis un crime passionnel, se laissent à nouveau aller au moindre acte de violence.

Paul montra ensuite un journal où l'on voyait la photo d'une femme hors d'elle qui se démenait dans l'intention de frapper un homme.

— Cet homme avait tué sa fille. Il venait d'être condamné par le tribunal. Comme il n'avait affiché aucune émotion à l'écoute du verdict, elle avait atteint son seuil de rupture. Elle n'avait jamais rien tenté de violent contre lui auparavant. Le plus intéressant dans cette photo, c'est que son mari la retient, il lui prend le bras. Cela nous montre de façon éclatante que tout le monde n'agit pas violemment, même à la suite d'une telle atrocité. Si la violence de cette femme est compréhensible, il est rassurant que son mari en soit préservé. Tout le monde n'est pas capable de violence.

« Je ne suis pas psychiatre, mais il existe aujourd'hui en psychiatrie une catégorie dite des désordres explosifs intermittents, qui regroupe les gens qui font chroniquement preuve d'une violence excessive, impulsive et intense – toujours disproportionnée, quelle que soit la provocation. Une bonne part des recherches récentes indique que deux chemins mènent à cet état terrible. Le premier, ce sont les lésions dans la région du cerveau qui sert normalement à contrôler les émotions, et l'autre, plus génétique, est un défaut dans le dosage de la réaction.

La compassion est-elle dans la nature humaine ?

— Avant de conclure, je voudrais juste évoquer la tristesse et l'agonie, pour établir une comparaison importante, dit Paul en montrant la diapositive d'une femme au visage tordu par la souffrance.

Aussitôt qu'il l'aperçut, le visage du dalaï-lama adopta un instant la même expression d'angoisse.

Paul montra cette image à côté d'une photo de presse montrant un groupe d'hommes en colère lors d'une manifestation politique.

— Je vous demanderai d'abord, dit Paul, de bien vouloir remarquer la différence dans votre propre réaction face à l'image de cette femme et à celle des hommes de la manifestation. Je ne crois pas que voir la colère en photographie nous atteigne autant que si nous y étions. Mais l'image de cette femme que nous ne connaissons pas touche la plupart des gens : on ressent sa douleur. Elle souffre, et l'une des premières caractéristiques de la souffrance est que ses manifestations nous appellent à l'aide et que nous les percevons parfaitement.

— J'en déduirais donc que la nature humaine est fondamentalement compassionnelle, dit le dalaï-lama.

— Et je ne vous contredirai pas, répondit Paul.

— Mais mon raisonnement ne vaut peut-être pas grand-chose, dit le dalaï-lama dans un éclat de rire.

— Détrompez-vous, dit Paul. En fait, je crois que c'est très important. C'est l'une des leçons que nous tirons de la souffrance, et elle est étroitement liée au développement de la compassion. On répond bien plus volontiers par la compassion à la souffrance qu'à la colère.

— Je me demande, avança le dalaï-lama, s'il existe vraiment une distinction valide entre le fait de voir l'image d'une personne en colère, qui ne suscite aucune réponse émotionnelle, et celui de voir une image attendrissante.

— Est-elle valide ? répliqua Paul. À mon sens, elle l'est. La force de la souffrance est telle qu'on peut être atteint à travers une photographie. La colère est contagieuse si l'on se fâche contre vous et que vous vous fâchez en retour – de la même façon que si quelqu'un rit, nous rions avec lui. La peur ne l'est pas à ce point. Elle peut l'être, mais nettement moins que la colère, l'hilarité ou la souffrance. J'y vois comme une sorte de témoignage. C'est la preuve de la grande aptitude de la souffrance à éveiller la compassion, ce qui n'est peut-être pas sans implications sur la façon dont nous pourrions l'enseigner. Je ne suis pas en mesure d'expliquer ces implications, je ne fais qu'évoquer la possibilité de leur existence.

« Pour conclure, je voudrais dire qu'après plus de trente-cinq ans d'étude de l'émotion je suis frappé du peu que nous en savons. Nous n'en sommes qu'au début. La science ne s'est sérieusement penchée dessus que depuis dix ou quinze ans. Et je vais à présent clore mon exposé par un mot de Charles Darwin, dont je me sens un peu le descendant.

« C'est tiré de la dernière page de son livre *L'Expression des émotions chez l'homme et les animaux* : “La libre expression d'une émotion quelconque par des signes extérieurs la rend plus intense.”

« Cela pose la question de la maîtrise de l'expression. Si les émotions s'intensifient lorsqu'on les exprime, et si nous ne souhaitons pas intervenir en amont, il existe une technique qui peut nous aider quand nous sommes sous l'emprise d'une émotion : ne pas l'exprimer ouvertement.

« Poursuivons à présent avec Darwin : “Inversement, les efforts faits pour réprimer toute manifestation extérieure modèrent l'émotion elle-même. L'homme qui se laisse aller à des gestes violents augmente sa fureur ; celui qui n'exerce aucun contrôle sur les marques de sa frayeur ressent une frayeur bien plus grande ; celui qui reste inerte sous le coup d'une grande douleur perd sa meilleure chance de pouvoir réagir contre elle."

« J'espère que nous reparlerons des questions que Darwin soulève pour nous. J'ai lu et relu ses ouvrages, et j'y trouve chaque fois des choses que je n'avais pas encore remarquées. Ce qui m'impressionne le plus dans cet extrait, c'est la notion d'élasticité de l'esprit. Je vous remercie infiniment de m'avoir écouté.

Après cette conclusion, Paul se demandait si ses propos avaient eu quelque utilité ou quelque intérêt pour le dalaï-lama – en qui il voyait, d'une certaine façon, toute la conscience du monde. Pour sa part, le dalaï-lama avait particulièrement apprécié cette confirmation scientifique de l'universalité des émotions, qui allait dans le sens de son propre message pour une humanité commune, de partage. Paumes jointes, le dalaï-lama s'inclina devant Paul, en signe d'admiration.

7

Cultiver l'équilibre émotionnel

« Comment définiriez-vous l'équilibre mental ? » Lors de la deuxième conférence *Mind and Life*, en 1989, Alan Wallace avait posé cette question au Dr Lewis Judd, qui dirigeait alors le centre de recherche psychiatrique fédéral, le National Institute of Mental Health.

Alan avait été frappé de constater que l'Occident n'apportait aucune réponse claire à cette question. L'équilibre mental proprement dit n'avait jamais fait l'objet d'étude en psychiatrie. Au lieu de cela, la recherche s'était consacrée aux désordres mentaux, et la bonne santé psychique se définissait surtout par défaut, comme l'absence de maladie psychiatrique. Les outils qu'offre la psychiatrie visent à s'attaquer aux symptômes de la souffrance émotionnelle, pas à promouvoir l'épanouissement. Freud lui-même avait affirmé que le but de la psychanalyse était de parvenir à « une névrose normale ».

Le bouddhisme, en revanche, reconnaît de nombreux critères du bien-être mental et social, et propose un ensemble de pratiques pour y parvenir. Dès lors qu'il ne s'agit plus seulement d'étudier les afflictions mentales pour s'y attaquer, mais d'atteindre des états d'équilibre exceptionnels, le bouddhisme a beaucoup à apporter à l'Occident. Cela deviendrait de plus en plus flagrant au fil de l'après-midi.

Dès la reprise de la séance, après le déjeuner, le dalaï-lama revint à la différence, très révélatrice, entre les points de vue occidental et bouddhiste sur ce qui rend une émotion « destructrice ». Si, pour la science, cela tient avant tout au fait qu'une émotion est nocive pour soi ou autrui, la règle bouddhiste est nettement plus subtile : les émotions deviennent destructrices aussitôt qu'elles troublent l'équilibre de l'esprit.

« Ce qui permet de distinguer les émotions constructives des émotions destructrices, expliqua le dalaï-lama, peut s'observer au moment même où cette dernière surgit – le calme, la tranquillité, l'équilibre de l'esprit, sont aussitôt rompus. D'autres émotions ne perturbent pas ainsi l'équilibre ni le sentiment de bien-être, au contraire, elles les confortent – on les dira donc constructives.

« En outre, certaines émotions sont stimulées par l'intelligence. On peut par exemple stimuler la compassion en pensant très fort aux gens qui souffrent. Lorsqu'on fait vraiment l'expérience de la compassion, cela perturbe bien quelque peu l'esprit, mais de façon superficielle. Tout au fond règne un sentiment de confiance, il n'y a donc pas grand dérangement. Lorsqu'elle est stimulée par l'intelligence, la compassion apaise l'esprit.

« La colère – notamment à long terme – provoque une réelle perturbation de l'esprit. Généralement, lorsque la compassion cesse d'être un simple état d'esprit pour devenir action, c'est sous des formes utiles à autrui ; en revanche, lorsque la colère tourne au passage à l'acte, c'est, évidemment, le plus souvent de façon destructrice. Même lorsqu'elle ne se manifeste pas sous forme de violence, elle nous empêche par exemple de porter assistance à quelqu'un alors qu'on serait en mesure de le faire. C'est donc, là encore, un type d'émotion destructrice. »

Comment dit-on « émotion » en tibétain ?

L'un des problèmes qu'avait soulevés l'intervention de Paul était le fait que le mot « émotion » n'a pas d'équivalent littéral en tibétain – les cultures ici représentées paraissant avoir des vues très différentes sur la question. Le dalaï-lama nous proposa de clarifier cet aspect fondamental de nos débats. Il faudrait donc continuer de chercher ce qui dans le vocabulaire tibétain peut correspondre à cette notion telle qu'on l'emploie en Occident.

Après quelques va-et-vient dialectiques, nous avons trouvé une définition fonctionnelle : une émotion est un état mental doté d'une forte touche de sentiment. Toutefois, il fallait exclure de cette définition les sentiments purement sensoriels, comme une coupure au doigt ou l'épuisement ; les sentiments doivent ici nécessairement découler d'une évaluation – c'est-à-dire de pensées.

Mais Francisco Varela nous ramena au problème sous-jacent, l'absence même de traduction en tibétain d'« émotion » : « C'est très étonnant, parce que la pensée, qu'elle soit irrationnelle ou intelligente, semble nettement se distinguer de l'émotion. C'est vrai qu'en Occident nous considérons de façon assez obsessionnelle que les émotions échappent au contrôle de l'action volontaire et que les pensées sont toujours forcément un peu rationnelles. Pourtant, comment la langue tibétaine, dont on connaît l'immense capacité à discerner les processus mentaux, peut-elle passer à côté de cette distinction pourtant énorme ? »

Dans sa réponse à Francisco, le dalaï-lama remit en cause les fondements philosophiques de sa question – qui sous-entendait que la distinction occidentale entre émotion et pensée relèverait d'un classement naturel, contrairement au système tibétain.

Il commença par une observation désarmante : « Ce sera peut-être l'occasion de recherches futures », dit-il, expliquant qu'on trouverait peut-être un équivalent sanscrit du mot « émotion » dans des textes non bouddhistes, ou dans des sources jamais parvenues au Tibet [1]. Plus tard, le dalaï-lama nous citerait en aparté la maxime du grand maître Tsongkhapa qui dit que le fait de ne pas trouver de traduction d'une idée en tibétain ne signifie pas qu'elle n'existe pas ailleurs dans le bouddhisme.

Il émit ensuite une autre considération. « Si l'on garde à l'esprit que l'objectif essentiel de la pratique bouddhiste est d'atteindre le nirvâna, ce qui nous intéresse vraiment dans l'étude de l'esprit, ce sont les états mentaux spécifiques qui nous en empêchent. C'est le point commun entre les six états primaires et les vingt dérivés (les facteurs mentaux malsains dont Jinpa avait établi la liste la veille). Certains sont des émotions, d'autres n'en sont pas, mais ça n'a pas grande importance. Ce qui compte, c'est qu'ils ont tous en commun de constituer une entrave.

« La psychologie moderne, par contre, ne vise pas le nirvâna », souligna le dalaï-lama, ce qui fit intervenir Richard : « Nous nous efforçons d'y remédier ! »

« Si l'on cherche à comprendre pourquoi l'Occident met tant d'entrain à identifier les émotions, poursuivit le dalaï-lama, mon hypothèse est que, depuis les Lumières, ou même saint Thomas d'Aquin, l'accent est mis de façon écrasante sur la raison et l'intelligence. Or qu'est-ce qui peut entraver la raison ? L'émotion.

« Deux catégories sont mises en opposition. Ce n'est pas parce que la pensée occidentale possède un terme spécifique pour désigner l'émotion qu'elle a nécessairement produit un effort particulier pour en comprendre la nature. Il se peut qu'à l'origine le fait de qualifier quelque chose d'émotion répondait à cette volonté de célébrer la raison, en désignant ce qui, par opposition, était jugé déraisonnable, irrationnel. »

À vrai dire, cette contestation par le dalaï-lama de la distinction occidentale entre émotion et cognition est aujourd'hui appuyée par les dernières découvertes en neurosciences. Il semblerait que le cerveau, lui, ne fasse pas de différenciation nette entre pensée et émotion, chaque région associée à l'émotion étant également liée à des aspects de la cognition. Les circuits de l'émotion et de la cognition sont entrelacés – et le bouddhisme les tient précisément pour inextricables[2].

La méditation comme une fenêtre sur les émotions subtiles

Paul approuvait l'analyse historique du dalaï-lama sur les raisons de l'importance accordée aux émotions dans la pensée occidentale. Mais il sentait aussi qu'au-delà du problème linguistique, on touchait à des différences fondamentales de cadre culturel. Paul soupçonnait qu'il serait aussi difficile au dalaï-lama d'appréhender tous les présupposés de l'analyse scientifique de l'émotion qu'à lui-même de percevoir toutes les subtilités de la méditation avancée, n'en ayant pas fait l'expérience personnelle et n'en connaissant pas la théorie. Cette confusion donna à notre dialogue une tournure trop pointue et quelque peu décevante pour Paul, qui avait espéré qu'on en viendrait plus directement aux questions soulevées le matin même.

Cela ne l'empêcha pas de demander :

— Je voudrais revenir à ce que vous disiez de la différence entre les émotions destructrices et constructives, et des troubles de surface ou de fond. J'ai bien compris vos paroles, ou du moins leur traduction, mais je n'ai pas vraiment saisi ce que vous vouliez dire. Je me demande si certains aspects de l'expérience émotionnelle ne sont pas incompréhensibles sans une certaine préparation. Les pratiquants du bouddhisme tibétain seraient-ils en mesure d'éprouver certaines émotions d'une façon inaccessible aux autres, ce qui les rendrait, en ce sens, incompréhensibles ?

Le dalaï-lama approuva le principe que « certains aspects de l'émotion peuvent être incompréhensibles tant qu'on n'en a pas fait soi-même l'expérience. Il y a par exemple la réflexion sur la nature transitoire de la vie, sur la mort, sur l'impermanence, qui est un aspect important de la méditation bouddhiste. On dit que plus on prolonge sa méditation, plus on approfondit sa connaissance et sa prise de conscience. Il est possible dans un premier temps de comprendre intellectuellement que, par la succession des instants qui le composent, le temps est un changement permanent, mais pas de le ressentir. La méditation permet de se familiariser avec cette notion, et un sentiment puissant finit par se développer. Ce genre d'émotion subtile vient nécessairement par la méditation.

— De la même manière, selon le point de vue bouddhiste, certains niveaux de conscience de la nature inhérente du moi sont tout simplement faux. Mais c'est une affaire de degrés, à des niveaux parfois si subtils qu'à moins d'avoir fait l'expérience directe de leur vacuité, on ne pourra pas les reconnaître comme faux.

Frappé par le fossé qui séparait les parties, j'intervins :

— En nous préparant à ce dialogue, nous avions trouvé une définition pratique des émotions destructrices comme étant celles qui font du tort, à soi ou aux autres. Votre définition, qui y voit tout ce qui trouble la paix de l'esprit, est beaucoup plus subtile.

— Oui, approuva le dalaï-lama.

Je poursuivis :

— C'est une tout autre perspective – la différence est énorme. C'est d'ailleurs l'une des raisons du grand intérêt que nous portons aux applications concrètes de ce principe – à tout ce que vous cultivez et entretenez par vos exercices. Quels états émotionnels nécessitant une pratique intense pourraient guider la psychologie occidentale dans sa quête de moyens de maîtriser les émotions destructrices ?

Une désillusion radicale apaise l'esprit

Richard Davidson reprit le flambeau :

— Compassion mise à part, d'autres émotions préservent-elles ou consolident-elles la paix de l'esprit ?

La réponse du dalaï-lama fut surprenante :

— Il y a aussi le renoncement.

Alan prit aussitôt le soin de préciser :

— Je traduis généralement cela par « renoncement »,

mais, étymologiquement, ce serait plus littéralement « esprit d'émergence ».

— C'est la première étape : parfaitement sentir à quel point l'on est vulnérable à la souffrance, dit le dalaï-lama. Une fois constatée cette absolue vulnérabilité, et conscient par ailleurs que les afflictions mentales nous fragilisent, on peut entrevoir la possibilité pour son esprit de s'en libérer.

— On identifie la nature de sa souffrance, mais on sent en même temps qu'il est possible d'émerger de cette profonde vulnérabilité – c'est pourquoi nous parlons d'esprit d'émergence. Cet esprit pourrait être considéré comme une émotion, car il est porteur d'un lourd contenu émotionnel. Il s'ensuit une désillusion radicale à l'égard de l'ensemble du *samsâra* (le royaume des souffrances de ce monde, et de la menace qu'il constitue). Alors, qu'on la nomme déception ou désillusion, une profonde tristesse s'installe à l'égard des choses terrestres. Tout ceci, en théorie, précède la possibilité d'atteindre le nirvâna – la délivrance totale et irréversible des afflictions mentales.

Matthieu développa l'explication :

— C'est un fort sentiment de lassitude, à l'égard des préoccupations ordinaires du plaisir et de la douleur, de la gloire et de l'anonymat, des louanges et du reproche. Ce sentiment nous pousse à vouloir en sortir – c'est une désillusion et une prise de conscience de la futilité qu'il y a à capitaliser sur le *samsâra*.

Le dalaï-lama conclut :

— Ce désenchantement vise avant tout les afflictions, desquelles on peut se dire : « Voilà l'origine de mon problème. » Cela donne lieu à une sorte d'émergence, une aspiration à s'en libérer. C'est donc un exemple d'émotion qui tendrait à apaiser l'esprit.

Émotions saines

Matthieu revint à la question de Richie sur les émotions obtenues par méditation qui apaisent l'esprit.

— Nous évoquons souvent une sorte de sérénité, ça n'est pas seulement de la paix, c'est une espèce d'invulnérabilité – ça n'est pas un sentiment de joie expressive, mais plutôt la sérénité et la fortitude, semblable à une montagne qui ne peut être ébranlée par les vents. Ce n'est pas non plus la passivité ou l'indifférence. Par exemple, lorsqu'on est confronté à la souffrance des autres, cette sérénité n'empêche pas une pleine compassion. Plutôt que de vous laisser abattre, comme si cette souffrance atteignait votre ego, elle vous donne le courage d'agir. Une telle sérénité, inébranlable face aux circonstances extérieures, n'est pas du tout synonyme de passivité ; c'est une qualité qui accompagne la paix intérieure.

— Cette équanimité, ajouta le dalaï-lama, nous protège des puissants sentiments d'attirance ou d'attachement qui créent des déséquilibres dans l'esprit.

— Souvenez-vous que j'ai évoqué plus tôt la compassion afflictive, celle qui est mêlée d'attachement. En fait, nous souhaitons nous en défaire. Comment en extraire la composante d'attachement qui la rend afflictive ? La méditation bouddhiste sur la compassion commence donc par l'équanimité. Vous atteignez un équilibre de l'esprit qui agit contre l'attachement ou le désir. De cet état jaillit alors la compassion. À ce stade, c'est une compassion non afflictive, c'est celle qu'on cherche vraiment à cultiver.

Me souvenant de la liste des facteurs mentaux sains

et malsains de la psychologie bouddhiste ancienne, je me tournai vers le vénérable Kusalacitto :

— À la liste des émotions afflictives – ou destructrices – tirée de l'abhidharma, celle que Jinpa nous a présentée hier, en correspond une autre, où figurent les opposés sains de chacune de ces émotions. Pouvez-vous nous citer certaines des humeurs ou des émotions qui figurent sur cette liste positive ?

Le *bhanté* répondit en nous ramenant à la distinction qu'avait faite Paul Ekman entre la pensée et l'émotion. Il souligna d'abord que, pour les bouddhistes, ce n'est pas la pensée qui rend un état d'esprit malsain, mais plutôt l'émotion qui l'accompagne.

— Lorsqu'on parle de pensée dans les textes palis, il ne s'agit que de l'esprit, *chitta*, qui est très pur et lumineux – mais également neutre ; ni bon ni mauvais. Mais si nous parlons d'émotion, le terme correspondant pourrait être *kiatasecra*, ce sont des états mentaux que l'on peut classer par catégories : neutre, sain ou malsain.

— Ce sont les états sains qui m'intéressent, lui rappelai-je.

Il répondit que les textes palis contiennent une liste de vingt-cinq émotions saines, constructives, comme la foi, la confiance en soi, la gaieté ou la flexibilité de l'esprit, la vigilance et la sagesse.

Jinpa relança la question, en citant l'abhidharma samuccaya, la doctrine tibétaine équivalente. Les afflictions qu'il avait énumérées la veille étaient extraites des cinquante et un états mentaux que dénombre l'abhidharma. Il se lança dans une traduction rapide de la liste des onze états sains :

— La foi, la capacité à ressentir la honte, la conscience, l'absence d'attachement, l'absence de haine et l'absence d'illusions. On y trouve aussi un facteur mental nommé non-violence, qui ressemble à l'absence de haine.

« Il y a encore la vigueur ou le zèle, poursuivit Jinpa, l'entrain, l'équanimité. Et enfin la vigilance – le souci de savoir si par le corps, la parole ou l'esprit, on penche vers l'absence de vertu ou vers la vertu. Voilà les onze états sains.

— Que le système comporte cinquante et un facteurs mentaux n'a pas d'importance. Aucune de ces listes ne se veut exhaustive, précisa le dalaï-lama. Elles se contentent de suggérer, d'indiquer certaines choses importantes[3].

« Comme l'a souligné le vénérable *bhanté*, il y a l'idée que l'esprit est neutre en soi et que les facteurs mentaux lui donnent telle ou telle coloration. Lorsqu'un état mental malsain apparaît, il déteint aussitôt sur l'esprit, et pas seulement, mais aussi sur tous les facteurs qui l'accompagnent, sentiments compris. On peut alors dire de ces facteurs mentaux qu'ils sont malsains ou afflictifs. Les autres facteurs mentaux qui apparaissent en même temps ne sont pas tous des afflictions mentales, mais aussitôt que surgit une affliction mentale, tout ce qui surgit avec devient également affligé.

Comme me le dirait le dalaï-lama lors de notre bilan de fin de journée, ces considérations de base de la psychologie bouddhiste lui avaient semblé faire défaut dans l'introduction de la veille. Il était heureux d'avoir pu détailler ce modèle pour les scientifiques présents et de leur préciser le cadre dans lequel s'inscrivent ses propres interrogations sur ce qui rend une émotion destructrice.

De la théorie à la pratique

Matthieu releva que tout cela n'était pas seulement théorique. Ces facteurs de l'esprit peuvent avoir un usage pratique, en s'équilibrant l'un l'autre au fil de la transformation de l'esprit.

— Nous disons qu'il faut cultiver quatre choses : l'amour, l'équanimité, la compassion et la réjouissance. Si dans un premier temps le rapport symbiotique qui les lie n'est pas manifeste, il apparaît au fil de la pratique. Si vous cultivez la bonté, par exemple, cela peut développer l'attachement, il faut alors passer à l'équanimité. Si vous continuez à pratiquer l'équanimité, vous risquez à un moment de tomber dans l'indifférence, il faut alors cultiver la compassion pour ceux qui souffrent.

« Mais, attention, le débutant qui convoque dans son esprit trop de souffrance des êtres risque de tomber dans la dépression. Il doit alors se mettre à se réjouir des aspects positifs du bonheur des autres. Cela nous montre comment ces facteurs sont associés, à travers le prisme de la pratique.

Le dalaï-lama fit un commentaire sur les principes généraux qui sous-tendent les propos de Matthieu :

— Les deux principaux aspects de cette pratique dont nous parlons, la sagesse et la technique, doivent toujours fonctionner de pair. Il n'est pas de problème, ni d'affliction mentale, ni d'émotion destructrice dont on se débarrasse à l'aide d'une seule chose. L'approche doit toujours se faire sous plusieurs perspectives, selon différents facteurs mentaux, différentes optiques. Ce n'est pas : « À chaque problème son antidote », c'est plus complexe que ça.

— Sur un plan très profond, prendre authentiquement conscience de la vacuité agit comme antidote pour toutes les afflictions mentales. Cela ne veut pas dire que cette simple prise de conscience fasse disparaître tous vos problèmes d'un coup, mais elle finit par contrecarrer toutes les afflictions mentales. En attendant, avant d'atteindre un tel niveau, il est très important de savoir que pour parer ces afflictions mentales et d'autres tendances malsaines, il faut forcément allier sagesse et technique.

— Pour faire un parallèle, imaginons qu'on cherche à bâtir quelque chose – un avion, par exemple. On ne peut rien construire à partir d'un seul ingrédient, obtenir un avion d'un seul morceau de métal. Cela demande toujours une foule d'éléments qui permettront de fabriquer l'objet désiré. Il en va de même pour la transformation de l'esprit. Même si l'on en est au stade de la conscience directe de la vacuité, de multiples facteurs entrent encore en jeu. Comme l'attention – le *samadhi*, ou concentration profonde –, et l'entrain – la vigueur qui vous transporte. La conscience de la vacuité comporte elle-même de multiples facettes.

Un genre de peur positif

Owen Flanagan avait une objection philosophique.

— Dan nous a laissé entendre, et Sa Sainteté semblait l'approuver, que les bouddhistes tiennent pour destructrice toute émotion qui d'une certaine façon nous met en déséquilibre, ou nous trouble. Cela me pose un léger problème, et je voudrais reprendre l'explication de Paul. Certaines émotions de sa liste, comme la colère, la peur, ou la tristesse, sont bien teintées d'une sensation négative, et elles sont perturbatrices.

« Dans le meilleur des mondes possibles, on souhaiterait ne jamais vivre ces états. Mais nous ne sommes pas dans le meilleur des mondes possibles. En outre, ils ont presque certainement une explication adaptative au regard de l'évolution. En Occident, la plupart des gens mettraient leur main à couper que les émotions primaires font partie de l'équipement qui a permis à notre espèce de survivre, de se reproduire et de connaître la réussite qui est la nôtre.

« Ma question est la suivante : sommes-nous d'accord pour distinguer les émotions déplaisantes des émotions destructrices ? Je crois qu'à la fin de la journée nous admettrons ensemble qu'il est parfois approprié de ressentir de la peine et qu'il serait même en fait inhumain de ne pas en ressentir. Il serait étrange de ne pas ressentir de colère ou d'indignation face au viol d'un enfant. Il serait étrange que certaines choses ne nous fassent pas peur. Mais ces états, ou émotions, négatifs peuvent devenir destructifs. Et nous cherchons alors à en sortir au plus vite. Mais l'une des fonctions de la colère, par exemple, est d'amener quelqu'un à mettre fin à son comportement, de façon que l'un comme l'autre puissent reprendre le cours de leur vie.

« Mon argument se situe dans le fil de la doctrine aristotélicienne du juste milieu que j'évoquais hier. J'aurais pensé que ce qui rend un état émotionnel destructif tient au fait qu'il soit excessif ou insuffisant. Celui qui ne répond pas par quelque sorte d'empathie aux souffrances d'autrui présente une déficience. Un autre qui passerait des semaines à pleurer les pertes boursières de son voisin connaît le problème opposé.

— Dans la lignée de ce que dit Owen, répondit Richard Davidson, des psychologues ont émis l'hypothèse que les émotions deviennent destructrices lorsqu'on les éprouve dans un contexte inadéquat ou non normatif. Quand la peur, par exemple, survient dans une situation familière où il n'y a réellement rien à craindre, elle est destructrice. Mais avoir peur au moment où un tigre s'apprête à vous bondir dessus, non seulement c'est approprié, mais ça permet de survivre.

— C'est aussi le point de vue bouddhiste, dit le dalaï-lama. Certaines formes de peur sont constructives ou positives. Comme, par exemple, ce désenchantement dont je parlais tout à l'heure – cette volonté profonde d'émerger d'une existence obscure. Une telle aspiration à la liberté repose sur la peur d'être soumis à l'emprise incontrôlable des afflictions négatives. C'est donc un type de peur positif, qui donne lieu à une aspiration spirituelle.

« Si l'on considère la liste des cinquante et un facteurs mentaux, certains sont dits variables ou changeants, parce que le contexte les rend tour à tour positifs ou négatifs, constructifs ou destructeurs. Tel serait le cas de la peur, de la tristesse et de beaucoup d'autres émotions, dont nous ne pouvons pas catégoriquement affirmer qu'elles soient totalement constructives ou totalement destructrices.

Cela ne satisfaisait pas Paul Ekman.

— Je ne parviens pas à déterminer si nous sommes d'accord ou, au contraire, pas du tout, car je considère que toutes les émotions perturbent l'équilibre. C'est leur façon d'agir. Nous avons vu trois tentatives occidentales de définir ce qui les rend destructrices. C'est quand elles sont excessives, inappropriées à la situation ou, enfin, quand elles font du tort, à soi ou aux autres. Ces catégories se croisent, mais toutes perturbent l'équilibre. La peur que vous venez d'évoquer perturbe l'équilibre. Si elle perturbe l'équilibre, est-elle forcément destructrice ? Ou bien peut-elle à la fois perturber l'équilibre et être constructive ?

Rappel au sens pratique

Les questions de Paul restèrent sans réponse, et le dalaï-lama recentra le débat. « Il faut absolument que nous gardions à l'esprit que le propos de notre conversation, celui de notre séminaire, est de chercher un moyen de contribuer au bien de la société – pas d'atteindre le nirvâna. Je suis bouddhiste – mon but ultime est la bouddhéité. Y parvenir est mon occupation principale. Cela représente pour moi la possibilité d'atteindre l'éveil. Puis, désignant Matthieu, il dit malicieusement : Nous sommes en compétition – y parviendra-t-il avant moi ? »

Reprenant son sérieux, il résuma son propos : « Notre intention ici est de viser à l'amélioration de la société. En ce qui me concerne, ce projet s'inscrit dans ce que j'appelle l'éthique laïque. Il est donc important que les participants, nous tous, conservions un esprit scientifique. Il sera peut être parfois nécessaire de rappeler certaines notions spécifiquement bouddhistes, auquel cas, nous troquerons momentanément la casquette du scientifique pour celle du bouddhiste. »

C'était là un point essentiel aux yeux du dalaï-lama, qui y avait d'ailleurs consacré son dernier ouvrage, *Une éthique pour le prochain millénaire*. Considérant les objectifs que nous nous sommes fixés, notre définition pratique de l'émotion destructrice doit faire abstraction des aspirations bouddhiques et s'en tenir au niveau relatif du quotidien, l'intention étant de faire un monde meilleur.

Jusqu'ici, les propos échangés dans l'après-midi étaient restés quelque peu pointus, s'attardant sur des détails de philosophie et d'épistémologie bouddhiste. Le dalaï-lama me dirait plus tard que cela avait eu le mérite de montrer aux scientifiques que les affirmations bouddhistes sur l'esprit et les émotions reposent sur une pratique ancestrale de la méditation et sur tout un système de pensée philosophique. Et il était persuadé, notamment en matière d'esprit et d'émotions, que le bouddhisme pouvait apporter une contribution à la science.

Lors de précédentes rencontres *Mind and Life*, il avait trop souvent vu les scientifiques faire preuve d'une certaine méfiance à l'égard de la pensée bouddhiste et ne se mettre à prendre ses concepts plus au sérieux qu'au fil de la conversation. Mais il ne souhaitait pas non plus donner l'impression qu'il cherchait à profiter de cette rencontre pour faire du prosélytisme. Et puis, il craignait que la discussion ne s'enlise trop loin dans cette direction, ce qui aurait fini par lasser une partie des scientifiques. C'est donc en faisant appel à notre sens pratique qu'il nous invita à la pause.

Éduquer des adultes aux émotions

Après le thé, je demandai au dalaï-lama s'il songeait à certaines pratiques qui mériteraient particulièrement d'être évoquées. Cette question déclencha un débat qui gagnerait en importance au fil des jours pour aboutir à l'un des principaux projets issus de nos rencontres.

Après un temps de réflexion, le dalaï-lama répondit :

— L'une de mes plus fortes convictions est que mieux comprendre la nature de notre esprit, des états mentaux et des émotions doit nécessairement nous conduire à l'élaboration d'une sorte de philosophie de l'éducation. Quels en seront les détails, je ne saurais le dire, et je n'ai pas le temps de les chercher moi-même.

Je lui dis que c'était précisément le sujet de l'intervention que Mark Greenberg ferait jeudi, sur les programmes scolaires visant à apprendre aux enfants à maîtriser leurs émotions destructrices.

— Parfait, répondit-il. Puis il fit une autre réponse à ma question, en reprenant un point abordé le matin. Paul Ekman nous a raconté une anecdote tirée de son expérience personnelle, où, dans l'après-coup de la colère, il avait réfléchi à tout ce qui aurait dû l'empêcher de ressentir ce qu'il avait ressenti, et espéré que cela le prémunirait pour les prochaines fois. On peut imaginer que s'il n'avait pas eu cette prise de conscience et qu'il avait au contraire apprécié la saveur de cette émotion, elle aurait été plus destructrice parce qu'elle l'aurait mené à davantage de colère.

— Ce que vous dites, intervint Paul, c'est qu'il faut éduquer nos émotions. Cela doit se faire à deux niveaux. Ça commence à l'école primaire – chez les enfants. Puis il y a nous, les adultes. Comment éduquer nos émotions ? De quelle façon y parvenir, sans pour autant nous convertir au bouddhisme ?

— C'est ça – c'est exactement ma question, approuva le dalaï-lama.

— C'est très important, si nous entendons vivre un jour dans un monde meilleur, insista Paul, ignorant encore qu'il dirigerait bientôt un tel programme éducatif des émotions.

— Votre Sainteté, fis-je, reprenant l'argument de Paul, l'une des raisons de notre participation à ce dialogue avec vous tient au fait que, même dans un contexte laïc, certaines choses tirées des idées et des pratiques bouddhistes peuvent s'appliquer, sans bouddhisme aucun, à la réalité émotionnelle que nous partageons tous.

— Oui, oui, tout à fait, dit le dalaï-lama en acquiesçant de la tête.

Comme il me le confierait par la suite, la motivation profonde du dalaï-lama était notamment de permettre au bouddhisme tibétain, qui tire ses racines dans la pensée indienne ancienne, de nous aider à affronter les problèmes du monde moderne. Il affichait à ce dialogue le même enthousiasme que dans ses conférences publiques autour du globe, où il enseigne des moyens de développer la bonté – en substituant par exemple à la colère la compassion et un certain type d'éveil. Il sentait bien toutefois que transformer la société ne passerait pas par l'enseignement religieux mais par l'éducation générale – une éducation fondée sur la science. Et des groupes de scientifiques comme le nôtre pouvaient à son sens prendre part à ce programme plus vaste.

Un système immunitaire pour les émotions

Pour répondre à l'appel du dalaï-lama, je revins à l'idée de Paul d'une intervention avant, pendant ou après la phase d'emprise d'une émotion destructrice.

— Nous avons évoqué tout à l'heure le moment où l'on est captif d'une émotion, quand on est par exemple très en colère, comme l'était Paul. Que peut-on faire pour abréger cette phase, ou pour aider les gens à s'en extraire, que ce soit après, pendant, ou même avant qu'elle survienne ?

— Ma position de départ sur la gestion de ces puissantes émotions destructrices, répondit le dalaï-lama, est la suivante. Dans le domaine physiologique, si l'on possède un système immunitaire très sain, on a beau subir les circonstances qui provoquent la maladie, par exemple attraper un rhume, nos chances de surmonter cette maladie, quelle qu'elle soit, sont bien meilleures. Mais si notre système immunitaire est déficient, non seulement cela nous rend plus vulnérable à la maladie, mais cela nous laisse aussi moins de chances d'en guérir.

« De la même façon, lorsqu'il s'agit de gérer les émotions destructrices et de les transformer, il est très difficile aux gens ordinaires d'appliquer un antidote une fois que l'émotion forte s'est produite.

« À cet égard, je suis désolé de devoir dire que c'est difficile même pour la plupart des méditants lorsqu'ils sont pris dans le feu de la colère. On a beau savoir intellectuellement que la colère est destructrice, qu'il ne faut pas se laisser emporter, qu'il faut cultiver l'amour de son prochain, etc., les chances de se souvenir de tout cela dans le tourbillon de la colère sont très minces. En fait, penser à l'amour à ce moment-là semble impossible – et tant pis pour l'amour et la compassion !

« Ce qu'il faut, c'est une préparation générale qui fait de son état mental de base une sorte de système immunitaire. Il faut se familiariser avec ces pratiques – tant avec leurs techniques qu'avec la part de sagesse qu'elles comportent. Cette familiarité donne de la force, elle fournit une certaine expérience en la matière. Il devient alors nettement plus facile de gérer la colère, l'attachement ou la jalousie aussitôt qu'on les sent s'annoncer. Si l'on a suivi cette préparation de base, et pour peu qu'on ait atteint un niveau de conscience suffisant, il est théoriquement possible de détecter les signes des émotions qui menacent. On aura ainsi cultivé un tempérament nous permettant de déceler les tout premiers signes de ces émotions et d'en empêcher la survenue.

« Ou alors, si cela n'est pas possible, on peut toujours empêcher ces émotions de prendre le dessus lorsqu'elles surviennent. Les états émotionnels ne dureront plus aussi longtemps ; ils ne nous assujettiront plus. Et si cela n'était pas possible non plus, on pourra au moins faire en sorte que ces puissantes émotions destructrices ne se traduisent pas en actes négatifs, destructeurs pour soi et les autres.

« En fait, dans certains cas, même si l'on fait l'expérience de ces puissantes émotions destructrices, mais que l'on ressent après-coup un profond regret, en se rendant compte que c'était inapproprié et destructeur, il est peut-être alors possible de cultiver une nouvelle détermination à changer. C'est une façon de tirer les leçons de l'expérience de cette émotion.

Si l'objectif bouddhiste est de se libérer de la colère en général, ça reste un idéal, qui dépasse incontestablement celui des philosophes occidentaux depuis Aristote, et celui de la psychologie moderne. Mais, bien conscient de l'impossibilité de totalement éliminer les émotions négatives dans un contexte strictement laïc, le dalaï-lama souhaitait rester réaliste.

En ce sens, les bouddhistes ne soutiennent pas qu'il ne faut plus avoir de sentiments de colère, mais que, lorsque cela arrive, il faut, pour bien gérer la situation, disposer de différentes autres options. Aux yeux du dalaï-lama, l'un des principaux objectifs de notre rassemblement était de chercher des méthodes qui aideraient les gens à réduire l'emprise de la colère dans leur vie.

La méditation de l'attention vigilante : une forteresse contre les émotions destructrices

Le dalaï-lama invita à nouveau le vénérable Kusalacitto à intervenir. Avec un geste de la main à l'attention du moine thaïlandais, il dit : « Il serait très profitable à présent d'en venir à un point plus pratique sur l'attention et constater qu'elle relève de l'émotion. » J'ajoutai que la méditation de l'attention vigilante correspond bien à une approche laïque des émotions destructrices, puisqu'on peut l'apprendre sans pour autant devenir bouddhiste.

Le *bhanté* avait le sentiment que malgré tout leur matériel et leurs moyens techniques, les scientifiques n'avaient toujours pas trouvé de méthode pour répondre aux émotions perturbatrices – et que le bouddhisme pouvait s'avérer d'un grand secours à cet égard, notamment par ses techniques de gestion d'états malsains comme la colère. Il se lança donc avec enthousiasme dans un passage en revue, bref mais classique, du point de vue bouddhiste.

« Comme l'a dit Sa Sainteté, il faut à présent nous en tenir au cadre d'une éthique laïque – bien que je me demande si les scientifiques ne seront pas désormais tentés de viser le nirvâna, ajouta-t-il dans un éclat de rire. Ils veulent savoir comment pratiquer la méditation de l'attention vigilante, parce que c'est précisément la technique qui nous permet de saisir que l'émotion n'a pas de consistance intrinsèque. L'émotion est relative, et de nouveaux sentiments surgissent tous les jours, mais ils ne resteront pas en nous éternellement ; après un moment, ils s'en vont. Qu'elle soit constructive ou destructrice, une émotion nous accompagne temporairement, puis elle nous quitte.

« Le Seigneur Bouddha a expliqué l'impermanence des choses : c'est elle qui nous protège des émotions destructrices. Il est un moment capital, celui où nous entrons en contact avec le monde extérieur, où nous percevons pour la première fois la couleur, le son, d'une chose. Selon le Satipatthâna-Sutta, Bouddha nous recommande d'être conscient et attentif à l'instant où nous percevons l'image, le son, ou aussitôt que nous touchons un objet tangible. Si l'on parvient à affûter cette conscience et cette attention, on perçoit alors la couleur et le son tels qu'ils sont – sans y voir du bon ou du mauvais, une image très belle ou très laide, un son doux ou horrible. Lorsqu'il perçoit ainsi les choses, l'esprit reste très calme. Aucune émotion négative susceptible de nous nuire ne risque de se présenter. »

Le vénérable Kusalacitto évoqua un autre type d'éveil, la concentration, où l'attention se fige sur un objet neutre pour la conscience, comme le souffle naturel de la respiration, et ferme ainsi la porte aux émotions destructrices. « On peut dire que cela revient à choisir un objet de substitution pour l'esprit. Au lieu de céder à la colère, l'envie ou l'agression, l'esprit se focalise sur un objet neutre pour la conscience. On peut par exemple maintenir son attention sur son rythme respiratoire, aussi longtemps que possible.

Il résuma : « Ainsi, selon le Satipatthâna, il faut d'abord cultiver la conscience et l'attention, en se focalisant sur le corps, sur la respiration, et sur la vigilance envers nos sensations. Aussi longtemps que l'on vit dans l'attention et la vigilance, l'esprit devient une forteresse inaccessible aux émotions destructrices. Elles ne pourront rien nous faire. »

Le *bhanté* décrivit ensuite ce qui se produit lorsque cette attention se concentre sur l'esprit lui-même – c'est la position d'observation de la conscience. « Si vous vous focalisez sur votre esprit, vous constaterez qu'il peut lui-même devenir objet d'attention. Il vous devient alors possible de savoir si votre état mental est sain ou malsain, si votre esprit est imprégné de colère, de jalousie, de cupidité, de haine ou d'illusion – ou pas. Vous êtes immédiatement conscient de tout ce qui se présente à lui. »

Une fois développée cette attention extrêmement fine et concentrée, on atteint un certain niveau d'équanimité et d'invulnérabilité aux émotions destructrices. À ce stade, ajouta-t-il, « l'esprit n'est ni joyeux, ni triste, ni désolé. Alors – une fois qu'on connaît la nature réelle de notre esprit – aucune émotion négative ne peut nous faire de mal Cette technique peut même prendre pour objet d'attention un obstacle, un état mental malsain, ou une compulsion. »

À ce niveau de conscience, tout ce qui se présente à l'attention n'est perçu que comme « une forme et un nom » ; l'esprit reste neutre, quoi qu'il advienne. « On identifie tout ce qui se présente comme un simple processus naturel, qui surgit et ne fait que passer, restant un temps avec soi, avant de s'évanouir – il ne s'installe pas pour toujours. On peut alors jouir d'un état de paix, de sérénité. »

Le vénérable Kusalacitto conclut son exposé sur les voies menant à l'éveil – le Satipatthâna – par ces mots : « Telle est la technique qu'a décrite Bouddha. »

Un présent insaisissable

Selon la description du *bhanté*, le dernier stade de l'éveil comporte un seuil à partir duquel la perception atteint un tel niveau de raffinement qu'il devient possible de rompre le lien entre l'impression sensorielle initiale et son identification par l'esprit, qui donnera lieu à notre réaction. Plutôt que de considérer le monde à travers le prisme de nos catégories habituelles et de nos émotions réflexes, l'esprit parvient à rester sur un mode neutre, libre de tout automatisme.

Sachant que Francisco Varela avait précisément travaillé sur ces processus de la perception, je dis au vénérable Kusalacitto :

— Vous avez évoqué deux choses au sujet desquelles je souhaiterais interroger Francisco, parce que cela touche à notre compréhension de l'esprit et de l'émotion. Vous avez dit qu'en se montrant attentif lors du tout premier contact sensoriel on échappe à la contrainte du cycle de l'identification et de l'étiquetage, de donner un nom à ce que nous ressentons. Cela revient à court-circuiter toute émotion qui s'annonce. On peut alors éviter d'emprunter le boulevard des émotions destructrices en général.

« Vous avez aussi dit que lorsqu'on sent poindre une réaction émotionnelle, il est possible de se calmer en se concentrant sur sa respiration jusqu'à la disparition de cette réaction. Ce sont deux stratégies différentes. Francisco, comment interpréter la première stratégie à la lumière de ce que nous savons du traitement de l'information ?

— Admettons que nous mettions en application une pédagogie de l'attention, répondit Francisco, dans la lignée de ce que disait Paul ce matin, pour saisir l'impulsion avant qu'elle ne s'exprime. On dispose à ce moment d'une toute petite fenêtre. Du point de vue scientifique, rien ne nous dit que nous puissions vraiment étirer cet instant pour maîtriser l'impulsion avant son expression. Cette idée ne figure nulle part dans les textes scientifiques.

— Et si l'on a reçu l'entraînement nécessaire pour parvenir à ce genre de discernement subtil, peut-on vraiment dire que le processus a été ralenti, ou bien est-ce l'intelligence qui s'est affûtée et a gagné en rapidité ? Et puis, d'un point de vue scientifique, y a-t-il moyen de le vérifier ? Où faut-il chercher pour établir la différence ?

Le dalaï-lama répondit aussitôt :

— Certains textes bouddhistes parlent de yogis très entraînés capables d'étirer un instant à l'infini et de contracter l'infini à un instant – mais le doute subsiste. C'est la façon de voir des yogis. Car, par exemple, si un yogi est en train d'étirer des instants à l'infini à côté de nous, cela n'aura aucun effet matériel sur notre temps – c'est une expérience subjective. Au fond, c'est plutôt une affaire de développement individuel de la faculté de discernement. Toutefois, il est possible de ralentir le processus d'émergence d'une émotion. Et on pourrait bien trouver là de quoi s'attaquer aux afflictions mentales.

Les racines du cramponnement

— Je vous signale que je recoiffe à présent ma casquette de bouddhiste, dit le dalaï-lama. Dans son *Traité du milieu*, Nagarjuna décrit une mécanique causale du jaillissement des afflictions, avec au départ le fait qu'on se cramponne à une sorte de réalité intrinsèque des choses, de soi et des autres, et de soi dans le monde. En interagissant avec les autres, ou avec le monde par l'intermédiaire d'un objet donné, on se met à faire des projections. Le processus de projection nous fait considérer l'objet comme désirable ou indésirable, ce qui provoque l'attraction ou la répulsion.

« C'est une mécanique de cause à effet, il est donc concevable, du point de vue bouddhiste, malgré l'extrême rapidité du processus, qu'un yogi ou un méditant très entraîné puissent distinguer entre cette projection et sa cause.

« En fait, le méditant n'a pas besoin de tant d'entraînement qu'on le croit. On peut, en contemplant sérieusement le *shunya*, la nature du “moi”, ou du soi, parvenir à certains changements, obtenir un certain effet. Il est alors possible d'intervenir, notamment sur le second stade, celui de la projection, en le régulant de façon à ce qu'il ne conduise pas aux afflictions. Bien qu'on ait à ce moment déjà commencé à se cramponner, on peut prolonger la phase qui sépare ce cramponnement de la montée de l'affliction. Il y a une faille dans l'activité mentale, la projection, et cette faille peut être élargie.

« De la même manière, ce n'est pas parce qu'on appréhende un objet qu'on le matérialise forcément – qu'on se raccroche à la réalité intrinsèque de cet objet. »

Francisco répondit :

— En toute logique, alors, cela devrait être apparent dans le déroulement du processus, physiologiquement et dans le cerveau. Nous devrions constater des changements.

Le dalaï-lama remarqua :

— Il n'est pas sûr que vous trouviez des correspondances cérébrales distinguant la matérialisation de l'appréhension, parce que ce dont il s'agit ici, c'est bien de notre façon d'appréhender un objet. Ce qui ne veut pas nécessairement dire qu'on le matérialise. Il n'est pas certain que vous puissiez constater cela dans le cerveau.

« Que se passe-t-il précisément lorsqu'on appréhende une fleur ? Au tout premier instant, on se contente d'appréhender la fleur elle-même, sans la matérialiser. C'est un acte cognitif valide. Mais normalement, dès l'instant suivant, une matérialisation de la fleur se produit, et on est déjà dans une cognition erronée[4].

— Reste donc à voir, Francisco, dit le dalaï-lama, si vous parvenez à trouver une configuration neuronale propre à une simple appréhension de la fleur, par opposition à l'instant qui suit immédiatement, celui de la matérialisation de la fleur.

— Ça promet d'être intéressant, non ? approuva Francisco.

Quelques modestes propositions

Toujours prompt à concevoir des expériences, le dalaï-lama en proposa une nouvelle, qu'il trouvait plus intéressante encore :

— Je me demande si, par la simple étude du cerveau, vous pourriez faire la différence entre cognition valide et erronée. Il serait par exemple intéressant de présenter au sujet une photo de quelqu'un dont il connaît le nom mais qu'il n'a jamais vu. Vous lui dites que c'est bien celui dont il connaît le nom, il croit donc vraiment désormais que ce nom correspond à ce visage. Mais la photo représente en fait quelqu'un d'autre. C'est donc bien un cas de cognition erronée au sens épistémologique où l'entendent les bouddhistes.

« Ensuite, vous lui dites que c'était faux – ce n'est pas la photo de celui qu'il croyait – mais vous lui en tendez une autre, et celle-ci, en revanche, l'est bien. À partir de ce moment, le sujet a totalement abandonné sa première impression, et sa cognition est devenue valide. Nous suivons ici le fil de la cognition entre un sujet et le même objet, l'image sur la photo. Dans un cas, la cognition est fausse, dans l'autre elle est valide. Je me demande s'il sera possible de les reconnaître ou de les distinguer à partir de la seule activité cérébrale.

Richard Davidson répondit :

— Certaines expériences traitent directement de cela. Voici l'exemple d'une expérience très simple. Vous avez deux lumières d'intensité différente, l'une forte, l'autre faible. Faites précéder l'apparition de la première par un son d'une certaine fréquence, et celle de l'autre par une autre fréquence, de façon à savoir dès l'audition du son quelle lumière s'allumera. Vous allumez ensuite une lumière d'intensité intermédiaire ; vous la faites parfois précéder de la première tonalité, et parfois de la seconde. Eh bien il existe un endroit dans le cerveau qui relève immédiatement l'intensité de la lumière, sans aucune considération pour la tonalité qui en précède l'apparition. Mais d'autres parties du cerveau répondent à l'attente engendrée par le son.

Sa curiosité piquée à vif, le dalaï-lama proposa aussitôt une autre série d'expériences.

— Il serait peut-être intéressant, dans une perspective neurobiologique, de voir si l'on peut déceler des différences dans l'activité cérébrale quand l'esprit appréhende un objet et quand il ne le fait pas – c'est-à-dire lorsqu'il y a simple apparition à l'esprit, sans qu'on reconnaisse ce dont il s'agit.

Les idées d'expériences se mirent à fuser :

— Peut-on aussi déceler une différence entre la perception directe d'un objet physique et la simple image générique qu'on en a à l'esprit ? Ce serait fascinant.

Au sujet de cette dernière proposition, Francisco intervint :

— Cela a déjà été fait, nous avons beaucoup de données là-dessus.

Le dalaï-lama poursuivit sur sa lancée :

— Et puis, de la même façon, on peut se demander si l'étude du cerveau permettrait de distinguer l'activation de l'intelligence de celle d'une émotion sans connexion avec l'intelligence.

Et il passa la vitesse supérieure.

— Coiffons à nouveau je vous prie la casquette bouddhiste, juste un instant : il existe deux grands modes de méditation. Le premier est celui de la méditation purement concentrée – par exemple *shamatha* ou *samadhi*, qui consiste simplement à stabiliser, focaliser et concentrer son esprit – et l'autre est *vipashyana*, celui de la méditation intérieure, où il s'agit en fait de sonder la nature du réel. Il serait fascinant de voir si vous pouvez établir les corrélations cérébrales entre ces deux modes très distincts de la méditation bouddhiste.

Ainsi que nous l'avons vu au premier chapitre, c'est exactement ce qu'il adviendrait l'année suivante à Madison, dans le laboratoire de Richie Davidson.

Encouragé par tant d'enthousiasme, Richie y alla aussi de sa proposition :

— Il est une autre question que les scientifiques pourraient creuser, c'est celle de l'ignorance ou de l'illusion en tant qu'émotions influençant notre perception, déformant notre aptitude à appréhender le réel. À supposer que ce modèle soit valide, nous pourrions localiser dans le cerveau les endroits précis où le circuit émotionnel influence le circuit perceptif pour déformer notre capacité d'appréhension du monde tel qu'il est. Certaines expériences dont nous vous parlerons demain traitent précisément de cela.

Retour sur une différence essentielle

Alan Wallace changea de sujet, pour revenir à une importante question, que Paul, Owen et Richie avaient tous trois posée : « L'attitude bouddhiste envers certaines de ces émotions destructrices est-elle au fond si différente de la nôtre ? Aristote a dit qu'il faut trouver le juste degré pour la colère ou d'autres émotions. Richie a suggéré qu'il faut que le contexte soit approprié. Le bouddhisme se satisfait-il de cela, ou bien est-il fondamentalement différent ?

« Même si, comme nous l'a recommandé Sa Sainteté, nous nous en tenons au contexte laïc – pas à la grande aspiration au nirvâna – il semble que certaines différences majeures subsistent. Prenons par exemple l'amour romantique : lorsqu'on envisage réellement d'atteindre le nirvâna, on souhaite forcément renoncer à ce type d'amour parce qu'il est porteur d'attachement et qu'il constitue un obstacle à notre démarche. Mais dans le contexte de la vraie vie, où il n'est pas question de nirvâna, s'il n'y avait pas d'amour romantique ou d'affection entre individus susceptibles de s'accoupler et de faire des enfants, l'espèce humaine aurait disparu. Alors le bouddhisme pourrait se satisfaire de la notion qu'il existe pour l'amour romantique des circonstances et des degrés appropriés. »

Alan poursuivit : « Mais il y a la colère. L'idéal bouddhiste semble ici vraiment se distinguer de l'idéal aristotélicien et de la psychologie moderne. Bien qu'il soit très difficile en pratique de simplement se débarrasser de la colère, le bouddhisme a pour idéal, ici-bas, de s'en défaire même dans des situations où elle semblerait justifiée et appropriée. Les bouddhistes diront qu'il n'est pas question de ne plus avoir d'émotions, mais plutôt d'envisager d'autres options, dépourvues de colère, plus adaptées et plus efficaces. J'y vois une différence nette. »

Le dalaï-lama ajouta vivement, en anglais : « Mais dans un contexte laïc, pour les gens ordinaires, et par des méthodes ordinaires, il est impossible de supprimer toutes les émotions négatives. »

Pour résumer, je dis : « Alors en fin de compte, Votre Sainteté, nous ne pouvons pas totalement nous en délivrer, mais il nous est possible d'explorer et de tester certaines méthodes pour les réduire. Et c'est la raison de notre présence ici. »

« C'est juste, dit le dalaï-lama, à nouveau en anglais, et tout aussi catégorique. Cette stratégie mérite en tout cas d'être tentée – ça en vaut la peine. »

À ces mots, la séance prit fin.

La journée avait été un peu frustrante pour Paul, notamment le sinueux débat de l'après-midi, qui semblait n'avoir que peu de rapport avec son intervention. Le dalaï-lama avait bien dit avant la pause : « Laissons de côté ces discussions sur le nirvâna et revenons-en aux réalités quotidiennes », mais Paul estimait que ça ne s'était pas produit ; nous étions restés trop théoriques, perdant de vue ce qui pourrait avoir une utilité pratique. C'était pourtant la mission qu'avait énoncée le dalaï-lama : chercher des choses susceptibles de servir à ceux qui ne s'intéressent pas au bouddhisme et ne cherchent qu'à mieux gérer leurs émotions destructrices.

Je partageais en partie la frustration de Paul. Mais je n'en étais pas moins conscient que ces débats mûrissent et se développent toujours au fil du temps. Bon nombre des thèmes et des idées surgis ce jour-là porteraient leurs fruits dans les jours qui suivraient.

Troisième jour

DES FENÊTRES SUR LE CERVEAU

22 mars 2000

8

Une neuroscience de l'émotion

Depuis ses origines, la psychologie, cette fille de la philosophie et des sciences humaines, a vu son champ d'étude lentement dériver pour aboutir aux sciences du cerveau. Le basculement définitif s'est produit au moment où de nouvelles méthodes de recherche rendent plus apparent que jamais le fondement neuronal de nos vies mentales et émotionnelles.

Pendant trois quarts de siècle, Freud et ses héritiers n'ont eu aucun moyen d'étudier comment le cerveau façonne le comportement ; du vivant de Freud, le rapport entre les opérations cérébrales et notre comportement restait totalement inconnu, c'était un continent jamais cartographié. Bien sûr, certaines théories novatrices – comme la notion freudienne du pouvoir déterminant des processus inconscients sur nos actes – sont à présent confirmées par les neurosciences. Mais l'absence criante de moyens d'observation du cerveau a permis aux premiers psychologues théoriciens de parfois se laisser aller à imaginer ce qui passe aujourd'hui pour des interprétations fantaisistes du comportement humain, sans aucun rapport avec la réalité cérébrale.

Un siècle après Freud, ça n'est plus du tout le cas

– les nouvelles théories de la psychologie sont de plus en plus guidées par les découvertes de la recherche. Si la psychologie a pu passer l'essentiel du XXe siècle à tout expliquer, de la schizophrénie au développement infantile, sans jamais tenir compte du fonctionnement du cerveau, c'est désormais impensable.

Les fondements neurologiques de la psychologie actuelle nous apparurent clairement à la conférence de Richard Davidson sur le cerveau et les émotions. Davidson est aux avant-postes de la recherche des racines neurologiques de l'émotion, et son travail requiert tout un formidable arsenal de systèmes de pointe d'observation du cerveau.

D'abord, le laboratoire de Davidson à Madison dispose d'une version très perfectionnée de l'EEG, l'appareil d'enregistrement des ondes cérébrales que l'on trouve couramment dans les services neurologiques des hôpitaux. L'EEG ordinaire ne peut lire que les ondes correspondant à l'activité située juste sous le cuir chevelu – son usage équivaut un peu à tenter d'établir la carte météorologique des États-Unis à partir des seules températures du long de la frontière canadienne. Mais l'EEG de Davidson est doté de logiciels très pointus qui, associés à un dispositif spécial d'électrodes, sondent bien plus de localités que l'EEG ordinaire, le rendant capable de déceler l'activité jusqu'à des zones très profondes du cerveau – il peut établir sa carte à partir des températures de l'ensemble du pays.

Il y a aussi l'IRM fonctionnelle, qui détecte d'infimes altérations du flux sanguin, offrant une nouvelle lecture du fonctionnement cérébral interne pendant l'activité mentale. À la différence des IRM employées dans la plupart des hôpitaux, qui ne produisent que des clichés, l'IRM fonctionnelle fournit l'équivalent d'une séquence vidéo, ce qui permet de débusquer les moindres modifications lors d'une activité donnée. L'IRM fonctionnelle et l'EEG à localisateur de source ont naturellement servi aux expériences menées avec le lama Öser.

Enfin, le laboratoire de Davidson emploie la tomographie par émission de positons, ou TEP, qui témoigne de l'activité des neurotransmetteurs du cerveau grâce à des produits traçants radioactifs. Ce système permet aux chercheurs de savoir, parmi les centaines de composants neurochimiques que compte le cerveau, lesquels sont impliqués dans une activité mentale donnée.

Si Freud avait disposé des machines qu'emploie quotidiennement Davidson, nul doute que ses théories auraient été très différentes. Richie allait donc nous faire part des découvertes qu'elles ont permises.

C'était le troisième jour de notre rencontre, et son exposé sur le rôle du cerveau dans les émotions destructrices allait donner une tournure pratique aux débats. À tel point que nous aurions même la joie d'assister à la naissance d'un projet destiné à aider les gens non seulement à surmonter les émotions destructrices, mais à en cultiver de positives. Ce serait vraiment un moment charnière de notre colloque.

Le temps s'était brusquement rafraîchi ; le ciel se couvrait, et l'orage allait éclater dans l'après-midi. Le rhume du dalaï-lama, lui aussi, paraissait avoir empiré. Malgré ce climat morose, Sa Sainteté nous surprit en arrivant très tôt pour la séance du matin. Il était impatient d'entendre Richard Davidson parler des relations entre les émotions destructrices et le cerveau ; d'ailleurs le débit de ses questions et la fréquence de ses interventions attesteraient sans cesse de son profond intérêt pour le sujet.

Tandis que les derniers arrivés prenaient place, je commençai par récapituler les temps forts qui nous avaient conduits au sujet du jour. « Reprenons le modèle que nous a soumis le vénérable Kusalacitto, selon lequel il existe une série d'émotions saines qui se renforcent à mesure que faiblissent les émotions afflictives. Ce schéma nous permet d'aller de l'avant – tout en nous fournissant un aperçu des possibilités du développement humain – sans pour autant qu'il soit question du stade de la réalisation ultime.

« Votre Sainteté, vous nous avez demandé d'en venir aux applications concrètes – à ce que les gens peuvent réellement accomplir dans le cadre d'une éthique laïque et humaniste. Puis nous avons évoqué le rôle de l'illusion comme source des émotions afflictives. C'est l'un des sujets qu'abordera aujourd'hui Richard Davidson, qui nous parlera des foyers cérébraux des émotions afflictives que les bouddhistes appellent les Trois Poisons : l'avidité, l'agressivité et l'illusion. »

« Vous connaissez tous Richard Davidson ; c'était le modérateur de la précédente rencontre *Mind and Life*. Et c'est aussi l'un des plus éminents chercheurs dans le domaine dit des neurosciences affectives, la science de l'émotion dans le cerveau. »

Une éducation alternative

Le parcours de Davidson vers l'excellence commence lorsque, alors qu'il est encore lycéen à la Midwood High School, une école du plan d'éducation prioritaire de repêchage d'élèves en difficulté mais dotés de prédispositions scientifiques, il prend pour la première fois une électrode entre ses doigts. Sa mission est assez terre à terre : comme il s'est porté volontaire pour donner un coup de main au laboratoire du sommeil du Maimonides Medical Center, on l'a chargé de nettoyer les électrodes appliquées sur les têtes de patients dont on observe l'activité cérébrale pendant le sommeil.

Ces électrodes sont restées depuis l'un des instruments quotidiens de son activité. Aujourd'hui à la tête du laboratoire de neurosciences affectives de l'université du Wisconsin, à Madison, Davidson – « Richie » pour quasiment tout le monde – est l'un des principaux acteurs de la mue de la psychologie en science du cerveau.

Richie et moi nous connaissons depuis longtemps – depuis ce jour de 1972 où il s'était présenté aux cours de psychophysiologie que donnait Gary Schwartz le lundi soir. C'était son premier cours de troisième cycle à Harvard, et il était venu s'asseoir juste à côté de moi. Je rentrais à peine de quinze mois en Inde, passés à étudier la méditation et les psychologies traditionnelles de l'Asie, dans le cadre de mon doctorat. J'étais venu à ce cours chercher des méthodes utiles à ma thèse sur la méditation en tant que moyen d'aider les gens à mieux gérer leur stress. Et il se trouve qu'outre l'opportunité de travailler auprès de Schwartz ma propre présence à Harvard était l'une des raisons qui avaient poussé Richie à s'y inscrire.

En Inde, j'avais écrit une série d'articles pour l'obscur et très pointu *Journal of Transpersonal Psychology*, sur la méditation et ses effets sur le corps et l'esprit. Richie, alors étudiant à l'université de New York, et déjà intrigué par les traditions orientales et l'étude de l'esprit, était tombé sur mes articles. Il me connaissait donc de réputation, et sans jamais avoir vu ma photo, avait choisi la bonne place.

Après le cours, je lui ai proposé de le raccompagner dans mon bus VW rouge pompier, dont le tableau de bord arborait les photos des yogis hindous, des lamas tibétains et autres maîtres spirituels croisés lors de mes tribulations en Inde. Pour Richie, dont l'univers s'était jusqu'alors essentiellement limité à Brooklyn et au campus d'University Heights, dans le Bronx, monter dans cette voiture a eu l'effet d'une révélation : « Ça m'a franchement pulvérisé la tête », m'avouerait-il des années plus tard.

En chemin, nous avons longuement parlé de ma passion pour la méditation et constaté qu'il la partageait, tant d'un point de vue scientifique que personnel. C'était pour Richie l'un de ces moments où l'on sait qu'on a frappé à la bonne porte : il se sentait à la fois transporté et confiant, c'était le grand jour. Richie considère que cet épisode a marqué le début de ses études alternatives, qui le conduiraient jusqu'en Inde, auprès de certains des maîtres de la méditation que j'ai évoqués ce soir-là – pour aboutir à cette rencontre avec le dalaï-lama à Dharamsala.

Repousser les murs

À Harvard, Richie et moi avons soutenu ensemble dans un article très pointu que l'exercice de l'attention vigilante par la méditation engendre des « effets de caractère », des transformations psychobiologiques durables et profitables – c'était une première mouture des idées qu'il développerait sous le concept de plasticité du cerveau et des émotions[1]. Mais cela n'interviendrait que bien plus tard dans sa carrière ; ces idées étaient alors trop en avance sur la science pour en obtenir la caution.

En tant que scientifique, Richie a toujours été du genre à repousser les murs, avec un fort penchant pour les motivations et les méthodes que les autres rejettent, pour souvent finir par y adhérer. Encore en licence à l'université de New York, Davidson avait déjà obtenu des résultats novateurs dans l'étude de l'imagerie mentale, aux côtés de la psychologue Judith Rodin (aujourd'hui présidente de l'université de Pennsylvanie). En ce temps, la psychologie était en bonne mesure aux mains des béhavioristes, qui dénonçaient toute expérimentation interne, prétendant que seuls les actes observables devaient faire l'objet de recherche scientifique. La fascination de Richie pour les processus mentaux – comme ces images que l'on ne trouve que dans l'imagination – allait résolument à l'encontre de l'orthodoxie d'alors.

Imperturbablement, Richie s'acharnait à entraîner la recherche vers la psychologie cognitive naissante. Au cours de la décennie suivante, les psychologues cognitifs, avec leurs méthodes inventives d'étude du mécanisme de l'esprit, déposséderaient les béhavioristes de leur pouvoir de décider ce qui est « admissible » en psychologie. Mais c'était pour établir à leur tour une nouvelle orthodoxie, car s'ils acceptaient qu'on étudie les opérations cérébrales telles que les images mentales ou la mémoire, les émotions n'entraient pas dans le même registre. Richard Davidson a été le fer de lance de la révolte contre ce nouveau dogme scientifique.

Il n'a jamais oublié une conversation très significative que nous avions eue avec le psychologue David McClelland, notre mentor aujourd'hui disparu, alors que nous achevions notre troisième cycle à Harvard.

McClelland avait dit à Richie que, s'il sentait qu'il y avait quelque chose au bout de ses recherches, il devait faire confiance à son intuition scientifique, croire en lui-même et se moquer de ce qu'en pense le reste du monde – il finirait bien par leur montrer.

Ce conseil a été d'un grand secours à Richie pendant les dix années qui ont suivi – des années de solitude, sur une voie non seulement inconnue et déserte, mais apparemment hors du champ scientifique. Au milieu des années soixante-dix, Richie a pris la décision d'étudier les émotions, mais aussi ce qui les relie au cerveau. Pis encore, il s'est concentré sur le rôle des lobes préfrontaux, à une époque où les neurosciences estimaient que les émotions reposent tout au fond des plus anciennes parties du cerveau, le système limbique et le tronc cérébral. La région préfrontale, la dernière à être issue de l'évolution, semblait exclusivement dévouée aux « fonctions supérieures », notamment la pensée et la planification.

Mais Richie avait étudié à l'école de médecine d'Harvard aux côtés de Norman Gerschwind, un grand neurologue du comportement qui a observé des patients aux émotions altérées par des lésions cérébrales. Richie s'est aussi inspiré de ses études auprès de Walle Nauta, l'un des plus grands neuroanatomistes du XXe siècle. Nauta s'intéressait surtout à la zone frontale, et c'est de sa bouche que Richie a entendu parler d'éventuelles connexions entre le cortex préfrontal et les centres de l'émotion gisant tout au fond du cerveau limbique. Ces liens encore méconnus éveillaient tous les soupçons ; Nauta heurtait le sens commun, et il a convaincu Richie que la recherche de ces connexions porterait ses fruits.

Naissance d'une discipline

À cette époque, alors qu'il était jeune enseignant du campus Purchase de la State University de New York, Richie voyait ses demandes de bourse systématiquement rejetées, tout comme les articles qu'il envoyait aux grandes revues académiques. Mais, petit à petit, d'autres chercheurs se sont mis à lui emboîter le pas. Cet éveil de la science a été en partie suscité par le fait que certaines questions très basiques restaient sans réponse : pourquoi, par exemple, entre deux individus soumis à la même quantité de stress, l'un s'effondre et décline physiquement, quand l'autre se porte comme un charme, vit longtemps et en parfaite santé ? Cela tenait peut-être à certaines différences dans le circuit cérébral.

Et puis, le monde de la science a aussi connu une évolution de type sociologique : l'étude des émotions s'était développée aux beaux jours de la psychanalyse freudienne, pour ne reculer que sous les assauts des béhavioristes. Ces derniers ont eu la mainmise sur les universités tout au long des années soixante et n'ont commencé à perdre de leur influence qu'à l'avènement de la psychologie cognitive. Mais, au fond, l'approche cognitive était aussi froide que le béhaviorisme ; elle avait trop tendance à considérer que le cerveau fonctionne selon le modèle de l'ordinateur.

C'est lorsque les chercheurs se sont mis à étudier la façon dont le cerveau produit la vie mentale que sont nées les neurosciences cognitives, ouvrant enfin la voie à une étude scientifique des émotions : on avait trouvé tout un maillage de connexions neuronales associant pensées et sentiments, cognition et émotion. Richard Davidson a alors été considéré comme l'un des fondateurs de ce qu'on appelle aujourd'hui les neurosciences affectives, l'étude du cerveau et des émotions. Ces recherches, autrefois jugées très aventureuses, avaient fini par donner naissance à une nouvelle discipline à part entière. L'intuition et l'entêtement de Richie avaient payé.

En 1985, Richie part pour l'université du Wisconsin, où ses travaux sont chaleureusement accueillis. Avec le concours de l'université, il recueille dix millions de dollars pour la création d'un laboratoire où il pourra poursuivre ses recherches et recrute ses collaborateurs dans un éventail de disciplines allant des neurosciences à la physique. Il dirige aujourd'hui le laboratoire de neurosciences affectives et le laboratoire d'imagerie fonctionnelle et de comportement du cerveau, l'un des rares qui se consacre à l'étude des émotions et du cerveau. Il est titulaire d'une chaire à l'école de médecine et d'une autre dans le département de psychologie ; l'une de ces chaires porte d'ailleurs le nom de William James, son maître à penser.

Très tôt dans sa carrière, Richie a été profondément fasciné par la façon dont le cerveau détermine en sous-main la nature de l'expérience humaine. Il a aussi senti que la culture moderne passe forcément par la science, et que si nous pouvions nous pencher sur la conscience humaine de façon scientifique, cela donnerait à sa démarche un poids culturel qui la rendrait à la fois acceptable et riche de conséquences.

On pourra juger de l'influence de Richie au fait que lorsque le Congrès des États-Unis a demandé aux instituts nationaux de la santé de choisir cinq centres de recherche consacrés aux interactions entre le corps et l'esprit, celui de Davidson en a fait partie et a reçu une prestigieuse subvention – d'un montant de onze millions de dollars. Avec pour mission d'étudier, entre autres, les effets de la méditation sur le cerveau, sur les fonctions immunitaires et endocrines, et sur la santé. Ce qui a fourni à Richard l'occasion d'inscrire pour la première fois le mot « méditation » sur un formulaire administratif. Cette subvention de 1999 a été un véritable séisme dans le monde scientifique ; c'était impensable à peine cinq ans plus tôt.

Aujourd'hui, pour la première fois de sa carrière, Richie sent que la science a les moyens d'appréhender avec rigueur les questions du cerveau et de la conscience. Avec le matériel de pointe dont dispose son laboratoire, Davidson a démontré sans conteste comment les lobes préfrontaux et le système limbique nous permettent de mêler la pensée au sentiment, la cognition à l'émotion. Il n'a pas seulement donné raison à Walle Nauta, mais à lui-même.

Une neuroscience des émotions afflictives

En prenant place dans le siège de l'orateur, Richie paraissait assez détendu. Il avait déjà officié en tant que modérateur à la cinquième rencontre *Mind and Life*, sur l'altruisme et la compassion, dont il apportait aujourd'hui le compte rendu au dalaï-lama, *Visions of Compassion*, un ouvrage élaboré avec Anne Harrington, de l'université d'Harvard[2].

« Les chercheurs qui participent à ces rencontres, commença-t-il, en reviennent immanquablement affectés. Quand nous regagnons nos communautés scientifiques, nous sommes transformés. Ces échanges provoquent chaque fois de profonds bouleversements en nous. »

Cela serait particulièrement vrai aujourd'hui.

« Ce matin, poursuivit-il en guise d'introduction, je voudrais aborder trois points essentiels. Le premier concerne certains mécanismes du cerveau responsables de l'émotion et de sa régulation, dont nous évoquerons les origines dans l'évolution. Ensuite, je tracerai les grandes lignes de la conception neuroscientifique des états émotionnels afflictifs. Troisièmement, je vous parlerai de certains faits et théories concernant trois des principaux états émotionnels afflictifs : la colère, l'agression et la peur d'une part ; l'avidité, d'autre part ; et enfin l'illusion ou l'ignorance. »

« L'une des choses essentielles que nous ont apprises les neurosciences, c'est que tous les comportements complexes, comme l'émotion, ne dépendent pas d'un site unique du cerveau. Ce sont plutôt différentes parties du cerveau qui travaillent ensemble à produire un comportement complexe. Il n'existe pas de centre de l'émotion, comme il n'existe pas de centre de l'aptitude à jouer au tennis – ou à quoi que ce soit d'aussi compliqué. Cela implique toujours l'interaction de différentes régions du cerveau. »

Parmi les principales régions du cortex, le lobe frontal, situé juste derrière le front, joue un rôle très important dans la régulation de l'émotion, comme il nous le détaillerait plus tard. Le lobe pariétal est la région où se regroupent les représentations nées des sens – comme la vue, l'ouïe et le toucher. Il intervient aussi dans les représentations mentales, comme lorsque nous voyons quelque chose « en imagination ».

Comme Richie s'apprêtait à projeter une diapositive, le dalaï-lama, en hôte scrupuleux, demanda au moine de la régie de baisser les lumières, avant de s'assurer que cela ne dérangeait pas trop le cameraman qui filmait les débats.

Richie en vint aux régions concernées par les émotions destructrices et leur régulation. Il nous montra un plan de coupe longitudinale du cerveau.

Il désigna d'abord les lobes frontaux, le centre exécutif qui agit sur la régulation des émotions, avant d'attirer notre attention sur une autre région essentielle aux émotions, l'amygdale, enfouie au cœur du cerveau, dans le système limbique. Chez l'adulte, l'amygdale mesure environ 1,5 centimètre cube, soit la taille d'une noix, qui est en fait séparée en deux parties.

« L'amygdale, dit Richie, joue un rôle essentiel dans certains types d'émotions négatives, notamment la peur. » Nous en apprendrions bien plus de l'amygdale – qui est vraiment au cœur des émotions destructrices – au cours des jours suivants.

Ainsi qu'il le fait si souvent, le dalaï-lama demanda ce qu'il en était pour les animaux. Son vœu de compassion envers tous les êtres animés inclut les animaux, et d'un bout à l'autre de ce dialogue – et de nombreux autres – il ne manquerait pas une occasion d'étendre les débats à leur cas. Cette fois, c'était pour demander si, puisque les animaux semblent ressentir des émotions qui ressemblent à la peur, leur cerveau présente la même structure. Richie répondit que c'est le cas de tous les mammifères, mais avec d'importantes différences au niveau des lobes frontaux, qui sont plus grands chez l'homme.

Des émotions déplacées

Davidson poursuivit son cours élémentaire de neuroanatomie par l'hippocampe, un élément oblong situé juste derrière l'amygdale et qu'on associe à la mémoire.

L'hippocampe est essentiel dans l'émotion parce qu'il détermine notre appréciation du *contexte* des événements.

— Je peux me trouver dans une situation où il ne m'arrive que de bonnes choses – chez moi, par exemple, où je me sens en sécurité et aimé des miens – et le simple fait de savoir que je m'apprête à regagner cet environnement est déjà réconfortant en soi. L'évaluation de cet environnement physique en tant que contexte implique l'hippocampe. Certaines anomalies de cet élément provoquent des troubles de l'émotion, notamment ceux liés à la dépression et au stress post-traumatique.

— J'ai entendu dire, intervint le dalaï-lama, que lorsqu'une partie spécifique du cerveau est endommagée, si les facultés mentales qui en dépendent s'en trouvent dans un premier temps détériorées, d'autres parties peuvent parfois finir par prendre le relais. Jusqu'où cela peut-il aller dans ces cas ? Quand est-ce que cette substitution se produit et, si quelque chose est endommagé, est-ce irréversible ?

— C'est très important, répondit Richie. On a observé, tant lors de troubles dépressifs que de stress posttraumatiques, un rétrécissement de l'hippocampe. C'est un fait objectivement mesurable. Mais les découvertes de ces dernières années semblent indiquer qu'en traitant la dépression par les antidépresseurs, on prévient l'atrophie de l'hippocampe qui la caractérise [3]. L'hippocampe possède donc une réelle plasticité. Dans une certaine mesure, les fonctions de l'hippocampe et d'autres éléments peuvent être reprises par d'autres parties du cerveau, mais dans une certaine mesure seulement, et nous n'en savons pas grand-chose. Cette question précise n'a pas vraiment été étudiée dans cette région-là.

— Si je comprends bien, dit le dalaï-lama, quand on n'est pas déprimé, les fonctions principales de l'hippocampe sont la mémoire et la reconnaissance du contexte ? Cela signifie-t-il que si l'on est déprimé, ces fonctions sont altérées ?

— C'est exact.

— Vous surmontez votre dépression et il retrouve son fonctionnement normal ?

— C'est exact.

Et le dalaï-lama de plaisanter :

— Si l'hippocampe avait eu pour seule fonction de nous déprimer, il aurait suffi de s'en débarrasser !

— Mais ce n'est pas sa seule fonction, dit Davidson, que la blague fit sourire. Nous en avons réellement besoin. Et il en dit long sur l'un des sens que l'Occident donne à la notion d'émotion destructrice : c'est l'expression d'une émotion inadaptée à la situation. Il est par exemple naturel d'être peiné par la perte d'un être aimé. Mais une personne déprimée ressent de la peine dans des contextes qui n'y correspondent pas. On peut alors supposer que l'hippocampe de cette personne ne fonctionne pas comme il faut. L'hippocampe nous fournit des informations sur le contexte et nous permet de calibrer nos réactions émotionnelles pour les y adapter. L'un des troubles de l'émotion que l'on rencontre est donc le fait qu'elle s'exprime dans un contexte inapproprié.

« Il en va de même pour la peur et son expression pathologique, la phobie. Il est normal d'avoir peur quand on est physiquement menacé, mais une personne phobique aura peur dans d'autres contextes, même en l'absence de toute menace réelle. Là encore, il est permis de penser qu'il s'agit d'un problème d'hippocampe.

« Autrement dit, l'une des façons de savoir si quelqu'un souffre de troubles de l'émotion est de vérifier si ses émotions sont adaptées au contexte – et si tel n'est pas le cas, il y a peut-être un dysfonctionnement de l'hippocampe. Nous n'avons étudié jusqu'ici que la peur et la tristesse, mais cela vaut peut-être pour d'autres émotions, comme la colère et l'angoisse.

Comment l'expérience transforme le cerveau

Richie nous parla ensuite de la croissance physique du cerveau au fil de l'évolution de différentes espèces, des primates aux humains.

— Voyez-vous, Votre Sainteté, proportionnellement au reste du cerveau, le lobe frontal des humains est plus volumineux que celui de toutes les autres espèces. Cela nous indique que certaines de ses caractéristiques concernent des qualités strictement humaines. Or l'une de nos caractéristiques exclusives est peut-être notre aptitude à réguler l'émotion – et les lobes frontaux semblent jouer un rôle décisif à cet égard. Pareillement, les lobes frontaux sont impliqués dans une bonne partie des dérèglements émotionnels – les émotions destructrices.

Le dalaï-lama évoqua à nouveau les animaux :

— Vous n'êtes tout de même pas en train d'insinuer que les animaux ne possèdent pas de système de régulation des émotions, n'est-ce pas ?

— Ce n'est pas qu'ils n'en ont pas, mais il n'est pas aussi sophistiqué que celui des humains.

Le dalaï-lama approuva.

— Parmi les plus frappantes découvertes des neurosciences ces dernières années, il y a le fait que ces régions, les lobes frontaux, l'amygdale et l'hippocampe, se transforment en fonction de l'expérience vécue. Elles sont fortement influencées par l'environnement émotionnel dans lequel nous sommes élevés et par l'expérience répétée.

La question de ces transformations – la « plasticité neuronale » – serait au cœur des débats qui allaient suivre.

— Le plus excitant, c'est que l'on a retrouvé les traces de l'effet de l'environnement sur le cerveau jusqu'au niveau de l'expression de gène elle-même. Cela n'a encore été constaté que chez l'animal, mais nous avons toutes les raisons de croire que c'est vrai pour les humains aussi. Le fait d'être élevé dans un environnement affectueux et protecteur produit des changements objectifs vérifiables dans l'expression des gènes. Les gènes de certaines molécules jouent par exemple un rôle capital dans la régulation de nos émotions, et leur présence dépend du fait qu'on ait grandi dans l'affection ou pas.

— Vous voulez dire, s'enquit le dalaï-lama, que ceux qui ont été élevés dans un climat plus chaleureux ont une meilleure capacité à gérer leurs émotions ?

— Oui, tout à fait, répondit Richie. On en a la preuve chez les animaux, et Mark Greenberg nous en dira plus long demain sur l'homme, lorsqu'il nous parlera de l'instruction émotionnelle des enfants. Les scientifiques ont cru jusqu'à récemment – il y a seulement un an ou deux – que nous naissions avec un nombre établi de neurones, et que c'est tout ce qui nous était donné jusqu'à la fin de nos jours. Ils pensaient que les seules transformations possibles, hormis la mort des neurones, ne concernaient que les connexions entre eux, mais qu'en tout cas de nouvelles cellules ne pouvaient pas naître. Ces deux dernières années, nous avons compris que c'était faux. Il a été démontré que des neurones naissent tout au long de la vie de l'homme[4]. C'est une découverte sensationnelle.

Cela semblait intriguer le dalaï-lama, qui demanda :

— Quand vous parlez de formation de neurones neufs, cela signifie-t-il que lorsque des neurones s'éteignent, pour être probablement expulsés comme des déchets, d'autres apparaissent, totalement neufs, et qu'ils ne s'inscrivent pas dans la continuité des neurones précédents ?

Davidson répondit :

— Ils nous arrivent tout frais émoulus de ce qu'on appelle des cellules souches, celles qui sont capables de devenir n'importe quel type de cellule n'importe où dans le corps. Une cellule souche peut devenir une cellule du rein, du cœur, elle peut aussi devenir un neurone.

— C'est un genre de cellule générique, dit le dalaï-lama. Et les neurones qui meurent tout simplement, qui disparaissent en tant que neurones – que deviennent-ils ?

— Ils disparaissent, ils sont réabsorbés par d'autres cellules, répondit Richie.

Le dalaï-lama demanda :

— Certains neurones meurent, et certains apparaissent, mais qu'est-ce qui fait que d'autres perdurent ? Certains survivent-ils pendant toute notre existence ?

— Nous ne le savons pas précisément, répondit Richie, mais les neurones neufs sont adaptés aux nouveaux acquis et à la nouvelle mémoire. Ces neurones continuent même de se développer chez les sexagénaires.

— Ah ! s'exclama le dalaï-lama – sexagénaire lui-même – en se redressant, très intéressé.

Le cerveau d'Einstein

Le dalaï-lama changea alors de sujet. Il s'interrogeait au sujet de choses entendues ici et là sur le cerveau d'Einstein. Il demanda à Richie :

— On dit que le cerveau d'Einstein était assez inhabituel. En quoi l'était-il ?

— D'après les récits qui nous sont parvenus, c'est une région du lobe pariétal, le gyrus angulaire, qui était plus développée chez Einstein. C'est une zone où les sens se regroupent, comme je l'évoquais plus tôt.

— S'agit-il d'une légende, ou bien est-ce un fait ?

— Ça n'a pas été suffisamment étudié, mais ça ne manque pas d'intérêt. Einstein lui-même racontait que lorsqu'il se mettait à réfléchir, des images lui apparaissaient, et il faisait aussi ce qu'on appelle la synesthésie. C'est la fusion de différentes modalités sensorielles produisant du contenu mental. On dit que c'est cette région, plus grande chez Einstein, qui lui a peut-être donné cette façon si caractéristique de penser.

— Vous ne devez sans doute pas avoir la réponse à cela, fit le dalaï-lama, mais croyez-vous qu'Einstein soit né avec cette hypertrophie du lobe pariétal ? Cela peut-il expliquer son extraordinaire génie – ou pensez-vous qu'il s'est développé par l'usage qu'il a fait de son esprit toute sa vie durant ? Qui de l'œuf ou de la poule… ?

— Sans doute les deux, dit Richie.

— Voilà une réponse prudente ! dit le dalaï-lama en riant. Avant de poursuivre : Je me demande quel rapport cela peut avoir avec une précédente discussion où nous avions dit que tout processus de pensée doit nécessairement découler d'une activité cérébrale. J'exprime là le point de vue du bouddhiste, mais aussi celui de quiconque croit aux vies antérieures et futures – selon la théorie qu'un type de conscience indépendant de l'activité cérébrale peut se transmettre de vie en vie.

La conversation qu'il évoquait s'était tenue à la deuxième rencontre *Mind and Life*. La question qui se posait était la suivante : la conscience peut-elle, sous quelque forme que ce soit, perdurer après la mort, sans qu'un cerveau ne la soutienne ?

Richie répondit en citant un pionnier de la philosophie et de la psychologie.

— Dans le premier chapitre de son *Précis de psychologie*, qu'il a rédigé en 1890, William James dit que le cerveau est l'organe immédiat unique qui sous-tend les opérations mentales et que toutes les autres lois de la psychologie ne viennent qu'à la suite de cette assertion fondamentale.

Francisco Varela répliqua que dans un ouvrage ultérieur, *Les Formes multiples de l'expérience religieuse*, James avait lui-même fini par contredire cette affirmation.

— C'est donc, dit Richie, que James n'était pas totalement sûr de son fait, et nous ne disposons sans doute pas des éléments nécessaires pour définitivement trancher.

Thupten Jinpa commenta malicieusement :

— Du point de vue des textes tibétains anciens, je crois que sa dernière version serait jugée plus juste.

Et Richie de répliquer :

— Pour la science, c'est l'inverse qui est vrai.

Qu'est-ce qui donne aux humains leur intelligence si particulière ?

Reprenant le fil de son exposé, Richie présenta une diapositive du cortex préfrontal où certaines régions étaient indiquées : le cortex dorsolatéral, le cortex orbitofrontal et le cortex frontal ventromédian – cette dernière région étant très importante pour l'émotion. Il y avait deux images du cerveau, l'une vue de côté, et l'autre du dessous.

— Le lobe frontal est constitué de plusieurs zones. Celle qu'on appelle le cortex ventromédian joue un rôle déterminant dans l'émotion. Les gens dont cette partie a été endommagée ont un comportement déréglé, saccadé, avec de brusques accès émotionnels.

« On a toujours pensé que l'extrémité antérieure du lobe frontal était importante pour certains types de cognition, notamment la planification. Dans la mesure où certains aspects de l'émotion impliquent aussi la planification – comme lorsqu'on est impatient de retrouver sa bien-aimée – cette partie du cerveau agirait en représentant cet objectif dans votre esprit.

D'une façon plus générale, la motivation dépend en partie de l'activité de cette région du lobe frontal, qui recèle les sentiments que nous éprouverons une fois nos objectifs atteints[5].

— Je voudrais en dire un peu plus long sur le cortex frontal, et de l'influence qu'il exerce sur notre capacité à réguler l'émotion, notamment les émotions destructrices. Les régions du cerveau impliquées dans l'activation initiale d'une émotion ne sont pas les mêmes que celles qui la régulent.

L'amygdale joue un rôle prépondérant au sein du réseau qui active l'émotion, le cortex préfrontal se chargeant de l'essentiel de sa régulation.

— En temps normal, les régions du cerveau qui provoquent l'émotion et celles qui la régulent sont activées simultanément – ainsi, lorsqu'une émotion est déclenchée, les mécanismes chargés de la réguler le sont aussi. Cela nous donne une clé pour chercher à comprendre les émotions destructrices, parce que nous sommes désormais en mesure d'examiner les zones régulatrices susceptibles de dysfonctionnement.

— L'une des caractéristiques exclusives de l'homme est son aptitude à l'intelligence, dit le dalaï-lama. Pourriez-vous nous indiquer une ou plusieurs parties du cerveau directement liées à cette exceptionnelle intelligence humaine – celles qui sont le propre de l'homme ?

La réponse de Richie nous ramena aux lobes frontaux.

— J'ai dit tout à l'heure que tout comportement complexe implique l'interaction de différentes régions du cerveau. L'intelligence est une chose extrêmement subtile qui sollicite sans doute ce type d'interaction. Considérez ceci comme une réponse prudente.

« Mais laissez-moi vous en donner une autre, plus audacieuse. Les lobes frontaux sont manifestement essentiels à certains traits particuliers de l'intelligence humaine – pas seulement à ce que nous appelons en Occident l'intelligence cognitive, mais aussi à l'intelligence émotionnelle. Les lobes frontaux sont essentiels aux deux.

Le fait que certaines régions concernées par les émotions positives soient aussi associées à la faculté de raisonnement avait piqué la curiosité du dalaï-lama. Il y voyait la confirmation par les neurosciences de ce qu'il avait toujours cru : la raison est aussi capable d'engendrer les émotions constructives, positives, que de les raffermir. Son instinct de débatteur l'amena aussitôt à poser une question apparemment contradictoire avec l'idée qui semblait prendre corps.

— Vous disiez tout à l'heure que le type d'imagerie mentale que connaissait Einstein semble lié à une zone postérieure du cerveau, dit le dalaï-lama. L'imagerie mentale que nous développons par la pensée semble avoir une correspondance dans le lobe pariétal, n'est-ce pas ? Si nous appelons cela l'imagination, on peut dire que la capacité d'imagination semble très étroitement liée à l'étendue de l'intelligence. Pensez-vous alors que le lobe pariétal, qui ne fait pas partie du lobe frontal, joue aussi un rôle déterminant dans le caractère unique de l'intelligence humaine ?

Tout à son argumentation, le dalaï-lama se balançait doucement d'avant en arrière. Richie répondit :

— Oui. Absolument. Mais dans le cerveau humain, davantage que chez les autres espèces, on trouve des connexions massives entre le lobe frontal et le lobe pariétal. La capacité d'imagination, dans le cas de la pensée créative d'Einstein, impliquait sans doute des connexions entre le lobe frontal, qui envisageait les concepts les plus abstraits, et l'imagerie visuelle mentale.

J'ajoutai :

— Einstein disait que ses idées lui venaient dans un premier temps sous forme de visions ; il ne les traduisait en mots qu'après. Il voyait d'abord les équations ou les lois de la physique sous forme d'images.

Le cerveau dans la cuvette

Richie poursuivit :

— Votre Sainteté, je voudrais émettre deux autres

considérations d'ordre général. D'abord, les lobes frontaux, l'amygdale et l'hippocampe sont abondamment raccordés au corps, en particulier au système immunitaire, au système endocrinien, qui régule les hormones, et au système nerveux autonome, qui règle les battements du cœur, la tension, etc. Tout ceci commence à nous donner des indices sur la façon dont l'esprit peut influencer le corps et nous permet de mieux comprendre l'effet des émotions non seulement sur notre santé mentale, mais sur notre santé physique.

Ceci inspira au dalaï-lama une question à première vue étrange :

— Serait-il théoriquement possible (même si ça n'est pas encore techniquement réalisable) de trancher la tête d'une personne vivante et de mécaniquement l'alimenter en sang et en oxygène – et tout ce qu'il lui faudra – sans que le cerveau cesse de fonctionner comme un cerveau ? Est-ce en principe possible ?

En fait, cette éventualité avait déjà été sérieusement envisagée par plusieurs philosophes de l'esprit. Richie répondit :

— Le philosophe Daniel Dennett a justement écrit un essai là-dessus, c'est la métaphore du cerveau dans la cuvette[6]. Il ne reste rien d'autre que la tête – c'est exactement ce que vous demandez. Je pense que c'est en principe possible. On peut tout de même se demander si un cerveau ainsi maintenu éprouverait des émotions.

Cela fit plaisanter Alan :

— Ou s'il serait capable de s'émouvoir de son sort ?

— Alors en principe, dit le dalaï-lama, la réponse est oui, mais la question de l'émotion demeure ?

— C'est exact.

— Et l'intelligence ? Ce cerveau pourrait-il être

intelligent ? Et d'ajouter en riant : Ça serait la meilleure – une intelligence sans émotions !

— Je crois qu'il y aurait quand même des émotions, dit Richie.

Plus sérieusement, le dalaï-lama approuva :

— Dès qu'il y a la notion « je suis », des émotions l'accompagnent forcément.

Le cerveau divisé

Richie aborda un autre aspect des lobes frontaux.

— Chez tous les vertébrés, le cerveau est divisé en deux parties, et des recherches poussées sur les fonctions des deux moitiés laissent supposer que, chez l'homme comme chez d'autres primates supérieurs, les lobes frontaux droit et gauche ont des fonctions distinctes dans l'émotion. Tout porte à croire que les zones du cortex préfrontal gauche jouent un rôle important dans les émotions positives, tandis que celles de droite le font dans certaines émotions négatives.

« Lors d'une expérience, on présentait au sujet des images conçues pour déclencher des émotions négatives ou positives. Il y avait par exemple parmi les images positives une mère enlaçant tendrement son enfant. Les images négatives pouvaient être celles de grands blessés, de victimes de brûlures ou d'accidents.

Jinpa intervint :

— Pour plus de clarté, vous entendez ici négatif et positif au sens de l'expérience qualitative, pas au sens de destructeur ou constructif ?

— Oui. Devant les images négatives, conçues pour éveiller des émotions comme la peur, on a constaté une activation dans le cortex frontal droit, ce qui témoigne d'un métabolisme accru dans cette région. Face à des images positives, comme la mère et son enfant, le schéma est très différent : on a constaté l'activation de la partie gauche du lobe orbital ainsi que de la partie supérieure du lobe frontal, et de certaines zones motrices. Mais toutes ces zones sont situées à gauche, aucune n'est à droite – c'est très différent du schéma correspondant aux émotions négatives.

Richie apporta une précision technique : ce schéma vaut pour tous les droitiers, et pour la plupart des gauchers – mais pas tous.

L'instinct scientifique du dalaï-lama revint au galop. Il demanda :

— Pensez-vous que si vous prolongiez l'expérience un certain temps – d'une ou deux semaines, avec un sujet en bonne santé puis quand il est malade, quand il a faim ou pas – ces variables auraient une influence ? Ou bien cette activation concernerait-elle toujours les mêmes régions

— Très bonne question, répondit Richie. Nous avons reproduit trois fois cette expérience sur les mêmes personnes, en deux mois. Chaque fois, nous laissions passer quelques semaines et procédions aux mêmes heures de la journée. Ils pouvaient avoir plus ou moins faim, être plus ou moins fatigués, mais, en général, nous retrouvions le même schéma d'activité à chaque test. C'est stable dans le temps.

— Est-ce que ça reste stable si on les teste juste après une très forte émotion ? demanda le dalaï-lama.

— C'est encore une très bonne question, répondit Richie. Nous n'avons pas vraiment de réponse à cela. Mais nous savons que, chez la plupart des gens, une très forte émotion aura une influence sur l'état émotionnel suivant immédiatement. La plupart d'entre nous ne se remettent pas instantanément d'une forte émotion ; cela demande du temps. Certains le font plus vite que d'autres. Nous pensons que cette différence entre les gens est très significative.

Cela étayait ce que nous avait dit Paul la veille, sur la durée de l'emprise d'une émotion sur l'individu.

La femme qui ne connaissait pas la peur

Le dalaï-lama m'a malicieusement avoué un jour que lorsqu'il entend un discours technique sur le fonctionnement du cerveau, il lui vient parfois ce qu'il appelle des « pensées monacales » : « Que m'importe de savoir quelles parties du cerveau sont activées lors du jaillissement d'une émotion positive ou d'une émotion négative ? Je peux bien me contenter de savoir que je progresse dans ma propre pratique bouddhiste. »

Aujourd'hui, pourtant, il était attentif.

Richie en vint à l'amygdale et à son rôle dans la peur. Il commença par nous parler d'une expérience effectuée à partir d'images de visages (celles de Paul Ekman) dont les expressions allaient de la grande joie à la grande tristesse. Dès que les sujets voyaient les images, l'irrigation de leur cerveau était mesurée.

— Seule l'image de la peur provoquait une activation de l'amygdale, dit Richie. Devant le visage heureux, l'amygdale demeurait inactive. La simple détection d'un visage apeuré permet à elle seule l'activation de l'amygdale. L'amygdale intervient à la fois dans la détection de signes de peur et dans le déclenchement même de la peur.

Il poursuivit :

— Il existe une maladie dermatologique qu'on

appelle maladie d'Urbach-Wiethe, c'est une décoloration de la peau due à l'apparition de dépôts minéraux anormaux. Dans certains cas, cette maladie présente un aspect neurologique et touche l'amygdale : on y trouve alors des dépôts minéraux qui provoquent la mort des cellules. Une patiente atteinte de cette maladie nous a livré de précieux indices sur le rôle de l'amygdale. On lui a demandé de faire des dessins représentant sa propre expérience de différentes émotions.

« Elle a dessiné des visages joyeux, tristes, surpris, dégoûtés et coléreux – tous de façon appropriée. Mais celui qui était censé représenter une personne apeurée était en fait un bébé qui rampait.

Le dalaï-lama demanda :

— Cela signifie-t-il que cette personne ne reconnaît pas l'expression correspondant à la peur ? Ou bien cette femme n'est-elle pas capable de ressentir de la peur ? Et si on la menaçait d'une aiguille ? N'aurait-elle pas peur ?

— Non, dit Richie. Si on l'avait piquée avec une aiguille, elle aurait bien montré une réaction : la douleur. Mais quand on la menaçait d'une chose qu'elle détestait profondément – et nous avons parfois été très loin – elle ne montrait pas la sudation de la peau propre à la plupart des gens.

— La diriez-vous plus courageuse ? demanda le dalaï-lama.

— Non, pas nécessairement. Confrontée à certaines situations de risque, elle avait tendance à choisir des options moins prudentes, mais je doute que nous puissions parler d'un quelconque courage. J'appellerais ça de l'irresponsabilité, pas du courage.

— Cela veut-il dire qu'elle n'avait pas peur de la mort non plus ?

— C'est très possible, je ne sais pas.

— C'est impossible, dit le dalaï-lama. Du moment qu'il y a ce sentiment naturel de « je suis », il y a forcément des émotions liées à la mort, et une certaine peur, quelle qu'en soit l'intensité.

Richie concéda :

— Certaines recherches rejoignent l'intuition de Votre Sainteté, puisqu'elles disent que l'amygdale n'est impliquée que dans certains types de peur, pas tous.

— Ça me semble juste.

Richie précisa :

— Les troubles de l'amygdale ne semblent avoir d'effet que sur la peur d'objets discrets et menaçants.

Matthieu demanda :

— N'aurait-elle même pas peur de tomber d'une falaise ?

— Non, répondit Richie, elle ne ressentirait aucune peur, et il serait très dangereux de l'en approcher.

Rebondissant sur le commentaire de Sogyal Rimpotché, un observateur présent parmi nous, Alan dit :

— Je me demande s'il n'y a pas un sens profond à ce dessin du bébé, car ce pourrait être un archétype de la représentation de la vulnérabilité.

— C'est possible, approuva Richard. Tout ce qu'elle a dit en le dessinant, c'était que la première image qui lui venait à l'esprit pour représenter la peur était celle d'un enfant en situation de danger parce qu'il rampe.

Retour au calme

Passant à tout autre chose, Richie entreprit de nous expliquer en quoi les gens diffèrent dans leur réaction émotionnelle. « Il y a de très nettes différences entre les réactions individuelles à un événement commun. Nous pensons que cela nous permettra précisément de comprendre pourquoi certains sont beaucoup plus portés que d'autres aux émotions destructrices.

« Les différences dont je parle ici sont des différences du cerveau – mais cela ne veut pas dire qu'elles soient génétiques. Il y a de nombreuses raisons de croire qu'une bonne partie d'entre elles résultent de l'expérience individuelle.

« L'une de ces différences essentielles concerne ce que j'appelle la "fonction de rétablissement". C'est le temps qu'il faut à une personne pour retrouver son état naturel après avoir été provoquée par une émotion. C'était, vu sous un angle différent, ce dont parlait Paul Ekman la veille, et qu'il nommait "période réfractaire" : le temps qu'il faut à l'esprit pour se défaire de l'emprise émotionnelle.

« Ces différences considérables peuvent se mesurer objectivement, on ne se contente pas des commentaires des gens, poursuivit Richie. On peut constater dans le fonctionnement du cerveau que la réaction est plus longue chez certains que chez d'autres.

« Placés devant des images menaçantes, ceux qui reviennent le plus vite à l'état naturel sont ceux dont l'amygdale a été le moins activée, tant en intensité qu'en durée. Ils montrent également une plus grande activation du cortex préfrontal gauche – celui qui intervient dans les émotions positives. Ces gens sont enfin ceux qui nous décrivent leur vie de tous les jours comme étant riche d'énergie, d'optimisme et d'enthousiasme.

« On a retrouvé ces écarts jusque chez des enfants de dix mois. Mais ce n'est pas stable – un enfant de trois ans, mettons, qui a connu une très longue réaction à un événement stressant n'en fera pas forcément autant à treize ans. Ces traits sont nettement moins stables à l'enfance qu'à l'âge adulte. Cela signifie qu'aux premières années de la vie, l'environnement dispose d'importantes occasions de modeler notre cerveau.

« Dans le même ordre d'idées, j'aimerais évoquer trois autres caractéristiques capitales, poursuivit Richie. Si l'on demande à ceux qui se remettent rapidement d'un événement négatif de volontairement contrôler leurs émotions, de surmonter leur colère ou leur peur, ils en sont plus capables que les autres. Nos expériences le démontrent formellement. Ils ne sont donc pas seulement capables de spontanément mettre moins de temps à retrouver le calme, mais aussi de mieux maîtriser leurs émotions à la demande.

« Ils présentent en outre un plus faible taux de cortisol, l'hormone qui joue un rôle déterminant dans le stress. Le cortisol est sécrété par les glandes surrénales, qui se trouvent juste au-dessus des reins, mais sont contrôlées par le cerveau. La plupart d'entre nous secrètent du cortisol dès qu'un événement stressant se produit dans notre environnement, mais ceux qui se rétablissent plus vite présentent de faibles taux de cortisol à l'état naturel. Nous savons que la présence prolongée de niveaux élevés de cortisol peut tuer des cellules dans l'hippocampe » – on l'a abondamment constaté dans les cas de troubles de stress post-traumatique et de dépression profonde.

« Le dernier point concernant ceux qui se rétablissent le plus vite, c'est qu'ils connaissent aussi un meilleur fonctionnement de certains facteurs immunitaires, ce qui veut dire qu'ils sont aussi peut-être en meilleure santé. Pour prendre un exemple, ils présentent un taux plus élevé de l'activité des cellules tueuses naturelles, un type de défense primaire par lequel le système immunitaire combat une foule d'antigènes étrangers qui pénètrent notre corps, des cellules cancéreuses au simple rhume. »

Ces découvertes sur les différences individuelles de la capacité à se remettre d'une émotion perturbatrice ont de nombreuses implications pour l'instruction émotionnelle des gens. En général, le fait de rencontrer de tels écarts entre représentants d'un même système biologique laisse augurer d'un certain potentiel d'élasticité de ce système – qui se traduira pour nous en potentiel d'intervention sur notre capacité individuelle à nous apaiser plus vite. Les études établissant par exemple un lien entre ce que nous mangeons et notre taux de cholestérol ont démontré que ce taux peut être réduit en préférant certains aliments à d'autres.

En matière de maîtrise des émotions, la question est plutôt de savoir si les gens sont capables de progrès – par exemple, dans le temps qu'ils mettent à retrouver le calme. Cette question recevrait des réponses concrètes avant la fin de la journée.

La colère : le premier des Trois Poisons

Le dalaï-lama avait spécifiquement demandé que soient abordés lors de notre rencontre les fondements neurologiques des trois états d'esprit destructifs que les bouddhistes nomment les Trois Poisons : la colère, l'avidité et l'illusion. À présent qu'il avait fini de dresser la toile de fond neurologique, Richie s'attaqua au premier de ces « poisons » : la colère.

— Plusieurs types de colère figurent dans les annales de la psychologie. Il y a la colère rentrée, qui désigne en général une colère non ouvertement exprimée, la colère extériorisée, qui peut conduire à la rage, la colère associée à certaines tristesses, et enfin celle qui peut être convertie en impulsion positive pour franchir un obstacle.

Cette liste surprit le dalaï-lama. Intrigué par la logique des catégories que nous soumettait Richie, il demanda :

— Sur quoi ces distinctions reposent-elles ? S'agit-il de différences du comportement, ou de l'expression ? Ou bien cela répond-il à d'autres critères ?

— Cela repose sur différents types d'indices, répondit Richie. Il y a l'analyse des réponses du sujet à un questionnaire, les données comportementales et, enfin, la physiologie. Je voudrais à présent vous décrire certaines découvertes de la physiologie.

« Lorsqu'une personne dit qu'elle est en colère mais qu'elle ne l'exprime pas, on trouve dans la partie droite du lobe frontal la configuration d'activations qu'on associe habituellement à d'autres types d'émotions négatives. Ainsi qu'une activation de l'amygdale. Chez l'enfant qui pleure de frustration, la colère se conjugue souvent à la tristesse – cette colère aussi a été associée à l'activation des lobes frontaux du côté droit.

« Il y a ensuite un type de colère correspondant à ce que nous appelons un "comportement d'approche", où l'on fait des tentatives constructives pour déplacer un obstacle. Ce genre de colère a été étudié de différentes façons. Si vous montrez un jouet très attirant à un bébé tout en lui retenant les bras de façon à l'empêcher de jouer avec, son visage affiche les signes de la colère. Confronté à ce genre d'empêchement, son cerveau présente une configuration d'activation *à gauche*. Cela a été interprété comme une tentative de se défaire de l'entrave pour atteindre le but – s'amuser avec ce jouet si intéressant.

« Chez l'adulte, le même genre de colère a été observé chez des gens tentant de résoudre un problème mathématique très complexe. Bien que l'exercice soit particulièrement frustrant, ils cherchent activement à le résoudre, à parvenir à leurs fins. Dans ce cas encore, nous constatons une activation frontale à gauche. C'est une colère qu'en Occident on dirait constructive : une colère associée à une tentative de suppression de l'obstacle.

Si c'est constructif, est-ce bien de la colère ?

Cette idée de colère constructive nous ramenait au débat du premier jour sur les différences de la notion d'émotion destructrice – en l'occurrence la colère – dans les psychologies bouddhiste et occidentale. Alan adopta une perspective bouddhiste :

— Si l'on cherche à vaincre l'obstacle, comme dans le cas du problème mathématique, il y a bien quelque chose de constructif – on est en train de résoudre le problème. Mais la colère nous aide-t-elle à le faire ? Avons-nous des indices nets que la frustration, la colère, l'irritation et l'exaspération, bien qu'elles entrent en jeu, nous aident vraiment à atteindre notre but ?

— C'est une question cruciale, admit Richie. La colère, comme toutes les émotions, est constituée de différents éléments. Il est possible que parmi ces éléments se trouve une qualité spécifique, souvent présente dans la colère mais également dans des états non colériques, qui en serait l'élément constructif.

Paul Ekman intervint :

— C'est la persistance. La colère peut effectivement fournir une motivation constructive, c'est la persistance, qui nous pousse à résoudre le problème de maths plutôt qu'à y renoncer.

— Alors pourquoi l'appeler colère ? demanda le dalaï-lama, assez perplexe de voir qu'une persistance si manifestement constructive, même si elle répond à une frustration, puisse passer pour de la colère.

Elle n'appartient pas à la catégorie bouddhiste de la colère, qui par définition suppose une distorsion de la réalité, une déformation de la perception qui amplifie les aspects négatifs des choses.

— Nous appelons cela de la colère, répondit Richie, parce que les gens se disent frustrés, et que la frustration fait typiquement partie de la famille de la colère.

Cette réponse quelque peu circulaire ne semblant pas satisfaire le dalaï-lama, je demandai à Richie de nous en dire davantage sur le défi cognitif concret qui avait servi à provoquer la frustration de ses sujets. Il expliqua :

— Imaginez que je demande à Votre Sainteté de retrancher 19 à 4786, puis de retrancher à nouveau 19 du résultat obtenu et ainsi de suite, et que je vous dise que la rapidité de vos réponses nous permettra de déterminer votre intelligence. En plein effort, les gens se sentent très frustrés parce qu'il est très difficile de répondre rapidement. Certains renoncent. Et d'autres se montrent plus persistants.

Alan aborda la question sous un autre jour.

— On trouve dans la méditation bouddhiste un défi extrêmement complexe appelé *shinay*, ou « quiétude de l'esprit[7] ». La ténacité qu'exige ce défi s'acquiert selon des méthodes précises, qui consistent à cultiver la joie, la foi et l'enthousiasme. Tenter d'obtenir cette quiétude de l'esprit par la rage, la colère, l'irritation et l'exaspération, ne mènerait pas bien loin.

Mais le dalaï-lama intervint :

— Je ne suis pas tout à fait d'accord avec ce que dit Alan. Même dans le contexte bouddhiste, le désenchantement et l'aspiration à la libération qu'évoquait hier Alan – l'esprit d'émergence – dépendent de la force de notre sentiment d'intolérance ou de notre déplaisir de nous voir soumis aux afflictions. On ne supporte plus les souffrances du *samsara*, on est désenchanté, dégoûté même – et c'est pourtant sain et constructif.

Alan répliqua en l'occurrence :

— C'est vrai qu'on est dégoûté du *samsara*, mais c'est censé donner lieu à la foi et à la joie de la pratique spirituelle. Je maintiens qu'on ne peut pas aller très loin sur le chemin de la libération avec le dégoût pour seul état émotionnel.

Le dalaï-lama nous remit sur les rails :

— Soyons bien clairs : dans ce genre de colère constructive, on décèle donc de l'activité à gauche.

— Oui, dit Richie, et la qualité essentielle pour vaincre un obstacle est la persistance.

L'appel au secours du tireur fou : la colère pathologique

« Je voudrais évoquer à présent le type de colère pathologique susceptible de conduire à la rage et à la violence, et à ce que nous en dit l'observation du cerveau. Les personnes sujettes à la rage pathologique sont souvent incapables d'en prévoir les conséquences négatives. Cette incapacité semble impliquer non seulement le lobe frontal mais aussi l'amygdale. Une étude très récente a révélé une atrophie ou un rétrécissement sensible de l'amygdale chez des sujets aux antécédents d'agression sévère[8].

« L'idée, c'est que l'amygdale est nécessaire à l'anticipation de conséquences négatives, et les gens capables de rages extrêmes sont incapables de prévoir les conséquences de leur emportement.

« Aux États-Unis, un garçon nommé Charles Whitman a tué plusieurs personnes du haut d'une tour sur le campus de l'université du Texas, à Austin, avant de se suicider. Il a laissé un mot suppliant la société d'examiner son cerveau pour en tirer des enseignements sur sa pathologie. À l'autopsie, on a trouvé une tumeur qui lui comprimait l'amygdale. Bien que ce ne soit qu'un cas particulier, il laisse à nouveau entendre qu'il y a peut-être quelque chose d'important dans ce qui associe l'amygdale à l'expression pathologique de la violence. »

L'avidité : le deuxième Poison

Passant la vitesse supérieure, Richie aborda la neurochimie de l'avidité. « Il existe dans le cerveau une substance chimique appelée dopamine, et quasiment toutes les formes d'avidité étudiées révèlent des anomalies du système chimique. L'essentiel de ces recherches a porté sur l'état de manque du toxicomane, mais on retrouve ces anomalies chez les grands joueurs, qui sont avides de jeux de hasard, au point souvent de lourdement s'endetter. Les anomalies de la dopamine semblent communes à toutes les sortes d'avidité. Nous avons récemment découvert que lorsqu'on est en état de manque, certaines transformations moléculaires altèrent profondément le fonctionnement du système dopaminergique [9]. »

La dopamine joue un rôle important dans le mécanisme de récompense et le plaisir qu'il suscite. Richie précisa toutefois que la dépendance n'est jamais pilotée par cette seule mécanique biologique, mais aussi par des habitudes acquises. « La dépendance est toujours très fortement conditionnée, de sorte que des stimuli ou des objets normalement neutres peuvent finir par acquérir une signification profonde. Laissez-moi vous donner un exemple. Si un toxicomane a l'habitude de prendre sa drogue à l'aide de tout un matériel bien précis, ces ustensiles peuvent à eux seuls produire les altérations du cerveau normalement dues à la drogue elle-même.

« Lorsqu'on a montré à des cocaïnomanes des images du matériel qu'ils employaient pour s'administrer leur drogue, on a trouvé dans leur cerveau des changements similaires à ceux que provoque la cocaïne elle-même. Cette expérience a révélé qu'une région bien précise, le noyau accumbens, est spécialement activée par le manque. Très riche en dopamine, ce noyau paraît impliqué dans toutes les formes de l'avidité et de la dépendance [10].

« Nous faisons nettement la distinction entre les circuits cérébraux correspondant à ce qu'on apprécie – au plaisir – et ceux correspondant à ce qu'on veut – au désir. Ils fonctionnent souvent de pair, ce qui nous permet de vouloir des choses que nous apprécions. Mais, dans l'avidité, le circuit du désir semble se renforcer à mesure que celui du plaisir faiblit. Le plaisir cédant la place au désir, on veut davantage en appréciant moins. On ne cesse jamais de désirer – mais il nous en faut chaque fois plus pour obtenir une satisfaction égale. C'est l'un des principaux mécanismes du manque. Nous voyons beaucoup de cas où le circuit du plaisir a été fortement perturbé par des formes de dépendance – ne serait-ce qu'avec les cigarettes et la nicotine. »

L'illusion : le troisième Poison

Au moment où Richie s'apprêtait à aborder l'illusion, son dernier sujet de la matinée, un éclair jaillit et le tonnerre se fit brutalement entendre tout près de nous. L'orage avait éclaté.

— Venons-en à présent à l'illusion, pour dire ce qu'en pensent les neurosciences, et évoquer les concordances ou les écarts qu'il peut y avoir entre les conceptions occidentale et bouddhiste.

Le dalaï-lama intervint d'emblée :

— Le bouddhisme se fait une idée très précise de ce qu'il entend par illusion. Mais vous, qu'entendez-vous par là ?

Richie répondit :

— Ce que je qualifie d'« illusions », ce sont les émotions afflictives qui troublent notre aptitude à clairement percevoir le monde.

Le dalaï-lama voulait une réponse plus précise :

— Le bouddhisme parle d'apparences illusoires, mais aussi de perception ou d'appréhension illusoire de la réalité. L'apparence des choses peut être aussi illusoire que notre façon de les appréhender. Parlez-vous de ces deux cas ?

— Cela concerne davantage l'appréhension de la réalité, précisa Richie. Nous considérons l'illusion comme une déformation de la perception et de la cognition par l'émotion. L'illusion implique une influence des circuits émotionnels du cerveau sur ceux de la perception des choses ou de l'appréhension du monde, ainsi que sur certains circuits associés à la pensée.

— Ainsi, précisa le dalaï-lama, ce dont nous parlons, c'est donc bien de cette déformation que subit notre perception.

— C'est ça, approuva Richie. Cela nous renvoie à ce que disait hier Matthieu sur l'appréhension du réel tel qu'il est. Certaines influences amenuisent notre aptitude à percevoir la réalité. Ce qui témoigne de la façon dont l'émotion peut à la fois court-circuiter nos perceptions et nos pensées. Par exemple, les personnes anxieuses et souvent inquiètes focalisent leur attention sur les signes évoquant une menace. Celles qui souffrent d'une phobie sociale, par exemple, redoutent de nombreuses situations, comme le simple fait d'être parmi les gens, d'être jugé, de parler en public – ce genre de choses. Il suffit de leur montrer la photo d'un visage neutre, totalement inexpressif, pour que leur amygdale s'active, ce qui ne devrait se produire que devant la photo d'un visage effrayé.

Richie décrivit alors les connexions qui relient l'amygdale à certaines régions associées à la vue.

— L'amygdale est raccordée à la zone primaire qui, à l'arrière du cerveau, reçoit avant les autres les informations visuelles. Cela permet à nos émotions négatives d'influencer notre perception des informations visuelles dès le premier instant.

Le dalaï-lama commenta :

— Les bouddhistes distinguent nettement entre la perception visuelle à proprement parler et la conscience mentale qu'on en a. Ce que vous dites signifie-t-il que ces connexions au cortex visuel influencent la perception proprement dite ?

— C'est exact.

— L'épistémologie bouddhiste fait état de différentes situations où l'illusion peut aller jusqu'à déformer la perception visuelle, par exemple. Ce sont les situations qui précèdent immédiatement un état mental. De façon plus spécifique, un état mental cognitif donné peut concrètement influencer la perception visuelle.

— Nos informations rejoignent donc la vision bouddhiste, dit Richie, avant de nous décrire une expérience significative à cet égard. Mettons qu'on vous montre deux mots - « couteau » et « crayon » - inscrits l'un au-dessus de l'autre et que, aussitôt après, un point apparaisse et que vous deviez appuyer sur un bouton dès que vous l'apercevez. Parfois le point occupe la place du mot « crayon », et parfois, celle du mot « couteau ». Les anxieux répondent bien plus vite quand le point apparaît à l'emplacement du terme qui, émotionnellement, représente une menace, comme « couteau ». C'est très net, et ça peut se démontrer sans difficulté.

Il précisa ensuite son propos : une diapositive apparut, où figurait un groupe de mots, chacun d'une couleur différente - « pomme » en violet, « maison » en jaune, etc. Certains de ces mots avaient une connotation émotionnelle, comme « sanglant » ou « torture ». Et tous étaient en tibétain, pas en anglais, ce qui provoqua le murmure de satisfaction des Tibétains présents.

C'était une variante du test de Stroop, un classique de la psychologie sur la façon dont l'émotion influence la perception, et qui consiste à demander au sujet de nommer la couleur du mot imprimé. Richie expliqua : « Si vous êtes anxieux, vous mettrez bien plus de temps à nommer la couleur d'un mot évoquant l'anxiété, parce qu'il vous dérange et complique votre accès à la dénomination de la couleur. C'est encore un cas d'influence de l'émotion sur la perception : si l'on est anxieux, notre rapidité à trouver le bon mot est affectée.

« Votre Sainteté, j'aimerais conclure par une citation qui me semble édifiante. Elle est tirée de *L'Art du bonheur*, le livre que vous avez écrit avec Howard Cutler : "Exercer l'esprit de façon systématique afin de cultiver le bonheur ? Ce sont la structure et la fonction même de notre cerveau qui rendent la chose possible. (...) Mais les connexions du cerveau ne sont pas statiques, pas fixées de manière irrévocable. Notre cerveau, lui aussi, s'adapte." »

Richie avait déjà cité ce passage à la fin d'un article sur la neuroplasticité, paru dans l'édition du millénaire du *Psychological Bulletin*. Il recèle l'idée que se fait personnellement Richie de ce que devrait être la psychologie – celle qui l'a conduit dans cette voie. À tel point qu'elle pourrait servir à décrire l'harmonie qui règne entre ses propres intérêts intellectuels et personnels. Pour Richie, le dalaï-lama est l'incarnation même des qualités émotionnelles estimables, comme l'équanimité et la compassion, et de la possibilité pour chacun de les développer – c'est la capacité de l'homme à se transformer.

Sur cette touche d'optimisme, la salle applaudit, et Richie joignit ses paumes pour saluer le dalaï-lama, qui prit ses mains et posa son front contre le sien en guise de remerciement.

9

Notre potentiel de changement

Dans le best-seller *Le Moine et le Philosophe*, Matthieu Ricard et son père, le philosophe Jean-François Revel, se livrent à un dialogue très riche sur la science, le bouddhisme et le sens de la vie. Matthieu y soutient qu'au cours des deux derniers millénaires, voire plus, les bouddhistes pratiquants ont élaboré ce qu'on pourrait appeler une « science intérieure », une méthode systématique de transformation du monde intérieur visant à produire un homme meilleur – moins égoïste et plus compassionnel, calme et serein. Il affirme que ces méthodes leur ont permis de se délivrer de la tyrannie des émotions destructrices.

Aujourd'hui, la psychologie se lance à son tour dans cette voie – sur un plan non pas religieux mais scientifique. Le propos, au fond, est de trouver le moyen d'influencer les opérations du cerveau pour favoriser l'équilibre émotionnel. Mais lorsqu'on en vient aux émotions destructrices, ce projet prend un relief particulier.

Ce matin, Richard Davidson nous avait montré que, dans le cerveau, l'émotion et l'intellect sont enchevêtrés – ce qui nous laisse espérer pouvoir exploiter cette relation pour apporter plus d'intelligence à nos vies émotionnelles. Plus concrètement, le principe – à peine effleuré lors des débats du matin – selon lequel l'expérience répétée transforme le cerveau nous conduit à nous interroger sur les meilleures façons d'instruire les gens aux émotions. Les questions pratiques de ce genre reviendraient tout au long de l'après-midi – mais la séance commença par un étonnant préliminaire sur les niveaux les plus subtils de la vie mentale.

Comme pour manifester son enthousiasme, le dalaï-lama s'était dépêché de revenir du déjeuner, arrivant alors que les gens commençaient d'affluer. Il échangea quelques propos avec plusieurs intervenants déjà présents, sur la grêle qui s'était abattue pendant le repas. Tandis que les régisseurs s'empressaient d'installer les micros, Alan Wallace saisit l'occasion pour lui poser une question, avant que la séance ne commence.

Cela concernait l'un des points abordés plus tôt, sur les liens entre l'activité mentale et le fonctionnement du cerveau.

— Je voudrais profiter du fait que nous ne sommes pas encore dans le cadre de l'assemblée formelle pour poser une question à Votre Sainteté. Pensez-vous – au moins au niveau du fonctionnement mental général – qu'un schéma neuronal spécifique corresponde à chaque état d'esprit ?

Le dalaï-lama répondit :

— Il n'y a aucune raison de penser que le niveau le plus subtil qui soit – « la conscience fondamentale », la quintessence de l'éveil, avec sa nature lumineuse – ait sa propre configuration neuronale, parce qu'il n'a rien de physique, il n'est aucunement subordonné au cerveau. Mais pour tous les autres processus mentaux qui se manifestent au cours de la vie, c'est tout à fait possible.

En évoquant ainsi la « conscience fondamentale » le dalaï-lama touchait à un aspect des sciences du cerveau qui le passionne personnellement. En tant que bouddhiste, il est attaché à la notion de continuité de l'esprit subtil. C'est-à-dire qu'il a beau s'entendre avec les neurosciences pour affirmer que l'ensemble des événements mentaux ordinaires est lié à l'activité du cerveau, il n'en pense pas moins que, sur un plan plus subtil de conscience, le cerveau et l'esprit sont des entités séparées.

Il estime donc qu'en tenant le cerveau et l'esprit pour deux versants d'une même activité, les neurosciences cognitives privent la recherche scientifique d'une partie de son champ d'étude. Cette présomption, pense-t-il, signifie que la science cherche ses réponses sur un terrain arbitrairement limité. Peut-être que les récentes découvertes des sciences du cerveau conduiront les chercheurs à sortir de ce paradigme pour élargir le cadre qu'ils se sont eux-mêmes fixé.

Il aimerait par exemple voir les scientifiques se pencher sur un phénomène que les Tibétains nomment « le maintien dans la claire lumière » après la mort. On dit qu'une fois morts, certains pratiquants chevronnés peuvent rester en méditation quelques jours après avoir cessé de respirer et que leur corps ne montre alors aucun signe de décomposition. C'est assez rare, bien sûr, mais il avait encore récemment entendu parler d'un simple moine qui, selon les témoins, était resté dans la claire lumière jusqu'à quatre jours après sa mort.

À l'autre extrémité de la vie, le dalaï-lama se demandait aussi si la science était capable de se prononcer sur le moment précis où le fœtus devient conscient, ou sentant. Pour les bouddhistes, ce moment serait celui de l'émergence à l'esprit de cette conscience subtile.

Influences subtiles

Ces considérations entraînèrent le dalaï-lama sur une autre ligne de questionnement, l'hypothèse d'une conscience subtile capable de diriger le cerveau et le corps.

— Je voudrais évoquer l'existence de quelque chose qui m'intrigue : c'est une cogitation très subtile, presque au-dessous du seuil de la conscience. Quand on est simplement assis en silence, à réfléchir, et que, dans le fil de ces paisibles pensées, la colère nous gagne, sans aucune stimulation extérieure, quelle en est la cause ? Existe-t-il la moindre preuve empirique permettant d'affirmer que c'est le cerveau qui a donné lieu à cette cogitation subtile, nous conduisant à la colère ou à d'autres émotions ? Ou bien se pourrait-il que ce soit cette réflexion quasi consciente, ce niveau subtil, qui agisse sur le cerveau – ce dernier, bien sûr, exerçant une influence en retour, en stimulant d'autres émotions ?

« Il ne fait aucun doute que les différents équilibres ou déséquilibres du corps – la bonne ou la mauvaise santé – influencent les états mentaux. C'est un fait abondamment établi. Mais je me demande à quel point l'esprit lui-même et certaines pensées subtiles précises peuvent exercer une influence sur le cerveau. Auquel cas, la relation entre le cerveau et l'activité mentale ne serait pas à sens unique, mais ce serait un échange.

Au fil de leur arrivée, les autres participants s'étaient intéressés à cette conversation. Francisco Varela saisit la balle au bond pour faire le lien avec les neurosciences.

— Je crois que Votre Sainteté touche là un point capital, que la science moderne appelle la notion d'émergence (qui n'a pas, bien sûr, le même sens que dans le bouddhisme). En termes mathématiques, on peut dire que l'état d'émergence est la conséquence d'un état global. La disposition mentale a bien une influence descendante sur le moindre petit composant neuronal local. Alors, si le cerveau engendre des états mentaux, les états mentaux doivent pouvoir en retour modifier l'état du cerveau. C'est forcément vrai. Toutefois, cette idée n'a pas beaucoup été creusée, parce qu'elle semble contredire les intuitions occidentales. Mais c'est implicite, c'est dans la logique de ce que dit la science aujourd'hui.

Le dalaï-lama donna alors une orientation surprenante à la conversation :

— Je m'interroge sur les influences, non seulement philosophiques, mais aussi théologiques que subissent encore les sciences modernes du cerveau. Owen, vous avez évoqué la philosophie kantienne qui sous-tend l'ensemble de la science moderne. Mais si l'on examine les fondements théologiques de ce genre de présupposés jamais contestés par la science occidentale, on n'y trouve nulle part l'idée que la conscience puisse se prolonger d'une vie à une autre – c'est jugé impossible dès le départ.

« Étant donné que nous, bouddhistes, considérons que tous les autres processus mentaux dérivent de la luminosité qui est la nature fondamentale de la conscience, nous dirions que tous les processus mentaux étudiés par les neurosciences sont des propriétés émergeant de cette nature essentielle de la conscience.

Je pense que c'est une vraie divergence avec les neurosciences modernes, qui considèrent ces propriétés comme émergeant non pas de la luminosité essentielle de la conscience mais du cerveau. La différence est de taille.

L'esprit serait-il le pantin du cerveau ?

Alan développa :

— Comme l'a souligné Francisco, l'essentiel de nos recherches présuppose une influence de bas en haut : quoi que fasse le cerveau, l'esprit, comme un pantin, suit exactement ce qu'il entreprend. Pourtant, Richie nous a montré que l'expérience et l'environnement modifient le cerveau de façon très tangible, tant sur un plan général qu'au niveau moléculaire. Mais je n'ai jamais entendu personne expliquer comment les attitudes modifient le cerveau.

« Sa Sainteté se demande si nos pensées peuvent avoir un impact sur le cerveau, quand on est simplement en train de réfléchir en silence. La causalité ne fonctionne-t-elle pas dans les deux sens ? Ne devrions-nous pas, avec tout le prestige et l'autorité qu'ont acquis les neurosciences, commencer à employer un autre vocabulaire ?

« Quand vous dites "expérience et environnement", franchement, en tant qu'individu, je me sens déresponsabilisé. D'un point de vue émotionnel, pas rationnel, c'est comme si je n'avais plus qu'à trouver l'environnement bénéfique pour mon cerveau. Je n'ai qu'à me contenter d'attendre que les expériences viennent à moi. J'ai encore l'impression de n'être qu'un pion, ce qui est déjà le cas quand j'entends dire que mon cerveau me fait toutes ces choses. Mais si la psychologie commençait à changer de terminologie, à dire que nos attitudes, nos pensées et nos évaluations peuvent aussi modifier notre cerveau, cela nous donnerait les bases cognitives pour nous convaincre que nous pouvons faire quelque chose en matière d'hygiène psychologique et d'éducation aux émotions – l'idée même de Votre Sainteté. Il faut sentir que cet effort est enraciné dans le réel.

Le dalaï-lama reprit l'argument :

— À force d'insister sur l'environnement, le cerveau, etc., on a l'impression qu'il faut, pour changer, absolument s'en remettre à autrui. C'est à lui de le faire pour vous plutôt qu'à vous-même. De nombreux pratiquants religieux pensent même que tout changement positif dans leur vie viendra forcément de l'extérieur, de Dieu par exemple, sans qu'ils y puissent eux-mêmes grand-chose. C'est à mes yeux une erreur très grave.

— Je crains qu'il n'y ait un petit malentendu, répondit Richie Davidson. Quand on développe soi-même certaines pensées ou émotions – qu'on est par exemple assis là, et qu'on engendre une image ou une scène visuelle – on est incontestablement en train d'agir sur son cerveau. On le transforme. Cela peut très précisément se démontrer en laboratoire. Nous savons que les gens transforment sans cesse volontairement leur cerveau.

« Si vous prenez "propriété émergente" au sens que lui donne Francisco, les pensées ou émotions dont vous parlez sont ces propriétés émergeant du cerveau, qui influenceront à leur tour d'autres systèmes cérébraux. Engendrer, en interne, des sentiments de bonté ou de compassion, ou un certain type d'images, impliquera invariablement certaines modifications dans le cerveau. La science a déjà beaucoup écrit à ce sujet et démontré que c'est dans nos capacités. Quand je bouge ma main, je transforme mon cerveau, c'est comme cela que le conçoivent les neurosciences modernes. Mais il se peut que nous devions veiller à mieux faire passer ce message.

— L'important dans ce que dit Richie, reprit Francisco, c'est que même pour les choses les plus banales, comme bouger le bras, l'illusion si répandue de notre volonté est déjà en soi une manifestation de cette causalité vers le bas. Tout marche tout le temps comme ça dans le cerveau – une causalité à la fois de haut en bas et de bas en haut.

Personne n'avait relevé l'expression provocatrice de Francisco – « l'illusion de notre volonté », mais Owen Flanagan remarqua que la philosophie s'est déjà penchée sur ces questions sur le cerveau et l'esprit.

— L'un des fondements de la pensée occidentale, qu'on appelle parfois le dualisme cartésien, est ce qu'un philosophe a aussi appelé « le mythe du fantôme dans la machine ». Il y aurait une petite âme incorporelle, agissant sur le cerveau, comme le pensait Descartes, par l'intermédiaire de l'épiphyse. Les philosophes s'entendent aujourd'hui pour admettre que l'esprit *est* le cerveau. Cela ne veut pas dire que ce soit vrai, mais c'est ce que pense la majorité de ceux qui travaillent dans ce domaine.

« Il est probable que la causalité soit à double sens. Nos pensées du niveau supérieur peuvent changer notre corps, mais, bien qu'elles soient des propriétés émergentes, elles n'en sont pas moins des processus cérébraux. Je décèle derrière la question de Votre Sainteté l'idée d'une approche dualiste, qui voudrait qu'à un certain point il y ait davantage que de l'activité cérébrale – il y aurait des pensées, qui ne sont pas en elles-mêmes des événements cérébraux et qui affectent les événements cérébraux. Mais l'idée communément admise par les philosophes, et, je pense, la majorité des neuroscientifiques, serait que tout événement mental, aussi exotique soit-il, même un état lumineux, est forcément un événement cérébral d'un genre ou d'un autre.

Quand l'esprit pilote le cerveau

Loin d'être désarçonné, le dalaï-lama poussa résolument plus loin l'idée de ces processus mentaux qui verraient l'esprit piloter l'activité du cerveau. Il remarqua :

— On comprend bien en quoi le fait de bouger les yeux modifie notre perception visuelle, mais si l'on déplace son attention au sein du champ visuel en maintenant ses yeux immobiles, il semble que cela soit un événement purement mental. Cela ne signifie pas que ce déplacement de l'attention passerait inaperçu au plan neuronal, mais c'est un exemple flagrant de ce que Francisco appelait la causalité vers le bas – l'esprit influençant la physiologie.

Il demanda ce que la science dirait de ce type de déplacement de l'attention. Richie Davidson, dont les travaux touchent directement à cette question, répondit :

— On parle en neurosciences cognitives d'« attention spatiale », lorsque vos yeux restent fixes mais que vous percevez encore l'information périphérique.

— Dans ce mécanisme sélectif, qu'est-ce qui se déplace concrètement, demanda le dalaï-lama ? Il semble bien qu'on soit en présence de deux processus distincts. Le premier est la simple perception visuelle, et l'autre est une chose relativement différente, qui consiste à choisir et à identifier, à trier, à évaluer les éléments de ce champ – mais, une fois encore, sans qu'il y ait de rapport direct avec ce que fixe le regard. La question que je pose alors est la suivante : cette cognition mentale est-elle associée à une autre partie du cerveau que le cortex visuel ?

Le dalaï-lama proposa alors quelques expériences de la pensée, se demandant ce qu'on trouverait dans le cerveau quand on observe passivement tout ce qui se présente dans notre champ de vision, et, inversement, quand on garde les yeux ouverts en focalisant son attention sur un son.

— Votre Sainteté, répondit Richie, c'est une excellente idée – cela correspond précisément aux recherches actuelles sur les mécanismes cérébraux qui interviennent dans l'attention. Notre capacité à choisir de ne nous intéresser qu'à une partie de notre champ visuel sans bouger les yeux fait intervenir certaines parties des lobes frontaux et du cortex pariétal. S'intéresser à un son, en revanche, active les lobes frontaux et ses connexions avec le cortex auditif. Et, lorsque les yeux sont ouverts mais que l'attention demeure passive, on constate une désactivation des mécanismes du lobe frontal sélectionnant l'attention, mais une activité continue des systèmes sensoriels de la vue.

En répondant au dalaï-lama, Richie ne cessait d'agiter les mains, par une gestuelle limpide, élégante et précise illustrant chacun de ses propos – il avait quelque chose d'un chef d'orchestre. Et paraissait en tout cas nettement plus à l'aise que lors de son exposé.

Il avait apporté un accessoire, un cerveau humain démontable de plastique resté inutilisé toute la journée sur la table devant lui. Cherchant à illustrer les débats, Thupten Jinpa s'en empara – puis préféra le tendre à

Francisco, qui montrerait à tout le monde les régions évoquées.

Pendant ce temps, le dalaï-lama suivit le fil de sa pensée.

— Prenons deux cas d'une cognition mentale plus dormante que tendue vers l'extérieur et affairée à discerner. Le premier est involontaire ; c'est quand on est fatigué et l'esprit vacant, « hors-service ». Cette partie du cerveau est alors probablement désactivée. Mais il est un autre cas où, l'esprit très, très clair, on choisit volontairement de ne pas activer nos systèmes d'identification mentale, etc. N'existe-t-il pas de configuration neuronale particulière pour chacun de ces cas, le volontaire et l'involontaire ? Sont-ils distincts, reconnaissables dans le cerveau ?

Francisco retira alors la maquette du cerveau de son emballage pour le poser devant Richie – et l'assemblage se démonta aussitôt, provoquant l'hilarité générale.

— Une fracture du cerveau ! s'exclama Richie, avant de reprendre : Pour répondre à la question de Sa Sainteté, les scientifiques ne se sont pas vraiment penchés là-dessus, mais nous pouvons nous attendre à certaines choses bien précises. Lorsqu'on a l'esprit clair, la science parle d'un accroissement du rapport signal/bruit. Les informations sensorielles, perceptives et mentales émettent un signal plus fort par rapport au bruit de fond, et on observe un niveau d'activité élevé. Mais, quand on est fatigué, on trouve à l'arrière-plan beaucoup d'activité parasitaire d'autres parties du cerveau, et on peut prédire une baisse sensible de l'activité des régions visuelles du cerveau. Ainsi, lorsqu'on décide d'avoir l'esprit clair, on observera un schéma plus caractéristique de l'activation, associé à la fois aux événements sensoriels et mentaux.

Cela incita le dalaï-lama à demander des précisions.

— Outre l'épuisement total, avez-vous identifié les configurations neuronales correspondant au moment où l'on est frais, les sens en alerte, mais qu'on choisit consciemment de ne pas mentalement s'engager, de ne pas juger ni identifier, tout ce qui s'offre aux sens ?

Cela semblait évoquer un état de méditation comme celui que – lors de l'expérience de Madison – le lama Öser avait appelé « présence éveillée », où le sujet demeure parfaitement conscient de toute son activité mentale mais ne s'y laisse pas entraîner. La conscience reste linéaire et stable. Puisque l'activité mentale semble témoigner d'une certaine activité neuronale, le dalaï-lama se demandait si l'on avait étudié le processus neuronal correspondant à cet état de veille « inactive ».

— Pas vraiment, répondit Richie. Mais c'est précisément ce qu'il chercherait lui-même un an plus tard dans son laboratoire.

Émotion impulsive contre émotion raisonnée

À ce moment, le dalaï-lama me lança un regard en faisant signe que nous pouvions formellement ouvrir la séance de l'après-midi. Je commençai par lui demander :

— Avez-vous encore une question à poser, ou quelque précision à apporter ?

Après nos séances, il m'avouerait sa fascination pour la relation entre les états émotionnels et la répartition de l'activité entre les cortex frontaux gauche ou droit et l'amygdale, et qu'il était impressionné par les moyens sophistiqués qui permettent aujourd'hui d'observer les rapports entre les états mentaux et le cerveau. Bien qu'on ne sache pas vraiment encore ce que donnerait cette théorisation scientifique de l'esprit, il sentait qu'on risquait d'y trouver de nombreux points communs avec la psychologie bouddhiste. Il se demandait, par exemple, ce qu'on découvrirait sur le rôle de la raison, et de la pensée en général, dans les émotions, qu'elles soient saines ou destructrices – la raison étant, elle aussi, une fonction des lobes frontaux.

Après un long moment, le dalaï-lama dit :

— Nous avons recueilli beaucoup d'informations scientifiques sur les émotions négatives, comme la peur, la colère, etc. Ce sont des émotions très naturelles, que tout le monde a déjà éprouvées. Je serais curieux de savoir si, selon les scientifiques, il est possible de détecter la différence qualitative que les bouddhistes perçoivent entre deux types d'émotions. Il y a d'une part les émotions impulsives, comme la colère. Elles peuvent varier en intensité selon l'individu, mais rien ne dit qu'on puisse délibérément les cultiver ou les intensifier.

« D'autre part, il y a les émotions comme la compassion, ou le désenchantement à l'égard de l'état non lumineux dont parlent les bouddhistes. Il est parfaitement possible de les stimuler, en les cultivant délibérément par une pratique répétée. Prenons la foi, par exemple. Il existe une foi aveugle et pure, qui est spontanée, mais il en existe d'autres types, fondés sur l'admiration et l'appréciation de certaines qualités – les bouddhistes parleront de foi fondée sur la connaissance.

— Sauriez-vous concevoir une étude qui rechercherait des différences significatives entre ces deux types d'émotions, l'impulsive et la raisonnée ?

— Votre Sainteté, répondit Richie, vous avez parlé

hier de certains types d'émotions positives nettement plus susceptibles de jaillir de la raison que d'autres, négatives, qui apparaissent plus spontanément. C'est une remarque fascinante pour les neurobiologistes. J'ai dit ce matin ce qui nous permet d'associer certains types d'émotions positives à l'activation du lobe frontal gauche du cerveau. Voilà encore une région qui produit un type spécifique de raisonnement.

Encouragé par l'intérêt manifeste du dalaï-lama, Richie poursuivit :

— Il y a de bonnes raisons de croire que nous pouvons nous servir de notre aptitude à raisonner pour accroître l'activité de cette région, qui, à son tour, fera émerger certains types d'émotions positives. Ainsi que certaines recherches l'ont déjà montré, plus la région frontale gauche est active, plus certaines émotions positives, comme l'entrain, l'enthousiasme et la persévérance, sont présentes.

Certain que le dalaï-lama se montrerait aussi intéressé par le rôle des lobes frontaux dans le genre d'actes émotionnels impulsifs qu'il opposait aux émotions raisonnées, j'interrogeai Richie sur les recherches en ce sens.

— Je n'ai pas eu l'occasion d'en parler plus tôt, dit Richie, mais il semble que dans certains types d'émotions négatives spontanées – par exemple chez quelqu'un qui commet des actes impulsifs de violence, ou antisociaux, sans les préméditer – on constate une sous-activité des lobes frontaux. Un article vient de démontrer que les individus qui ont tendance à se livrer à ce genre de comportement antisocial spontané présentent une réelle atrophie du lobe frontal : il est plus petit[1].

« Votre Sainteté, cela semble indiquer, entre autres, que certains types de pensée, auxquels sont associées certaines transformations de cette région du cerveau, peuvent servir à raffermir nos émotions positives. Mais cela demande à être étudié.

Pensées déchaînées : les pigeons guerriers

Matthieu Ricard prit la parole. « Nous parlons beaucoup de la possibilité de changer. Mais comment cela se passe-t-il concrètement dans le cadre de l'exercice contemplatif ? Nous avons vu que les émotions durent quelques secondes, que les humeurs durent, disons, une journée, et que le tempérament se forge au fil des ans. Alors si l'on souhaite changer, de toute évidence, il faut d'abord agir sur les émotions, ce qui nous permettra d'intervenir sur nos humeurs, qui finiront par se stabiliser sous la forme d'un tempérament modifié. Autrement dit, il faut commencer par travailler sur les événements instantanés qui se produisent dans notre esprit. Comme nous le disons souvent : "Occupons-nous des minutes, les heures se chargeront d'elles-mêmes".

« Comment procéder quand on est débutant ? La période réfractaire, etc., c'est un peu abstrait pour quelqu'un qui voudrait s'occuper de ses émotions dès à présent. L'une des clés se trouve donc dans la façon dont les pensées s'enchaînent, dont une idée mène à l'autre.

« Mon maître m'avait conté l'histoire d'un ancien chef de guerre de l'est du Tibet, qui abandonne sa vie martiale et ses activités terrestres pour entrer en méditation dans une grotte. Il y reste ainsi quelques années. Un jour, une volée de pigeons vient à se poser devant l'entrée de sa grotte, et il leur donne des graines. Mais alors qu'il les observe, ces oiseaux lui évoquent les légions de guerriers qu'il a eues sous ses ordres, lui remémorant ses expéditions – et le souvenir de ses ennemis réveille sa colère. Ces pensées ayant tôt fait de submerger son esprit, il redescend dans la vallée, retrouve ses anciens compagnons et repart en guerre !

« Cet exemple montre comment une petite pensée peut devenir une véritable obsession, comme un nuage minuscule se transforme en gros nuage menaçant traversé d'éclairs. Que dire de cela ?

« Le terme tibétain désignant ce que nous appelons la méditation signifie en fait "familiarisation". Il s'agit de se familiariser avec une nouvelle façon de traiter le surgissement de la pensée. Au début, lorsque naît une pensée de colère, de désir, de jalousie, nous n'y sommes pas préparés. Et, en quelques secondes, cette pensée en provoque une deuxième, puis une troisième, et notre paysage mental est vite envahi d'idées qui cristallisent notre colère ou notre jalousie – et c'est déjà trop tard. C'est comme lorsqu'une étincelle embrase une forêt, on ne sait plus quoi faire.

« L'intervention de base consiste à "observer notre pensée avec du recul". Lorsqu'une pensée survient, il faut l'observer et remonter à sa source. Il faut interroger la nature de cette pensée à l'air si solide. Si on l'observe, son apparente solidité fond, et elle s'évanouit sans avoir déclenché d'enchaînement de pensées. Il ne s'agit nullement d'empêcher les pensées de surgir – ce serait de toute façon impossible – mais de ne pas les laisser envahir notre esprit. Cette opération demande à être répétée d'innombrables fois, parce que nous ne sommes pas habitués à gérer nos pensées de la sorte. Nous sommes comme une feuille de papier restée trop longtemps roulée. On a beau tenter de la mettre à plat sur une table, elle s'enroule aussitôt qu'on en lâche les bords. C'est là qu'intervient l'entraînement.

« On peut se demander ce que font tous ces gens assis huit heures par jour en retraite. C'est justement cela : ils se familiarisent avec une nouvelle façon de gérer le jaillissement de leurs pensées. En s'habituant à identifier les pensées au moment où elles surviennent, ça devient comme reconnaître un visage dans la foule. Lorsque surgit une puissante pensée d'attirance ou de colère, dont vous savez qu'elle vous mènera inévitablement à une prolifération, vous apprenez à la reconnaître : "Ah, voilà cette pensée." C'est le premier pas. Ça aide déjà beaucoup à l'empêcher de nous submerger.

« Une fois qu'on en a pris l'habitude, le processus de gestion de nos pensées devient nettement plus naturel. Il n'est plus nécessaire de se battre et d'appliquer les antidotes spécifiques à chaque pensée négative, parce qu'on sait désormais comment les laisser s'évanouir sans trace. Les pensées se dénouent d'elles-mêmes. On donne souvent l'exemple du serpent. S'il a fait un nœud de son corps, il peut le défaire sans effort, sans aucune aide extérieure. Un beau jour, les pensées finissent par aller et venir comme un oiseau traverse le ciel, sans laisser de sillon. On évoque aussi l'image du voleur dans la maison vide. Il n'y a rien à perdre pour le propriétaire, et rien à gagner pour le voleur.

« C'est une expérience de liberté. On ne devient pas apathique, comme un légume, mais on a acquis la maîtrise de sa pensée. Elle ne vous mènera plus par le bout du nez. Cela n'est possible qu'avec un entraînement soutenu et une expérience authentique.

« C'est ainsi qu'on peut progressivement développer certaines qualités qui deviendront une seconde nature, un nouveau tempérament. Prenons un exemple, sur la compassion. Il y avait au XIXe siècle, un grand ermite nommé Patrul Rimpotché, qui envoya l'un de ses disciples dans une caverne, pour y méditer six mois, en ne pensant à rien d'autre que la compassion. Au début, le sentiment de compassion pour tous les êtres est toujours un peu forcé, artificiel. Mais, petit à petit, l'esprit se laisse gagner par la compassion ; et elle finit par y demeurer, sans effort.

« Après six mois, alors qu'il était assis à l'entrée de sa caverne, le méditant vit un cavalier solitaire qui chantait en chevauchant dans la vallée. Le yogi ressentit comme une très forte prémonition, il eut le sentiment puissant que cet homme mourrait dans la semaine. Le contraste entre cet homme qu'il voyait chanter joyeusement et sa soudaine intuition emplit le yogi d'une tristesse infinie, inspirée par le caractère conditionné de l'existence, ce que les bouddhistes appellent *samsara*. Une compassion authentique submergea alors son esprit pour ne plus jamais l'abandonner. C'était devenu sa seconde nature, ce qui était le véritable but de la méditation. Le fait de voir cet homme avait été le déclencheur, mais l'essentiel était dans la familiarisation préalable. L'incident n'aurait pas eu le même effet s'il n'avait pas passé six mois à baigner dans la compassion.

« Nous nous demandons comment aider la société. Si nous aspirons à y contribuer d'une façon ou d'une autre – et parvenir à une nouvelle vision des choses – il nous faut commencer par nous-mêmes. Il faut décider de changer soi-même, et cela n'est possible qu'à travers la méditation, pas par des idées fugaces. Telle est la contribution que peut apporter la pratique bouddhiste.

Pendant tout le discours de Matthieu, le dalaï-lama était resté penché vers l'avant, pleinement concentré. Puis, retirant ses lunettes, d'une voix totalement sincère, il dit : « Très bien, formidable. »

Paul Ekman, lui aussi, était captivé par ce qu'il avait entendu.

Esclaves de l'émotion

Le vénérable Amchok Rimpotché s'exprima alors, très doucement, depuis sa chaise derrière le dalaï-lama :

— Dans quelle mesure les émotions destructrices peuvent-elles aussi se renforcer par le raisonnement, comme les émotions positives ou constructives ?

Richard Davidson répondit :

— Je crois qu'une certaine catégorie d'émotions destructrices surgit spontanément, ainsi que Sa Sainteté l'a décrit. L'émotion survient, avant que ne commence, pour reprendre l'expression de Paul Ekman, une longue période réfractaire ; aussitôt l'émotion déclenchée, elle prend le dessus. Certains indices semblent associer ces émotions à une activation débridée, ou en tout cas moins contenue, d'éléments qui, comme l'amygdale, sont reliés au cortex frontal.

Les émotions impulsives de ce genre sont affaiblies, plutôt que renforcées, par le raisonnement. Richie expliqua :

— Raisonner intensément active le cortex frontal et inhibe l'amygdale. Ainsi, si l'on en croit les neurobiologistes, l'acte même du raisonnement est censé atténuer ce type précis d'émotions destructrices. Cela ne signifie pas qu'aucune émotion destructrice ne peut être renforcée par la raison. Cela existe sans doute. Mais la catégorie des émotions qui jaillissent très fort, dans la spontanéité de l'instant, est probablement maîtrisable par le raisonnement.

Paul Ekman se tenait sur le bord de son siège, prêt à bondir.

— Je voudrais poser une question au sujet du terme « raisonner ». Dans l'exemple que je vous ai livré hier de mon expérience de la colère, j'ai eu de nombreuses pensées : Est-elle sortie avec un autre homme ? A-t-elle été renversée par une voiture ? On pourrait dire ces pensées sans fondement, mais je ne crois pas qu'il se soit agi d'une absence d'utilisation des facultés cognitives – qui, je suppose, concernent les lobes frontaux.

Richie n'était pas d'accord.

— Je crois, Paul, que vos pensées étaient à ce moment guidées par l'émotion, et pas l'inverse. Vos pensées étaient la conséquence de votre émotion.

— J'étais l'esclave de l'émotion, confirma Paul.

— Ce dont il est ici question, c'est d'utiliser la raison pour réguler l'émotion de façon plus intentionnelle et volontaire, dit Richie. Vos pensées à ce moment n'étaient pas intentionnelles. Elles jaillissaient spontanément en conséquence de l'émotion. Ce n'est qu'avec un certain recul, lorsque vous avez commencé à vouloir dominer l'émotion, que vous vous êtes mis à cultiver des pensées plus intentionnelles qui ont mis un terme à votre colère.

— Je crois que c'est plus compliqué que ça, répondit Paul. Parce qu'à tout ceci s'ajoutaient la conscience et l'effort délibérés de se garder d'agir sous l'influence de ces pensées et de ces sentiments. C'est encore un autre type de pensée. Je me demande quel niveau de précision nous pouvons atteindre si nous nous contentons de dire que le bon mode de raisonnement, le mode libre, implique le lobe frontal, et que d'autres types de raisonnement conscient qui ne sont pas volontaires ne l'impliquent pas du tout.

« Les patients dont le lobe frontal a été endommagé, répondit Richie, sont incapables de volontairement orienter leur pensée. Toute la différence est là[2].

Le dalaï-lama intervint.

— Les bouddhistes reconnaissent eux aussi différents types de raisonnement. Certains sont valides, d'autres pas. Par exemple, la réflexion servant à développer la compassion repose sur l'expérience ou sur certaines observations valides. Mais d'autres formes de raisonnement peuvent provoquer une augmentation de la colère. Vous pouvez vous estimer victime d'une injustice, ce qui est peut-être faux, et vous mettre à ruminer. C'est une forme de raisonnement, mais dont la base n'est pas très saine, et qui n'est pas un grand support de l'émotion non plus.

« Peut-on dire, Paul, qu'il serait trop simpliste d'associer le raisonnement valide à l'activité du lobe frontal, et d'associer les autres types de raisonnement ailleurs ?

— Oui, dit Paul.

— C'est vrai, répondit Richie en écho. Mais ce n'est pas de ça que je parle. Sous l'emprise d'un raisonnement malsain, on peut préparer un acte violent ou contraire à l'éthique, et tout planifier jusqu'au moindre détail, vraiment préméditer. Cela engage aussi l'activité des lobes frontaux, et d'une façon très malsaine. Je ne veux donc pas dire que toute activité des lobes frontaux soit nécessairement saine. Car ça n'est pas du tout le cas.

Cela ressemblait à l'ébauche d'une réponse plus directe à la première question, celle d'Amchok Rimpotché sur la culture délibérée par la pensée des émotions destructrices comme la colère, mais on n'entra pas dans les détails. L'actualité nous le dit tous les jours : il existe une foule d'utilisations malsaines des lobes frontaux, comme ces pédagogies venimeuses qui enseignent aux individus d'un groupe à haïr ceux d'un autre. Il était donc temps d'en venir aux remèdes.

Éduquer les cœurs

Je nous ramenai à un précédent commentaire du dalaï-lama.

— Revenons-en à ce que disait Sa Sainteté : si nous entendons trouver des remèdes efficaces aux émotions destructrices, il faut en acquérir une connaissance très fine – et plus encore s'il s'agit d'enseigner aux gens à les maîtriser. Matthieu nous a montré un exemple, tiré de la pratique bouddhiste, d'une façon d'apporter à l'esprit ce genre d'état positif, comme la compassion, en renouvelant l'expérience jusqu'à ce que ça devienne familier, que ça entre dans les habitudes, pour finir par se stabiliser. Cela pourrait nous fournir l'esquisse d'un modèle général d'intervention qui aiderait les gens à gagner en maîtrise sur les émotions destructrices.

« Cela nous concerne tous au plus haut point, Votre Sainteté, ajoutai-je, dans l'espoir que nous nous en tenions enfin aux applications pratiques – aux façons concrètes d'enseigner aux gens à surmonter leurs émotions destructrices.

Mark Greenberg prit la parole :

— Je voudrais poser une question à Richie. Tout ceci nous dit qu'il ne faut pas seulement développer le raisonnement, mais aussi éduquer les cœurs. Ce sont deux processus fondamentaux. Dans un cas comme dans l'autre, tout est à faire. Ma question est donc la suivante : pensez-vous que pour nous, adultes, le fait de s'exercer à cultiver la bonté puisse aussi jouer sur notre temps de rétablissement après une émotion négative ?

Ou encore sur l'intensité, ou la fréquence de ces émotions ? ajoutai-je.

Je savais que Richie répondrait par l'affirmative, mais Matthieu intervint pour nous entraîner sur une autre voie.

— L'étude d'enfants traumatisés à la suite d'une catastrophe a révélé une particularité très significative du temps de rétablissement chez des enfants bouddhistes du Bangladesh. Ils se remettent nettement plus vite de la calamité, et semblent nettement moins traumatisés que les non-bouddhistes. Cela semble être dû à leur éducation, où il est beaucoup question de cultiver la douceur.

« Dans la société tibétaine, par exemple, il est extrêmement rare de voir des enfants délibérément piétiner des insectes. Je me souviens que lors d'un périple en car à travers la France avec un groupe de moines tibétains, le chauffeur a tué une abeille. Les Tibétains étaient vraiment choqués. L'étude de ces enfants bangladais a montré que leur attitude compassionnée s'accompagne d'une meilleure faculté de récupération du stress et des traumatismes.

Le dalaï-lama souhaitait revenir à l'histoire rapportée par Matthieu de ce moine qui avait passé six mois à méditer sur la compassion.

— Du point de vue bouddhiste, la réussite de sa méditation sur la compassion reposait sur la purification de la négativité et sur le développement de qualités positives, de vertus. Le méditant ne se contentait pas de répéter "compassion" comme dans un mantra, chaque heure, chaque seconde – "compassion, compassion, compassion..." La familiarisation ne consiste pas en cela. Il s'agit plutôt d'orienter toute pensée consciente vers cet objectif de culture de la compassion, de façon que chacun de nos actes en prenne le chemin. C'est une sorte de dévouement à un objectif unique. Voilà ce qui a donné lieu à cette histoire.

Matthieu développa :

— Ces pratiques sont parfois très difficiles. Dans les sutras, il est expliqué comment procéder jusque dans le moindre geste. En se levant, on pense : « Puissé-je me lever pour délivrer tous les êtres animés de leurs souffrances. » En bouclant sa ceinture, on se dit : « Puissé-je cultiver la ceinture de l'attention. » En descendant l'escalier : « Puissé-je redescendre pour arracher des êtres à la souffrance. » En ouvrant la porte : « Puisse la porte de la liberté s'ouvrir à tous les êtres animés. » En la refermant : « Puisse la porte de la souffrance rester close à tous les êtres animés. » Ainsi, chaque instant est occupé par la compassion. La compassion est alors vouée à faire partie du flux de nos pensées.

— Je trouve que cette description de l'entraînement a beaucoup de sens en termes de neurosciences, dit Richie Davidson. Nous pouvons dès lors nous demander comment ce type de pratique, qui associe chaque acte à la culture de la compassion, transforme physiquement le cerveau. Il y a tout lieu de croire qu'un entraînement aussi poussé et aussi systématique agisse sur le cerveau. Nous commençons à savoir quelles parties du cerveau et quelles connexions doivent être développées pour faciliter la récupération d'un traumatisme du genre décrit par Matthieu ; certaines études visent directement à établir les bénéfices de ce genre de pratique. Mais rien de cela n'a jamais été observé de façon scientifique, tout simplement parce que comparées à ce que décrit Matthieu, les interventions auxquelles nous avons eu affaire en Occident relèvent du jeu d'enfants.

D'un bout à l'autre de cet échange, Paul avait acquiescé de la tête en signe d'approbation. Il demanda :

— Et si le gouverneur de Californie vous disait, à vous Richie, ou à Votre Sainteté : « Je vous donne quarante heures pour former tous les gardiens de prison si vous pensez que cela les rendra plus humains, plus compassionnés » ? Obtenir ces quarante heures serait une chose formidable, mais pas impossible. Je connais des endroits où les autorités ont montré leur volonté de consacrer ce temps-là à ce genre d'objectif. Bien sûr, ça reste très court à côté des milliers d'heures que vous évoquez. Mais s'il fallait changer quoi que ce soit dans le comportement des gens, quelque chose serait-il possible en quarante heures ?

— J'ai une histoire à ce sujet, répondit Matthieu. C'est celle d'une personne qui enseignait la méditation dans une prison. Il n'y avait rien là de très bouddhiste, c'était juste de la relaxation de l'esprit. Il traitait des criminels endurcis, des gens condamnés à la perpétuité et qui continuaient de s'entretuer en prison. L'un d'eux, un chef de gang, n'a suivi l'entraînement que par curiosité, parce que c'était nouveau. Il a dit qu'à un moment donné – c'est arrivé de façon très soudaine – c'était comme si un mur s'effondrait d'un coup. Il avait pris conscience que, jusqu'alors, il n'avait fonctionné qu'en termes de haine.

« Toutes ses relations avaient toujours été fondées sur la haine et la domination, et cela s'était envolé d'un coup. Voilà qui en dit long sur la plasticité, sur le fait que s'essayer à certaines idées neuves ne demande pas forcément des milliers d'heures. Le chef de gang a fait de son mieux avec ses nouveaux sentiments, et il a même tenté de les partager avec quelques autres reclus qui s'exerçaient avec lui. Hélas, un an plus tard, il a lui-même été tué en prison, mais il avait passé la dernière année de sa vie à fonctionner différemment.

— Cela vous satisfait-il ? demandai-je à Paul.

— Non, répondit-il. Je voudrais quand même entendre Richie et Sa Sainteté.

Le dalaï-lama s'exécuta :

— Le bouddhisme tibétain propose une méthode classique de méditation sur la compassion, qu'on appelle « échange de soi avec les autres », où vous vous mettez à la place de la victime.

— Pensez-vous que cela puisse fonctionner avec les gardiens de prison ? demanda Paul au dalaï-lama.

— Ce serait à coup sûr une expérience profitable, répondit-il.

La compassion n'est pas forcément religieuse

Mark Greenberg suggéra à Paul d'élargir la question au-delà des prisons.

— Et si nous proposions un entraînement à la bonté, ou quelque sorte de méditation, aux enseignants, de façon à leur procurer un plus grand souci de leurs élèves ? Bien sûr, tous n'accepteraient pas un tel exercice avec le même enthousiasme. Pour éviter les refus et ne pas paraître trop étrange, l'essentiel serait donc de trouver un procédé suffisamment laïc pour être acceptable. C'est une question fondamentale pour notre travail auprès des enseignants, dont beaucoup ne ressentent pas vraiment de compassion pour leurs élèves.

Le dalaï-lama se frappa vivement la tête du doigt comme s'il cherchait à y enfoncer un clou.

— C'est capital. La culture de la bonté et de la compassion n'est pas une affaire religieuse en soi. Elle possède une pertinence et une applicabilité bien plus générales. Nul besoin d'être croyant ou d'adhérer à une doctrine religieuse pour s'y livrer. J'accorde beaucoup d'importance au fait que nous développions des techniques laïques, pas simplement religieuses.

— Quarante heures suffisent-elles pour ce genre de formation ? insista Paul.

— Je pense que quarante heures suffiraient, assura Matthieu. Rares sont les gens qui se soucient de ce que ressentent vraiment les autres. Ce serait le début d'un long processus. Si tout le monde consacrait ce temps-là à ce type de perception, ça pourrait déjà changer pas mal de choses.

Souhaitant amener le dalaï-lama à définir le contenu éventuel de tels programmes, je lui dis :

— Richie nous a laissé entendre que si les gens, fussent-ils gardiens de prison, cultivaient vraiment la bonté, cela changerait leur façon d'éprouver les émotions destructrices. Ils se rétabliraient plus vite et seraient plus sujets aux émotions positives. Reste à concevoir une version laïque des innombrables méthodes de culture de comportements positifs qu'offre le bouddhisme tibétain. En voyez-vous certaines qui soient adaptables à l'ensemble de la population, et dont les applications concrètes puissent aider les gens en ce sens ?

Le dalaï-lama répondit avec entrain :

— Voilà longtemps que je travaille à la question d'une éthique et d'une morale laïques. Dans la conscience collective, le simple mot « éthique » passe déjà presque pour superflu. Si l'on est dans le respect de l'éthique, tant mieux, mais ça s'arrête là. En revanche, l'éducation et la santé ne sont pas considérées comme du luxe ; ce sont des impératifs. La science ou la médecine, par exemple, consacrent beaucoup de temps à définir le type précis de nutrition nécessaire au bon développement du cerveau des enfants, le type d'exercice qui favorise la croissance.

« Personne ne tient la santé pour superflue. Et, de la même façon, notre société ne considère jamais l'éducation comme un luxe – c'est aussi un impératif. Pourtant, si nous observons le système éducatif tel qu'il est, les enfants ne font que recevoir de l'information. Ils apprennent à lire et ingurgitent de plus en plus d'informations censées leur permettre à l'arrivée de trouver un emploi.

« Mais quand la recherche et l'éducation se soucient-elles vraiment du développement de l'esprit ? On dit : "Oui, ce serait sympathique, mais ça n'est pas aussi urgent, aussi impératif que la santé ou l'éducation." Nous devons donc trouver un terme, qui ne soit ni "morale", ni "éthique laïque", mais quelque chose comme "société pacifique" ou "épanouissement social", ou "épanouissement humain" – sans aucune connotation religieuse. Cela prendrait peut-être place parmi les sciences sociales plutôt que dans l'éducation religieuse ou morale. Ça le rendrait plus laïc.

« Il faudrait nous demander comment tirer parti de la recherche scientifique et médicale pour apporter davantage de bien-être social, avec l'épanouissement de la paix, de l'harmonie, un bonheur aussi bien individuel que collectif. Il faudrait que cela devienne un impératif au même titre que la santé et l'éducation. Une fois que nous aurons trouvé cet axe de présentation, nous pourrons plus précisément nous pencher sur les façons d'instruire les enfants, pas aux mathématiques, etc., mais à contrecarrer leurs émotions destructrices et à cultiver des émotions saines et positives.

— Eh bien nous avons de bonnes nouvelles pour vous, lui dis-je. C'est exactement ce que Mark Greenberg nous décrira demain.

— Nous l'avons nommé « instruction sociale et émotionnelle », ajouta Mark.

Le dalaï-lama se réjouit de cette appellation :

— Ah, c'est bien, ça, n'est-ce pas ? Puis il ajouta : Il faut que ce soit universellement applicable. Comme, par exemple, les mathématiques, qui sont enseignées de la même façon à Pékin que partout ailleurs. Cela ne passe pas pour une discipline spécifiquement chinoise, ou occidentale – c'est universel. De la même manière, l'instruction sociale et émotionnelle doit être partout considérée comme aussi impérative que la science, les mathématiques, la lecture ou l'écriture.

— Votre Sainteté, fis-je, c'est effectivement en train de devenir un mouvement international, qui ne se limite pas aux seuls États-Unis, mais gagne au contraire d'autres pays – Israël, Corée du Sud, Pays-Bas, pour en citer quelques-uns.

— C'est une des raisons pour lesquelles je ferai mon exposé en compagnie de Jeanne Tsai, ajouta Mark. Si nous l'envisageons comme une question mondiale, ou universelle, il faut prendre en considération le rôle de la culture.

Un programme éducatif destiné aux adultes

Paul, qui était plein d'enthousiasme ce jour-là, s'employait à nous empêcher de digresser.

— Mark nous dira ce qu'il faut savoir concernant les enfants, mais les graves problèmes que connaît aujourd'hui le monde sont dus aux adultes. J'espère que nous trouverons le temps d'élaborer un programme d'éducation des adultes. Je pense qu'il aurait de bonnes chances d'être mis à l'essai, et peut-être même que nous pourrions alors en vérifier l'efficacité. D'autant que le groupe que vous avez réuni dans cette pièce ne pouvait être mieux choisi pour la création d'un tel programme.

Désignant le dalaï-lama, j'intervins :

— Peut-être pourrions-nous entendre à ce sujet l'un de nos consultants ?

— Les adultes ont déjà un peu pris le pli, répondit le dalaï-lama. Ils sont semblables aux vieux arbres tout courbés, nettement moins malléables que le jeune arbrisseau. Il est plus difficile de changer une fois qu'on est devenu un vieux schnock, s'esclaffa-t-il. Puis il reprit : Je ne dis pas ça pour nous décourager, parce que ça demeure vraiment nécessaire. Et il faut faire de notre mieux, car ce sera plus difficile. Mais si dix personnes en profitent, voire une seule, ça aura valu la peine – en tout cas il n'y a pas de mal à essayer.

— Alors, le relançai-je, que proposez-vous ?

— Je ne sais pas, je ne sais pas, répondit-il, pensif. Il y réfléchissait déjà.

Laïciser la pratique bouddhiste

La proposition de Paul avait inspiré Mark Greenberg.

— Je voudrais approfondir ce que dit Paul. Pour le travail laïc que nous pourrions entreprendre auprès des adultes, nous avons déjà évoqué l'idée de se mettre à la place d'autrui. Je me demande s'il n'y aurait pas moyen de laïciser ce que vous disiez sur l'enchaînement des émotions, dit-il en se tournant vers Matthieu, qui nous avait raconté l'histoire du guerrier et des pigeons.

— Cela me semble déjà très laïc, répondit Matthieu. Il n'y a rien là qui implique une quelconque foi. C'est une pratique qui s'est développée au fil de milliers d'années d'expérience contemplative, mais on pourrait l'expliquer très simplement. Elle n'exige aucune conviction religieuse particulière, pas même de philosophie. C'est vraiment très pragmatique.

Cela me rappelait les travaux de Jon Kabat-Zinn au centre médical de l'université du Massachusets [3]. Par l'intermédiaire d'une version adaptée de la méditation de l'attention vigilante, qui consiste à contempler attentivement ses propres pensées et sensations immédiates sans aucune réactivité, Kabat-Zinn a aidé ses patients à apaiser leur esprit, leur permettant d'atténuer leurs souffrances et leurs symptômes physiques. Je dis :

— Certaines applications du bouddhisme sont déjà employées dans des hôpitaux. Le bouddhisme n'y est jamais évoqué. Il n'est question que du bien-être des patients – et, dans ce contexte, cela suscite beaucoup d'enthousiasme.

« On peut en dire autant de l'empathie. Dans le traitement de criminels qui ont molesté des enfants, la première étape consiste à les faire rejouer le crime du point de vue de l'enfant, parce que c'est un manque d'empathie qui a permis leur premier passage à l'acte. On n'est pas loin de la méditation qui consiste à se mettre à la place de l'autre.

Matthieu nous présenta l'un des lamas qui assistaient à la rencontre :

— Sogyal Rimpotché a participé à des programmes très appréciés, auprès de mourants, qui exploitaient les effets de la pratique bouddhiste sans nécessairement en véhiculer les idées.

Dans son ouvrage très populaire *Le Livre tibétain de la vie et de la mort*, Sogyal Rimpotché a présenté à l'Occident une approche tibétaine de la façon d'assister un mourant, et son entourage, dans tous les aspects spirituels et émotionnels de leur confrontation à la mort[4].

— D'après le peu que je sais de la pratique bouddhiste, fit observer Richie, il faut souvent atteindre un certain niveau de concentration pour entreprendre d'autres pratiques. L'exemple que donnait Matthieu d'une personne qui apprendrait à associer une pensée sur la compassion et la bonté à chacun de ses actes serait extrêmement difficile pour la plupart d'entre nous, parce que, en matière de concentration et d'attention, nous sommes encore des débutants. Votre Sainteté, que recommanderiez-vous concernant un programme pour les adultes qui ne sont pas spécialement doués pour la concentration ?

Matthieu fit une remarque :

— Il est inutile de commencer tout de suite par quatre heures de pratique. Mieux vaut des séances plus courtes et répétées, de petits exercices. On peut déjà passer trois minutes à déambuler chez soi avec ce genre de pensées en tête. Cela peut donner l'envie de continuer. Ou commencer par dix minutes par jour.

En quoi nos émotions sont la cause du problème

Le dalaï-lama prit la parole : « Je voudrais vous parler d'une pratique inspirée de la notion bouddhiste traditionnelle des Quatre Noble Vérités, mais transposée en terrain laïc. Ce n'est pas une technique simple, comme avoir une pensée particulière chaque fois qu'on ouvre la porte etc. C'est nettement plus analytique et cogitatif.

« Il s'agit d'abord de contempler les terribles problèmes qui infestent aujourd'hui notre société. Vous l'avez dit, Paul, il y a beaucoup de souffrance partout. Mais au lieu d'en déceler les causes hors de nous, de s'en prendre à l'économie, etc., reconnaissons que nous avons tous des émotions destructrices et demandons-nous quelle en est la nature – fouillons-les vraiment, analysons-les et observons leurs effets. Quels effets ont nos propres émotions destructrices – la haine, les préjugés, etc. – sur l'ensemble de la société ? Quel rôle jouent-elles dans les terribles problèmes et souffrances que connaît la société à l'instant présent ?

« Après analyse, une fois que l'on perçoit le lien entre les problèmes intérieurs et extérieurs, on est tenté de pousser le questionnement plus loin. Et, la plasticité – la plasticité mentale ? Ces émotions destructrices que nous connaissons tous ne sont-elles pas malléables ? Peut-on les atténuer ? Et si nous le pouvons, quelles conséquences cela aura-t-il sur l'ensemble de la société et les innombrables problèmes qu'elle rencontre ?

« Une fois qu'on se pose cette question, si l'on part de l'hypothèse que nous ne sommes pas complètement façonnés en dur, que notre cerveau et notre esprit sont élastiques, qu'ils peuvent croître et se transformer, qu'il est possible de réduire ces émotions destructrices, on en vient à se demander comment faire. Parmi les méthodes s'appliquant aux émotions destructrices, celle de Matthieu pourrait très bien fonctionner, mais cela demanderait un cadre de connaissance et de recherche bien plus vaste.

« Voilà exactement le type d'éducation qui devrait prendre place dans le système scolaire. Les petits voient bien qu'il y a beaucoup de problèmes, là-dehors, mais quand leur enseigne-t-on vraiment à faire le lien entre leurs propres émotions et les problèmes qui menacent la société ? Où est l'éducation censée les aider à atténuer leurs propres émotions négatives et à cultiver leurs émotions positives ?

« La santé a déjà fait l'objet d'une multitude de recherches. Tout le monde dans cette pièce connaît l'importance de l'exercice physique, d'une alimentation équilibrée, etc. Mais il n'y a pas qu'une technique pour faire du sport. On peut faire de la gym, des sports collectifs – toute une foule d'activités qui ont émergé dans le sillage des progrès de la recherche. »

Alan fit un commentaire : « Pourquoi sommes-nous si sûrs que les gens ne prendraient pas la technique de Matthieu, par exemple, avec sérieux ? Ils pourraient aussi bien l'essayer, quitte à dire : "Ça ne marche pas" et en choisir une autre. Pourquoi alors ? Parce que, le plus souvent, ces techniques ne sont pas enracinées dans un champ de connaissance qui les rend impératives, pas superflues. »

Le vénérable Kusalacitto intervint pour nous parler des programmes en cours dans son pays, la Thaïlande. Pendant des siècles, l'éducation y avait été assurée dans les temples, où la culture des qualités positives faisait l'objet d'une discipline à part entière. Mais, au siècle dernier, il y a eu séparation de l'enseignement laïc et de l'enseignement religieux, et beaucoup de moines thaïs se sont inquiétés de voir que les enfants ne recevaient plus de leçons susceptibles de leur forger le caractère.

Voici trente ans, ils se sont mis à organiser des camps d'été où les enfants apprenaient, entre autres, à méditer et à se demander comment mener leur vie sociale dans l'éthique. Il y avait un jeu, où chaque enfant inscrivait sur un papier ce dont il souhaitait se défaire, comme la colère, l'illusion ou l'envie. Puis il mettait cette feuille dans un bol qu'il laissait symboliquement derrière lui, il ne l'emportait pas à la maison.

Constatant qu'après un mois de camp leurs enfants revenaient chargés d'émotions plus positives, nombre de parents ont demandé à vivre la même expérience. Alors les moines ont créé un séminaire de courte durée à l'attention des adultes, du vendredi soir au dimanche après-midi, soit une quarantaine d'heures au total. Les adultes y apprenaient les mêmes choses que leurs enfants, et beaucoup en repartaient très satisfaits. Le *bhanté* conclut : « Cette expérience pourra peut-être s'avérer utile quand nous réfléchirons aux formules possibles d'un programme court. »

C'était l'heure du thé. Pendant la pause, l'enthousiasme des intervenants – notamment Richie, Mark et Paul – pour l'éducation émotionnelle des adultes était palpable. Les conversations s'animaient autour de la conception d'un programme qui mettrait ces idées en pratique et de la vérification de leur efficacité par des mesures biologiques et du comportement.

Un gymnase des facultés émotionnelles

Après le thé, je rouvris la séance en constatant :

— Quelque chose semble s'être déclenché ici – une sorte de résolution commune, une détermination à mettre en place le type de programme dont nous parle le dalaï-lama. Reprenons là où nous en étions.

Paul relança le sujet en disant qu'il existe d'excellentes techniques psychologiques permettant d'accroître nos compétences et nos aptitudes interpersonnelles, comme l'empathie, et qu'il faudrait en emprunter d'autres aux méthodes bouddhistes.

— Nous devrions piocher le meilleur des deux. Je crois aussi que l'exercice doit être vivant, interactif. Ce doit être expérientiel, pas didactique.

Le dalaï-lama approuva Paul de la tête sans perdre une miette de ce qu'il disait.

— Il me semble qu'au cours des dernières heures j'ai reçu un peu de l'optimisme de Richie. Je crois désormais que, si nous faisons vraiment le nécessaire, nous parviendrons à faire changer les gens. Nous risquerons même alors de crouler sous la demande, parce qu'il existe une réelle soif pour cela. C'est cette soif qui est aussi à l'origine de l'intérêt que le monde entier porte à Votre Sainteté. Une soif de moyens de changer sa vie intérieure et son rapport aux autres.

« On peut trouver toutes sortes de choses, y compris les plus folles, pour répondre à cette soif, mais, à mon sens, rien n'est vraiment bien planifié, et il n'y a rien en tout cas qui entende associer le meilleur de l'Orient et de l'Occident. J'aimerais que nous prenions ici le temps d'élaborer un programme éducatif précis et concret. Je ne cesse de dire que ce programme doit s'adresser aux adultes, en partie parce que j'en suis un moi-même, mais aussi parce que ce sont les adultes en position de pouvoir qui prennent de mauvaises décisions, souvent cruelles.

Richie ajouta :

— Parmi les choses que nous avons abordées à la

pause, Votre Sainteté, il y a l'idée d'associer ce genre de cursus à l'observation systématique des transformations obtenues dans le comportement et le cerveau. Il devrait être possible de démontrer qu'un tel programme, s'il réussit, est capable de modifier le cerveau et le comportement. Les preuves tangibles de ce genre peuvent jouer un rôle très persuasif, c'est comme démontrer que l'exercice physique est bon pour le cœur.

Paul intervint :

— On verra ouvrir partout des gym-clubs pour les facultés émotionnelles ! Les rires s'estompant, il ajouta : C'est vrai ! S'ils savaient ce qui est possible, les gens s'y précipiteraient.

— Au Tibet, on appelle ça un monastère, fit Alan, très pince-sans-rire.

Paul poursuivit :

— Cela pourrait attirer tous les lecteurs de *L'Art du bonheur* et d'*Intelligence émotionnelle*. Beaucoup de gens cherchent autre chose que de la lecture. La lecture n'est qu'un premier pas ; il faut à présent leur donner quelque chose à faire.

Owen avait une idée :

— Pour répondre au dalaï-lama, qui cherchait un nom, je voudrais vous soumettre un terme de grec ancien qu'a aussi employé saint Augustin : *eudaimonia*. Ça n'a aucune connotation religieuse, c'est vieux comme le monde, et ça désigne exactement ce dont nous parlons : l'épanouissement humain. C'est au fond ce à quoi nous aspirons tous, et que nous avons toujours cherché, bien que notre éducation ne nous ait pas vraiment servi en ce sens.

— Y a-t-il des salles d'eudémonisme, demandai-je en plaisantant. De la même façon qu'il y a des salles de gym ?

— Pour reprendre ce que disait Richie, intervint Paul, quand on commence à jouer au tennis, on ne passe pas beaucoup de balles au-dessus du filet. Mais, à mesure qu'on apprend, des modifications se produisent dans notre cerveau, qui constituent la base de ce qui nous permettra de faire que les balles franchiront le filet. Voilà le modèle : nous devons apprendre à devenir des joueurs de tennis émotionnels. Il nous faut davantage d'aptitudes émotionnelles. Je ne sais pas si le moment est venu d'entrer dans les détails du programme…

— Allez-y, l'incitai-je.

— J'ai trois choses en tête, lança Paul. D'abord, nous devons apprendre aux gens à se montrer plus sensibles aux signes subtils de l'émotion chez les autres, sur le visage, dans la voix, les gestes. Nous disposons aujourd'hui de techniques pour cela, et nous savons que cela peut aisément s'acquérir. Beaucoup n'y excellent pas au départ, mais n'importe qui peut devenir assez bon en deux ou trois heures.

« Deuxièmement, nous devons exercer les gens à reconnaître les sensations internes indicatrices de leurs propres émotions, pour les aider à mieux en déceler l'apparition. Chaque émotion procure une sensation physique particulière, et il est possible d'éduquer les gens aux sensations corporelles. C'est un peu plus difficile, mais c'est comme une sorte de conscience de soi. On peut employer certaines techniques du jeu d'acteur pour aider les gens à se montrer plus attentifs.

— La méditation de l'attention aux sensations corporelles a la même fonction, soulignai-je.

— La troisième proposition, poursuivit Paul, est en fait empruntée au professeur Norman Kagan, qui a mis au point un programme nommé Interpersonal Process

Recall (Rappel des processus interpersonnels)[5]. On prend deux personnes qui ressentent de l'affection l'une pour l'autre – ce sont souvent des époux, mais cela s'applique à tout type de relations. On les filme pendant qu'ils essaient de régler un conflit. Une fois le conflit résolu et qu'ils sont parvenus à un accord – c'est le but recherché –, chacun rencontre un interlocuteur qui, en repassant le film, leur demande de révéler les sentiments qu'ils n'ont pas exprimés sur le moment : qu'est-ce qui motivait leurs réponses, pourquoi sentaient-ils à tel moment la situation leur échapper. On procède ainsi avec chacun, séparément. Puis on les remet ensemble, et ils recommencent la discussion.

« Je ne prétends pas qu'il faille agir exactement ainsi. Mais l'essentiel ici est de donner aux gens l'habitude répétée de gérer leurs conflits émotionnels, auprès d'éducateurs capables de les aider à mieux comprendre le processus et de tenter de nouvelles approches. En fait, ce programme a été très utile auprès des gardiens de prison dans deux ou trois États.

Jeanne Tsai, qui devait intervenir le lendemain, était restée très attentive. Elle prit la parole :

— Une bonne partie de ce que nous proposons ici correspond à des techniques déjà utilisées par la psychothérapie occidentale. Par exemple, celles de Norman Kagan ont permis d'aider des couples qui rencontraient des problèmes relationnels. Nous pouvons aussi emprunter aux thérapies comportementalistes cognitives. Beaucoup de gens ne savent toujours pas à quel point leurs pensées sont liées à leurs émotions, ce qui donne lieu à des comportements particuliers. Il faudrait envisager d'utiliser ces techniques auprès de gens qui ne présentent aucun trouble psychologique, qui estiment ne souffrir de rien, mais profiteraient tout autant de ces techniques.

— La perception de soi n'est pas la même au Tibet que dans l'Occident moderne, souligna Alan. Du point de vue bouddhiste, nous sommes tous « atteints ». C'est pourquoi nous souffrons.

L'éducation émotionnelle et les affaires

— Je trouve compliqué de s'adresser aux adultes, parce qu'ils sont très difficiles à atteindre, dit Matthieu. Je ne pense pas pour autant qu'il faille sacrifier une génération, mais il est évident que si nous commencions par le système scolaire, les autres pourraient mieux percevoir l'utilité de ce que nous faisons. Nous verrions alors émerger l'équivalent des cours pour adultes inspirés des programmes pour enfants. Car comment atteindre les adultes autrement, si ce n'est par les médias ?

Mark dit :

— Matthieu pose une question importante, et, peut-être, Dan, pouvez-vous lui répondre ? Quels bénéfices les entreprises peuvent-elles trouver à une plus grande intelligence émotionnelle des employés ? L'une des choses que l'on apprend en travaillant auprès des enfants – mais c'est aussi vrai pour moi –, c'est la nécessité d'une pratique répétée ; on ne peut pas se contenter de petites leçons épisodiques. La pratique doit être quotidienne, ou du moins régulière, et, pour s'y engager, il faut souvent avoir été fortement incité à le faire. Il est très difficile de changer, et les ateliers du week-end risquent de n'avoir qu'une efficacité limitée.

C'est souvent le problème des psychothérapies d'une heure par semaine.

— C'est là que nous pouvons beaucoup apprendre du recours bouddhiste à la pratique répétée. Sachant cela, comment élaborer un modèle compatible avec la répétitivité ? J'ai songé à l'entreprise, par exemple, parce que les gens s'y rendent tous les matins pour travailler.

— Il se trouve, répondis-je, que les propositions de Votre Sainteté ont d'excellents arguments à faire valoir dans les affaires. C'est bon pour le CA.

— Quoi donc ? demanda le dalaï-lama.

— Le profit, expliqua Alan.

— Ce pourrait être un levier, continuai-je, évoquant le contenu de mes ouvrages *L'Intelligence émotionnelle II* et *L'Intelligence émotionnelle au travail*, où je me suis livré à une analyse poussée des innombrables indices que la productivité des employés et l'efficacité des dirigeants sont liées à l'intelligence émotionnelle[6]. Par exemple, si vous prenez les vendeurs, certains feront un million de dollars par an, et d'autres seulement cent mille. Qu'est-ce qui différencie les uns des autres ? Eh bien ça n'est ni l'habileté technique ni l'intelligence. Ça tient à leur façon de gérer leurs propres sentiments – et notamment les émotions afflictives –, à leur motivation, à leur persévérance et à leur aptitude aux relations humaines. C'est tout à fait comme vous le disiez, Paul – ça dépend de leur sensibilité aux sentiments des autres, de leur souplesse relationnelle, etc. Voilà ce qui fait la différence – et c'est précisément ce dont nous traitons ici.

« On peut en dire autant des dirigeants les plus performants. Une multinationale, par exemple, possède plusieurs directeurs pour différents secteurs, et certains de ces secteurs sont plus rentables que prévu, alors que d'autres le sont moins. Quand on observe ces dirigeants, on retrouve le même phénomène : l'aptitude à gérer ses émotions et ses relations joue sur les résultats commerciaux. Le fait de ne pas savoir maîtriser sa colère et de la laisser éclater au visage des gens rend les employés très anxieux ; ils seront moins performants pour leur secteur.

— Pourtant, me demanda le dalaï-lama, ne diriez-vous pas que les plus agressifs au travail semblent être les plus performants ?

— Agressifs dans quel sens ?

— Arrogants, péremptoires.

— Ce n'est pas vrai à long terme.

— À long terme, répondit le dalaï-lama, je suis parfaitement d'accord. L'honnêteté, la sincérité – cela peut procurer davantage de succès à long terme. Alors que l'autre type ne peut réussir que temporairement…

Sur ce point précis, je répondis :

— Des études ont révélé comment le style émotionnel d'un dirigeant déteint sur l'ambiance qui règne parmi ses employés. Dans une ambiance positive, les bénéfices augmentent parce que les gens donnent le meilleur d'eux-mêmes. Si les employés n'aiment pas le patron, s'ils ne sont pas à l'aise au travail, cela nuit à l'entreprise parce qu'ils se contentent de faire le strict nécessaire. Un dirigeant au style positif est stimulant. Il sait débusquer dans son activité les valeurs qui inspirent les employés, celles qu'ils trouvent significatives ou primordiales, et il leur rappelle fréquemment cet aspect de leur mission. Ce type de dirigeant crée une ambiance positive et s'en trouve très bien récompensé.

« De la même façon, celui qui prend le temps de favoriser l'harmonie entre les gens, qui fait l'effort de mieux les connaître, a un effet très positif. C'est le cas des dirigeants capables de demander en aparté à un employé : "Quelles sont vos aspirations pour votre vie, pour votre carrière ? En quoi puis-je vous aider à aller dans ce sens ?" Les dirigeants à l'esprit collectif, ceux qui prennent leurs décisions en écoutant tout le monde, ont aussi une influence très positive.

« En revanche, le dirigeant cœrcitif, qui dit : "Faites ceci parce que je vous dis de le faire", produit un effet négatif sur l'ambiance. Un dirigeant arrogant peut s'avérer efficace dans certaines situations serrées, lorsqu'il y a une véritable urgence et qu'il est essentiel d'obéir aux ordres. Mais lorsque c'est l'unique mode de commandement, ça s'avère très négatif.

« Il y a donc, comme vous le disiez, Mark, de bonnes raisons d'introduire ce genre de programme dans l'entreprise. On a aussi étudié les façons d'aider les gens à évoluer dans le cadre de l'entreprise, et ça ressemble beaucoup au modèle de Matthieu. Rien n'est possible en séminaire. Un week-end ne suffit pas, parce que les gens doivent modifier certaines de leurs habitudes fondamentales – ce qui exige qu'ils saisissent chaque occasion qui se présente pendant le travail pour apprendre. Si un patron a mauvais caractère mais qu'il désire changer, il lui faudra s'exercer chaque jour, chaque fois que ce sera possible, pendant des mois ; c'est à ce prix qu'il progressera.

Nouveaux maux, nouveaux remèdes

Comme il me le dirait par la suite, le dalaï-lama était assez satisfait de constater l'unanimité du groupe sur l'importance qu'il y avait à élaborer un programme pratique. Il restait méfiant, toutefois. Il avait trop souvent vu des groupes se féliciter de projets jamais mis en route. Et puis il se demandait si ce qui fascinait tant cette petite congrégation paraîtrait intéressant, ou seulement pertinent, au reste du monde.

Il exprima donc une préoccupation d'ordre stratégique. Il avait remarqué que les gens sont toujours d'accord sur l'urgence qu'il y a à traiter des problèmes tels que la misère et la maladie. Mais que dès qu'une société devient plus prospère et jouit d'une meilleure santé, les problèmes se situent à un autre niveau et portent souvent la sinistre griffe des émotions destructrices. À ce stade, il faut aider les gens avec leurs états mentaux, prétend-il, soulignant ainsi :

— Nous pourrons bâtir un monde meilleur, une meilleure famille pour chaque individu. Mais cela risque de ne susciter qu'un intérêt limité. Nous avons rassemblé quelques personnes venues de tous types d'universités, mais vous êtes tous là parce que vous trouvez à ces questions un intérêt individuel.

« Et je serais curieux de savoir si votre adhésion à la nécessité d'une véritable mission pour le changement, ainsi qu'à la réelle possibilité d'élaborer un type d'entraînement, est le reflet d'un sentiment plus vaste dans la société, et notamment dans les universités, parmi vos collègues. Ou bien sommes-nous seulement représentatifs d'une infime minorité ? Auquel cas, tout ceci n'aura été qu'un écho entre ces murs.

— J'ai vraiment le sentiment que ça dépasse ces murs, répondit Richie. L'American Psychological Association, par exemple, la plus grande organisation de psychologues du monde, qui compte près de quarante-cinq mille membres, a lancé une initiative baptisée « Psychologie positive » pour se pencher sur l'épanouissement humain. Le mot « épanouissement » est celui qu'ils ont employé. Ils disent qu'on a passé trop de temps à ne s'intéresser qu'aux traits négatifs et qu'il faut à présent nous tourner vers les aspects positifs. Je pense que la communauté académique reconnaît dans une certaine mesure que l'heure est venue de prêter attention à ces choses.

Satisfait, le dalaï-lama acquiesça de la tête. Paul ajouta :

— Je crois même que ça dépasse le milieu universitaire. Ça touche aussi le monde de l'entreprise, ou la communauté médicale. Ce n'est pas qu'ils admettent qu'on peut emprunter certaines choses aux pratiques bouddhistes – c'est juste qu'ils constatent que nous ne parvenons pas à résoudre le problème. C'est ça que les gens admettent, et c'est très répandu.

— C'est cela, oui, dit le dalaï-lama avec conviction.

Un consensus sur ce qui ne va pas

— Je voudrais que nous envisagions le long terme, dit Mark Greenberg. La disparition de toute pratique religieuse chez beaucoup de gens et celle des rapports de voisinage dans beaucoup de cultures, pas seulement aux États-Unis, ont provoqué une fragmentation, qui a elle-même produit de nombreuses formes de violence. J'ai souvent été interrogé par les médias sur la violence. Leur première question est systématiquement : « Que faire de ces enfants violents ? » La suivante est toujours d'ordre plus général : « Qu'est-ce qui ne va pas dans notre société ? » Pourquoi ne disposons-nous pas du type adéquat de contrôle social, ni du type adéquat de développement intérieur ?

— Qu'entendez-vous par « contrôle social » ? demandai-je. Dans un contexte totalitaire, cette phrase aurait pu prendre un sens sinistre.

— La quantité de violence affichée dans les médias est un exemple du manque de contrôle social aux États-Unis, répondit Mark. L'absence de contrôle sur les ventes d'armes, bien sûr, en est un autre. Nous savons que cela vaut à notre société un taux de violence bien supérieur à celui de beaucoup d'autres.

Le dalaï-lama fit remarquer que, si nos débats étaient effectivement le reflet d'un souci plus répandu dans la société et notamment au sein même de nombreuses disciplines :

— Il serait peut-être alors plus fructueux, plutôt que de chercher à établir le programme où à en définir le cadre entre nous, d'y faire participer plus de gens, en les associant à notre dialogue, ce qui nous permettrait de soigner les détails. Nous serions alors en mesure de soumettre un plan, ou une proposition très claire, très pratique, à tel ministère de tel gouvernement, et peut-être même aux Nations unies.

Francisco Varela intervint avec un autre son de cloche.

— Votre Sainteté, vous avez entendu l'avis de certains de mes amis ici présents, mais ils viennent tous des États-Unis, alors ce qu'ils disent n'est peut-être pas totalement universel. Les États-Unis ont une culture très particulière, et la situation aujourd'hui dans mon pays, la France, n'est pas vraiment la même. La France accorde depuis des siècles une importance énorme à l'éducation fondée sur la performance rationnelle, dans ce style si occidental qui fait primer la raison sur l'émotion. Les enfants reçoivent une éducation formidable, mais très focalisée sur la performance intellectuelle.

Déplacer pareille montagne demandera du temps, et le public n'a aucune conscience de la nécessité de quelque forme d'instruction parallèle pour apprendre à gérer ses émotions et ses relations. Ce serait, en France, une idée très nouvelle.

« Si tout le monde admet que la violence sociale est un problème, et une révision du système éducatif est même en cours pour cela, on reste toutefois dans les paramètres traditionnels. On voit bien apparaître de petites choses çà et là, mais je dois m'avouer moins optimiste quant à notre situation actuelle.

Le dalaï-lama admit que certains pays d'Europe, comme la France, risquaient de se montrer plus rétifs à une approche éducationnelle aussi innovatrice. Mais il sentait que, du fait de leur différence et de leur jeunesse, les États-Unis pourraient faire preuve d'une autre ouverture d'esprit et servir de laboratoire expérimental. En cas de réussite, les pays européens finiraient bien par suivre.

L'essentiel, pensait-il, était d'agir. Trop de débats de ce genre, après avoir soulevé l'enthousiasme, n'en restent qu'aux bonnes résolutions. Il prononça donc une mise en garde :

— Il est important de nous assurer que ces conversations n'en demeureront pas au stade de l'expression d'opinions ou de bonnes volontés, et que nous tenterons vraiment de les mettre en œuvre. S'il faut changer l'ordre des choses, comment conserver jusqu'au bout le cœur à l'ouvrage ? Le fait d'en discuter nous vaut certainement du bon karma, mais cela doit dépasser notre karma et aller s'implanter dans la société.

Pour immédiatement exaucer Sa Sainteté, Paul proposa qu'un rendez-vous soit pris afin d'élaborer le programme dont nous parlions. Il ne tarderait pas à passer aux actes : l'année suivante, à Boston, un groupe élargi s'attacherait à mettre au point ce programme et à en concevoir l'évaluation scientifique.

Au secours des distraits de naissance

Revenant au contenu du programme, Matthieu suggéra :

— Nous pourrions sans doute ajouter aux trois propositions de Paul une courte séance d'introspection. Après tout, il n'y a rien de meilleur que de contempler le miroir de l'esprit. Quelques minutes de cet exercice suffisent à apporter une nouvelle vision des choses.

— Ça pourrait fonctionner par petites doses répétées, pour une période totale de vingt ou quarante heures approuva Paul.

— Combien de gens se livrent à trois minutes d'introspection quotidiennes, dans le calme ? demanda Matthieu.

Owen, qui adoptait de plus en plus le profil du sceptique de l'assemblée, nous mit en garde :

— Afin de nous assurer que nous ne sommes pas en train de réinventer la roue, nous devrions regarder ce qui se fait déjà, au moins en matière d'instruction morale dans les écoles publiques aux États-Unis. Lawrence Kohlberg, un psychologue d'Harvard aujourd'hui disparu, a accompli des choses importantes dans ce domaine, et je connais beaucoup d'écoles qui appliquent ses techniques. Dans ces écoles, les petits jouent par exemple au jeu des « chaises musicales morales », où il s'agit de se mettre dans la peau de l'autre. Ces écoles essaient de fonctionner comme des communautés. C'est comme dans le modèle de Dan : le proviseur et les professeurs imposent le respect, mais n'en continuent pas moins de s'asseoir auprès des élèves pour s'assurer que tout va bien. Je me demande à quel point tout cela n'existe pas déjà.

« Parmi ce qui pourrait nous inciter au pessimisme, y compris aux États-Unis, il y a ce que disait Mark du manque de contrôles sociaux. Lorsque les États-uniens entendent des expressions comme "perfectionnement éthique" ou "exercice de l'intelligence émotionnelle", ils s'imaginent qu'on cherche à imposer un système de valeurs. Mais ils refusent d'admettre qu'un système de valeurs leur est déjà imposé. Nous savons, pour les raisons qui font que nous ne parvenons pas à faire passer la loi de contrôle sur les ventes d'armes, que certains types de réformes scolaires, malgré leur caractère indéniablement positif, peuvent rencontrer d'énormes résistances si elles ne portent pas le nom qui convient. Et j'ai bien aimé certaines des suggestions entendues ici.

— Dans le même ordre d'idées, dit Alan Wallace, il y a environ un siècle, William James publiait un merveilleux petit livre, très lisible, intitulé *Aux étudiants, aux enseignants*, où il reprend certains de ses principes philosophiques appliqués à l'éducation[7]. L'un des thèmes qui reviennent souvent est ce qu'il appelle « l'attention volontaire soutenue ». Il remarque que certaines personnes semblent distraites de naissance, alors que d'autres ont l'air plus centrées, plus aptes à se montrer attentives.

« Il a écrit beaucoup de choses fascinantes sur le rôle de l'attention soutenue dans la morale, l'éducation et dans toute une gamme de facettes très importantes de la vie humaine. Il a dit que le système éducatif par excellence serait celui qui aiderait les étudiants à développer leur capacité d'attention volontaire soutenue.

Les bouddhistes appellent cela l'attention vigilante, ou l'introspection, ou le développement de *shamatha*, la quiétude durable. Quel que soit le nom qu'on lui donne, il faut le cultiver.

« J'ai eu l'occasion de discuter avec un vieux professeur de pédagogie de Stanford qui avait beaucoup travaillé dans les collèges. Il disait qu'une immense partie du temps de cours est consacrée à obtenir l'attention des élèves. La part de l'apprentissage réel est comparativement mince. James avait évoqué l'idée de cette formation à l'attention soutenue, mais il avouait ne pas savoir comment faire.

« Le bouddhisme a pris beaucoup d'avance à cet égard – mais notre programme n'est pas nécessairement bouddhiste. Nul besoin d'évoquer le karma ou les Quatre Nobles Vérités, ni de s'échiner à ressentir la conscience du souffle, parce que les enfants de dix ans ne le feront pas. C'est donc l'occasion de faire preuve d'imagination – tâchons de concevoir des façons, à partir de séances courtes là encore, d'améliorer notre faculté à rester attentifs. Cela doit peut-être passer par des exercices corporels et par différentes autres activités. Je crois que, cent ans plus tard, nous pourrions enfin relever le défi que nous a lancé William James, et auquel le système éducatif occidental n'a jamais répondu. Voilà un élément de plus pour notre programme.

Notre journée touchait à sa fin, et, pour conclure, je me tournai vers le dalaï-lama.

— Vous nous avez fait une proposition qui semble nous enthousiasmer. J'ai l'impression, Votre Sainteté, que quelque chose sortira de tout ça. On m'a chargé de vous demander, au cas où nous organiserions un séminaire pour attirer plus de monde et faire avancer notre projet, si vous viendriez.

— Étant donné que c'est moi qui l'ai suggéré, bien sûr que je viendrais. Ce n'est pas que ma présence soit indispensable. Mais si je peux être utile, je serai toujours prêt à venir participer.

— Nous saurons nous en souvenir au moment des préparatifs, lui promis-je. Cette séance a été très fructueuse.

À ces mots, le dalaï-lama se leva et souhaita une bonne nuit à tout le monde. Il était heureux de constater l'enthousiasme du groupe à l'idée de concevoir un programme qui aiderait les gens à contrecarrer leurs émotions destructrices. Il songeait à une expression tibétaine : « Ses mots ont été portés par le vent » – quoi que l'avenir nous réserve, il avait au moins clairement pu exprimer son propre souhait.

Quant à Richie, il m'avoua sa surprise d'avoir vu cette journée aboutir à un plan d'action – c'était très prometteur. Et, bien que le dalaï-lama ne l'ait pas su, après le dîner, un petit groupe de participants se retrouva pour prolonger les débats du jour – et semer les graines de ce qui allait devenir le programme d'aide aux adultes intitulé : « Cultiver l'équilibre émotionnel ».

Quatrième jour

ACQUÉRIR DES APTITUDES ÉMOTIONNELLES

23 mars 2000

10

L'influence de la culture

Au milieu des années soixante, le jeune Paul Ekman rend visite à Margaret Mead, l'une de grandes anthropologues du siècle dernier, pour lui parler des recherches qu'il compte entreprendre. Il est alors sur le point de se rendre en Nouvelle-Guinée pour y étudier les expressions faciales auprès d'une lointaine tribu, un peuple dont l'intégrité culturelle s'est préservée de tout contact avec l'étranger, et notamment avec les médias modernes. Ekman compte apporter aux membres de cette tribu des photos de visages occidentaux exprimant les émotions de base – la peur, le dégoût, la colère, la tristesse, la surprise et la joie – pour voir s'ils sauront les identifier.

À l'époque, Margaret Mead est persuadée que, comme les coutumes et les valeurs, les expressions du visage varient d'une culture à l'autre, et le projet d'Ekman ne l'inspire pas beaucoup. Mais, ainsi qu'elle le racontera dans son autobiographie, cette indifférence répond avant tout à des motivations sociales. Comme beaucoup de chercheurs en sciences sociales, elle brandit le poids de la culture pour répondre aux arguments des racistes de l'époque – colonialistes ou fascistes –

qui tablent sur de supposées différences innées pour prouver l'infériorité biologique de certains peuples. En insistant sur la flexibilité de la nature humaine, Mme Mead, avec d'autres, affirmait en fait que les différences ne sont pas biologiquement déterminées, mais qu'elles obéissent à des circonstances changeantes et améliorables.

Pourtant, comme l'a dit le dalaï-lama dans *Une éthique pour le prochain millénaire*, la condition humaine – à commencer par notre biologie commune – fait de nous des frères et sœurs, par-delà nos différences culturelles. D'ailleurs, ainsi qu'il nous l'avait déjà raconté, les recherches d'Ekman ont finalement fourni des signes forts de cette humanité partagée : les membres de la tribu de Nouvelle-Guinée se sont montrés parfaitement capables d'identifier les émotions exprimées par un groupe d'individus issus d'une culture et d'une société aux antipodes de la leur.

En démontrant que l'universalité de l'expression émotionnelle témoigne d'un patrimoine biologique commun à l'humanité, Ekman rejoignait l'idée maîtresse de Darwin – dont il redécouvrait alors l'œuvre. Ekman l'a récemment souligné dans son commentaire de *L'Expression de l'émotion chez les hommes et les animaux* : « L'expérience sociale influence notre attitude envers l'émotion, elle crée certains codes du sentiment et de son expression, façonne et ajuste les circonstances particulières qui produiront le plus rapidement l'émotion. » Autrement dit, la culture détermine quelles émotions nous affichons, et à quel moment. Mais il ajoute : « L'expression même de nos émotions, la configuration précise de nos mouvements musculaires, semble déterminée, ce qui permet la compréhension d'une génération à l'autre, d'une culture à l'autre, et entre étrangers au sein d'une même culture, aussi bien que s'ils étaient intimes. »

Les sciences sociales émettent un postulat : « À certains égards, chaque personne est comme toutes les autres, à certains égards elle est comme certaines autres, et à certains égards, elle est unique. » Si les recherches de Paul Ekman ont essentiellement tourné autour du premier niveau (celui des universaux) et dans une moindre mesure du troisième (celui des différences individuelles), l'étude des cultures concerne le deuxième, où les gens de culture similaire présentent certaines spécificités du répertoire humain. C'est dans cette perspective que Jeanne Tsai gagna la table de nos débats, pour nous faire partager le fruit de ses recherches sur la culture et les émotions.

L'influence de la culture sur l'émotion a toujours passionné Jeanne : c'était son premier sujet de licence, puis de maîtrise, et ça l'était encore au moment de notre conférence, alors qu'elle était maîtresse auxiliaire à l'université du Minnesota (elle a depuis rejoint le département de psychologie de l'université de Stanford). Jeanne a conduit ses études avec une sensibilité très particulière : ses parents, tous deux professeurs d'université, ont eux-mêmes immigré de Taiwan.

Les parents de Jeanne sont venus aux États-Unis pour étudier la physique. Sa langue maternelle était donc le taiwanais – et sa maîtresse du jardin d'enfants a demandé à ses parents de ne plus lui parler taiwanais, afin d'éviter qu'elle prenne un accent. (Jeanne avait alors déjà compris que – l'anglais étant la seconde langue de ses parents – il eût au contraire mieux valu qu'ils ne lui parlent que taiwanais, pour lui laisser apprendre l'anglais de la bouche des anglophones de naissance !)

Jeanne a grandi à Pittsburgh, où il n'y avait que peu d'autres habitants d'origine asiatique. Sa famille a ensuite déménagé en Californie, où Jeanne est entrée à Stanford, pour sa licence, puis à Berkeley, pour achever son troisième cycle. C'est seulement à ce moment, au sein d'une communauté d'origine asiatique bien plus nombreuse, que Jeanne s'est mise à percevoir qu'une bonne partie de ses convictions et du comportement familial répondait à son éducation asiatique.

Sur un plan plus intime, Jeanne a commencé à se trouver une propension très taiwanaise pour certains sentiments mêlés. Elle constatait en elle une dose d'humilité et de loyauté, ainsi qu'une certaine aptitude à se mettre au diapason des autres et à se soucier de leurs sentiments. L'effacement de soi qui découle de cette attitude, se disait-elle, est souvent mal interprété par les Américains d'origine européenne, qui y voient un manque d'assurance ou d'amour-propre. Cela a attisé sa curiosité pour les effets de la culture sur la psychologie, sujet qu'elle aurait le loisir de creuser à Stanford, où elle a découvert la possibilité d'associer ses intérêts scientifiques et personnels.

À l'époque de sa soutenance de thèse, sur les relations comparées entre jeunes et anciens chez les Américains d'origine chinoise et ceux d'origine européenne, le domaine de la psychologie culturelle – qui avait connu son heure de gloire dans les années soixante avant de quelque peu décliner – opérait un grand retour. Au même moment, ses camarades de classe étaient plongés dans la politique identitaire des années quatre-vingt, et tout le monde se posait des questions du genre : que signifie-t-il d'être américain d'origine asiatique ? C'est ce qui a poussé Jeanne à s'interroger sur l'influence réelle de la culture sur notre personnalité, notre façon de ressentir, notre mode de pensée et notre comportement – autrement dit, du point de vue du psychologue, à introduire la culture dans le débat scientifique sur le comportement humain.

Jeanne a choisi d'achever son troisième cycle à Berkeley, pour étudier auprès de Robert Levenson, un éminent chercheur qui commençait à peine à explorer les variations de l'émotion en fonction de la culture, du sexe et de l'âge. Les recherches que Jeanne a alors entreprises, et qu'elle a poursuivies depuis, seraient notre sujet de la matinée.

La journée commence

Les gens étaient encore en train de s'installer lorsque je demandai en aparté au dalaï-lama : « Vous sentez-vous mieux ? » À l'image du temps, qui se dégageait, son rhume allait « mieux aujourd'hui », dit-il, mais une toux persistante le dérangerait quand même jusqu'au soir.

Le moine chargé de l'entretien nettoyait la pièce de fond en comble, avec un soin témoignant de sa vénération, mais il ne touchait jamais à ce que les scientifiques laissaient sur la table. Ce matin-là, la nappe verte était jonchée de papiers, d'appareils photo et des éléments roses de la maquette du cerveau, sans oublier tout le matériel d'enregistrement habituel. C'étaient comme les traces de l'extrême énergie qu'avait déployée le groupe la veille, et qui ne s'était pas démentie dans la soirée, puisque de nouveaux projets avaient alors été établis concernant le programme d'enseignement de l'équilibre émotionnel.

Pour lancer les débats, je repris la métaphore de la tapisserie. « Hier, nous avons poursuivi le tissage de notre trame, et quelque chose se dessine à présent très clairement. Richie a parlé des fondements neurologiques des émotions afflictives – ce qu'il se produit dans le cerveau lorsqu'on fait l'expérience des Trois Poisons, et comment intervenir au mieux dans le processus. La neurobiologie ne peut manifestement pas répondre à certaines questions très intéressantes du point de vue bouddhiste, comme le fait de savoir si la conscience ne repose que dans le cerveau. Mais elle a beaucoup à dire sur ce que chacun de nous peut faire pour améliorer sa vie émotionnelle. Certains principes essentiels ont été décrits en détail, notamment le fait que le vécu et l'apprentissage remodèlent sans cesse le cerveau, ce qui nous permettra de mettre au point des exercices pratiques pour aider les gens à mieux gérer leurs émotions destructrices. »

Me tournant vers le dalaï-lama, j'ajoutai : « Le débat de l'après-midi m'a semblé particulièrement animé. Tout le monde s'est mobilisé autour de l'idée d'établir un plan d'action dont l'objectif serait de fournir aux gens des méthodes pratiques de mise en application des principes d'éthique laïcs que vous-même avez décrits. C'est un projet très ambitieux, qui nous demandera une grande implication collective – pas seulement par les idées, mais par des actes. Après la pause, Mark Greenberg nous parlera de certains programmes scolaires qui montrent déjà des résultats prometteurs.

« Mais commençons par prendre un peu de recul, en nous interrogeant sur une question fondamentale. L'une des caractéristiques de notre programme, c'est qu'il devra s'adresser au monde entier. Il faudra donc non seulement tenir compte de ce que les gens ont en commun, et qui a fait l'objet de notre attention jusqu'ici, mais aussi de certaines grandes différences, notamment culturelles. Quel rôle joue la culture sur les émotions ? En quoi cela affectera-t-il notre projet ? Que faut-il savoir pour nos démarches ?

« Nous avons la chance de recevoir Jeanne Tsai parmi nous, qui est la fille d'immigrés taiwanais aux États-Unis. Elle a été élevée dans un foyer bilingue, chinois et anglais, et porte sur la culture un regard aussi nourri d'expérience personnelle que de savoir psychologique objectif. La recherche est toujours mieux conduite par ceux qui, comme Jeanne, ont une connaissance instinctive personnelle de leur sujet. Elle va nous parler de culture et d'émotion, et je crois que c'est un volet essentiel de nos débats. »

Pendant ma présentation, toute l'impatience contenue de Jeanne était perceptible. Au premier abord, ses manières paraissaient réservées, quasiment déférentes, mais, dès qu'elle se mit à parler, elle montra autant d'aplomb que de clarté. Et si elle semblait un peu tendue au début, elle trouva son aise aussitôt qu'elle s'adressa directement au dalaï-lama.

Ce dernier avait spécifiquement requis la présence d'un représentant scientifique de culture asiatique, et, malgré sa toux, il se montrerait ce matin-là encore plus attentif que d'ordinaire. Il resterait bien calé sur sa chaise pendant presque tout l'exposé de Jeanne. Quand elle parlait, une gestuelle gracieusement retenue soulignait les suaves intonations de sa voix.

Différents soi

Jeanne commença par dire au dalaï-lama combien elle était honorée de pouvoir lui parler de la culture et des émotions. Puis elle entra dans le vif du sujet :

— La psychologie aux États-Unis s'intéresse de plus en plus à l'influence de la culture sur le comportement humain, elle cherche à savoir comment les principes psychologiques s'appliquent à des individus de culture différente, notamment aux non-Occidentaux. Cet intérêt répond à la diversité culturelle croissante du pays, à la mondialisation, et à la prolifération de gens qui, issus comme moi de cultures croisées, se sont investis dans le débat psychologique occidental.

« Je voudrais vous parler de la façon dont la culture influence nos émotions et nos sentiments. Paul Ekman a évoqué avant-hier certains aspects de l'émotion valables pour toutes les cultures, mais je montrerai pour ma part comment nos émotions peuvent varier en fonction de notre culture. Ces variations prennent une importance particulière dès lors qu'on se propose de promouvoir les états d'esprit et les comportements constructifs. Certaines études nous ont appris par exemple qu'une bonne partie des traitements qui semblent fonctionner sur les Américains d'origine européenne ne réussissent pas aussi bien à ceux d'origine asiatique. La psychothérapie, par exemple – le fait de solliciter l'aide de quelqu'un lorsqu'on est confronté à des problèmes émotionnels – soulève les réticences de beaucoup de membres de la communauté asiatique [1].

« Comment la culture influence-t-elle l'émotion ? Les cultures présentent autant de points communs que de dissemblances. Les sciences sociales ont identifié une différence entre la culture occidentale et les autres : c'est la conception du soi, qui a des conséquences directes sur l'émotion, ou sur ce que nous ressentons. » Jeanne expliqua que le soi profond semble moins dépendre de la culture que sa strate extérieure, qui en subit lourdement l'influence. C'est de cette couche extérieure qu'elle nous parlerait aujourd'hui.

Bien qu'à l'image de cette notion de soi, chaque grand trait culturel offre toutes les nuances possibles, Jeanne choisit de s'en tenir aux extrêmes, pour plus de clarté. Un exemple représentatif de cette couche extérieure est ce que les psychologues Hazel Markus et Shinobu Kitayama ont appelé le soi « indépendant » – caractéristique des individus vivant dans les cultures occidentales – qui se considère comme étant distinct des autres, de ses parents, de sa fratrie, de ses collègues ou de ses amis. Les individus qui répondent à cette définition estiment leur soi constitué de valeurs, de croyances – d'attributs internes[2].

— Il y a ensuite le soi « interdépendant », nettement plus représentatif des individus de culture asiatique. Ces individus tendent à considérer que le soi est relié aux autres, profondément imbriqué dans un contexte social. Le soi interdépendant se définit en termes de relations sociales. Les cultures japonaise, chinoise, coréenne et taiwanaise sont celles qui ont été le plus étudiées à ce sujet. On n'a pas encore fait grand-chose sur la culture tibétaine, voire rien du tout.

Le dalaï-lama, qui vit désormais en Inde, demanda :

— Et les Indiens ?

— Une partie de ces études a été effectuée en Inde[3]. Les différents groupes asiatiques ne privilégient pas le même type de relations. Les individus de culture chinoise semblent davantage portés sur les relations familiales, alors que ceux de culture japonaise s'intéressent autant à leur famille qu'à leurs collègues. Le nombre de leurs relations sociales signifiantes est nettement plus élevé[4]. Je suppose que les Tibétains doivent entretenir un cercle social encore plus vaste.

Jeanne pensait – sans le dire pour autant – que, vu la forte influence du bouddhisme local, les Tibétains accordent probablement autant d'importance à tous les individus.

— Je n'en suis pas si sûr, dit le dalaï-lama en riant. Nous avons par exemple des familles nomades qui vivent très isolées, dans les steppes.

Jeanne poursuivit :

— Comment connaissons-nous l'existence de ces différences dans la perception de soi ? On en trouve de multiples traces dans l'art et la littérature, mais, en tant que psychologues, nous aimons interroger les individus à leur propre sujet. Alors nous demandons à des représentants de différentes cultures : « Qui êtes-vous ? » Un Américain au soi indépendant dira : « Je suis quelqu'un d'extraverti, d'amical, je suis malin, je suis quelqu'un de bien », alors qu'une personne de culture asiatique dira plutôt : « Je suis le fils ou la fille d'untel, je travaille dans telle entreprise, je joue du piano ". Elle se définira davantage en termes de fonction sociale que de qualités personnelles[5].

Toujours prompt à épingler les faits lorsqu'ils semblent contredire la théorie, le dalaï-lama demanda :

— Que diriez-vous alors de la tradition culturelle occidentale qui consiste à transmettre le nom de famille à la génération suivante ? Cela témoigne encore d'une forte identification familiale. Les Tibétains ne font pas ça.

— C'est vrai, dit Jeanne, mais nous n'avons pas encore étudié les Tibétains.

Elle était habituée à ce qu'on lui porte ce genre de contradiction. À ses yeux, l'existence de contre-exemples atteste de la complexité des cultures et du fait que chacune comporte des exceptions au modèle dominant.

Comme pour abonder en son sens, Thupten Jinpa ajouta :

— Les Tibétains parlent déjà de se mettre à transmettre les noms de famille, pour éviter les confusions. Il y a tellement de Tenzin partout qu'il suffit de crier ce nom dans la foule pour aussitôt voir six personnes se retourner !

Ce qui provoqua l'hilarité générale.

Faire à sa façon, ou faire passer les autres avant soi ?

Jeanne reprit son propos :

— Ces différentes conceptions culturelles de soi influencent les objectifs que l'on se fixe dans la vie. Le but d'une personne au soi indépendant est de se démarquer, de se distinguer des autres. Il commence par le faire en exprimant ses convictions personnelles, en disant ce qu'il ressent et en se donnant de l'importance, en particulier dans sa relation aux autres. Aux États-Unis, les messages qui vont dans ce sens sont omniprésents. On nous recommande de « nous exprimer », comme le dit la célèbre chanson de Madonna *Express Yourself*. La publicité nous affirme que le plus important est de « faire à sa façon ». Et un proverbe dit que « c'est la roue grinçante qui reçoit l'huile » ; celui qui fait le plus de bruit et fait connaître son avis attirera l'attention.

— Mais ces objectifs ne sont pas ceux d'une personne au soi interdépendant, qui cherchera plutôt à tisser des liens avec les autres et à entretenir ses relations. En fait, il modère ses convictions intimes en minimisant sa propre importance par rapport à celle des autres. On notera parmi les messages interdépendants qui circulent le proverbe japonais : « Le clou qui dépasse se fait enfoncer. » J'ai vu ici, dans le Village des enfants tibétains en exil, la photo d'une fête d'école, où l'on pouvait lire : « Les autres passent avant soi » ; voilà encore un message interdépendant.

Ces différentes opinions de soi jouent sur plusieurs aspects de l'émotion. J'en évoquerai trois. D'abord, elles interviennent dans la définition de ce qu'est une émotion souhaitable. En voici deux exemples. Le premier repose sur l'idée que les Occidentaux privilégient le fait de se mettre en avant, quand les Asiatiques valorisent l'effacement. À l'Ouest, on aime bien dire des choses positives de soi-même.

Le dalaï-lama intervint à nouveau, peu convaincu par une distinction si radicale entre Occidentaux et Orientaux, à l'encontre de sa propre conviction que les gens présentent davantage de ressemblances que de différences.

— Ce que vous dites repose-t-il sur des statistiques, demanda-t-il ? Peut-on vraiment généraliser de la sorte ?

— Oui, lui assura Jeanne. C'est très général.

Toujours sceptique, il apporta un nouvel exemple contradictoire :

— Il peut y avoir des exceptions, quand même – par exemple, le fameux dicton de Mao Tsé-toung prévoyant que le vent d'est l'emporterait sur le vent d'ouest.

Le dalaï-lama avait accompagné ces mots d'un sourire ironique.

— Il y a des exceptions, concéda Jeanne.

Elle avait souvent constaté que, pour bien se faire comprendre, les psychologues culturels sont contraints de prendre les exemples les plus extrêmes – sans pour autant qu'il soit question de nier les variations considérables qu'on trouve au sein d'une même culture. Elle avait souvent rencontré la résistance immédiate de ceux qui entendent parler de psychologie culturelle pour la première fois, notamment parce qu'ils redoutent qu'en se penchant sur les différences on divise les gens plutôt que de les unir. Pourtant, Jeanne – comme moi – fut un peu surprise de voir le dalaï-lama résister ainsi à l'idée des différences culturelles ; nous nous attendions à ce qu'il manifeste davantage d'intérêt pour les influences de la culture sur l'émotion.

Avoir une bonne opinion de soi

Jeanne poursuivit :

— Les Asiatiques valorisent l'effacement de soi ; le fait qu'ils cherchent à promouvoir les relations avec les autres les rend plus critiques envers eux-mêmes. On s'en fera une meilleure idée à propos de ce que nous appelons l'amour-propre – le regard que nous portons sur nous-mêmes. On peut mesurer l'amour-propre en soumettant aux gens une série d'affirmations du genre : « Je suis globalement content de moi ; j'estime avoir quelques qualités ; je porte sur moi-même un regard positif. » Les individus dotés d'un amour-propre solide se diront complètement d'accord avec ces affirmations, mais pas ceux dotés d'un amour-propre plus faible.

« Aux États-Unis, on considère qu'il est très, très important d'avoir une haute estime de soi. La Californie a consacré des millions de dollars à la consolidation de l'amour-propre des élèves, dans le cadre du système éducatif. On pense qu'une haute opinion de soi est salutaire et qu'une opinion moins positive est donc forcément malsaine ; on l'associera par exemple à la dépression et à l'anxiété. Ce qui est intéressant, c'est que, lorsqu'on mesure l'amour-propre au sein d'importants groupes d'Américains et d'Asiatiques, les différences sont nettes[6]. »

En 1989, la question de l'amour-propre avait déjà soulevé les passions lors d'un précédent débat, dont j'avais été le modérateur, entre le dalaï-lama et un groupe de psychologues. Sa Sainteté avait alors été sidérée d'entendre, pour la première fois, qu'il était courant que les Occidentaux aient une mauvaise opinion d'eux-mêmes – un très faible amour-propre. Ce qui l'étonnait par-dessus tout, c'était l'idée qu'on puisse ressentir aussi peu de compassion pour soi – que la bonté de ces gens puisse si aisément s'adresser aux autres tout en l'ignorant pour eux-mêmes. Mais l'idée même qu'un amour-propre réduit pose problème témoigne de la conception américaine du soi : à la considération excessive que se portent la plupart des gens répond l'anxiété qu'ils ressentent lorsqu'ils ne s'estiment pas à la hauteur de cette image hypertrophiée.

C'était pour Jeanne l'illustration parfaite de sa thèse : c'est parce que la culture américaine valorise l'amour-propre que les Américains jugent que quiconque n'en montre pas assez a un problème. Beaucoup d'autres cultures, pourtant, trouveraient un tel amour-propre tout aussi problématique.

Jeanne présenta ensuite une diapositive où étaient

classés plusieurs groupes d'étudiants, dans l'ordre croissant de leur niveau d'amour-propre :

1. Japonais « jamais sortis du pays »
2. Japonais « sortis du pays »
3. Asiatiques récemment immigrés
4. Asiatiques immigrés de longue date
5. Asiatiques canadiens de la deuxième génération
6. Asiatiques canadiens de la troisième génération
7. Canadiens d'origine européenne

Les Canadiens d'origine européenne étaient les mieux dotés en amour-propre.

— Plus un groupe est exposé à la culture nord-américaine, plus son amour-propre augmente, observa Jeanne. Aux États-Unis, la norme est plus relevée qu'au Japon[7].

— Existe-t-il des études indiquant si la richesse procure davantage ou moins d'estime de soi ? demanda le dalaï-lama. J'aurais tendance à croire que, globalement, plus on est riche, plus on en a. Je me demande ce que dira la recherche quand elle s'y penchera.

— Peut-être, répondit-elle, songeant aux multiples facteurs qui rendent très difficile l'examen direct de la relation entre statut socio-économique et amour-propre.

Jeanne résuma :

— L'idée, c'est que les Asiatiques, du fait de leur amour-propre globalement moins développé, passent dans la culture américaine pour des gens moins équilibrés. Ils ne le sont pourtant pas – c'est simplement qu'ils estiment normal de ne pas autant se faire valoir que les Anglo-Américains.

Ce qui est souhaitable : le conflit et l'amour romantique

Le deuxième exemple de l'influence des différences culturelles dans la définition des états émotionnels concernait, étonnamment, les conflits individuels. Une étude avait été menée à Berkeley par Jeanne et Robert Levenson, auprès de couples européens-américains et chinois-américains lors de leurs sorties galantes[8].

— Du fait de leur notion de soi, les Occidentaux valorisent la différence, alors que les Asiatiques valorisent la ressemblance avec les autres, nous rappela Jeanne. Les Occidentaux accordent davantage de valeur aux conflits ou aux divergences que les Asiatiques, parce que c'est une occasion d'exprimer leur état intérieur ; les conflits sont donc mieux vécus par les Occidentaux que les Asiatiques. Personne n'aime les conflits, mais disons qu'ils dérangent un peu moins les Occidentaux.

Les données que nous communiquait Jeanne témoignaient en outre d'une certaine évolution, correspondant essentiellement au niveau de déculturation des Chinois-Américains. Plus ils sont « Chinois », moins ils éprouvent d'émotions positives lors de conversations conflictuelles[9].

— Existe-t-il entre vos sujets un amour authentique, demanda le dalaï-lama.

— Oui, dit Jeanne. Ils disent qu'ils s'aiment, et cela fait au moins un an qu'ils sortent ensemble – ce qui est très long pour des couples d'étudiants.

À ces mots, le vénérable Amchok Rimpotché ne put s'empêcher de pouffer.

Jeanne demanda au dalaï-lama :

— Sauriez-vous deviner quel était le terrain le plus conflictuel pour ces couples ? C'est le même pour les Européens-Américains que pour les Chinois-Américains.

Il réfléchit longtemps avant de répondre :

— C'est lié au mariage ? Il développa : Sans un mariage en bonne et due forme, ils choisiraient la liberté et se sépareraient. C'est une attitude très occidentale. Les couples asiatiques doivent être assez différents – le problème pour eux est plutôt d'obtenir l'approbation des parents, ou du moins leur consentement.

Je demandai à Jeanne si ces couples asiatiques-américains auraient besoin de la permission de leurs parents pour se marier, et elle répondit :

— Oui, sans doute pour certains d'entre eux.

Mais elle ne pensait pas que ces couples-là en étaient au stade du mariage.

— L'approbation des parents est très importante pour les Asiatiques, dit le dalaï-lama, même s'il n'y a pas de réelle contrainte. Mais c'est également vrai dans un contexte occidental : si la relation entre la fille et son père est harmonieuse, une bonne fille tiendra compte des sentiments de son bon papa.

Cette dernière remarque le fit jubiler alors qu'il regardait Paul droit dans les yeux. La veille, Paul et sa fille Ève s'étaient entretenus avec lui sur la façon d'éviter les émotions destructrices dans l'amour romantique. Son conseil avait été déroutant : il faut contempler les aspects négatifs de son partenaire, le descendre de son piédestal pour le rendre plus humain. « De cette façon, avait-il dit, vos attentes à son endroit deviennent plus réalistes, et vous avez moins de risques d'être déçue par son comportement. » Il recommanda aussi que l'amour dépasse la simple attirance, pour laisser place au respect mutuel et à l'amitié.

Ce conseil semblait concorder avec le discours de Jeanne. Reprenant le fil de son exposé, elle dit :

— Ce qui est intéressant, Votre Sainteté, c'est que le sujet le plus conflictuel était le même chez les couples européens-américains que chez les couples chinois-américains. C'était la jalousie. Tout tournait autour du fait qu'un des partenaires passe trop de temps avec une tierce personne.

Le dalaï-lama tenta d'appliquer son esprit logique au domaine des passions.

— Si les humains sont vraiment rationnels, et s'ils savent se servir de leur intelligence, une société laïque moderne, où règne une grande liberté sexuelle, devrait moins donner lieu à la jalousie, précisément parce qu'il y a davantage de liberté.

— Oui, répondit Jeanne, mais nous ne sommes pas rationnels tout le temps.

Alan fit une remarque :

— Les liaisons collégiennes ne seraient donc pas très rationnelles ?

Ce qui fit rire le dalaï-lama.

— Aucune liaison ne l'est, surenchérit Paul.

Cela m'incita à poser une question plus sérieuse au dalaï-lama sur la pensée bouddhiste à ce sujet :

— La jalousie est incontestablement une émotion afflictive, n'est-ce pas ? Mais qu'en est-il de l'amour romantique ?

Après une longue consultation en tibétain, Alan expliqua la difficulté qu'il y avait à trouver une traduction exacte à « amour romantique ». On avait décortiqué la notion pour en arriver à expliquer au dalaï-lama :

— Dans beaucoup de cas, ça n'est pas du simple

attachement au sens d'une affliction, mais un mélange plus complexe d'attachement, de prévenance et d'affection.

Cette explication était due à Thupten Jinpa, qui, après avoir été moine, est aujourd'hui marié et père de deux enfants.

En fait, souligna Alan, les deux anciens moines – Jinpa et lui-même – apportaient souvent à ces débats leur propre vision sur ces choses, ce qui permettait de contrebalancer celle du dalaï-lama, qui est moine depuis toujours. Ce dernier avait d'abord cru que « l'amour romantique » désignait le désir sexuel qui, d'un point de vue bouddhiste, appartient à la catégorie des afflictions mentales. Mais Alan avait émis une objection, établissant un parallèle avec la notion de compassion affligée : ce sont des états mixtes, dont un élément peut être considéré afflictif mais pas l'autre. Et Jinpa ajouta qu'on trouvait parmi les aspects non affligés de l'amour romantique un sentiment de proximité, d'empathie, de camaraderie et d'autres caractéristiques de l'amour chaleureux et durable. Le dalaï-lama résuma :

— L'amour romantique est complexe, car il ne comporte pas seulement le désir sexuel mais aussi un élément humain. On ne ressent pas d'amour romantique pour un objet inanimé, par exemple, alors qu'on peut s'y sentir attaché. L'amour romantique implique donc généralement à la fois l'attirance sexuelle, et d'autres éléments humains comme la bonté et la compassion. Par conséquent, l'amour romantique n'est pas simplement une affliction mentale, parce qu'il présente de multiples facettes, dont certaines sont afflictives et d'autres saines.

« Toutefois, selon le point de vue bouddhiste, si ça n'est pas nécessairement une émotion afflictive, c'est quand même un état affligé, parce qu'il repose sur un attachement puissant. Et cet attachement teinte l'amour qu'on ressent, ainsi que le sens même de l'intimité et de la proximité de l'objet d'attachement. Reste à savoir si cet attachement peut parfois prendre certaines formes appropriées, et là, même d'un point de vue bouddhiste, la réponse est oui. L'attachement peut parfois s'avérer précieux, parce que la bonté et la compassion qui l'accompagnent sont bénéfiques.

Jeanne fit ensuite la synthèse des réactions des couples amoureux lorsqu'ils abordent un sujet conflictuel de leur relation. La femme évoque des réactions négatives, comme la colère, la belligérance, la dispute, mais aussi positives, comme l'affection, le bonheur et l'approbation du partenaire.

— Nous n'avons trouvé aucune différence culturelle dans la quantité de réactions émotionnelles négatives, mais il y en avait quant aux positives. Les couples européens-américains ressentent davantage d'émotion positive lors des conflits que les Chinois-Américains, ce qui tendrait à confirmer que le conflit est plus apprécié dans les cultures occidentales que dans les orientales [10].

Des enfants asiatiques faciles

— On trouve un autre exemple de l'influence de la perception culturelle de soi au niveau physiologique – dans nos réactions corporelles. Dotés d'un soi indépendant, les Européens-Américains accordent plus de valeur aux états d'excitation élevée parce qu'ils trouvent important d'être dans un état plaisant. Ils montrent davantage d'excitation physique dans l'émotion et tendent à retrouver plus lentement un état normal, leur période de rétablissement est plus longue.

« Par contre, le soi interdépendant préfère une faible excitation. Les indépendants sont autocentrés, ils recherchent les sensations positives – quitte à ce que leur excitation élevée dérange les autres. Le soi interdépendant, lui, souhaite éprouver moins d'excitation pendant l'émotion, et il sait revenir à une excitation plus faible pour ne pas gêner. Autrement dit, pour le soi interdépendant, l'émotion personnelle doit avoir aussi peu d'impact que possible sur l'état émotionnel des autres.

Jeanne nous parla ensuite des expériences menées à Pékin et aux États-Unis par Jerome Kagan, un psychologue du développement d'Harvard qui a comparé les réactions de bébés chinois âgés de quatre mois à celles de bébés européens-américains du même âge [11].

— On a présenté à ces enfants des stimuli sensoriels, on agitait des objets devant eux, en observant leur comportement. On a constaté que les bébés européens-américains pleurent et crient davantage, et qu'ils sont plus réclamants – ils semblent en général plus soucieux.

Très intrigué, le dalaï-lama discutait avec les traducteurs en gesticulant vivement. Il demanda une précision :

— C'est très intéressant. Ont-ils connu dans les quatre premiers mois de leur vie des choses significativement différentes ?

— C'est la question que nous nous posons, dit Jeanne. Nous l'ignorons.

— C'est capital, dit le dalaï-lama. Si l'on trouvait une différence dans leur vécu, cela pourrait disqualifier toute explication génétique. Les différences de comportement constatées à cet âge pourraient tenir à l'environnement intra-utérin, à ce qui est transmis par les réactions émotionnelles de la mère, ou à la façon dont ces bébés ont été manipulés et traités depuis leur naissance.

— C'est vrai, admit Jeanne, consciente de la portée de cet argument. Nous ne savons pas si ces différences sont génétiques.

— La psychologie du développement est-elle en mesure de dire à quel âge l'enfant parvient à une identification cognitive de sa mère, demanda le dalaï-lama ?

Jeanne céda la parole à Mark Greenberg, notre spécialiste du développement.

— Cela dépend des sens, expliqua Mark. Dès les premiers jours, l'odorat du bébé peut faire la différence entre le coussinet d'allaitement de sa mère et celui d'une autre.

— Aussi tôt, demanda le dalaï-lama ? C'est donc qu'il y a un sentiment spontané de dépendance.

— Par le conduit auditif, continua Mark, ils distinguent la voix de leur mère dès la naissance. La vue met un peu plus de temps parce que le système n'est pas encore achevé.

La passion du dalaï-lama pour les expériences resurgit :

— J'ai une idée pour vous, Mark. Si vous présentiez au nouveau-né le sein de sa mère le premier jour, et celui d'une autre mère dès le lendemain, montrerait-il une résistance, y aurait-il une différence dans sa réaction ?

— Oui, fit Mark.

Richard Davidson nous livra une autre information.

— Si l'on diffuse une voix par un haut-parleur placé devant l'abdomen d'une femme enceinte, dès le troisième trimestre de la grossesse, le fœtus réagit différemment à la voix de sa mère qu'à celle d'une étrangère – dès avant la naissance.

Jeanne observa :

— Il demeure qu'on ne sait pas si ces différences sont génétiques ou dues à des variations de l'environnement des premiers mois chez les sujets étudiés.

— Et les bébés de Taiwan ? demanda le dalaï-lama.

Jeanne répondit en souriant :

— C'est une expérience que j'aimerais bien effectuer.

Le dalaï-lama insista sur l'influence de l'environnement.

— Le fait que l'enfant ait été élevé dès le début dans un orphelinat, ou à la crèche, peut aussi jouer un rôle.

— Oui, approuva Jeanne.

— Si les parents travaillent, les bébés doivent aller à la crèche, dit le dalaï-lama, songeant encore aux données recueillies par Kagan à Pékin. C'est fréquent dans le système communiste.

— C'est exact.

— Alors on ne peut pas affirmer que ce soit l'influence chinoise ou asiatique.

Jeanne approuva à nouveau, et ajouta :

— Nous n'avons pas été en mesure de décortiquer toutes les causes de ces différences culturelles. Mais l'une d'entre elles est peut-être cette vision différente de soi.

Ainsi soumise au questionnement du dalaï-lama, Jeanne se prenait à souhaiter que la psychologie culturelle fût une science plus avancée. Tout ce qu'il avait évoqué – les pratiques éducatives, les fluctuations de la fonction parentale d'une culture à l'autre – pouvait effectivement être à l'origine des différences culturelles que Kagan et d'autres avaient constatées. On disposait encore de trop peu d'éléments pour pouvoir précisément identifier les facteurs culturels. Le dalaï-lama posa une nouvelle question :

— La Chine communiste étant une société asiatique très particulière, où certaines expériences sociales – si vous acceptez l'expression – sont délibérément menées, elle risque de ne pas être représentative de toutes les communautés asiatiques.

— C'est vrai, admit Jeanne. Mais d'autres groupes asiatiques, qui ne sont pas sous influence communiste, présentent le même type de différences avec la culture occidentale ou européenne-américaine.

Jeanne étaya cet argument précis avec des données tirées de la comparaison entre des bébés chinois-américains – nés aux États-Unis de parents chinois – et des bébés européens-américains [12]. On retrouvait le même schéma :

— L'élément essentiel, c'est qu'après une phase d'agitation les bébés chinois-américains se sont montrés plus capables de se calmer que les bébés européens-américains.

Là encore, le dalaï-lama avait une question méthodologique :

— Je me demande quelles différences, et quelles similitudes, on peut trouver dans l'environnement familial de ces enfants.

— Malheureusement, dit Jeanne, les auteurs de l'étude n'ont classé les enfants que par héritage culturel, sans tenir compte des autres facteurs spécifiques susceptibles d'intervenir dans ces différences.

Jeanne trouvait qu'en soulignant les limites actuelles de la psychologie culturelle tout en indiquant certains mécanismes par lesquels la culture pouvait quand même exercer une influence, le dalaï-lama faisait preuve d'une certaine ingéniosité. Elle récapitula en disant que, quelles qu'en soient les raisons, « les bébés asiatiques sont moins excités et plus faciles à calmer que les bébés occidentaux. Certains indices nous laissent penser que cette différence perdure chez l'adulte – dans l'étude des couples, par exemple, les sujets chinois-américains ont montré moins d'accélération cardiaque pendant le conflit que les européens-américains. »

Jeanne évoqua ensuite une étude du sursaut semblable à celles de Paul Ekman et Robert Levenson avec le lama Öser. On y voyait les sujets chinois-américains se remettre plus vite d'une déflagration inattendue que les sujets mexicains-américains – il fallait moins de temps à leur pouls pour redevenir normal[13]. En général, l'intensité du sursaut est un bon indicateur de la réactivité émotionnelle moyenne de l'individu. Ces chiffres, dit Jeanne, laissent entendre qu'il y aurait dans l'environnement culturel quelque chose qui influence notre réaction physiologique à l'émotion, mais on en sait encore trop peu à ce sujet.

Se focaliser sur soi ou sur autrui ?

Par ailleurs, lors d'un épisode émotionnel, les Asiatiques tendent davantage à se focaliser sur les autres, et les Occidentaux sur eux-mêmes.

— On trouve bien-sûr des différences parmi les Asiatiques et parmi les Occidentaux, tempéra Jeanne, mais de façon générale, dans l'interaction sociale, l'Occidental pense à lui alors que l'Asiatique interdépendant pense à l'autre. Lorsqu'on demande aux gens de raconter les plus vives émotions qu'ils ont vécues, celles des Asiatiques concernent plus souvent les autres qu'eux-mêmes. C'est exactement l'inverse chez les Occidentaux : ils ont connu leurs plus grandes émotions dans des circonstances qui les impliquaient personnellement.

C'était une étude sur la honte, une émotion particulièrement présente dans les cultures asiatiques. Les Asiatiques pensent que les autres cultures la sous-estiment parce qu'ils y voient une façon de « perdre la face ». Jeanne nous fit ensuite le récit de l'une de ses propres expériences auprès des Hmong, un peuple du Sud-Est asiatique, plus précisément du Laos, qu'elle avait comparé aux Européens-Américains. Elle lut tout haut la description qu'avait faite un Européen-Américain d'une situation où il avait éprouvé de la honte :

« J'avais accepté un emploi de sous-directeur, un poste pour lequel je me croyais doué. Près de cinq mois après, il m'est apparu nettement que ce n'était pas le cas et j'ai eu honte d'être un si mauvais dirigeant. J'étais gêné, et honteux de ma prestation pitoyable. »

— Voilà par contre comment une femme américaine d'origine Hmong avait raconté sa honte : « Mon nom est “X”, c'est un nom typiquement Hmong. Il y avait un pasteur, qui s'appelait “X” comme moi, dont on a découvert qu'il entretenait une liaison avec l'une de ses fidèles. Ils n'ont aucun lien de parenté avec nous, mais le fait qu'il s'appelle comme nous souille notre nom. Leur affaire durait depuis trois ans, et j'ai vraiment eu honte.” Elle avait honte des actes d'un autre. Ils ne se connaissaient même pas – mais ils appartenaient au même clan (qui est la cellule sociale de base chez les Hmong), et partageaient de ce fait le même nom [14] ».

Il y avait encore cette enquête menée auprès d'étudiants à qui l'on avait demandé de lire des scénarios hypothétiques dans lesquels soit ils avaient mal agi eux-mêmes, soit c'était leur frère qui avait mal agi.

— Les Chinois ressentaient nettement plus de honte et de culpabilité des agissements de leur frère que les Américains, dit Jeanne [15].

Puis elle résuma :

— Par rapport aux Occidentaux, les Asiatiques éprouvent davantage de honte et de culpabilité, mais éventuellement aussi de fierté, à travers les autres, parce que leur vision d'eux-mêmes repose davantage sur les autres. La notion culturelle de soi paraît donc bien influencer notre façon de vivre les émotions – la notion même de ce qu'est une émotion souhaitable et le fait qu'on accorde son attention à soi ou aux autres. La culture semble faire partie intégrante de notre corps, puisqu'elle y exerce une influence physiologique.

« Il me semble que, dans un programme du genre de celui que nous évoquions hier, ces différences culturelles doivent être prises en compte. Quand nous proposerons un programme de développement des capacités émotionnelles, les Américains penseront probablement que tout le monde en a besoin sauf eux – mais ça risque d'être différent dans les cultures asiatiques.

Le dalaï-lama répondit avec malice :

— Je ne sais pas à quel point c'est propre aux Américains, parce que c'est pareil chez les Tibétains : quand ils entendent les enseignements de Bouddha, ils se disent en général : « Ça concerne les autres », comme pour dire. « Eux en ont besoin, pas moi. »

Cela amena Jeanne à se demander si les Américains ne seraient pas encore moins concernés s'il s'agissait, par exemple, de cultiver la compassion. Elle cita des études montrant que les Américains, plus que les membres d'autres cultures, se croient au-dessus du lot, supérieurs à la moyenne des gens.

— Cette attitude est malheureusement très américaine. Il faut vraiment que nos programmes puissent être acceptés par les membres de différentes cultures. Je crois qu'en reconnaissant les différences culturelles, et en les intégrant à nos travaux, nous pourrons réellement nous consacrer à la mise au point d'un exercice universel de développement de la compassion.

Après cette conclusion, le dalaï-lama prit les mains de Jeanne et s'inclina devant elle.

Identifier les similitudes

Si le dalaï-lama s'était montré très attentif à l'exposé de Jeanne, il demeurait fondamentalement sceptique quant au poids des différences culturelles par rapport au patrimoine commun des peuples et à l'universalité de la condition humaine. Il lui ferait d'ailleurs, au cours d'une discussion ultérieure, une réflexion frappante : « Je suis assez surpris de votre insistance sur les différences fondamentales entre Orientaux et Occidentaux en termes de gestion des émotions. C'est peut-être au fond une affaire de spiritualité. Ces différences ne tiennent peut-être pas vraiment à la culture proprement dite, ni à l'appartenance ethnique, mais plutôt à l'héritage des différentes traditions religieuses.

« Dans la tradition judéo-chrétienne, par exemple, où une divinité est au centre de tout, et où l'orientation spirituelle vise l'union transcendantale, il est moins important d'entretenir sa vie émotionnelle ou de rechercher l'équilibre intérieur. La foi authentique en Dieu le créateur, et le fait qu'on agisse par amour authentique de ce

Dieu, conduit à l'amour authentique du prochain. Alors tuer, voler, violer, est contraire à la croyance en Dieu. C'est un message très puissant d'élévation de l'homme.

« En revanche, l'aspiration ultime du bouddhiste pratiquant est d'atteindre le nirvâna. L'accent est mis à l'intérieur, alors ces émotions négatives et les actes qui en découlent prennent de l'importance ; il devient indispensable de savoir ce qui se produit dans l'esprit. Le but du bouddhiste est donc différent. Au point de vue culturel, voyez-vous, le regard des bouddhistes sur l'émotion est très différent. Se raccrocher, si peu que ce soit, à la réalité de soi et du monde est jugé négatif, c'est un obstacle.

« La différence réside peut-être en fait dans cette aspiration première : la transcendance ou le développement intérieur. Mais, convictions religieuses mises à part, il ne saurait être question ici de ces subtilités. Nous traitons d'éthique laïque. Et si l'on se tient à cela, je ne crois pas qu'il y ait de différence fondamentale entre Occidentaux et Orientaux. Tel est mon sentiment profond. »

Puis il ajouta en s'animant : « J'ai parfois l'impression que les universitaires exagèrent les différences qu'ils observent dans leur propre domaine. Ils n'ont pas de vision d'ensemble – ils passent à côté de ce qui relie le tout et s'en tiennent aux petites différences. Il y a déjà tant de différences au sein d'une seule personne, comme moi, par exemple : il y a le dalaï-lama du matin, le dalaï-lama de l'après-midi et le dalaï-lama du soir. Ça en fait déjà beaucoup – selon l'état d'esprit du moment, ou même selon que l'estomac est plein ou vide. »

Nous étions revenus à cette conversation entre Paul Ekman et Margaret Mead sur les implications sociales de la recherche culturelle. Jeanne convenait avec le dalaï-lama qu'on trouve aussi bien des différences que des ressemblances culturelles, et que l'individu présente en lui-même une considérable variabilité de comportement. En fait, d'une certaine façon, les individus sont fondamentalement identiques. Mais elle n'en sentait pas moins que l'ampleur des différences culturelles reste à déterminer scientifiquement, et elle, avec d'autres, s'était proposée de le faire. Elle admettait aussi que le choix de se pencher sur les différences ou les similitudes culturelles obéit d'une certaine façon à une motivation sociale. L'intérêt personnel de Jeanne pour les différences culturelles répondait en grande partie au fait qu'elles sont en général totalement ignorées des travaux scientifiques américains et qu'il est donc urgent de les porter à l'attention de la psychologie occidentale. Jeanne avait parfaitement conscience que, lorsque la psychologie occidentale parle d'« universaux » de l'émotion, cela désigne trop souvent les « Anglo-Américains blancs majoritaires ». Elle s'apercevait à présent que, de la même façon, le dalaï-lama, dont le but était de rapprocher les gens de cultures différentes, cherchait d'abord leurs ressemblances, le caractère universel de l'expérience humaine.

Jeanne reprit l'argument du dalaï-lama au vol : « D'abord, il est vrai que les religions dominantes dans les cultures asiatique et occidentale ne sont pas les mêmes, et cela peut effectivement expliquer les différences culturelles de l'émotion que j'ai évoquées aujourd'hui. Mais ce qui est intéressant, c'est que dans les études que j'ai évoquées ce matin, les Chinois-Américains dont je parlais n'étaient pas bouddhistes. Ils étaient chrétiens eux aussi, et les différences demeuraient.

« Cependant, ajouta-t-elle, je suis d'accord avec Votre Sainteté sur le fait qu'il existe une multitude de différences individuelles au sein de chaque groupe culturel et que, au fond, ces différences culturelles de la vision de soi répondent sans doute à une façon d'être plus générale des individus. On peut bien sûr trouver des Occidentaux passionnés de bouddhisme et sans doute plus interdépendants. Mais, là encore, chaque individu, dans son propre contexte culturel, doit bien réagir d'une façon ou d'une autre au message dominant.

« Aux États-Unis, par exemple, on rencontre fréquemment le message que, en tant qu'individu, vous êtes spécial, et qu'il faut promouvoir cette spécificité. Cela ne signifie pas que chaque Américain présent dans cette pièce éprouve précisément cela, mais qu'il lui faut répondre à ce message culturel plus général. Je crois que c'est vraiment là que reposent les différences culturelles. »

L'individuel contre le collectif

Mes voyages m'ont appris que beaucoup de cultures occidentales sont loin d'être aussi individualistes que celle des États-Unis ; certaines sont plus collectivistes, plus proches de l'Asie.

— Dans les cultures scandinaves, fis-je à ce propos, l'éthique ressemble beaucoup à celle d'Asie, il vaut mieux ne pas se distinguer.

En fait, les données recueillies par Jeanne avaient montré que les Européens-Américains d'origine scandinave expriment moins leurs émotions, notamment la joie, que ceux dont les ancêtres viennent d'Europe centrale ou du Sud [16].

Jeanne dit avoir lu beaucoup d'études comparant les écarts d'individualisme et de collectivisme entre différentes cultures occidentales [17].

— Mais, ajouta-t-elle, reste à vérifier si une culture occidentale collectiviste demeure quand même plus individualiste que la culture asiatique.

— Il y a là comme une anomalie, remarqua le dalaï-lama. Le christianisme classique occidental considère qu'il n'y a qu'un créateur, tout comme le judaïsme, bien sûr, et aussi l'islam. Ces trois religions méditerranéennes, qu'on dit occidentales, partagent la croyance en un créateur extérieur, responsable de tout ce qui existe, vivants compris. Nous sommes tous semblables, au sens ou nous sommes les enfants du créateur unique, ce qui nous donne une racine commune et signifie, bien entendu, que nous sommes tous frères et sœurs, de la même famille et de même père. Si l'on s'en tient à la théologie, cela sous-entend une certaine absence d'individualisme, une certaine uniformité, une homogénéité.

« Une religion typiquement asiatique ou orientale comme le bouddhisme ne possède pas ce genre de notion d'un créateur extérieur responsable de tout. La condition de chaque être animé est due au karma individuel de chacun, qui nous projette dans ce monde. Même le monde que nous percevons naît de notre karma. L'une des quatre lois du karma dit que si l'on ne crée pas la cause, on ne connaîtra pas la conséquence. Si l'on crée la cause, alors on connaîtra inévitablement la conséquence. Tout cela est individuel, et les expériences que l'on vit sont donc liées à notre individualité. Le monde dans lequel vous évoluez, vous l'avez créé en tant qu'individu. Il n'y a pas de source extérieure commune à tous.

« Cela devrait donner une très forte connotation individualiste au bouddhisme, mais il semblerait que ce soit le contraire. Je me demande donc si, en l'absence de causes théologiques, il n'y a pas un autre facteur susceptible d'expliquer cette interdépendance du soi asiatique et cet individualisme occidental. Quels autres facteurs pourrait-on trouver ?

Jeanne émit une hypothèse :

— Cela pourrait aussi dépendre de facteurs économiques, ou du type de cellule familiale. Je pense qu'une multitude de facteurs influencent le soi. Ce que vous évoquez, c'est la complexité. Les choses ne sont pas simples. Il ne s'agit pas de prétendre que toutes les cultures occidentales sont comme ci et que toutes les cultures asiatiques sont comme ça. Au sein d'une même culture, par exemple, on trouve de plus en plus d'individus biculturels, comme moi, qui subissent l'influence de plusieurs cultures. Je peux tour à tour me montrer très indépendante dans certains contextes et très interdépendante dans d'autres. Ce genre de manifestations au sein même d'un individu devient alors extrêmement complexe.

Alan ajouta :

— Lorsqu'on observe une religion – le christianisme, par exemple – il faut absolument tenir compte de son développement historique. La réforme protestante a beaucoup insisté sur l'idée d'une relation individuelle avec Dieu, sans la médiation d'un prêtre, et nettement moins sur la notion de communauté. La période des Lumières, aussi, a fait la part belle à la raison individuelle. Je crois que cette importance accordée à l'individu est relativement récente. Je dirais que la chrétienté médiévale – avant la réforme protestante – devait nettement plus ressembler à ce type asiatique.

— Ce qui revient à dire, conclut Jeanne, que la culture est toujours changeante.

C'était aux yeux du dalaï-lama un point essentiel. Ainsi qu'il me le dirait plus tard, il conservait ses doutes et ses interrogations méthodologiques sur toute généralisation en matière de différences culturelles, ne serait-ce que parce que la culture évolue. Il avait pu constater dans sa propre communauté que le simple fait de communiquer avec l'extérieur produit du changement. Il peut certes s'avérer utile d'identifier certaines différences, comme l'intensité que met tel ou tel groupe dans sa réaction à une émotion donnée – mais là encore, tout au fond, tout le monde ressent les mêmes émotions. Son statut de personnage mondial incitait le dalaï-lama à se concentrer sur les points communs, pour ne relever les différences qu'en cas de nécessité. Son intime conviction que les gens sont semblables par essence exige de ne pas s'attarder sur le fait qu'on soit Chinois, Indien ou Américain, mais de chercher plutôt des solutions aux dilemmes communs à toute l'humanité.

Pendant le thé, Jeanne et le dalaï-lama échangèrent des propos nettement plus personnels. Elle tenait à lui communiquer sa sympathie pour le peuple tibétain dans sa lutte avec la Chine communiste. Il lui dit ne ressentir aucune animosité envers les Chinois, évoquant son profond respect pour leur culture. Elle en profita pour l'informer que, sans renier leur ascendance, beaucoup d'Américains d'origine chinoise étaient du côté des Tibétains. Comme il lui disait combien cela le touchait, les yeux de Jeanne s'emplirent de larmes – ceux du dalaï-lama aussi.

11

À l'école du bon cœur

Dans mon ouvrage *L'Intelligence émotionnelle*, paru en 1995, j'ai cherché à montrer le grand bénéfice que tireraient les enfants d'un cours d'éveil aux émotions dans les écoles. À l'époque, toutefois, l'idée passait pour assez radicale dans le monde éducatif, et très peu d'écoles pratiquaient ce que je préconisais. Plus rares encore étaient les programmes d'instruction émotionnelle capables de fournir quelque preuve de leur efficacité.

Il y avait tout de même le programme auquel avait participé Mark Greenberg, notre prochain intervenant. Le programme PATHS (*Promoting Alternative Thinking Strategies*, ou Promotion des stratégies de pensée alternatives) aidait les enfants sourds à recourir au langage pour mieux comprendre et gérer leurs émotions – pour reconnaître et identifier leurs propres sentiments comme ceux des autres [1]. Ces aptitudes sont précisément les principaux facteurs de l'intelligence émotionnelle, et j'ai cité dans mon livre le programme de Mark comme modèle d'enseignement d'une lecture émotionnelle – ce que les éducateurs appellent aujourd'hui l'« instruction sociale et émotionnelle », ainsi que Mark nous l'avait précédemment dit.

Après la pause, c'est à cette instruction que nous allions nous intéresser. Je soulignai d'abord que de nombreuses écoles avaient déjà mis en place pour les enfants un programme du type de celui que nous avions ébauché la veille pour les adultes. J'expliquai au dalaï-lama que Mark allait nous parler du sien, l'un des premiers à avoir rencontré le succès. J'ajoutai que – chose rare dans l'éducation – ce programme avait fait l'objet d'évaluations rigoureuses déterminant son efficacité réelle, ce qui en étoffait le dossier scientifique en vue de son éventuelle généralisation.

Mark, notai-je, soutient que son travail dépasse le simple cadre de l'éducation – c'est de la prévention primaire, une façon de réduire les risques que rencontrent les jeunes dans la vie. À la Pennsylvania State University, il occupe d'ailleurs une chaire de recherche préventive et dirige le Centre de recherche préventive pour la promotion du développement humain. Et il supervise en outre la gestion d'une partie de deux importantes subventions fédérales, dont l'une (dotée de soixante millions de dollars sur treize ans) est allouée à un projet de collaboration avec quatre autres universités pour tester un programme de réduction de la violence, du crime et de la désaffection scolaire chez les enfants.

Je poursuivis : « L'idée qui sous-tend ce travail est que si nous enseignons ces choses-là aux enfants aujourd'hui, cela leur évitera bien des soucis plus tard, notamment les problèmes dus aux émotions afflictives – la violence, le suicide, l'abus de drogues, etc. »

Mark Greenberg est un enfant du baby-boom. Il a grandi à Harrisburg, en Pennsylvanie, où il a suivi les cours de l'université John Hopkins. C'est là qu'il a assisté à son premier cours de psychologie, auprès de Mary Ainsworth, une importante psychologue du développement, qui l'a captivé. Mme Ainsworth était la collègue du psychologue britannique John Bowlby ; leurs travaux sur l'importance primordiale du lien parents-enfant pour ses facultés affectives futures, sont mondialement reconnus. Le fait que la personnalité de l'individu dépende des relations qu'il a vécues à l'enfance a toujours fasciné Mark.

Arrivé en troisième cycle à l'université de Virginie avec l'intention de se former en psychologie clinique et du développement, c'est par hasard que Mark s'est mis à travailler auprès d'enfants sourds. Un jour qu'on l'avait chargé de faire passer un test de QI à un jeune malentendant de cinq ans, Mark a constaté que l'enfant prenait peur aussitôt que sa mère quittait la pièce. Intrigué, il s'est donc intéressé au lien parents-enfant chez les malentendants, pour en venir à se pencher sur les problèmes de comportement chez ces derniers, et sur la façon de les prévenir – ce qui lui inspirerait ensuite le programme PATHS, qu'il concevrait avec sa collègue Carol Kusché.

Le programme PATHS a été soumis à une évaluation extrêmement rigoureuse. Il s'est avéré si efficace que certaines écoles qui l'avaient testé sur les malentendants ont demandé s'il était possible de l'appliquer aussi aux autres enfants. Il est aujourd'hui en place dans plus d'une centaine de districts scolaires aux États-Unis, mais aussi dans d'autres pays comme les Pays-Bas, l'Australie ou l'Angleterre.

Avec PATHS, Mark a inauguré une nouvelle spécialité en psychologie : la prévention primaire, qui vise à protéger les enfants de problèmes futurs en leur fournissant certaines techniques qui leur serviront toute la vie. En matière d'instruction sociale et émotionnelle, la tendance croissante est de chercher à distiller des leçons élémentaires sur ces aptitudes dans le programme de toutes les écoles. Mark est aujourd'hui codirecteur de recherche du *Collaborative for Academic, Social and Emotional Learning* (Groupement pour une instruction scolaire, sociale et émotionnelle), à Chicago, sous la direction de Roger Weissberg[2].

Mark était impatient de communiquer le fruit de ses travaux au dalaï-lama et d'établir le rôle des lobes préfrontaux dans le développement social et émotionnel. Mais cette rencontre avait un autre sens pour Mark, puisqu'il est aussi adepte de la méditation depuis ses années de lycée. À ses yeux, les psychologies orientales, comme le bouddhisme, peuvent beaucoup apporter à l'Occident.

L'objectif de la psychothérapie, et de la psychologie, est d'aider les gens à développer un ego sain – en les dotant d'une certaine maturité émotionnelle, d'une cohérence personnelle et d'autres choses de ce genre. Et elles s'en tiennent plus ou moins à cela. Or certains théoriciens de la psychologie transpersonnelle, comme Daniel Brown ou Ken Wilber, ont montré que la psychologie orientale, tout en admettant qu'il convient de se bâtir un ego sain pour mieux s'en défaire, se concentre sur l'étape suivante : le développement de soi, au-delà de l'ego. Cette différence avait déjà surgi plusieurs fois dans le fil de nos débats, notamment lorsqu'il avait été question de comparer les méthodes occidentales et orientales de gestion des émotions destructrices.

Plus encore pour Mark, la personnalité même du dalaï-lama était un modèle d'équilibre entre préoccupations spirituelles et action sociale. Et l'importance que Sa Sainteté accordait à l'enseignement de la gestion émotionnelle, précisément son domaine, l'enchantait. Enfin, Mark était persuadé, tant du point de vue scientifique que spirituel, que tout repose dans l'équilibre du cœur et de l'esprit – et dans les façons d'aider les enfants à le trouver.

Instruire le cœur

Pour son intervention, Mark avait revêtu un gilet tibétain pourpre. La veille, il avait plaisanté sur le fait que les intervenants avaient une allure de plus en plus tibétaine, au point qu'ils risquaient de tous finir la semaine en tunique. Bien qu'il s'exprime toujours avec douceur, Mark parle avec un débit plutôt rapide, et comme Owen, il devrait constamment veiller à bien se faire comprendre.

Il commença par remercier le dalaï-lama et le *Mind and Life Institute* d'avoir porté leur attention sur la question des émotions destructrices et avoua que le fait de pouvoir leur communiquer ses idées lui apparaissait autant comme une joie qu'une bénédiction. Puis il nous présenta Christa, qui est à la fois sa femme et sa collaboratrice. L'essentiel de ce qu'il allait dire, insista-t-il, était le fruit du travail effectué avec elle, et d'autres collègues, depuis vingt ans.

« J'aimerais commencer par une citation de Votre Sainteté : "Bien que la société ne le souligne pas assez, la première fonction du savoir et de l'éducation est de faire saisir l'importance qu'il y a à agir de façon plus saine et imposer une certaine discipline à notre esprit. La meilleure utilisation de notre intelligence et de nos connaissances consiste à susciter des transformations intérieures qui nous purifient le cœur.”

« Je vais vous parler de ce que la psychologie occidentale sait de certains facteurs capables d'instruire le cœur – de le purifier. Je trouve que l'analogie qu'a établie Votre Sainteté avec le système immunitaire est aussi fascinante que pratique. Notre objectif laïc doit être de doter les gens d'un système immunitaire émotionnel sain. De façon que, lorsqu'ils seront confrontés aux émotions destructrices – car elles continueront de surgir –, ils puissent recourir à leur intelligence, à leur cœur ainsi éduqué, pour mieux gérer les émotions dans l'instant. J'insiste sur le fait que je parle d'une gestion des émotions dans l'instant, parce qu'il existe bon nombre de techniques qui s'avèrent efficaces lorsqu'on les applique dans le feu de l'émotion.

« Pour évoquer cette immunité, les spécialistes du développement infantile parlent de “facteurs de protection”. J'évoquerai donc aujourd'hui les facteurs de protection et les facteurs de risque qui influencent le bien-être émotionnel des enfants. Je voudrais d'abord consacrer quelques minutes à la petite enfance avant, comme l'a dit Dan, d'aborder l'enseignement de compétences sociales et émotionnelles à l'école.

« Il a été très intéressant d'entendre Votre Sainteté nous dire hier que la relation mère-enfant tient lieu de modèle de la compassion et de l'empathie dans les écrits bouddhistes. Il a aussi été intéressant de vous entendre dire aujourd'hui à propos de l'amour romantique que l'attachement peut s'avérer nécessaire et bénéfique à certains stades du développement. Étant donné la nature primordiale de la relation parents-enfant, je voudrais signaler trois choses sur la petite enfance. D'abord, nous savons qu'en reconnaissant les émotions négatives de leur bébé – la colère ou la tristesse – et en l'aidant à les gérer les parents lui permettent un meilleur développement de la régulation physiologique de ses émotions et lui transmettent un comportement plus positif.

« En revanche, lorsque les parents ignorent ou punissent l'enfant qui manifeste ces émotions ou qui se fâche – je vois beaucoup de parents gronder leur enfant ou leur bébé parce qu'il s'est mis en colère –, il finit par retenir que ces émotions ne doivent pas se partager et il les tait. Ce qui a pour effet de le rendre plus stressé, à la fois physiquement et psychologiquement, parce que l'émotion restée en lui fait entrave à l'installation d'un rapport de confiance avec les adultes. Ces schémas ont été mis au jour par les observations de Mary Ainsworth auprès des bébés et de leur mère. Autour d'un an, certains petits préféreront éviter tout contact avec leur mère dès qu'ils sont énervés ou en détresse. L'idée même du moindre rapport émotionnel ou physique les plonge dans un conflit de type approche-évitement. Nous savons que les tout-petits qui rencontrent ce genre d'ennui n'apprennent pas à sainement gérer leurs émotions.

« La deuxième chose, c'est que l'un des principaux facteurs de danger pour les tout-petits, parmi d'autres, est la dépression maternelle. Les enfants dont la mère, léthargique et déprimée, éprouve beaucoup de sentiments tristes, montreront plus tard des niveaux d'agressivité, d'anxiété et de dépression supérieurs à la moyenne. Dans ses recherches, Richie Davidson a constaté que les adultes déprimés présentent une activation réduite du lobe frontal gauche. Geraldine Dawson trouve le même schéma chez les mères déprimées [3].

« Mais Mme Dawson a aussi démontré qu'à l'âge

d'un an les petits dont la mère est déprimée présentent à leur tour la même activation réduite du lobe frontal gauche. Dès le plus bas âge, les enfants dont la mère est déprimée éprouvent moins d'émotions positives et montrent des anomalies de l'activité cérébrale. Nous touchons là à la question capitale des relations de la petite enfance comme facteur déterminant du développement social et émotionnel de l'individu. La quantité d'émotion positive qu'il vit, comme la joie, détermine chez le tout-petit l'établissement des bonnes connexions dans le cerveau. Sachant que chaque étape de la croissance a son importance dans le développement émotionnel, il est primordial d'intervenir le plus tôt possible. »

Pour résumer, rendre les bébés heureux fait croître les circuits qui leur permettront d'avoir des sentiments positifs tout au long de leur vie. Le dalaï-lama m'avouerait plus tard le plaisir que lui avait procuré ce discours. Il a souvent placé ce besoin biologique d'affection au cœur de sa propre vision éthique humanitaire. À ses yeux, cela répond à un réel besoin biologique, assez semblable à celui de se nourrir. Et voilà que la science apportait de l'eau à son moulin.

Le troisième point de l'exposé de Mark concernait l'influence sur le cerveau du bébé des carences sociales et émotionnelles encore plus graves. « Nous savons que de telles carences peuvent altérer les niveaux de dopamine, un neurotransmetteur, ce qui risque d'affecter la croissance et la plasticité du cerveau. Il est donc urgent de porter assistance aux enfants, de plus en plus nombreux, qui, de par le monde, vivent dans des orphelinats, où ils manquent cruellement d'attention et de proximité émotionnelle avec leurs tuteurs. Le nombre d'orphelins connaîtra une augmentation sensible au cours de la prochaine décennie, particulièrement en Asie et en Afrique, du fait du sida. En Afrique du Sud, par exemple, vingt-huit pour cent des femmes enceintes sont séropositives, on estime donc que ce pays comptera à lui seul un million d'orphelins supplémentaires dans dix ans. C'est une question de toute première importance. »

À cette sinistre perspective, le dalaï-lama – dont les émotions sont toujours très lisibles sur le visage – éprouva une tristesse immense et sembla au bord des larmes. Après un moment, il se reprit, secoua la tête et ferma les yeux quelque temps, comme pour une courte prière.

Une fenêtre préfrontale sur les compétences émotionnelles

« Je voudrais à présent aborder la période préscolaire, poursuivit Mark. C'est une grande phase d'apprentissage, pendant laquelle le cerveau se construit. C'est entre trois et sept ans que commencent à se développer certaines compétences sociales essentielles. Elles sont très semblables à celles qu'évoque si souvent Sa Sainteté. Ce sont la maîtrise de soi, la faculté de se calmer lorsqu'on est énervé et celle de rester attentif, dont Alan nous a parlé hier.

« Cette période voit aussi l'enfant faire d'importants progrès en termes de conscience émotionnelle. Aux premiers stades du développement du langage, il ne possède que très peu de mots pour décrire ses émotions. Mais, dans les années préscolaires, son aptitude à les identifier et à en parler évolue brutalement. Enfin, c'est aussi à ce moment que les enfants apprennent à planifier et à se projeter dans l'avenir. On peut par exemple demander à un enfant de quatre ou cinq ans ce qu'il ferait si un autre enfant l'embêtait. C'est à cet âge qu'il commence à utiliser ses facultés cognitives pour anticiper et élaborer des plans, ou des alternatives.

« Ces facultés du développement associent les informations que véhiculent nos émotions à notre pensée. On sait désormais que tous ces processus sont directement liés aux lobes frontaux, nous touchons donc à ce que disait hier Richie. Un enfant de cinq ou six ans qui a une tendance systématique aux jeux agressifs ne changera probablement pas – il a de grandes chances de rester agressif. Plus de la moitié des enfants qui font preuve d'agressivité précoce conservera cette tendance à l'adolescence. Et en persistant de la sorte, ces enfants accentuent leur défaut, ce qui les portera d'autant plus facilement à la cruauté et à la violence[4]. »

Les travaux de Mark démontrent clairement que les enfants qui s'emportent spontanément sont en fait incapables d'associer leurs émotions à leur raisonnement. L'agressivité spontanée naît en partie d'une incapacité à prévoir, associée à un mauvais contrôle des impulsions émotionnelles. Or la planification et la maîtrise des impulsions sont des fonctions des lobes préfrontaux.

Il est assez significatif que, chez les tout-petits, les lésions du lobe frontal – que ce soit à la suite d'un accident ou d'une maladie – semblent connaître un très faible taux de rétablissement. C'est particulièrement troublant, parce que les lobes préfrontaux sont le point de jonction du raisonnement et de l'émotion. Ils se remettent nettement moins bien d'une lésion que, par exemple, les centres du langage des lobes temporaux[5].

Un enfant dont les lobes temporaux ont été endommagés verra se développer d'autres régions qui reprendront à leur compte les fonctions de langage, ce qui finira par lui permettre de parler de façon quasiment normale. Mais, dans le cas des régions préfrontales, cette substitution échoue presque toujours, et l'enfant grandit avec un handicap social et émotionnel.

Ces données neurologiques soulignent l'importance de la région préfrontale dans le développement d'émotions saines chez les enfants. Les lobes frontaux, comme l'a dit Richie, ont nettement plus évolué, et grossi, chez l'humain que chez l'animal, grands primates compris. Le fait que ce soit la partie la plus récente de notre cerveau en termes d'évolution semble lui offrir moins de possibilités de substitution par d'autres régions.

Malgré cela, la région préfrontale demeure assez malléable, puisqu'elle façonne ses circuits au gré de nos expériences et des enseignements que nous en tirons, notamment dans la période remarquablement longue de sa croissance physique. Le cerveau est le dernier organe du corps à atteindre sa maturité anatomique ; les jalons de la progression mentale et sociale de l'enfant témoignent de cette croissance continue. Et les régions préfrontales sont la dernière partie du cerveau à être achevée, puisqu'elles continuent de donner des signes de croissance jusqu'aux alentours de vingt-cinq ans – ce qui fait des premières années de la vie une occasion précieuse pour en acquérir les principales leçons. C'est sur ces bases que reposait ce que Mark s'apprêtait à nous expliquer.

« En revanche, vers cinq ou six ans, les enfants dotés d'une bonne capacité de prévision, et qui sont conscients de leurs émotions, présentent nettement moins de risques de connaître des troubles de l'agressivité et de l'anxiété. Nous savons que, dès leur entrée à l'école, les grandes lignes de leur cerveau sont déjà nettement tracées, et laissent augurer de l'avenir, bien que cette trame ne soit pas encore totalement stable.

« Cela dépend en partie de la notion de perception sélective, dont nous avons précédemment parlé. Les enfants agressifs, ou ceux qui ont refoulé quelque chose, manifestent en fait une grande vigilance – ils cherchent sans cesse autour d'eux qui sera le prochain à leur faire du mal, parce c'est ce qui leur est arrivé auparavant. Ils sont très réactifs, toujours prêts à bondir. À l'école, pour aller déjeuner, ou rentrer de la récréation, il faut souvent se mettre en rang, plusieurs fois par jour, et ces moments-là sont significatifs à bien des égards.

« Ces petits événements quotidiens sont les plus parlants. Il arrive souvent qu'en se mettant en rang un enfant soit bousculé par un autre et, plutôt que de procéder à un examen de la situation, l'enfant agressif répondra souvent très vite par une agression, déclenchant parfois une bagarre. Ce sont ces réactions émotionnelles rapides qui nous intéressent ici. Les enfants aux antécédents d'agressivité sont d'une certaine façon trop prémunis ; ils décèlent immédiatement le mal qui leur est fait, même quand cela n'est pas vrai, ou quand c'est accidentel[6].

« Comme l'a dit Matthieu hier, l'école est peut-être la seule institution stable susceptible d'apporter un enseignement universel de la santé émotionnelle. Ces vingt dernières années, que ce soit aux États-Unis ou ailleurs dans le monde, mes collègues et moi-même avons scientifiquement testé la possibilité d'y intervenir avec efficacité pour enseigner l'équilibre émotionnel. Je suis très heureux de pouvoir dire que nous détenons aujourd'hui les preuves scientifiques qu'une utilisation du programme PATHS de deux à cinq fois par semaine peut sensiblement améliorer le bien-être des enfants[7]. Lorsqu'il est suivi à la lettre, le PATHS peut aussi bien apporter à l'enfant des compétences sociales et émotionnelles qu'améliorer certaines de ses facultés de pensée. Il ne faut pas dissocier les compétences sociales et émotionnelles de celles de la pensée. Dans le modèle bouddhiste, l'intelligence désigne aussi bien les unes que les autres. Aux États-Unis, on les a souvent tenues pour séparées. Nous avons tendance à distinguer le développement cognitif de l'enfant de son développement social, mais nous savons pourtant aujourd'hui qu'ils sont très interdépendants.

Soyons concrets : on ne peut réfléchir qu'une fois calmé

— Le reste de mon exposé sera très concret, dit Mark. Je m'appuierai sur les dix-neuf années d'expérience du PATHS pour montrer ce qu'il est possible de faire dans le cadre laïc et assez conservateur du système éducatif – une structure qu'il est très difficile de faire évoluer. Nous avons essentiellement agi auprès des écoles publiques des États-Unis, mais notre travail a aussi été exploité en Angleterre, aux Pays-Bas, au Canada, en Belgique, en Australie, au pays de Galles – dans le monde entier. Pas encore en France, bien qu'il en existe une version française, ajouta-t-il, provoquant quelques rires pour ce qui commençait à tourner au comique de répétition.

« Je tiens d'abord à préciser que je considère que notre travail reste rudimentaire. Je ne prétends pas qu'on y voie un modèle abouti, mais vraiment un point de départ. En outre, je me dois de signaler que nous avons grandement bénéficié des travaux de beaucoup d'autres chercheurs en prévention, notamment Maurice Elias, Roger Weissberg et Myrna Shure.

« Nous savons que les programmes éducatifs les plus efficaces présentent au moins les cinq caractéristiques suivantes. D'abord, ils visent à aider les enfants à se calmer. On en revient aux façons d'abréger la période réfractaire qui suit une émotion dont nous a parlé Paul mardi, que ce soit la colère, la jalousie ou l'excitation. Ensuite, ils affûtent leur conscience de l'état émotionnel des autres. La troisième de ces caractéristiques est peut-être plus spécifiquement occidentale : ils favorisent l'expression des sentiments comme mode de règlement des difficultés relationnelles. La quatrième concerne des compétences très importantes : la planification et l'anticipation, qui permettent d'éviter les situations difficiles. Et, pour finir, elles aident l'enfant à constater l'effet de son comportement sur les autres ; c'est en partie une affaire d'empathie et de souci interpersonnel.

« Je vous décrirai à titre d'illustration quelques grandes lignes de ce que nous enseignons aux professeurs et aux enfants, et que nous considérons comme des idées utiles pour toute la vie. J'en viendrai ensuite aux procédures précises qui nous permettent de développer chacune de ces facultés.

« Nous établissons une sorte de règlement structurel à l'attention des enfants et des enseignants ; on pourrait appeler ça une idéologie du fonctionnement des émotions. Nous voulons inculquer quatre idées principales aux enfants. La première est que les sentiments sont des signaux importants. Ils peuvent venir de l'intérieur comme de l'extérieur du corps, dans le cas d'un signal émanant d'une autre personne, et véhiculent des informations précieuses. Ces informations peuvent concerner nos propres besoins et envies, ou bien concerner ceux des autres.

« Nous enseignons aux enfants qu'il ne faut pas ignorer ces informations ; il faut les écouter. Prendre conscience des émotions exige d'apprendre à comprendre ce que nous inspire une situation donnée, à mettre des mots sur ces sentiments et à les reconnaître chez les autres. Je crois que cela correspond d'une certaine façon à l'idée d'injecter une dose d'intelligence – s'épanouir, diraient les bouddhistes – dans le processus : savoir employer la raison non pas pour supprimer nos émotions, mais pour les observer et prendre certaines décisions à leur sujet.

« C'est la première idée-force, les émotions sont des signaux importants. Nous ne nous contentons pas de le dire – nous donnons aux enfants des outils pratiques que je décrirai plus tard. Cette idée est très importante, parce que beaucoup d'enfants ont peur de leurs sentiments – il leur arrive fréquemment de ne pas parvenir à dissocier leurs sentiments de leur comportement. D'ailleurs, beaucoup d'adultes rencontrent exactement les mêmes difficultés. C'est un exercice difficile, qui occupe une bonne partie du temps des psychothérapies d'adultes. Il est donc essentiel d'aider les enfants à comprendre que leurs sentiments sont distincts de leurs comportements.

« Nous en parlons avec beaucoup de simplicité. Nous installons des écriteaux dans la salle de classe où l'on peut lire : “Tous les sentiments sont bons. Mais les comportements peuvent être bons ou mauvais.” Il est important pour les enfants de s'apercevoir que tout le monde éprouve parfois de la jalousie, de la gourmandise, de la déception – toute la gamme des sentiments. Mais les sentiments sont distincts du comportement, ce qui nous amène à dire que les comportements peuvent être bons ou mauvais.

« Comment cela se traduit-il dans les cours ? Prenons par exemple une leçon sur la jalousie – c'est une émotion très importante pour les enfants. Nous leur demandons d'imiter la tête que ferait quelqu'un de jaloux. Puis nous leur parlons de la jalousie, en leur montrant des photos des différents visages que peut avoir une personne jalouse. Nous leur racontons éventuellement l'histoire d'un enfant jaloux qui a su s'en sortir. Nous pouvons aussi demander aux enfants de raconter à tour de rôle un épisode où ils ont été jaloux, de le dessiner, ou de l'écrire dans leur cahier. Nous évoquons les comportements – comment réagir quand on est jaloux. La jalousie est un sentiment très difficile à maîtriser quand il survient, mais nous pouvons toujours décider de notre comportement.

« La deuxième idée-force est donc qu'il faut séparer les sentiments des comportements. La question est au fond la suivante : quels sont les bons et les mauvais comportements ? Faire la différence demande beaucoup de temps à certains enfants. Lorsqu'ils ont éprouvé une émotion, disons la colère, et que ça leur a valu d'être punis, il est fréquent qu'ils confondent l'émotion qu'ils ont ressentie et le comportement qui a motivé la sanction. Ils croient en outre que le simple fait de ressentir certaines émotions est déjà répréhensible en soi. Nous devons absolument leur montrer que les sentiments font partie de nous. Ils surviennent, et nous devons y être attentifs. Ça n'a rien de mauvais – les sentiments sont une chose naturelle.

« La troisième idée-force que nous transmettons aux enfants est que réfléchir exige du calme. C'est une sorte de mantra, si vous me permettez, de nos salles de classe. Cela rejoint ce que disait Matthieu sur le conditionnement de l'esprit par les émotions, qui nous imposent une certaine vision des choses, ainsi que l'anecdote téléphonique de Paul avec sa femme. Nous expliquons aux enfants qu'ils doivent d'abord se calmer, pour avoir une vision claire de la situation, avant d'envisager de réagir et de décider des suites qu'il convient de donner à cette émotion. Nous le leur répétons inlassablement. Et nous leur donnons des méthodes spécifiques pour se calmer quand ils éprouvent ces sentiments.

Le dalaï-lama demanda :

— Quand vous dites aux enfants qu'ils doivent commencer par se calmer pour pouvoir évaluer l'émotion et y réagir, n'est-ce pas déjà leur demander d'intervenir sur leurs émotions ?

— En fait, dit Mark, c'est leur dire de maîtriser leur excitation. Nous ne leur demandons pas de se débarrasser de l'émotion. Nous leur demandons de se calmer pour être en mesure de se dire : « Je suis en colère. Que puis-je faire à cet égard ? Pourquoi suis-je en colère ? » Nous leur demandons d'intervenir sur l'excitation liée à cette émotion – pas de dédaigner l'émotion, mais de commencer par se calmer et faire appel à leur intelligence.

Paul Ekman précisa qu'il s'agissait seulement de réduire l'intensité de l'émotion.

En fait, dans ce programme, toute émotion est jugée bonne – mais pas forcément les actions qu'elle déclenche. C'est une réelle divergence avec le bouddhisme, qui considère que certaines émotions ne sont pas bonnes en soi. Le dalaï-lama prit un temps pour réfléchir, avant de faire signe à Mark de poursuivre.

— La quatrième idée-force que nous transmettons est notre règle d'or, fit Mark. C'est un élément très important à nos yeux, qui relève de la sagesse ancestrale. Nous disons aux enfants : « Traitez les autres comme vous aimeriez qu'ils vous traitent. » L'idée est bien sûr de se mettre à la place de l'autre.

« Telles sont donc les quatre idées fondamentales que nous répétons inlassablement – et pas seulement aux enfants, mais aussi aux enseignants, aux directeurs et à tous ceux qui travaillent auprès des enfants.

Le dalaï-lama revint à ce que laissait entrevoir sa précédente question. Il demanda s'il n'y avait pas une certaine contradiction « à dire aux enfants que contrairement aux comportements, toutes les émotions sont bonnes, tout en leur demandant de se calmer dès qu'ils éprouvent une émotion comme la colère ? Ne serait-il pas plus cohérent de dire : "Je vois que tu es très fâché. Il m'arrive de me fâcher, moi aussi, mais ce serait mieux de ne pas se fâcher ? D'aider l'enfant à réduire sa colère ? »

Mark répondit :

— Je crois que c'est bien ce que nous faisons. Je ne suis pas sûr qu'il y ait contradiction. Je pense que vous aurez un meilleur aperçu de notre approche quand je parlerai des méthodes concrètes que nous enseignons.

Faire la tortue

Passant au volet pratique de son exposé, Mark nous raconta l'une des histoires du programme PATHS, destinée aux enfants de trois à sept ans – et habituellement accompagnée d'images. « C'est l'histoire d'une petite tortue. Cette petite tortue aimait bien jouer seule, mais elle aimait aussi jouer avec ses amis. Elle aimait bien regarder la télévision et jouer dehors, mais pas vraiment aller à l'école. »

Dans un premier temps, le dalaï-lama sembla assez décontenancé, puis il comprit qu'il s'agissait d'une histoire pour les enfants, pas du récit de faits réels. S'apercevant de sa méprise, il se frappa la tête puis, manifestement sous le charme de l'histoire, il acquiesça en souriant à chaque étape de la narration.

« Elle n'aimait pas passer tout ce temps assise dans la classe, à écouter la maîtresse, poursuivit Mark. Ça lui était très difficile. Souvent, la petite tortue se fâchait avec ses amis. Quand ils lui chipaient un crayon, la bousculaient ou l'embêtaient d'une façon ou d'une autre, la petite tortue se mettait aussitôt très, très en colère. Elle ne manquait jamais de les frapper en retour, ou de leur dire de vilaines choses. Au bout d'un certain temps, les enfants n'ont plus voulu jouer avec la petite tortue. »

Mark nous expliqua qu'à ce moment une image montre la tortue, seule dans la cour de récréation. « La petite tortue était désolée, reprit Mark. Elle était en colère, confuse et triste de ne pas savoir se contrôler ni régler ses problèmes. Un jour, elle rencontra une vieille tortue sage, âgée de plus de trois cents ans, qui vivait à la sortie de la ville. La petite tortue demanda conseil à la vieille tortue sage : "Que faire ? J'ai des problèmes à l'école. Je n'arrive pas à bien me conduire. J'essaie, mais ça ne marche jamais." La vieille tortue sage lui dit : "Mais tu as la solution en toi ! C'est ta carapace ! Quand tu te sens très contrariée, ou très en colère, et que tu n'arrives pas à te contrôler, tu peux toujours rentrer dans ta carapace." »

Mark, qui a l'habitude de travailler auprès d'enfants sourds, joignit le geste à la parole, rétractant ses pouces au creux de ses mains jointes, à la façon d'une tête de tortue.

« "Une fois dans ta carapace, continua la vieille tortue, tu peux te calmer. Moi, quand je rentre dans la mienne, je fais trois choses. Je me dis de m'arrêter ; je respire profondément, plusieurs fois si c'est nécessaire ; puis je me demande quel est le problème." La vieille tortue et la petite tortue s'exercèrent sur-le-champ à cette méthode. Puis la petite tortue dit qu'elle l'essaierait à l'école.

« Le lendemain, elle était en train de travailler quand un autre enfant se mit à l'embêter. Elle sentit que la colère montait en elle ; ses mains étaient chaudes et son cœur battait plus fort. Elle se souvint du conseil de la vieille tortue et rentra ses bras et ses jambes dans sa carapace, là où elle est tranquille, et où personne ne peut l'embêter, pour se demander ce qu'elle allait faire. Elle respira profondément et, quand elle ressortit, ce fut pour voir la maîtresse qui lui souriait.

« Aujourd'hui, elle tente de faire ça chaque fois. Parfois ça marche, et parfois pas, mais, petit à petit, elle apprend à se maîtriser grâce à sa carapace. Elle s'est fait des amis et aime mieux l'école qu'avant, parce que c'est devenu une tortue qui sait se prendre en charge.

« Après avoir raconté l'histoire de la tortue, nous demandons aux enfants de la jouer. Un jour, l'un des enfants tient le rôle de la vieille tortue, le lendemain, celui de la petite tortue, et, le surlendemain, celui de la maîtresse. Ils l'interprètent ainsi selon différents points de vue.

« Comme Votre Sainteté l'aura sans doute compris, cette histoire comporte quelques éléments importants. D'abord, la tortue apprend à identifier ses sentiments avant de s'engager dans un comportement destructif. Le deuxième élément est capital : elle apprend à se responsabiliser. Et le fait de savoir se maîtriser peut d'ailleurs lui procurer une réelle satisfaction. Cela fait partie du processus de croissance et de maturation : elle se sent grandir.

« Cette histoire nous permet de leur fournir une technique, poursuivit Mark. Nous leur apprenons à "faire la tortue". Il y a plusieurs façons de procéder, selon le contexte, mais cela implique toujours l'usage du corps. Le plus souvent, nous leur apprenons à faire ceci », et Mark croisa ses mains sur sa poitrine en inspirant profondément.

« Je voudrais que tout le monde fasse cela un moment. Respirez profondément. C'est très reposant – et en plus, tant qu'on a les mains comme ça, on ne peut frapper personne ! » plaisanta-t-il.

Avec un sourire malicieux, le dalaï-lama répliqua : « On peut toujours lancer de mauvais regards ! »

Toute la salle « faisait la tortue", et Mark continua : « Notre méthode, dès le début, consiste à les récompenser d'une vignette représentant une tortue, chaque fois qu'ils se mettent dans cette position. D'abord, les voir ainsi permet à l'enseignant de comprendre tout de suite que les enfants sont en train de se calmer. Mais, surtout, les psychologues russes Vygostkt et Luria ont montré toute l'importance de la planification motrice dans l'apprentissage. Nous pensons que les enfants apprennent d'abord de l'extérieur, par les actes physiques ; ça ne devient conceptuel qu'ensuite dans leur esprit. Nous voulons qu'ils associent une action à cette idée de retrouver le calme. Et puis, dans cette position, tout comportement physiquement agressif leur est très difficile.

« Notre travail a commencé en 1981 auprès d'enfants sourds qui parlent la langue des signes. Leur langage étant souvent très rudimentaire, c'est par ce signe que nous leur demandions de faire la tortue, dit Mark, en refaisant le geste de la tortue dans sa carapace. Mais au fil du temps, nous avons trouvé qu'il valait mieux croiser les bras, parce que ça permet de respirer profondément, ce qui est apaisant.

« Il est souvent difficile de se calmer ; d'une certaine façon, ça revient à se réfréner. Cela demande un réel soutien des adultes. Quand une maîtresse croise un enfant très agité et en colère, cet enfant n'a souvent aucun moyen de se calmer tout seul. Nous proposons à la maîtresse de lui prendre la main en lui disant : "Je vois que tu es très énervé. Calmons-nous ensemble. Je vais le faire avec toi. Respirons profondément tous les deux", puis : " Tu te sens plus calme, maintenant ?" C'est vraiment comme la mère avec son bébé, quand elle "échafaude", qu'elle structure l'interaction. Ainsi, les enseignants doivent souvent renouveler cette démarche avant que l'enfant n'acquière cette compétence essentielle.

« De la même façon que nous leur montrons comment faire la tortue, nous leur apprenons à "se parler", c'est une technique de contrôle du comportement. On appelle parfois cette méthode le "self-control verbal". Cela consiste à s'adresser à soi, en utilisant le langage comme un substitut du comportement extériorisé ou de l'émotivité disproportionnée. »

Mark touchait là un point essentiel : les aptitudes autorégulatrices sont la condition préalable à toute responsabilisation. S'ils ne s'accompagnent pas des techniques qui en permettent l'application pratique, les enseignements moraux ne suffisent pas. « Nous estimons que tant que l'enfant n'a pas appris à se calmer lorsqu'il est vraiment en colère, on ne peut rien lui enseigner de très utile en matière de développement moral ou de sentiments. C'est le point de départ, c'est fondamental. Et très difficile. Ça exige une pratique assidue. J'ai beau être adulte, j'y travaille encore.

« Nous n'employons la technique de la tortue qu'avec les plus petits. C'est trop puéril pour les plus grands ; ça les gênerait, et ils n'ont pas les mêmes besoins. Mais les plus petits, de trois à sept ans, connaissent nettement plus d'instabilité émotionnelle et de difficultés de contrôle comportemental que leurs aînés. »

Montrer ce qu'on ressent

Mark nous projeta ensuite une diapositive où figuraient des visages de bande dessinée, chacun représentant une émotion différente : l'un, souriant, exprimait la joie, un autre, renfrogné, correspondait à la colère, etc. « Notre deuxième objectif est d'éduquer les enfants aux sentiments. Si nous commençons en maternelle par les sentiments les plus simples, dans les années élémentaires nous en venons aux plus complexes. D'abord, nous définissons un code couleur. Nous parlons par exemple de sentiments jaunes, qui sont des sentiments agréables. Nous n'en parlons jamais en termes de bien ou de mal : tous les sentiments sont bons. Nous employons le mot “agréable”, que les enfants comprennent facilement dès le plus jeune âge. Puis, nous parlons des sentiments bleus, qui sont plus désagréables. Nous disons des sentiments qu'ils sont agréables ou désagréables selon la sensation qu'ils procurent (bien que cela soit parfois plus compliqué). Par exemple, pour "effrayé" ou "apeuré", nous enseignons simultanément son contraire, en l'occurrence "rassuré".

« Les leçons adoptent plusieurs modalités – l'enseignant montre des images de l'attitude du visage et du corps de gens émus, il évoque ensuite éventuellement une occasion où il a lui-même ressenti ces émotions dans son enfance, il raconte une histoire et fait parler les enfants de leur propre expérience de ces sentiments. En outre, à la fin de la leçon, il distribue à chacun une petite carte où figure un "visage-sentiment", que l'enfant accroche à un anneau posé sur sa table. Pareillement, l'enseignant possède un jeu de visages sur son bureau, et, quand nous ne rencontrons pas trop de résistance dans l'école, le directeur aussi.

« Au début, l'enfant n'a que quelques "visages-sentiments" à son anneau, mais il le garnit peu à peu. Ces visages lui servent à s'exprimer et à développer sa conscience de ses propres états intérieurs, dans le courant de la journée. De la même façon que nous montrions aux petits comment faire la tortue – parce que c'est une chose réalisable à tout moment de la journée, et notamment dans le feu de l'action –, ces "visages-sentiments" nous servent dans des situations concrètes. Il arrivera par exemple – au début de la journée, ou au retour du déjeuner, quand les enfants sont très excités – que la maîtresse dise : "Je voudrais que chacun choisisse parmi ses visages celui qui correspond à ce qu'il ressent en ce moment."

« Pendant quelques années, nous traitons ainsi une série de sentiments, en commençant par les plus élémentaires, comme la joie, la tristesse, la peur et la sécurité, avant d'en aborder de légèrement plus complexes comme la déception ou la fierté, et plus complexes encore, comme l'embarras ou l'humiliation. Vers onze ans, nous évoquons des situations franchement complexes, comme le sentiment de rejet ou le pardon.

« J'oubliais de vous dire que nous leur apprenons aussi dès les premières leçons ce qu'est un sentiment d'ordre "privé" – dont la carte est blanche – pour qu'ils comprennent qu'ils ne sont pas obligés de partager leurs sentiments. Ils peuvent éprouver un sentiment très agréable ou très désagréable, sans avoir à le montrer. En fait, c'est un enfant sourd qui nous a appris cela. Au début, nous avions songé à distribuer des images de visages inexpressifs, pour voir ce qu'en feraient les enfants. L'un d'eux a écrit sur ce visage : "Ça ne regarde que moi." Il n'avait pas envie de dire ce qu'il ressentait ce jour-là.

« Nos premières expériences avec PATHS nous ont livré deux conclusions. D'abord, nous sous-estimons toujours les aptitudes des enfants. Et, ensuite, ils ont leur mot à dire sur le choix des émotions que nous leur présentons. Un enfant sourd d'environ neuf ans a dit un jour à sa maîtresse : "Il faut un nouveau visage. Je ressens quelque chose qui n'a pas encore de visage..." Elle lui demanda : "Ah bon ? Qu'est-ce que tu ressens ?" Et il répondit en langue des signes : "Méchant-content." Elle lui demanda : "Qu'est-ce que c'est, 'méchant-content' ?" Il répondit : "C'est quand je fais un croche-pied à quelqu'un, et que ça me fait rire." Nous avons consacré une année entière à déterminer en laboratoire de quel sentiment il s'agissait, et nous avons choisi le mot "malveillance". C'est un mot très fort.

« Il y a une façon d'éduquer les enfants aux sentiments, qui ne leur permet pas seulement d'identifier ce qui se passe en eux ou en autrui, mais de saisir que parler de leurs sentiments peut parfois réellement résoudre les ennuis qu'ils rencontrent. Voici un exemple, sur la malveillance justement. La taquinerie est un vrai problème pour les enfants, car beaucoup ne savent tout simplement pas y répondre efficacement. Les adultes leur disent souvent d'ignorer celui qui les embête, qui finira bien par s'en aller. Cela peut parfois marcher, mais reste très difficile à appliquer. Sans en être conscients, les enfants font précisément tout ce qu'il faut pour l'inciter à continuer, parce qu'un enfant taquine toujours les autres pour obtenir une réaction.

« Alors, une fois que nous leur avons enseigné le mot "malveillance", ça leur permet de dire à celui qui les taquine : "Tu es malveillant." Ils parviennent donc déjà à commenter le sentiment de l'autre plutôt que de réagir à son comportement. C'est une façon de prendre le contrôle de la situation par le haut. Un jour que je visitais une classe, j'ai vu un enfant qui en embêtait un autre. Le taquiné demanda au taquin : "Tu es d'humeur malveillante ? Tu as eu un problème ce matin ?" C'est nettement mieux que de se montrer atteint. Le taquin a aussitôt cessé de taquiner. »

Tracer des lignes dans le cerveau

— La taquinerie est un bon exemple de phénomène complexe. D'abord, lorsqu'on les taquine, les enfants se sentent parfois très humiliés, parfois ils ne savent pas trop quoi en penser, et parfois encore ils sentent que ça renforce leur appartenance au groupe. C'est très compliqué, mais, en général, quand nous évoquons la question en classe, tous les enfants disent que c'est mal, que c'est négatif. À mesure qu'ils grandissent, ce comportement prend une nouvelle forme : le commérage. Vers dix ans, les enfants se regroupent par clans et font circuler des histoires au sujet des autres, ce qui est, là encore, très, très douloureux. Il est très difficile à un enfant de gérer ses émotions quand des choses sont dites de lui dans son dos. Alors, à cet âge-là, nous passons beaucoup de temps à parler du commérage.

— Ce qui semble se manifester ici, dans les taquineries entre enfants, dit le dalaï-lama, c'est l'idée que, leur intelligence ne s'étant pas encore entièrement développée, ils ne perçoivent pas vraiment le contexte. Mais mon sentiment personnel est qu'il ne faut pas de grandes facultés cognitives pour comprendre ce que taquiner veut dire. C'est souvent une forme de jeu – qu'on retrouve chez les animaux. Les chiens se mordillent souvent en jouant. Ils ont bien l'air de comprendre que ça n'est pas méchant, eux.

Mark répondit :

— C'est là qu'il devient essentiel de se calmer quand on se fait taquiner, pour voir si l'autre ne cherche qu'à s'amuser ou s'il a vraiment l'intention de faire du mal. Les enfants agressifs ou susceptibles sont très réactifs aux taquineries, c'est presque un automatisme. Nous ignorons à quoi cela correspond dans le cerveau ; certains circuits sont peut-être faits pour être particulièrement sensibles à cela.

— Comme les parents, les enseignants sont confrontés à des problèmes parfois insolubles. Deux enfants déboulent en courant et l'un dit : "Il m'a pris ma balle !", et l'autre : "Non, non, non, c'est lui qui me l'a prise, je l'avais avant lui !". "Non, c'est moi" etc. Le problème, c'est que l'adulte n'a pas assisté à la scène.

Ou bien qu'il s'est passé quelque chose, deux jours plus tôt, qui est à l'origine du problème. Il est rare que l'on sache qui a commencé ; on peut avoir des soupçons, mais pas de certitude. Le plus fréquent, c'est que, cherchant à éviter l'impasse, la maîtresse dise : "Allez vous asseoir là-bas tous les deux, et tenez-vous tranquilles." Et les deux enfants sont punis.

« Nous montrons aux enseignants que, lorsqu'ils voient des enfants se présenter si chargés d'émotion, leur première réaction consiste trop souvent à s'énerver à leur tour. Nous leur recommandons donc de dire : "Vous me paraissez très énervés, et je commence à l'être moi aussi. Essayons de tous nous calmer." On peut alors aller chercher les visages-sentiments pour y désigner l'émotion qu'ils ressentent. Sur le plan théorique, il s'agit d'activer le lobe frontal gauche – la région dont Richie dit qu'elle participe à l'inhibition des émotions indésirables.

« Activer le centre du langage, dans la partie pensante du cerveau, permet de commencer à comprendre une émotion pour pouvoir la prendre en charge. Bien sûr, cela fonctionne parfois, et d'autres pas, conclut Mark.

— C'est très vrai, dit le dalaï-lama. Vu sous l'angle bouddhiste, ce dont il s'agit ici est de détourner l'attention de l'émotion forte pour permettre à l'esprit de retrouver un état neutre.

Acquiesçant de la tête, Mark ajouta :

— Et nous croyons qu'en termes de croissance, entre trois et huit ou neuf ans, quand les enfants commencent à identifier les émotions, nous pouvons les aider à en tracer les axes dans le cerveau. Nous ne savons pas grand-chose des voies qui relient l'amygdale ou l'hippocampe au lobe frontal, et ces chemins traversent des structures que nous ne connaissons pas encore très bien.

Mais nous estimons qu'il est très important d'inculquer ces facultés, comme autant de petites habitudes, à cette étape cruciale de la vie. Les acquérir plus tard comporte forcément une part de réapprentissage. Et il est toujours plus difficile de réapprendre que d'apprendre.

Là encore, Mark énonçait une bonne raison d'éduquer les enfants aux émotions : acquérir de bonnes facultés émotionnelles au moment de la fabrication du circuit est nettement plus aisé que d'avoir à modifier ce circuit à l'âge adulte. Comme toujours, une pincée de prévention évite une tonne de remèdes – ou des années de psychothérapie, de traitement aux médicaments, voire de prison.

Des zones de paix dans la classe

« Par ailleurs, dit Mark, nous créons un contexte plus vaste dans lequel les enfants peuvent résoudre leurs problèmes et régler les conflits. Là encore, nous employons des images utiles et des histoires. Il y a par exemple l'affiche du feu de signalisation – c'est un feu de signalisation routière, que les enfants comprennent tout de suite. »

Mark nous présenta une affiche où chaque couleur du feu correspondait aux principes élémentaires de la maîtrise de soi :

Feu rouge : Respirez profondément. Énoncez le problème et formulez vos sentiments.

Feu orange : Que puis-je faire ? Est-ce que ça marcherait ?

Feu vert : Mettez votre meilleure idée à exécution. Cela a-t-il marché ?

J'avais vu cette affiche – conçue par Roger Weissberg et ses collègues de l'université de Yale – au mur de chaque classe des écoles publiques de New Haven au début des années quatre-vingt-dix, alors que j'écrivais au sujet d'un programme d'instruction émotionnelle novateur. Avec les années, ce programme – devenu depuis un modèle national, comme PATHS – s'est largement répandu, et des éducateurs du monde entier sont venus jusqu'à New Haven pour apprendre à élaborer leurs propres programmes de « développement social », comme on dit là-bas.

Mark expliqua le feu de signalisation :

— L'idée, c'est que, dès que l'on sent une émotion importante, il faut y voir un signal qui nous fournit une information, et la première chose à faire, c'est de tout arrêter et se calmer. Bien sûr, on retrouve à l'étape du feu rouge les conseils de la vieille tortue sage à la petite tortue – respirer profondément, et parler, à soi-même ou à quelqu'un d'autre, du problème et de ce qu'il nous inspire.

« Puis il y a le feu orange. Il s'agit-là de chercher plusieurs solutions au problème, car nous exerçons les enfants à trouver différentes façons de résoudre les problèmes par les jeux de rôles. Il est très important d'établir un contexte adapté. Nous tenons à ce que l'enseignant recrée dans la classe une ambiance familiale – comme s'il s'agissait d'une famille loin de chez elle. Cette famille doit être sécurisante pour tous, il faut donc trouver des solutions qui ne heurtent personne. On n'est pas obligé d'être le meilleur ami de chacun, mais on doit s'entendre avec tout le monde. Et, pour parvenir à s'entendre, il faut bien assimiler que l'on passe toute la journée dans une salle de classe, où l'on ne veut le mal de personne.

« Du fait de cette philosophie, nous ne laissons pas longtemps les enfants imaginer des solutions agressives, négatives – ça n'est pas productif. Nous disons plutôt : "Sachant que votre objectif minimal est de vous entendre et de ne pas vous faire de mal, que feriez-vous maintenant si quelqu'un vous taquinait ? Que feriez-vous si quelqu'un parlait de vous dans votre dos ? Que feriez-vous maintenant si quelqu'un vous bousculait dans le rang et que ça vous mettait vraiment en colère ?" Puis nous leur demandons de mettre leurs idées en application, pour voir si ça marche.

« Nous plaçons ces affiches de feux de signalisation partout. Dans la classe, sur les portes de la cour de récréation, dans le réfectoire, dans le bureau du directeur. Dans certaines écoles, nous installons des cônes orange – comme ceux de la sécurité routière – à différents endroits de la cour, et les enfants savent que, lorsqu'ils sont énervés, ils peuvent se mettre à côté d'un cône, et que personne ne viendra les déranger.

« Nous installons parfois au fond de la classe ce que nous appelons une "table de paix", ou une "chaise de paix". On trace donc un cercle rouge sur la chaise et on leur dit qu'ils peuvent s'y asseoir dès qu'ils éprouvent une émotion forte, pour se calmer et réfléchir aux suites qu'il convient d'y donner.

— Chaque classe possède donc sa petite zone de paix ? demandai-je, faisant allusion à la proposition du dalaï-lama de faire de l'ensemble du Tibet une région de ce type, totalement désarmée.

— Nous n'avons pas pu en mettre dans toutes les classes, répondit Mark, mais partout où nous avons pu le faire, ça marche très bien. Beaucoup d'écoles aux

États-Unis appliquent un système de règlement de conflits où l'on enseigne aux aînés à intervenir dans les conflits des plus petits. Des enfants de onze ans arpentent la cour pour intervenir dès qu'ils voient qu'un petit rencontre un problème. Dans nos écoles PATHS, on leur fait porter un T-shirt avec le feu de signalisation. Ça a le mérite d'être clair. Les symboles de ces aptitudes sont partout, alors, quand l'aîné intervient, il dit : « Commençons par le feu rouge, parce que, apparemment, quelque chose ne va pas. Alors calmons-nous. » Puis : « Passons au feu orange. D'abord tu parles et c'est lui qui écoute ; ensuite, c'est lui qui parle et toi qui écoutes. »

« Nous avons procédé à de rigoureuses évaluations expérimentales du programme PATHS, et les contrôles effectués au hasard nous ont montré que les enfants qui le suivent acquièrent une meilleure aptitude à parler de leurs sentiments et à comprendre ceux des autres enfants[8].

Sa curiosité scientifique piquée, le dalaï-lama s'enquit des méthodes qui avaient permis de conclure à l'efficacité du programme.

— Y a-t-il eu dans une école certaines classes appliquant le programme et d'autres pas ?

— Non, expliqua Mark, la comparaison se fait généralement entre une école qui l'a et une autre qui ne l'a pas. Sinon, il y aurait contamination, parce que à peine l'ont-ils mis en place que les enseignants veulent déjà le faire connaître aux établissements avoisinants.

Mais les écoles ayant servi de référence sont situées dans des quartiers comparables, et la sélection de celles où le programme est appliqué se fait au hasard, nous assura Mark.

Il nous décrivit ensuite certaines méthodes permettant de s'assurer des progrès d'un enfant.

— Nous leur posons des questions du genre : « Comment sais-tu que tu es en colère, ou triste ? » Les enfants qui ont suivi le programme répondent mieux à ce genre de questions que les autres – ils savent mieux reconnaître leurs sentiments et en parler. Par leur récit de leurs propres symptômes de dépression ou de tristesse, ils procèdent presque immédiatement à un apaisement de ces symptômes. En fait, ces derniers sont assez facilement modifiables. Lorsque les enfants saisissent toute la force de la parole, et du fait de communiquer leurs sentiments, ça agit souvent comme un très bon antidote à la dépression. Avec le temps, nous constatons aussi une diminution des comportements agressifs. Elle n'est pas abrupte, mais elle est significative, et plusieurs études l'ont amplement démontré.

« C'est un peu comparable au malaise cardiaque. Nous savons que certains facteurs de risque sont liés aux malaises cardiaques – le régime alimentaire, la génétique, l'exercice physique. Et nous savons que si nous réduisons ces facteurs de risque dans la population, cela fera lentement baisser le nombre des accidents cardiaques. De la même façon, notre travail réduit les facteurs de risque liés à l'incapacité de se calmer, d'entendre le point de vue de l'autre ou de réfléchir à un problème. Nous réduisons donc doucement la fréquence des comportements agressifs et des manifestations extérieures des émotions destructrices.

On recherche adultes sages

Mark insista ensuite sur l'importance pour les enfants de voir des adultes mettre aussi à l'œuvre ces facultés émotionnelles. « Dans l'école, il est fondamental que les enseignants acquièrent eux-mêmes ces aptitudes et qu'ils les reprennent à leur compte. C'est très difficile pour beaucoup d'entre eux. Cela demande un réel effort, et certains se montrent plus doués que d'autres. Mais s'ils reçoivent de notre part un soutien hebdomadaire, par la présence à leurs côtés d'une de nos équipes, leur exemple peut avoir une influence énorme sur l'usage que feront les enfants de ces aptitudes émotionnelles.

« Bien souvent, des professeurs dont je doutais vraiment qu'ils puissent montrer l'exemple du retour au calme, en se parlant et en faisant appel à leur intelligence, ont finalement démontré qu'ils en étaient tout à fait capables. L'exemple que donnent les adultes est déterminant. Cela nous ramène à l'idée d'Aristote qu'évoquait Owen, les vertus se transmettent par l'observation de la sagesse des aînés. Nous voyons bien que lorsque les enseignants n'appliquent pas ce qu'ils préconisent, les enfants ne suivent pas.

« Évidemment, il ne saurait être question d'exclure les parents de tout cela. John Gottman, et d'autres chercheurs, a bien montré que beaucoup de parents se mettent aussi à pratiquer ce que nous appelons du “coaching émotionnel”[9]. Quand un enfant est en colère, ou triste, ils ne lui tournent plus le dos. Ils ne le punissent pas. Ils l'aident plutôt à comprendre que ce sentiment ne les étouffera pas, qu'il n'a rien de mal et qu'on peut le prendre en charge, que c'est un phénomène naturel. Et ces enfants montrent alors les mêmes aptitudes positives : un meilleur comportement et une meilleure capacité à gérer leur excitation physiologique.

« J'ai commencé ce matin par dire comment les parents peuvent aider un tout-petit à gérer ses émotions. Pareillement, bien qu'on en soit à un autre stade de la croissance, les parents et les enseignants d'enfants de dix ans continuent de pouvoir intervenir. Paul dirait sans doute que les parents d'une personne de vingt ans le peuvent encore, parce que l'exemple de la sagesse des aînés est important à tout âge. Nous cherchons tous des maîtres.

« Il ne faudrait pas croire que la période d'intervention soit strictement limitée à l'enfance. Nous ne savons pas grand-chose de l'âge adulte, mais nous pensons que la plasticité est encore bien réelle à l'adolescence et au-delà. D'autres programmes d'instruction sociale et émotionnelle pour adolescents ont montré qu'ils pouvaient réduire le taux de tabagisme, d'usage de drogues et de comportements agressifs. Nous savons qu'à l'adolescence ce genre de programmes, qui sont scrupuleusement évalués par des tests expérimentaux, continue de se montrer efficace.

« Les adultes ont beau compter dans la vie des enfants, les moments critiques que connaissent ces derniers se produisent presque toujours dans leur relation avec un autre enfant. Nous savons que le meilleur pronostic de la future santé mentale d'un enfant est toujours celui que font ses camarades de classe [10]. Les enfants perçoivent en leurs camarades des choses que les adultes ne voient que rarement.

« De ce fait, je crois essentiel que ce type de travail soit universel, qu'il ne s'effectue pas seulement dans le cadre de la psychothérapie, où un adulte seul instruit l'enfant. Un parent ne peut vraiment pas s'y mettre seul non plus, parce que le contexte social de l'enfant a beaucoup d'influence. Il faut créer dans les écoles des situations où ces compétences sont valorisées dans les relations d'enfant à enfant, pas seulement par des adultes, mais par les autres enfants eux-mêmes. Et ils doivent très vite comprendre que c'est ce que l'on appelle grandir. C'est un vrai problème aux États-Unis, à cause de l'évolution radicale qu'a connue la disponibilité des adultes pour les enfants ces vingt dernières années. »

Le dalaï-lama se tourna vers Jinpa et lui dit la joie que lui procurait le compte rendu de Mark. Il avait si souvent dit qu'il faudrait absolument intégrer ce genre d'apprentissage dans l'éducation, et voilà que quelque chose de concret, de pratique se produisait enfin. Le dalaï-lama me redirait aussi par la suite son plaisir de constater qu'une tentative systématique d'aider les enfants à gérer leurs émotions destructrices était bien en cours. Il était aussi impressionné par les détails que par le simple fait que ces méthodes fassent déjà concrètement partie de l'éducation de certains enfants.

Donner l'exemple de la compassion

Mark poursuivit :

— Nous nous sommes nettement moins consacrés au développement d'émotions positives, peut-être à cause de notre mentalité occidentale et de notre souci de prévenir avant tout les pathologies. Mais, depuis six ou sept ans, nous nous y sommes mis, en racontant aux enfants l'histoire authentique d'éminents personnages du monde, qu'il s'agisse d'enfants, comme eux, qui ont fait des choses importantes pour aider le monde, ou d'adultes, comme Sa Sainteté.

« Je me suis promis de vous montrer comment ce genre d'histoire peut nous servir à greffer le programme PATHS aux cours d'anglais et de lecture, ce qui nous permet de répartir nos leçons sur l'ensemble de la journée scolaire. C'est l'histoire de Jim Abbott, un fameux joueur de base-ball américain, à qui il manquait un bras. Ce que nous cherchons à inculquer, c'est la notion de persévérance face aux obstacles, et il est évident que cet homme se trouvait lui-même devant un fameux obstacle. Jim Abbott a dit que, dans son enfance, tout le monde prétendait qu'il ne deviendrait jamais joueur de base-ball, à cause de son handicap. Nous racontons donc l'histoire de sa vie, et de sa réussite, puis nous demandons aux enfants de nous parler d'un objectif personnel qu'ils estiment inaccessible pour eux. Nous leur proposons de le mettre par écrit, et de réfléchir aux étapes qui pourraient les y mener malgré tout.

« Il y a aussi l'exemple de Aung San Suu Kyi, de Birmanie (on dit aujourd'hui "Myanmar"), dit Mark, provoquant l'approbation du dalaï-lama, qui la connaissait car, comme lui, elle a reçu le prix Nobel de la paix ; il avait d'ailleurs eu l'occasion de se rendre à la frontière birmane en compagnie d'autres prix Nobel, pour lui manifester son soutien. Son parcours nous sert d'exemple de responsabilisation sociale, il montre qu'on peut parfois être conduit à consacrer sa vie à quelque chose d'important. Nous racontons aux enfants qu'elle a passé de nombreuses années assignée à résidence, nous leur parlons du mouvement démocratique au Myanmar, et leur expliquons pourquoi les gens prennent certaines choses tellement à cœur qu'ils sont incapables d'y renoncer, même si cela implique une grande part de sacrifice.

« Après avoir évoqué la biographie d'Aung San Suu Kyi, nous demandons aux enfants d'échafauder un bref programme visant à faire évoluer leur école ou leur quartier. L'idée est d'effectuer un transfert de l'interprétation de certaines émotions et de certains objectifs d'Aung San Suu Kyi. Ils peuvent alors retrouver ces objectifs en eux et comprendre qu'il est bon d'avoir ce genre d'intentions pour sa communauté.

« Nous avons aussi pris l'exemple de Maya Lin, une Américaine d'origine asiatique qui a conçu le Vietnam Veterans Memorial à Washington et le Civil Rights Memorial de Montgomery, dans l'Alabama. Son histoire nous sert à illustrer la façon dont l'art peut servir à commémorer les choses qui comptent. Nous nous appuyons sur le livre pour enfants *The Wall*, d'Eve Bunting, où un homme emmène son fils lire le nom de son grand-père sur le monument dédié aux vétérans du Viêtnam. C'est une histoire très riche, parce qu'elle aborde aussi les questions de la mort et de la guerre.

« Nous évoquons ainsi la façon dont des murs peuvent commémorer ou entretenir le souvenir d'événements importants de l'histoire. Les élèves préparent alors un projet de commémoration de quelque chose concernant leur communauté, qui sera mené à terme. Nous ne savons pas à l'avance ce qu'ils voudront commémorer. Il peut s'agir d'un événement qui s'est produit à l'école dans l'année, ou d'un fait historique du quartier, mais l'idée est de s'orienter vers un idéal de responsabilité sociale – et peut-être vers un début de compassion.

« Je parle de ces exemples avec prudence, parce que nous commençons à peine à travailler sur les émotions positives. Nous avons nettement mis l'accent sur la gestion des émotions destructrices. Je suis très curieux de savoir ce que vous auriez à dire sur les façons de développer la compassion. Je sais que le bouddhisme pratique cette culture de la compassion chez les jeunes moines depuis des millénaires, et je crois que nous pouvons beaucoup apprendre de certaines de vos techniques, en les associant à certaines techniques occidentales.

« Peut-être vaudra-t-il mieux que je pose directement la question à Sa Sainteté. Auriez-vous quelque idée sur la façon d'inculquer la compassion aux esprits adolescents ?

Le dalaï-lama demanda alors en tibétain ce qu'en pensaient les autres, et Matthieu prit la parole :

— J'ai remarqué dans certaines familles tibétaines un détail, qui m'a paru merveilleux. Le jour de son anniversaire, l'enfant fait des cadeaux à tout le monde, et il y trouve beaucoup de bonheur. Ces petites choses ne sont pas de grands principes, mais elles en disent long.

Mark approuva :

— Nous savons que, pour les enfants, ce ne sont pas les grandes idées qui comptent, mais les petites choses quotidiennes.

Un répertoire de la compassion

Le dalaï-lama nous fit alors part de ses pensées.

— Je crois qu'il est très important de gérer les émotions négatives, mais que ça ne suffira pas vraiment à résoudre les problèmes en soi. Vous le reconnaissez d'ailleurs avec franchise pour votre programme : il faut aussi développer et cultiver les émotions positives. Ces émotions positives ne sont peut-être pas directement applicables comme un antidote dans le feu de l'action, mais elles participent à la préparation de l'enfant, ou de qui que ce soit, à mieux gérer ses émotions négatives. Quant aux techniques spécifiques qui permettent cela, je n'ai pas vraiment d'idée particulière – mise à part l'exposition permanente des enfants à une atmosphère d'amour authentique et de compassion, que ce soit dans la famille, de la part des parents, ou à l'école, de la part des enseignants, qui doivent montrer un réel souci du bien-être de leurs élèves, ce qui aura déjà un effet significatif. Il est difficile de transmettre aux enfants la valeur de la compassion et de l'amour par les mots. Les actes sont nettement plus éloquents que les mots.

Toute la journée, Mark avait déjà remarqué que le dalaï-lama ne se permet jamais de parler en expert de sujets tels que l'éducation des enfants, mais ses suggestions n'en étaient pas moins frappantes pour autant. Il s'empressa d'approuver :

— Voilà pourquoi nous nous servons d'exemples et d'histoires. Je vais vous en raconter une autre, destinée aux troisièmes années. C'est l'histoire vraie de Trevor Ferrell, un garçon de treize ans qui vivait dans une banlieue huppée de Philadelphie. Un soir, Trevor vit au journal télévisé des sans-abri du centre-ville. Il alla aussitôt trouver son père et lui dit : « Il y a des couvertures au garage. Je voudrais les emmener en ville et les donner à ces gens qui dorment sur des bouches d'aération pour ne pas avoir froid. »

« Son père trouva l'idée étonnante, mais il l'y emmena, et ce fut une expérience très gratifiante, tant pour Trevor que son père. Le lendemain, Trevor posa des affichettes chez les commerçants : “Quelqu'un aurait-il des couvertures dont il ne se sert pas ? De la nourriture en trop ?” Au bout d'une semaine, son garage était rempli de vivres, et Philadelphie compte aujourd'hui plusieurs entrepôts baptisés Trevor's Place, où les sans-abri peuvent venir se nourrir.

Tout au long du récit, le dalaï-lama n'avait cessé de de manifester son approbation en souriant.

— Quand nous racontons cette histoire, nous y associons l'affiche du feu de signalisation. Nous expliquons que Trevor a senti que quelque chose n'allait vraiment pas, qu'il lui avait d'abord fallu se calmer pour se demander : « Que puis-je faire ? ». L'important, c'est que l'exemple ne vient pas toujours d'adultes comme Sa Sainteté, mais que les enfants peuvent eux-mêmes faire certaines choses. Voilà comment nous essayons de communiquer, par des histoires, mais nous sommes à la recherche de nouvelles idées.

Alan Wallace avait une suggestion concernant la culture des émotions positives.

— Vous avez dit que toutes les émotions sont naturelles et qu'elles sont bonnes, et ma première réaction a été de penser qu'elles ne le sont pas forcément toutes. Puis je me suis dit qu'il valait en effet peut-être mieux commencer par les identifier, plutôt que de les juger sans vraiment les distinguer. Mais on pourrait aussi bien penser que, comme dans le communisme, où l'on disait que tout le monde est égal mais certains plus que d'autres, tous les sentiments sont bons, mais que certains le sont plus que d'autres. William James avait un principe que je trouve vraiment lumineux, et qui me sert tous les jours : ce à quoi nous accordons notre attention devient notre réalité, et ce à quoi nous n'accordons pas notre attention disparaît peu à peu de notre réalité. Les visages-sentiments sur les cartes sont pour la plupart négatifs. Les enfants, notamment à partir de dix, onze, ou douze ans, pourraient élargir leur répertoire de cartes, avec la compassion, la patience, la gentillesse.

« C'est un thème récurrent du *Bodhicharyâvatâra*, ou *Introduction à la marche vers l'Éveil*. Aussitôt qu'ils surgissent, observez la façon dont les sentiments vous affectent. Quand un enfant exprime de la générosité, que ressent-il ? Il ne faut pas se contenter d'observer comment les autres perçoivent sa générosité, mais se pencher sur ce qu'on éprouve quand on l'exprime soi-même. Les enfants y deviendront de plus en plus sensibles et prendront conscience des vertus sans qu'on ait à leur dire : "Tu devrais faire ci ou ça." Sa Sainteté a répété mille fois que ces vertus sont naturelles. S'ils y portent leur attention, et qu'ils se mettent à employer les cartes qui y correspondent, ils en seront les premiers épatés.

— C'est une très belle idée, dit Mark. Je crois que, si en Occident nous en restons quelque peu aux émotions destructrices, c'est en partie parce que nous travaillons dans le contexte de l'école, où c'est la violence qui a motivé tous les investissements dans ces programmes. Mais nous n'avons pas passé assez de temps sur le positif, même avec les plus petits. Un simple exemple : depuis deux jours, en nous écoutant, j'ai noté toutes les nouvelles leçons que nous avons envisagées. Il n'y en a aucune sur le respect ou l'émerveillement. Quoi qu'il en soit, j'ai d'ores et déjà appris beaucoup de choses sur la direction que doit désormais prendre mon travail, et je vous en suis reconnaissant.

Particulièrement touché par cet exposé, le dalaï-lama plaça ses mains jointes sur son front, en hommage à Mark.

12

Promouvoir la compassion

Pourquoi la science occidentale a-t-elle dédaigné la compassion ?

Déjà lors de la cinquième rencontre *Mind and Life*, sur l'altruisme et la nature humaine, cette question avait été au cœur d'un échange significatif. C'est Anne Harrington, une historienne des sciences à l'université d'Harvard, qui l'avait alors soulevée [1]. « Historiquement, à mesure que nos sciences ont avancé dans l'exploration du réel, elles ont trouvé de moins en moins de pertinence à des notions du genre de la compassion. L'altruisme correspond à une stratégie d'affinement génétique », c'est ainsi que la théorie de l'évolution évacue l'énigme que constitue à ses yeux un manque d'individualisme si criant.

En revanche, avait-elle souligné, « les méthodes bouddhistes d'exploration du réel conduisent apparemment à une tout autre réalité », où « la compassion est fondamentale et tient lieu de cadre dominant aux intrigues de la vie, où tous les êtres sont liés, pas en concurrence ».

Le dalaï-lama avait alors répondu que la science est une discipline relativement jeune et que sa tendance à arbitrairement affirmer que l'homme est fondamentalement agressif, égoïste et insensible correspond à une phase très spécifique de son entendement de la nature humaine.

Cet intérêt sélectif de la psychologie tient peut-être au fait qu'elle suit les traces de la médecine, qui se soucie davantage des malades que des bien-portants, avait observé Richard Davidson, l'organisateur de la rencontre. L'intérêt de la psychologie pour les seules émotions négatives était donc peut-être le reflet de ce parti pris médical.

Ervin Staub, un psychologue social de l'université du Massachusetts, avait souligné que depuis trente ans, des psychologues se sont lancés dans des recherches sur l'altruisme et l'empathie, sans pour autant y avoir cherché de lien avec la notion de compassion. Staub estimait que le temps était venu pour la profession de s'intéresser à la compassion, ainsi qu'aux émotions positives en général.

Ce regain d'intérêt pour les émotions positives ne se démentirait pas de l'après-midi. Je commençai par faire part au dalaï-lama de mon désir de relancer la conversation qui avait occupé le déjeuner à Chonor House : les programmes scolaires décrits par Mark visent essentiellement à réfréner les émotions indésirables, pas à cultiver les sentiments positifs, qui sont pourtant un antidote aux premières.

— Le bouddhisme dispose de tant de méthodes pour cultiver ces émotions positives, lui dis-je, que nous nous demandons si l'on ne pourrait pas en réadapter certaines au contexte laïc dans lequel s'inscrit notre programme.

Comme souvent lorsqu'on attend de lui une solution immédiate, le dalaï-lama commença par prendre le temps de réfléchir.

— Comme l'a dit Matthieu dans son exposé, la pensée bouddhiste dénombre quatre-vingt-quatre mille types d'afflictions de l'esprit, auxquels correspondent quatre-vingt-quatre mille types d'antidotes. Je voudrais pour l'instant m'en tenir à ce rappel, et entendre ce que vous-même auriez à dire. J'aurai peut-être alors quelque chose à y ajouter.

Constatant qu'Alan brûlait d'intervenir, je me tournai vers lui. Il fit une nouvelle référence à l'*Introduction à la marche vers l'Éveil*, le classique du sage Shântideva qu'il avait évoqué le matin même.

— Tout un chapitre est consacré à la culture de la patience et de la tolérance comme antidote au problème de la colère et de la haine. On y trouve aussi une autre approche, tirée des enseignements des Quatre Incommensurables : la compassion, l'équanimité, la joie infinie et la bonté infinie.

Alan évoquait un ensemble de méditations bouddhistes conçues pour cultiver ces états.

— La bonté est diamétralement opposée à la haine, poursuivit Alan. Si la haine est une attitude, ou une émotion, qui consiste à ne pas supporter le bien-être d'autrui – « je n'apprécie pas que tu sois heureux car tu es mon ennemi » –, la bonté est précisément le contraire. Elle consiste à souhaiter à l'autre le bonheur et les causes du bonheur.

« Ainsi, plus on cultive la bonté, moins on a affaire à la colère et la haine. C'est comme posséder un bon système immunitaire : ça permet de se rendre dans une région frappée d'épidémie sans se soucier de prendre un antidote, parce qu'on est déjà protégé. Il en va de même avec les autres Incommensurables : la compassion est diamétralement opposée à la cruauté. La cruauté consiste à se délecter des souffrances d'autrui, voire à souhaiter lui infliger ces souffrances. La compassion en est le pôle opposé – “Sois à l’abri des souffrances, et de ses causes”, dit Alan, citant un extrait de la méditation elle-même.

On se répète mentalement ce genre de phrases, tout en développant en soi le sentiment du souhait compassionnel, jusqu’à ce que pensée et sentiment soient solidement ancrés et authentiquement ressentis (même s’ils peuvent ne pas tout à fait l’être au début).

Puis Alan évoqua *muditâ*, la joie infinie, une notion spécifiquement bouddhiste qui désigne la réjouissance tirée du bien-être ou de la joie d’autrui. Comme souvent pour les notions bouddhistes relevant de l’émotion, l’anglais ne possède pas de terme équivalent, ce qui donne un aperçu du peu de cas qu’en fait notre culture[2].

— Plus on cultive cette joie empathique, développa Alan, plus on agit contre son opposé, la jalousie – « Je ne supporte pas ton bonheur ; je ne supporte pas que tu sois célèbre ou riche. » Cette joie infinie consiste à se réjouir de la bonne fortune des autres, et cela mine toute jalousie avant même qu’elle ait l’occasion de surgir.

« Enfin, il y a l’équanimité, qui est diamétralement opposée à l’attachement ou à l’aversion. Là encore, plus on cultive ce type de sérénité, plus cela agit comme un système immunitaire permettant en quelque sorte de transporter une zone de paix partout avec soi.

Matthieu ajouta :

— Nous possédons encore deux façons complémentaires de développer des émotions positives. L’une est issue de la raison, et l’autre d’un travail qu’on effectue sur certaines émotions fondamentales.

« La première consiste à se mettre à la place de l’autre. Il existe une série d’exercices progressifs, où l’on commence par se situer sur le même pied que les autres, pour permuter avec eux, avant de les considérer comme plus importants que soi, et parfois même en venir à adopter leur point de vue qui nous tient pour égoïste et arrogant. Cet ego tel qu'il est perçu par les autres se met alors à nous déranger, comme on peut être dérangé par l'égoïsme d'autrui.

Il ajouta qu'un chapitre entier du texte de Shântideva mentionné par Alan détaille les étapes menant à cette permutation.

— L'autre méthode consiste à développer un profond sentiment de bonté infinie – en contemplant par exemple quelqu'un qu'on aime beaucoup, habituellement sa propre mère, dans toute sa bonté. Puis on imagine cette mère dans une situation terrible. Cela demande de l'imagination, parce que c'est d'émotion qu'il s'agit. On peut par exemple l'imaginer comme une biche traquée par un chasseur. Elle tombe dans un ravin et se brise les os. Le chasseur approche, il va lui porter le coup de grâce, et elle se tourne vers nous en implorant : « Peux-tu m'aider, mon fils ? », et on se sent impuissant. On peut aussi imaginer qu'un être très cher, privé de nourriture depuis des mois, nous demande une bouchée de pain. Tout cela permet de développer une très forte compassion envers quelqu'un qu'on aime vraiment.

Une fois consolidé ce sentiment de bonté, le méditant l'étend à d'autres personnes, puis à tous les êtres vivants comme l'expliqua Matthieu.

— On essaie ensuite d'étendre ce sentiment aux autres en prenant conscience qu'il n'y a vraiment aucune raison de ne pas l'éprouver pour tous les êtres animés. On peut aussi associer ces deux méthodes complémentaires de façon à rendre ces sentiments naturels et rationnellement généralisables.

— Je connais une version moins élaborée de ce que vous racontez, dit Paul Ekman. C'est une technique que j'emploie moi-même pour me préparer à une situation qui s'annonce difficile. J'ai en moi certaines images, qui me servent sans cesse, parce qu'elles sont assez puissantes pour déclencher des émotions positives. Quand je me concentre sur ces images visuelles, je commence à ressentir une émotion positive, ce qui me permet d'aborder cette situation difficile dans un état d'esprit positif. C'est une technique qui n'est pas très différente de la vôtre, mais à plus petite échelle.

« L'autre technique que j'emploie s'inspire de mes propres recherches et rejoint ce que nous a expliqué Mark. J'exerce volontairement les mouvements musculaires du sourire pour engendrer en moi un état émotionnel positif.

Ses recherches l'avaient bien démontré : le fait de sourire déclenche les changements correspondants dans le cerveau.

« J'emploie aussi une légère variante du mouvement de la tortue, poursuivit Paul. Alors que je travaillais en Nouvelle-Guinée, j'ai souvent remarqué que les gens adoptaient cette position lorsqu'ils étaient mal à l'aise, dit-il en croisant les bras, les mains sur les épaules.

« J'ai des photos où des centaines de personnes se tiennent ainsi. Je le fais parce que c'est une façon de me tenir, de me réchauffer, et que ça m'aide vraiment. Je ne suis pas sûr que ça me permette de me ressaisir quand je suis sous l'emprise d'une émotion. Je n'ai pas encore essayé. Ces méthodes n'ont pour l'instant qu'une fonction préparatoire, quand je m'attends à rencontrer certaines difficultés.

Le grand tranquillisant : la compassion

Le dalaï-lama avait maintenant beaucoup de choses à dire. « D'une façon générale, avant toute pratique bouddhiste, on commence par se concentrer sur le propos de l'exercice et les bénéfices escomptés. C'est une procédure très concrète. Si l'on saute cette étape, et qu'on cultive la compassion juste parce qu'on nous a demandé de le faire, on a de fortes chances d'obtenir quelque chose de forcé, sans grande consistance, si tant est qu'on parvienne à cultiver quoi que ce soit.

« Par exemple, il est classique d'engendrer la compassion en développant l'idée que chaque être animé est notre mère. Il serait très difficile de s'assurer par la raison cognitive que chaque être animé l'a bel et bien été dans une vie antérieure du passé infini. Mais tel n'est pas le propos de cet exercice. Pourquoi alors procéder de la sorte ? Parce que considérer quelqu'un comme sa mère suscite tendresse, dévouement, gentillesse, affection et gratitude à son égard. Une fois qu'on a compris ces raisons, nul besoin d'avoir la certitude que chaque être animé a réellement été notre mère, il suffit d'en saisir le propos et d'en prévoir les bénéfices pour s'y essayer.

« Pareillement, en cas de très forte tendance à l'attachement – quand c'est un véritable besoin – l'un des plus anciens antidotes sollicite intensément l'imagination. Il s'agit de voir le monde jonché d'ossements et de squelettes. C'est évidemment très désenchantant, c'est une image très déplaisante du réel. À quoi cela peut-il bien servir ? Je préférerais de loin m'imaginer un monde couvert de fleurs. Mais on comprend bien que procéder de la sorte permet d'apaiser notre esprit affligé d'attachement. Ce peut être un outil temporaire pour contrecarrer ce qui nous perturbe. Ça nous renvoie immanquablement à ce qui est vraiment en train de troubler notre bien-être. En constatant que le problème tient à nos propres afflictions mentales, on en déduit naturellement qu'il vaut sans doute mieux rechercher cet antidote et s'y dédier avec persévérance.

« Pour en revenir à la compassion, on croit souvent que notre pratique de la culture de la compassion et de la bonté s'adresse aux autres, comme si c'était une offrande que nous faisions au monde. Mais c'est vraiment une vision très superficielle. Ma propre expérience m'a enseigné que j'en suis le premier bénéficiaire, pas les autres. Et je le suis à cent pour cent, alors que les autres le sont peut-être à cinquante pour cent. La motivation première de ce travail sur la compassion est donc l'intérêt personnel. » Le dalaï-lama fit observer que, dans les textes bouddhistes, le bodhisattva, qui atteint des sommets d'éveil spirituel par sa pratique de la compassion, est un homme très heureux, qui jouit d'un parfait bien-être, parce que sa compassion et sa bonté extraordinaires lui font accorder davantage d'importance aux autres qu'à lui-même.

« Selon ma modeste expérience personnelle, dès que je sens mon cœur s'imprégner d'un sentiment d'attention ou de souci d'autrui, cela me procure une certaine force intérieure. Je ressens alors moins de peur, davantage de bonheur. Des problèmes surgissent ici et là ? Soit, peu importe. Les nouvelles sont choquantes, ou tristes ? Cela m'incommode quelques secondes, mais je m'en remets bien vite, et je retrouve la paix » – c'était bien ce que Paul Ekman avait perçu des réactions émotionnelles du dalaï-lama.

« Je pense que la pratique de la compassion agit comme un médicament qui rendrait la sérénité à celui qui est très agité, conclut le dalaï-lama. La compassion est un tranquillisant majeur. »

D'un bout à l'autre de son discours sur la compassion, le dalaï-lama s'était beaucoup agité, l'air presque enjoué, avec des gestes très catégoriques – sa conviction crevait les yeux.

Matthieu élargit alors le contexte social du débat. « La Déclaration des droits de l'homme comporte quelques cinquante-huit articles. Mais, dans nos rapports avec les autres, il semble qu'un seul article pourrait définir les droits de l'homme : les autres aspirent autant que nous au bonheur. Et ils souhaitent aussi peu souffrir que nous. Ils ont donc exactement les mêmes droits, car leur volonté est la même que le nôtre. Cela pourrait résumer toute la Déclaration des droits de l'homme. »

Comment la compassion agit sur le cerveau

Revenant à certains des thèmes de l'exposé de neurobiologie que nous avait fait Richie Davidson la veille, Francisco Varela établit un lien avec la compassion.

— J'ai vu un rapprochement très intéressant avec la culture de la compassion dans le fait qu'on se mette à la place d'autrui et que, au début, on sollicite l'imagination pour engendrer une émotion légèrement forcée, mais à laquelle on s'habitue et qu'on finit par endosser. De plus en plus d'indices nous portent à croire que la perception et l'imagination sont des fonctions mentales étroitement liées. Elles sont distinctes, bien sûr, mais il y a une foule de points communs entre une image mentale et la perception d'une situation réelle.

« Il est donc possible d'apprendre et de changer

physiologiquement par le biais de l'imagination. C'est la neuroplasticité. Du point de vue neurobiologique, ça n'est pas une surprise ; on pouvait s'y attendre. Prenons un exemple : des entraîneurs de ski ont récemment mis au point certains exercices d'été, dans lesquels les skieurs s'allongent sur un lit et s'imaginent en train de dévaler les pentes. Il a été prouvé que lorsqu'ils rechaussent leurs skis, ils se sont nettement améliorés. Cet entraînement à la compassion fonctionne de la même façon.

J'en déduis :

— Si ces pratiques sont réellement efficaces, ne devraient-elles pas induire une transformation neuronale sous-jacente ? D'un point de vue neurologique, elles impliquent une telle répétition du geste que cela finit par modifier le cerveau. L'objectif visé – l'équanimité ou la compassion, par exemple – devient alors réalité au niveau cérébral.

Sachant qu'il avait travaillé là-dessus, je me tournai vers Richie pour lui demander :

— Est-ce le cas ?

— Oui, dit Richie. Les commentaires de Matthieu l'autre jour étaient très éloquents là-dessus. Au début, on engendre un état de compassion, ou d'une autre émotion positive, relativement instable, transitoire. Mais, avec de l'assiduité, cela s'assimile de plus en plus à un tempérament. À ce stade, certains signes indiquent qu'une partie du cerveau a déjà changé de façon relativement permanente.

Francisco évoqua ces musiciens chez qui l'on a constaté la transformation des régions du cerveau correspondant à leur pratique. L'accumulation d'heures de violon modifie la quantité de cellules impliquées dans la performance musicale et accroît leur conductivité[3].

Cela incita Richie à parler au dalaï-lama d'une étude récemment parue dans la très prestigieuse revue *Nature* sur les chauffeurs de taxi londoniens[4].

— Les régions du cerveau qui leur permettent de s'orienter sont apparues renforcées après à peine six mois de conduite dans les rues de Londres.

Le dalaï-lama se souvint alors d'une description des étapes de la maîtrise de la méditation qui semblait concorder avec les explications neurologiques qu'on venait d'entendre. Cela commence par une appréhension intellectuelle superficielle des mots et de leur sens – comme « compassion ». Après une réflexion prolongée, la compréhension devient claire et franche : assuré de sa maîtrise intellectuelle du concept, le sujet peut l'intégrer à sa pratique méditative. Dans un premier temps, évoquer la compassion peut demander un effort et paraître forcé. Mais, au fil du temps, le sentiment de compassion vient naturellement, spontanément, avec facilité. À la fin, ça ne demande plus aucun effort.

— Ces étapes s'appellent la compréhension, ou la sagesse, née de l'écoute, de la pensée et de la méditation, conclut-il.

Francisco répondit au dalaï-lama :

— Ce qui est intéressant, c'est que cette impression de familiarité et d'absence d'effort correspond à de réels changements neurobiologiques. Le cerveau s'est réorganisé, faisant de nous un être différent. L'accoutumance a produit des transformations durables dans le cerveau.

Jinpa ajouta :

— La métaphore employée dans les textes traditionnels bouddhistes est celle de l'huile qui imbibe le tissu. On ne peut plus vraiment dissocier l'une de l'autre.

— Mark a dit une chose qui me paraît très importante, fis-je. Il est plus facile d'apprendre la première fois. Plus tard, cela demande davantage d'effort, disiez-vous, parce qu'il faut réapprendre. Est-il possible d'inculquer tout cela aux enfants dès le départ, de façon à ce que le cerveau, en se développant, emprunte ces voies-là ? Mark, vous pourriez peut-être dire quelque chose du fait qu'au plus jeune âge ces leçons influencent le développement des régions du cerveau dont parlait Richie – les régions préfrontales, l'amygdale, l'hippocampe – celles qui sont impliquées dans la régulation de l'émotion. Ce sont les régions qui, vous l'avez dit, répondent le mieux à l'apprentissage et à l'expérience.

Mark répondit :

— Le lobe frontal se développe en bonne partie dans la petite et la moyenne enfance. Nous ne comprenons pas encore tout, loin de là, mais cela se produit au moment précis où naît cette maîtrise de soi et du langage qui permet de se parler à soi-même. C'est là que ces mécanismes du cerveau se connectent au reste du réseau.

« Prenons un exemple. Hier soir, j'ai reçu un e-mail d'une enseignante. Nous nous sommes récemment mis à travailler auprès d'enfants de trois ans et demi ou quatre ans, ce qui nous contraint à adapter nos méthodes pour en évaluer le fonctionnement sur les plus jeunes. Cette enseignante, qui travaille dans le cadre d'un programme national d'aide aux enfants démunis nommé *Head Start*, vient de passer quelques semaines à leur apprendre l'histoire de la tortue. La semaine dernière, elle s'est rendue chez trois parents. Tous lui ont rapporté que l'enfant applique spontanément cette méthode chez lui, comme si c'était naturel. Une mère a même raconté que sa fille de trois ans et demi, constatant qu'elle s'énervait, lui a conseillé de faire la tortue !

« Je pense que vous avez raison, Dan. Ça rejoint ce que disait Matthieu d'une culture de la gentillesse. Il a montré l'exemple en s'abstenant de tuer une mouche. Des enfants tibétains seraient choqués de vous voir tuer une mouche. Pour être franc, ils ont une culture de la gentillesse qu'on ne rencontre pas souvent aux États-Unis.

« Je crois que nous venons justement d'assister à une manifestation de cette gentillesse, dis-je, lorsque Sa Sainteté a trouvé un moucheron sur sa chaise.

Quelques minutes auparavant, j'avais été frappé par une mise en application spontanée de ce genre de compassion. Alors qu'il était en train de parler, le dalaï-lama avait remarqué qu'un minuscule insecte grimpait le long de sa chaise. Il s'était interrompu, avait pris le temps de se pencher à la hauteur de l'insecte et, d'un geste protecteur, l'avait doucement repoussé d'un coin d'étoffe – puis il s'était assuré qu'il avait atterri en lieu sûr pour constater qu'il était encore sur sa chaise. Pendant que Thupten Jinpa traduisait ses propos, le dalaï-lama avait alors recueilli l'insecte sur son bout d'étoffe avant de le remettre au jeune moine à côté de lui, qui l'avait emmené au jardin pour le relâcher.

Avec son humour si caractéristique, le dalaï-lama s'expliqua :

— J'avais peur de poser ma main dessus par inadvertance et d'accumuler un genre de karma pas vraiment intentionnel, mais qui n'en demeure pas moins du karma. Le moucheron semblait souffrir d'une patte, il n'avait pas l'air très bien, alors nous l'avons mis à l'abri. Ce doit être parce que je suis de bonne humeur ! Parce que sinon… il eut le vilain geste d'écraser l'insecte, ce qui déclencha le rire de toute l'assistance.

Je commentai alors :

— Je crois bien que c'est Owen qui disait que la bonne humeur rend altruiste. Vous nous en refaites la démonstration. Ce qui fit rire le dalaï-lama à son tour.

— Une fois que l'humeur est devenue tempérament, on est toujours de bonne humeur, ajouta Richie.

— Il faut donc se demander, résumai-je, si nous pouvons éduquer les enfants à toujours conserver une humeur qui les inciterait au type de comportement que Votre Sainteté vient de montrer.

Mark reprit :

— Je raconte parfois aux enseignants l'histoire de deux frères, dont l'un n'était jamais content et l'autre était un éternel satisfait. Le matin de Noël, chacun reçut ses cadeaux et se rendit dans sa chambre pour y jouer. L'enfant jamais content avait reçu un ordinateur tout neuf, différents jeux et un petit robot, mais quand son père lui demanda s'il était content, il répondit : « Non, maintenant, tous les enfants vont être jaloux de moi, et en plus, les piles vont s'user, alors il va falloir que j'en achète des neuves », etc.

« Mais pour son Noël à lui, l'autre enfant n'avait reçu qu'un tas de crottin de cheval. Quand il entra dans sa chambre, le père le trouva en train de fouiller joyeusement dans le crottin. "Qu'est-ce qui te rend si joyeux ?" demanda le père, et le petit répondit : "Il doit bien y avoir un cheval quelque part là-dedans !" Nous essayons de dire aux enseignants que nous voulons des enfants plus optimistes. L'importance de cette gaieté est saisissante dans le modèle bouddhiste.

Contrer la cruauté

Paul Ekman nous ramena à la façon dont le cerveau acquiert un comportement négatif.

— Le premier acte vraiment cruel d'un individu est le plus difficile. Mais, s'il persiste à faire preuve de cruauté, son cerveau a des chances de se modifier de telle manière qu'elle s'assimile à un tempérament. Et elle devient alors une seconde nature, sans qu'il ait à la forcer. C'est un cas qu'on retrouve souvent.

« Mais que faire face à quelqu'un qui a déjà intégré cette seconde nature et qui s'apprête à faire preuve de cruauté envers vous ou un autre ? Comment le détourner de la cruauté ?

— Cela dépend du contexte, remarqua le dalaï-lama. Dans toute situation, il faut savoir si l'on y peut réellement quelque chose ou pas. Si l'on pense avoir une chance, il faut d'abord envisager les méthodes pacifiques, en théorie. Et employer la raison, ou d'autres moyens pacifiques, pour persuader cette personne de ne pas commettre de cruauté.

« Là, je parle vraiment d'un point de vue bouddhiste. Quatre modes d'action éclairée s'offrent successivement au bodhisattva. Le premier consiste à pacifier, à chercher l'apaisement par la parole, la raison, le réconfort, ou tout ce dont on dispose. Si cela ne fonctionne pas, la deuxième option est légèrement plus forte : il faut créer une expansion, un accroissement, par une offrande. Lui offrir quelque chose. Quelque chose qui calmera le jeu. Cela peut être une information, ou quelque chose de tangible, qui rétablira la situation, qui réglera le problème.

« Si cela n'est pas possible, on en vient à la troisième option, celle de la domination ou du pouvoir coercitif. Le bodhisattva emploie sa force supérieure pour soumettre la personne, le pays, ou quoi que ce soit. Et, parfois, cela ne suffira pas non plus, et la dernière option sera celle de la férocité, de la colère – et même la violence devient alors possible. L'un des quarante-six préceptes secondaires du bodhisattva est le vœu de ne pas hésiter à recourir à la force si elle est motivée par l'altruisme. Il peut donc y avoir de la violence issue d'une colère compassionnée. En théorie, la violence est permise quand elle est inspirée par la compassion.

« Mais, dans la pratique, c'est très difficile, et cela ne vaut qu'en présence d'une personne nuisible dont on n'a pu modifier autrement l'attitude cruelle. Parce que, une fois la violence commise, la situation devient très imprévisible, et la violence engendre la violence – bien des surprises peuvent survenir. Il est nettement plus prudent d'attendre et d'observer. On peut toujours alors essayer la prière, ou l'invective – puisqu'il n'y a plus rien à faire, autant crier quelques mots bien sentis ! ajouta-t-il en riant.

« Voilà les recours d'un bodhisattva, à qui il reste encore du chemin à parcourir, à coups de tentatives et parfois d'échecs, et qui ne sait pas encore exactement ce qui convient le mieux à la situation. Mais l'une des qualités d'un bouddha est la certitude immédiate, infaillible, de l'action précise à entreprendre. Le bouddha n'a plus à tenter ni à connaître l'échec.

Le dalaï-lama ajouta toutefois que nous ne nous situons pas à ces niveaux d'exaltation, mais plutôt « quelque part derrière, sur le chemin du bodhisattva ».

— Votre Sainteté, est-il plus difficile de se montrer

cruel envers une personne dont il émane de la bonté ? demanda Paul.

— En général, oui, répondit le dalaï-lama. Je cite très souvent une pensée de l'*Introduction à la marche vers l'Éveil* selon laquelle il est bien plus facile de cultiver la générosité que la tolérance ou l'indulgence. Parce que chacun de nous a de nombreuses occasions de se montrer généreux. Où qu'on aille, tout le monde sera toujours très content de recevoir nos cadeaux, de notre générosité. Alors que la tolérance et l'indulgence ne peuvent se cultiver que dans l'adversité, en présence d'un ennemi, face à la cruauté, ce sont des circonstances plus rares.

« L'auteur, Shântideva, est catégorique : à l'adversité, ou à la cruauté, il faut répondre par la délectation d'avoir à relever un défi, car c'est une occasion rare de cultiver la patience, comme on n'en rencontre pas si souvent. Surtout si vous ne faites jamais de mal à personne : il y a moins de chances qu'on ne vous en fasse en retour. Plus on est avancé dans cette voie, moins on s'attire d'hostilité.

Le vénérable Kusalacitto ajouta une histoire édifiante tirée des sutras palis.

— Un jour, Bouddha rencontre un dresseur de chevaux, à qui il demande : « Comment dresses-tu tes chevaux pour les faire courir très rapidement ? » Le dresseur répond : « Il y a trois types de chevaux. Les premiers apprennent très vite. Il me suffit de leur montrer la cravache pour les faire galoper – ce sont les meilleurs. Les deuxièmes ne courent que si je les frappe. Quant aux troisièmes, ce sont les plus difficiles. J'ai beau les battre et les rebattre, ils se couchent et rien ne les fera lever. »

« Bouddha lui demande : “Que fais-tu de ceux-là, alors ?” Le dresseur répond : “Je ne m'en préoccupe même pas." Bouddha dit que c'était la même chose avec les humains. Seuls certains d'entre eux répondent à l'instruction ; d'autres y sont totalement hermétiques. Ceux-ci, il se contente de les emmener aussi loin que le leur permet leur karma précédent, mais il s'avoue incapable de les aider au-delà.

Richie Davidson nous laissa alors entrevoir un espoir de venir en aide aux cas apparemment désespérés, comme les criminels psychopathes.

— Aux États-Unis, des chercheurs ont étudié un groupe de psychopathes incarcérés pour actes de cruauté. Le propre des psychopathes, c'est qu'en présence d'une récompense ou de quelque chose de bon, une chose dont ils ont envie, ils consacrent tellement d'attention à leur objet de désir qu'ils en oublient les conséquences négatives de ce qu'ils pourraient entreprendre pour l'obtenir.

« On a pourtant découvert que si on les entraîne à interrompre le processus et faire une pause, à apprendre la patience, ils se montrent plus sensibles aux possibles déclencheurs de conséquences négatives et font preuve à cet égard de réels progrès. Ce changement peut même être assez rapide chez les criminels qui sont en prison. Et cela nous laisse penser que certaines techniques mériteraient d'être systématiquement testées, y compris auprès de gens très endurcis et difficiles à former.

L'empathie et une assurance cordiale, deux antidotes à la cruauté

Matthieu revint à la question de Paul sur le comportement à adopter face à une personne cruelle.

— De même qu'il faut deux mains pour applaudir, il est extrêmement difficile de se battre avec une personne qui n'est pas d'humeur conflictuelle. On ne saurait en juger à partir des seuls textes et biographies, mais on trouve beaucoup d'histoires de méditants et d'ermites tibétains dont la route a croisé celle de bandits ou même d'animaux sauvages. Totalement désarçonnés par la réelle sérénité, l'assurance cordiale du sage, les bandits changent complètement d'attitude, c'est aussi radical que quand on verse de l'eau froide dans l'eau bouillante. On trouve une foule d'histoires de ce type, et certaines doivent forcément être vraies.

Jeanne Tsai renvoya la question à Paul :

— Vos propres travaux laissent-ils entendre que certaines expressions du visage ou certaines attitudes corporelles ont un effet désarmant sur les comportements agressifs ?

Après réflexion, Paul conclut qu'il n'y avait pas de signe évident de cela.

— Il semble que celui qui agit avec cruauté n'est pas atteint par les signes de souffrance ou de peur – il procède à une dépersonnalisation. Le travail avec ces gens consiste en grande mesure à leur réapprendre qu'ils ont affaire à un être humain comme eux. Les gens dont le métier comporte une part de cruauté disent que la douleur de l'autre les laisse indifférents. Ce qui surprend chez ces gens, c'est qu'ils sont, paraît-il, d'excellents pères de famille. C'est difficile à croire, mais c'est ce qu'ils disent. Il y a donc un versant négatif à la plasticité du cerveau : on peut apprendre à ne plus considérer les personnes comme telles.

Cela me rappela des recherches menées auprès d'anciens tortionnaires.

— L'étude de gens qui ont travaillé pour des régimes

dictatoriaux en Amérique latine et en Grèce a montré qu'ils deviennent tortionnaires à la suite d'un endoctrinement très méthodique. On commence par considérer ses victimes comme l'incarnation du mal, pas comme des individus. Le premier pas consiste à s'insensibiliser à la personnalité de l'autre – dépersonnaliser, comme le dit Paul. Ensuite, ils sont très progressivement conduits à faire quelque chose de très désagréable, puis à le refaire jusqu'à endurcissement. Cela doit sans doute s'accompagner de désolantes transformations du cerveau.

Matthieu ajouta :

— Tout le monde connaît ces histoires d'enfants guerriers d'Afrique que l'on force à tuer, pour lever la barrière de leur sensibilité au meurtre. J'ai aussi entendu parler de gens ordinaires contraints de travailler dans des camps de concentration. Beaucoup ont raconté que, s'ils n'avaient pu s'empêcher de pleurer les premiers temps, il ne leur avait fallu que quelques semaines pour s'insensibiliser.

J'y allai de ma propre anecdote, pour montrer que le manque d'empathie ouvre la voie à la cruauté.

— Il y a en Californie un homme incarcéré pour avoir tué ses grands-parents, sa mère, et cinq étudiantes de l'université de Californie. En l'interrogeant dans le cadre de ses recherches, mon beau-frère lui a demandé : « Comment avez-vous pu faire ça ? N'avez-vous donc ressenti aucune pitié pour vos victimes ? » Et le meurtrier a tout naturellement répondu : « Mais non ! Si j'avais ressenti ne serait-ce qu'un peu de leur souffrance, je n'aurais pas pu agir. » Il n'avait pas eu l'ombre d'un sentiment pour ces gens, et c'était la clé de sa cruauté.

Comment cultiver l'empathie

Je conclus :

— Je crois pour notre programme général qu'il est capital de commencer très tôt à enseigner l'empathie, ne serait-ce que comme un vaccin contre la cruauté humaine qu'on rencontre plus tard.

Le dalaï-lama souleva à nouveau la question de la culture de l'empathie. Il expliqua l'une des raisons qui le conduisent à si souvent évoquer le sort des animaux dans les débats – et à s'être montré si bienveillant envers le moucheron qui avait escaladé sa chaise.

— Pour développer l'empathie, expliqua-t-il, on peut commencer par les petits être animés comme les fourmis et les insectes. Il faut vraiment s'y intéresser et comprendre qu'eux aussi recherchent le bonheur, le plaisir et à éviter les souffrances. Il faut commencer par là, par les insectes, et vraiment ressentir de l'empathie à leur égard, avant d'en venir aux reptiles, etc. On finit par y ajouter les humains, y compris soi-même.

« Inversement, si vous tuez des insectes en rejetant l'idée même qu'ils puissent chercher le bonheur et éviter de souffrir, il devient plus facile d'en faire autant envers les animaux qui nous ressemblent davantage. Même les cris d'un chien blessé ne vous font plus aucun effet. Puisque vous en êtes déjà à nier l'idée de plaisir et de souffrance d'un insecte, il vous est plus facile de mépriser un oiseau, un chien, et même une autre personne en train de se plaindre. Le fait de se dire "ça ne me fait rien" est une négation de cette souffrance. Vous ne ressentirez rien tant que ça ne vous atteindra pas vraiment dans votre chair.

« Le fait d'être sensible aux maux et aux souffrances

des animaux, continua le dalaï-lama, procure d'autant plus de sensibilité et d'empathie pour les autres humains. Les bouddhistes ont une façon tout à fait unique de considérer les autres êtres animés : ils ont tous un jour été notre mère. Cette façon de percevoir les êtres animés est déterminante.

Mark nota :

— Cela risque de poser de nombreux problèmes, en Occident. Dans la petite ville où je vis, par exemple, l'école est fermée le jour de l'ouverture de la chasse, pour que tout le monde puisse aller s'y adonner. Quand j'envisage de promouvoir certaines de ces idées auprès des enfants, je sais que je vais me heurter à l'opposition philosophique réelle d'environ quarante pour cent des hommes de la région rurale où je vis.

— Et il y a aussi la pêche, ajouta le dalaï-lama.

— Je me demande comment gérer ce choc des valeurs, insista Mark.

— C'est concevable, dit le dalaï-lama. On pourrait un jour en arriver à une interdiction planétaire de la chasse de loisir, mais cela serait impensable concernant les poissons et la volaille à l'échelle mondiale

Le puzzle d'une bonne vie

La réaction d'Owen fut différente – elle nous ramenait à ma première question sur la façon de cultiver les émotions positives. « Je suis encore plus convaincu que je ne l'étais le premier jour de notre débat que tout cela est avant tout une affaire d'éthique. Les émotions ne sont qu'une petite pièce du puzzle qui compose une bonne personne, une bonne vie, qui fait que les gens sont compassionnés, gentils, non violents. Le travail qu'accomplit Mark est d'une importance capitale. Nous avons parlé de plasticité et d'apprendre aux gens à changer, même aux vieux comme nous, et nous avons tous reconnu que c'est plus difficile à nos âges. On dit chez moi qu'on n'enseigne pas de nouveaux tours à un vieux chien. Ce n'est sans doute pas tout à fait vrai, mais je crois que le type d'interventions que fait Mark auprès des jeunes est très, très important.

« Je viens de faire la liste de certaines des principales vertus et des états d'esprit considérés sains : l'équité ou la justice, l'amour ou la charité, la patience, la compassion, la générosité, la gratitude, la tolérance, le courage, l'honnêteté, la connaissance de soi. Il y a aussi certains principes, comme le fait de traiter chacun sur un pied d'égalité et de comprendre qu'on n'est pas plus précieux soi-même. Ce dont Mark nous a parlé ce matin peut fournir aux jeunes une chance de connaître ce genre de vie-là. D'une certaine façon, c'est de la philosophie morale que nous faisons ici, nous cherchons à promouvoir une éthique laïque. C'est indiscutable. »

Le dalaï-lama approuva de la tête. Pourtant, comme il me le dirait plus tard, parler de morale le gênait un peu, car lorsqu'on présente des pratiques ou des techniques bénéfiques comme favorisant un développement moral, elles perdent de leur attrait pour beaucoup de gens. Certains n'en seront pas rebutés pour autant, mais c'est une minorité. Il pense que les gens ont généralement tendance à se dire : « Oui, ce serait formidable d'être quelqu'un de moral, mais ça ne vaut pas vraiment le dérangement. » Produire un effort moral n'est pas aussi universellement attrayant que, mettons, prendre soin de sa santé.

Mieux vaudrait donc présenter la démarche en termes de nécessité – personne ne prétend pouvoir se passer d'une bonne santé ou de bonheur. Sa Sainteté avait remarqué que parmi tous les gens qui s'étaient mis au yoga, beaucoup ne l'avaient pas fait pour les bienfaits spirituels qu'ils pourraient y trouver mais pour leur santé. Ainsi, pour présenter un programme de culture des émotions positives, la meilleure perspective serait celle de la santé, ou du bonheur.

Pour aborder le public, le mieux sera de produire les éléments scientifiques démontrant les aspects destructeurs de la vie émotionnelle et attestant de la possibilité de cultiver les émotions positives – sans qu'il soit jamais question d'éthique, de morale ou de religion. Ici même, dans le cadre de notre dialogue, il craignait que l'accent mis sur le bouddhisme soit un peu excessif, et que cela restreigne l'applicabilité du projet. Il entendait s'adresser à l'humanité tout entière – nous avons tous des émotions destructrices car nous sommes humains, et nous devons en être plus conscients.

Le bonheur, la vertu et les illusions positives

Une fois de plus, Owen procéda à une approche différente, nous ramenant à ce qu'avait dit Jeanne Tsai sur l'amour-propre exacerbé qui caractérise les cultures individualistes. Il nous annonça des données « inquiétantes quant à l'individualisme occidental. De tout temps, les philosophes ont débattu du rapport entre vertu et bonheur, et j'ai dit le premier jour qu'il était communément admis qu'une personne vertueuse est une personne heureuse – que le vrai bonheur ne peut naître que de la vertu.

« Le fait d'ajouter à ce tableau des considérations de santé mentale est une démarche assez récente. Prenons les critères qui servent aux psychologues ou aux psychiatres pour déterminer ce qu'est un esprit sain. Ces critères sont variables, mais, curieusement, aucune des listes que j'ai pu consulter dans mes recherches ne comporte la bonté. Partout figure en revanche une bonne connaissance de soi et du monde. Autrement dit, selon les définitions occidentales, une personne saine d'esprit serait celle qui ne se fait pas d'illusions, qui perçoit les choses comme elles sont.

« En fait, lorsque l'étude a porté sur les Nord-Américains, les meilleures notes en matière de bonheur et de souci d'autrui ont été obtenues par des personnes qui, au contraire, font preuve d'un certain aveuglement. Laissez-moi expliquer ce que j'entends par aveuglement. C'est ce qu'on appelle parfois les "illusions positives", bien que leur aspect positif soit discutable. La plupart des Américains pensent d'eux-mêmes et de leur aimé(e) qu'ils sont plus beaux que le reste du monde. Ils se trouvent aussi, eux et leur aimé(e), plus malins. Quand ils accomplissent une performance musicale, ou un discours en public, ils se font une bien meilleure idée de leur prestation que la moyenne des gens.

Le dalaï-lama, que cela amusait, intervint :

— Les Européens ne seront peut-être pas d'accord avec ça.

C'était tendre à Richie la perche d'une plaisanterie désormais inévitable :

— Sauf en France.

Et Francisco de riposter :

— Cela correspond en tout cas à l'idée que se font beaucoup d'Européens des Américains.

Owen retrouva un peu de sérieux, mais pour nous livrer des informations qui ravivèrent les rires :

— Je comprends. Mais laissez-moi juste vous donner deux informations supplémentaires, tirées des études de chercheurs américains. Admettons que Richie, mon ami Paul, Francisco et moi rédigions ensemble un article. Au moment de la parution, nous allons fêter ça et convenons autour d'un verre que chacun a accompli vingt-cinq pour cent du travail. Six mois passent. Quelqu'un demande à Richie quelle part il a prise à cet article. Il dira trente-trois pour cent. On demande la même chose à Paul, qui dira aussi trente-trois pour cent. Francisco et moi aurons aussi fourni trente-trois pour cent du travail. Et nous voilà en présence d'un travail accompli à cent trente-deux pour cent. Plus le temps passe, plus notre perception est généreuse envers nous-même. Vingt ans plus tard, nous aurons tous le souvenir d'avoir abattu soixante-quinze pour cent du boulot !

Owen poursuivit :

— Mais ces Américains globalement heureux et équilibrés commettent un autre type d'erreur. Mettons qu'on dise à une personne qu'aux États-Unis les femmes ont un risque sur neuf d'avoir un cancer du sein. Si on lui demande quels sont ses risques d'avoir un cancer, elle répondra : « En ce qui me concerne, très faibles, ». On constate la même chose avec les accidents de voiture et tous types de maladies. Même lorsqu'ils sont informés des statistiques réelles, ces gens sous-estiment radicalement la probabilité que quelque chose leur arrive. C'est un phénomène important, parce que les individus qui montrent la perception la plus réaliste d'eux-mêmes, du moins parmi les Nord-Américains, sont profondément déprimés !

Owen conclut :

— Jeanne l'a bien dit ce matin, sur la façon dont la perception de soi est façonnée par la culture : aux

États-Unis, le fait d'avoir une haute opinion de soi compte énormément. Mais, à mesure qu'on gagne en amour-propre, on s'éloigne d'une perception réaliste des choses. Lorsque j'ai rencontré Jeanne pour la première fois, en décembre dernier, elle m'a signalé certaines études récentes sur la population japonaise. Au Japon, on ne s'abandonne pas aux mêmes excès d'optimisme, mais le fait qu'on y soit plus heureux ou plus vertueux reste à démontrer.

Le dalaï-lama revint à ce qu'Owen avait dit de l'amour-propre.

— Pour les bouddhistes, l'amour-propre n'est pas une vertu en soi, ni un bien absolu. Lorsqu'il est démesuré, l'amour-propre risque de verser dans l'arrogance, qui est une affliction mentale. On est alors invité à cultiver un antidote capable de modérer un peu son esprit. En revanche, si on le modère au point d'en arriver à une très faible estime de soi, il faut entreprendre diverses méditations sur la valeur, le caractère précieux de la vie humaine et de sa propre nature de bouddha, la nature lumineuse de sa conscience. Ce genre de méditation redonne de l'amour-propre.

« La question n'est pas simplement de faire preuve d'amour-propre comme d'un bien absolu, mais d'atteindre un niveau réaliste et équilibré. Une trop haute opinion de soi mène à beaucoup d'exigences, ce qui donne bien plus de chances de rencontrer la déception et le désenchantement. C'est un enchaînement.

Richie tint à établir une distinction :

— Dans les recherches qu'a évoquées Owen, si ceux qui disent ressentir le plus d'émotions positives sont aussi ceux qui se font le plus d'illusions de ce genre, la corrélation n'est toutefois pas parfaite. Un petit pourcentage de gens montrant de hauts niveaux d'émotions positives n'est pas en proie aux illusions. Ils mériteraient sans doute qu'on les étudie. Leur amour-propre n'est peut-être que modéré – pas exacerbé – et leur perception plus juste.

Matthieu en revint à la pratique spirituelle tibétaine, où, dit-il :

— Cultiver l'humilité est vraiment important. Si vous demandez à un grand érudit tibétain ce qu'il sait, il vous dira : « Je ne sais rien », et cela produit parfois des situations très intéressantes. Je me souviens que deux très grands savants tibétains étaient venus rendre visite à Khyentse Rimpotché, l'un des grands maîtres du siècle dernier, dans un monastère au Népal. On demanda à l'un d'eux de prodiguer ses enseignements, mais il répondit : « Moi, je ne sais rien. » Puis il ajouta à propos de son ami : « Et lui non plus ne sait rien. » Il tenait pour entendue l'humilité de l'autre !

Sur ces mots, l'heure du thé était venue. Mark en profita pour parler avec le dalaï-lama de la divulgation des méthodes d'apprentissage social et émotionnel parmi les enseignants des écoles tibétaines. Le dalaï-lama l'invita à se rendre à Dharamsala pour y partager ces méthodes avec eux lors de leur stage annuel de perfectionnement.

Qu'est-ce qui est sain, et où ?

Après la pause, le ton changea. Si nos échanges précédents étaient assez formellement destinés au dalaï-lama, ceux de cette fin de journée s'avérèrent plus spontanés, les participants s'adressant directement l'un à l'autre.

Je commençai par une question apparue pendant la pause.

— Comment associer ce que nous a dit Jeanne avec ce que dit Mark ? Comment introduire ces leçons à l'école, ou les apporter aux gens, tout en respectant, voire en exploitant leurs différences culturelles ? Mark a dit qu'on enseigne à ces enfants que toutes les émotions sont bonnes. Mais, du point de vue bouddhiste, toutes ne le sont pas. C'est un exemple parmi d'autres des différentes valeurs qu'on accorde aux émotions d'une culture à l'autre, comme nous l'a montré Jeanne. Comment tenir compte de ces écarts ?

— Nous n'en savons rien, répondit Mark. Dire qu'il est bon de parler des sentiments, qui est une idée typiquement américaine et européenne, peut s'avérer très efficace chez nous, mais pas forcément ailleurs. Nous devons admettre que ces programmes sont d'une certaine façon la compensation artificielle d'un manque d'harmonie.

« Je crois que tout ce dont j'ai parlé ce matin est fondamentalement universel – la maîtrise de soi, l'éveil aux états d'esprit intérieurs, l'anticipation, le recours à l'intelligence. Il me semble que les différences tiennent à de tout petits détails. Dans le programme PATHS, par exemple, chaque jour, un enfant différent est choisi pour tenir lieu d'assistant au professeur. Il s'installe face à la classe et assiste l'enseignant dans son cours. Cela peut consister à tenir une illustration ou à prendre part aux jeux de rôle.

« À la fin du cours, l'enfant reçoit des compliments. D'abord, le professeur peut dire : “Tu as bien fait ton travail d'assistant, aujourd'hui”, ou encore : “Tu es chaleureux et amical”, ou même : “J'aime bien tes chaussures.” Puis l'enfant choisit deux camarades de classe qu'il veut féliciter. Enfin, il s'adresse un compliment à lui-même, devant l'ensemble du groupe. Ces compliments sont ensuite mis par écrit et envoyés aux parents, à qui l'on demande d'ajouter un compliment à leur tour.

« C'est une idée typiquement américaine, et je ne crois pas qu'elle soit adaptée aux cultures asiatiques. Cela revient un peu à flatter l'enfant, si vous voulez, de façon à lui donner une certaine importance à ses propres yeux. Nous l'avons fait aux Pays-Bas, en Angleterre et aux États-Unis, et les parents se sont montrés assez enthousiastes. Chez eux, ils épinglent la lettre au mur et disent : "J'entends enfin des choses positives au sujet de mon enfant. Ça lui fait du bien, et à nous aussi." Mais dans d'autres cultures, la même idée peut engendrer l'inverse, ou paraître étrange. »

Jeanne Tsai nous fit part d'une anecdote personnelle.

— Quand j'ai obtenu mon diplôme, à la fin du lycée, il y a eu une cérémonie où le proviseur appelait chaque élève à tour de rôle. Un projecteur éclairait l'élève pendant que le directeur faisait l'inventaire de ses mérites. En montant sur l'estrade, tous mes camarades européens-américains étaient radieux, et ils souriaient au public en écoutant le directeur dire qu'ils s'étaient montrés excellents en maths ou qu'ils iraient à telle ou telle université.

« Quand mon tour est venu, pendant que le proviseur énumérait mes exploits, je regardais mes pieds. C'est ce qui me semblait convenir. Je faisais preuve d'humilité, car c'est comme ça que mes parents m'ont élevée. Mais je me suis soudain dit que mes amis européens-américains pensaient que je baissais les yeux par tristesse, alors que j'aurais dû être fière. Comprenant cela, j'ai redressé la tête en souriant, mais mes amis m'ont avoué par la suite que mon comportement les avait déroutés. Voilà un exemple de différence culturelle.

Le dalaï-lama riait doucement en se grattant la tête.

Mark recadra la question des différences culturelles :

— Je le répète, ce sont des obstacles mineurs, pas essentiels – mais c'est vrai qu'en exportant notre modèle d'une culture à l'autre il faudra y être attentifs.

Ses fonctions d'éducateur aux États-Unis l'avaient sensibilisé à ces questions de diversité culturelle. Il avait d'ailleurs constaté en proposant son programme aux Pays-Bas ou au Royaume-Uni que les gens commençaient souvent par le trouver « trop américain », et pensaient que cela ne prendrait pas chez eux. Mark les invitait alors à y apporter les modifications qu'ils souhaitaient, et, quelques mois plus tard, il les trouvait en train d'appliquer exactement ce qu'il leur avait présenté, car ça allait très bien comme ça. Cette agréable surprise confortait Mark dans l'idée que le dalaï-lama avait raison de se focaliser sur les points communs de l'expérience humaine, car ce n'est pas seulement plus éthique, mais aussi plus efficace.

Louanges, gentillesse et apprentissage réel

Pendant les débats, un membre de notre groupe avait fait en aparté une suggestion pour le programme PATHS à Mark, qui nous la restitua : ne faudrait-il pas reconnaître et récompenser les actes d'altruisme – les choses que les enfants ont faites pour aider les autres – plutôt que de les complimenter sur leur apparence, etc. ?

— C'est une idée très intéressante. En rentrant, j'essaierai de réorienter ces compliments dans certaines classes.

Le dalaï-lama suggéra :

— Faire des louanges aux enfants est l'une des façons les plus efficaces de rectifier certains comportements. Par exemple, avant de pointer les erreurs d'un enfant, si vous le félicitez en disant : « Tu es tellement intelligent que tu vas pouvoir corriger cela », c'est un moyen très habile de lui donner confiance.

C'était pour Mark la surprise du jour, car il se serait attendu à voir le dalaï-lama rejeter les louanges comme étant une façon de trop lustrer l'idée que l'enfant se fait de lui-même ou d'exacerber son ego – ou au moins de lui donner trop d'intérêt pour sa personne. Mais, comme on pouvait le constater, le dalaï-lama comprend parfaitement la nécessité pour les enfants de développer une confiance salutaire et de sentir que leurs efforts sont appréciés.

Le dalaï-lama poursuivit sur l'instruction positive.

— Un dresseur d'animaux de cirque, que ce soient des lions ou des tigres – ou même des baleines tueuses –, ne se contente jamais de les battre. Il y a toujours une incitation positive, du poisson pour les baleines. Les humains n'ont pas la même robustesse physique, mais leur esprit est extrêmement fort, alors amener les gens au changement passe nécessairement par une authentique gentillesse. Les félicitations rendent l'enfant heureux et enthousiaste. Cela dit, je n'ai jamais passé une journée entière avec un enfant ! Si je devais leur consacrer ne serait-ce que le temps d'un cours, je finirais probablement par leur frotter les oreilles !

Et dans un éclat de rire, il mima son intention.

— Eh bien, vous devriez songer à faire la tortue, lui conseillai-je.

Il rit à nouveau, croisa ses bras pour s'exécuter, en ajoutant :

— Il existe un proverbe tibétain qui dit en rimes : « Si tu es en colère, mords-toi les doigts. »

Richie ajouta :

— En fait, la science nous a abondamment démontré que de nombreuses choses s'acquièrent bien mieux par l'incitation que par la punition. Récompenser les bonnes performances permet un meilleur apprentissage que sanctionner les mauvaises.

Paul abonda en ce sens :

— Il y a près de trente ans qu'une étude de ce genre a montré qu'une maîtresse souriante permet aux étudiants de mieux retenir ce qu'elle dit. C'est exactement ce que vous disiez, transmettre par la gentillesse, dans un cadre affectueux. Je crois que nous tenons là un autre facteur universel.

J'ajoutai à cela les résultats d'une étude de plus :

— Les émotions afflictives entravent notre capacité d'emmagasiner et de comprendre l'information. Un enfant contrarié ne peut pas apprendre correctement. D'une certaine façon, introduire ces programmes à l'école revient à assister les enseignants dans leur mission. Les études réalisées sur des programmes comme celui de Mark ont montré qu'au bout d'une ou deux années les résultats scolaires de l'enfant s'améliorent.

Cette information touchait profondément le dalaï-lama, comme il me le dirait plus tard. À ses yeux, le véritable enjeu de l'instruction est de réduire le fossé qui sépare le réel de la perception déformée que nous en avons. Cette philosophie repose sur l'idée que l'ignorance, et notre incapacité à correctement percevoir la réalité, nous empêche de répondre à nos aspirations. En acquérant du savoir, nous nous rapprochons du réel, ce qui nous permet de résoudre nos problèmes. Mais, nous ne cessions de le dire depuis quelques jours, la plupart des émotions destructrices déforme notre perception du réel. Le dalaï-lama estimait donc important de placer au cœur de l'éducation elle-même l'idée qu'un esprit clair est la condition première de tout apprentissage.

Changement de programme

Paul en revint ensuite à ce qu'avait dit Mark des dommages qui peuvent résulter d'une mauvaise relation parents-enfants.

— Que donnent vos techniques sur les enfants souffrant d'un handicap émotionnel dû à de mauvais traitements familiaux – disons à des parents déprimés, ou rétifs à tout contact physique ?

Mark répondit :

— Il faudrait l'envisager comme une affaire de santé publique. Certains enfants ont un historique lourd de dégâts et de difficultés, d'autres jouissent d'un grand soutien parental. Pour l'enfant normal, ces programmes poursuivent en quelque sorte l'édification du système immunitaire. Ils l'aident à affronter les difficultés avec davantage de clairvoyance et à mieux parler de ses propres émotions. Ils ne réduisent pas les troubles du comportement, parce que ces enfants-là n'en ont pas.

« Nous produisons notre meilleur impact sur les enfants qui présentent des problèmes émotionnels moyens, pas sur les cas les plus graves.

Il expliqua alors que les enfants déprimés sont ceux qui profitent le mieux des programmes d'instruction sociale et émotionnelle, mais que ceux dont le comportement a largement franchi certaines limites, ou qui présentent de très graves problèmes de santé mentale, ne sauraient s'en contenter. Et son programme ne peut pas grand-chose non plus pour les enfants souffrant d'un déficit de l'attention – notamment parce qu'ils présentent parfois des lésions organiques. C'est encore le cas des enfants souffrant d'alcoolisme prénatal. Il résuma :

— Ces enfants ont beaucoup de mal à apprendre par l'expérience. Il y a donc des limites évidentes à ce qu'on peut faire dans le cadre de la santé publique.

Mark aborda une autre affaire de politique publique, la formation des enseignants.

— Les enseignants suivent quatre ans de formation, mais il ne leur est pas demandé de suivre de cours sur ce dont nous avons parlé ici aujourd'hui – dans aucune université du monde. Ils suivent le programme pédagogique et apprennent l'histoire de l'éducation. Ils apprennent aussi leur propre matière, comme les mathématiques, ou la science. Il se peut qu'ils apprennent différentes méthodes de coercition sur les enfants, comment les punir – mais ils n'apprennent rien sur la croissance émotionnelle. Ils n'apprennent pas à rendre certains enfants plus éveillés à tous les sens du terme, ni à faire régner une certaine harmonie. S'il ne fallait choisir qu'une action, la plus forte serait de commencer à former ces enseignants avant qu'ils ne posent le premier pied dans la classe.

— D'une certaine façon, dit le dalaï-lama, ce doit être plus facile à mettre en œuvre parce que vous agissez vraiment à la source.

— Oui, dit Mark. C'est assez facile à mettre en œuvre – mais il est en revanche très difficile d'amener les centres de formation d'enseignants à en faire une priorité. Je ne connais pas d'université aux États-Unis qui exige que ses professeurs soient formés au développement social et émotionnel. C'est pourtant une question essentielle de politique publique.

Je tentai une autre approche :

— Aux États-Unis, et dans d'autres endroits du monde développé, on a le sentiment croissant que quelque chose ne va pas, notamment dans la façon dont les enfants grandissent. C'est devenu une motivation pour introduire du changement à l'école. On m'a demandé le mois dernier de me rendre dans le Colorado, pour rencontrer l'association des proviseurs de l'État – la demande émanait d'un professeur d'une petite ville nommée Littleton.

Je racontai alors au dalaï-lama l'incident tragique survenu à la Columbine High School de Littleton, où deux élèves ont tué un professeur et douze camarades de classe avant de se donner la mort.

— Ces incidents deviennent malheureusement de plus en plus courants. Cela pousse les enseignants à s'ouvrir au changement. Nombre des programmes d'instruction sociale et émotionnelle sont demandés à des fins de prévention de la violence scolaire. Mais, comme vous le soulignez, pour pouvoir transmettre nos enseignements aux enfants, il faut d'abord créer une ambiance de bonté – ce genre de programmes doit donc commencer par s'adresser aux enseignants.

Alan observa :

— Étant moi-même à l'université, je rencontre ce type de résistance au changement chez les universitaires eux-mêmes. Le défi pour nous – j'allais dire « pour eux » – consiste à réellement devenir de meilleures personnes ; nous devons changer nous-mêmes pour pouvoir transmettre davantage d'altruisme à notre classe, par exemple. Ce n'est pas une résistance à l'idée d'un changement de société, d'un changement chez les autres, mais à celle que nous, enseignants, devions changer. Il y a là une bonne dose d'inertie, et de peur : « Ce serait trop difficile… je ne sais pas si j'y arriverai… je suis capable d'écrire des livres, mais ça ? Peut-être pas. »

« Le christianisme et le judaïsme, mais aussi la science, poursuivit Alan, ne nous ont laissé que peu d'espoir qu'un véritable changement jaillisse de l'intérieur. Nous croyons que le changement doit venir du dehors. Chez les judéo-chrétiens, c'est par la bénédiction ou la grâce de Dieu. Pour la science, c'est par la prise de médicaments ou par la thérapie génique.

Richie était plus optimiste :

— Je crois qu'en l'occurrence l'exemple est une forme très puissante d'apprentissage. Mark nous a parlé de l'exemplarité dans son programme. Songez à l'influence qu'exercerait ne serait-ce qu'un seul enseignant déployant toute sa bonté et sa compassion dans l'école.

Je me dis alors que ce genre d'enseignant, quand on le trouve dans une école, n'est que rarement pris pour modèle. Il faut à la fois trouver le moyen de transmettre ces attitudes aux enseignants, pour qui cela n'est pas naturel et obtenir un soutien institutionnel.

Richie dit alors qu'élever ces professeurs au rang de modèle et encourager les autres à faire preuve de la même compassion « apporterait une lueur d'espoir dans l'éducation ».

— À nous de faire les premiers petits pas, et à travers l'exemple, le changement est possible.

— Voilà une note positive, dis-je, sur laquelle nous pouvons lever la séance du jour.

À la fin de la journée, le dalaï-lama m'avoua que ce qu'il avait appris en matière d'instruction émotionnelle l'avait comblé – cela concordait avec sa propre conception du sens profond de l'« éducation » : instruire sur l'esprit et les émotions devrait faire partie intégrante de tout concept éducatif.

Cinquième jour

DES MOTIFS D'OPTIMISME

24 mars 2000

13

L'étude scientifique de la conscience

Le programme du cinquième jour de la rencontre avait été conçu pour nous rappeler que nos travaux autour des émotions destructrices s'inscrivaient dans un cadre plus général : la recherche des façons dont le bouddhisme et la science pourraient conjointement enrichir notre connaissance de l'esprit. Pour le dalaï-lama, la science peut fournir à la psychologie bouddhiste des informations sur la machine dans laquelle s'appliquent ses théories de l'esprit. Ainsi qu'il me l'a dit, la connaissance des fondements neurobiologiques des états mentaux est l'un des principaux bénéfices que pourraient tirer les penseurs bouddhistes de leur collaboration avec la science. Et cette dernière est justement en mesure de fortement corroborer – ou au contraire de sérieusement mettre à l'épreuve – les théories bouddhistes de l'esprit.

L'épistémologie bouddhiste distingue nettement entre ce qui n'est pas démontré et ce qui est démontré comme faux. Jusqu'à présent, pour le dalaï-lama, la science n'a contredit la pensée bouddhiste en rien. Et, dans son entreprise d'exploration de l'esprit, il était toujours friand d'entendre évoquer les dernières découvertes en la matière, ce qui allait être le cas aujourd'hui.

C'était la dernière journée de notre rencontre, et pendant que tout le monde attendait debout que le dalaï-lama soit assis, il fit le tour du cercle des intervenants, serrant chaleureusement la main de chacun. En nous installant, nous sentions qu'il y avait à présent plus d'intimité entre nous. Une pluie réconfortante était tombée pendant la nuit ; le ciel était dégagé, l'air vif.

Il nous fallait à présent quitter le domaine des applications pratiques pour en revenir aux questions scientifiques plus générales. Le premier intervenant du jour était Francisco Varela, puis ce serait le tour de Richie Davidson. Le dalaï-lama connaissait si bien Francisco, que je me contentai de déclarer en souriant : « Comme vous le savez, Francisco Varela est chercheur au sein de nombreuses institutions françaises de prestige – mais mon français est si mauvais que je vous épargnerai l'embarras de m'entendre en massacrer les noms, pour m'en tenir à présenter Francisco lui-même. »

Une théorie radicale

De tous les scientifiques réunis à Dharamsala pour ce dialogue, Francisco Varela devait être celui qui avait fait le plus long parcours – si ce n'est en années, du moins en kilomètres. Francisco est né à Tulcahuano, au sud du Chili, où son père ingénieur s'occupait des travaux portuaires. Enfant, il passait ses vacances à Monte Grande, un village isolé d'une cinquantaine d'habitants, haut perché dans les Andes chiliennes, où vivait son grand-père. C'était un monde resté pour l'essentiel au XIXᵉ siècle : il n'y avait ni routes, ni télévision, ni radio.

Francisco considérait Monte Grande comme sa terre spirituelle.

Lecteur vorace doté d'une forte disposition pour la science, Francisco s'ennuie fermement à l'école et n'est qu'un élève moyen jusqu'à l'université, où ses résultats en biologie, auprès de son maître Humberto Maturana, lui valent une bourse pour aller passer son doctorat à Harvard. On est en 1968, au plus fort de la contestation sociale qui balaie le monde.

Étudiant, Francisco est fasciné par le profond questionnement philosophique inhérent aux neurosciences : comment l'esprit émerge-t-il du cerveau ? Comme beaucoup, il se montre très critique envers la conception prédominante alors, qui calque sa conception du cerveau humain sur le système de traitement des données par un ordinateur. En bon scientifique, il commence par les bases et consacre ses premières recherches à l'œil de l'abeille, un système visuel complexe très différent de celui des vertébrés, et plus encore du nôtre. Son maître de thèse, Thorsten Wiesel, recevra plus tard le prix Nobel pour ses travaux sur le système visuel.

En 1970, Francisco tombe à Harvard sur une offre d'emploi de l'université du Chili, à laquelle il répond – le président Allende, que Francisco, lui-même homme de gauche, soutient avec enthousiasme, vient d'être élu. L'époque est à l'espoir et à l'ouverture, et le socialisme égalitaire annonce un nouvel ordre économique et social au Chili.

L'optimisme d'alors se traduit aussi par une grande ouverture d'esprit dans le milieu universitaire. Aux côtés d'Humberto Maturana, son ancien mentor (devenu son collègue depuis), Francisco se lance dans des recherches biologiques pointues. Ensemble, ils élaborent une théorie radicale de l'« autopoïèse » (c'est-à-dire de l'autogénération) qui explique comment un système vivant émerge et conserve une identité permanente alors même que ses composants sont en flux constant[1]. Une cellule, comme il le dit « s'extrait d'un bouillon de physique-chimie » ; c'est un réseau de réactions biochimiques autogéré produisant des molécules qui créent ensuite leur propre démarcation, qui exercera à son tour une contrainte sur le réseau lui-même[2]. En d'autres termes, la cellule s'autogénère.

Plutôt que de réduire la vie à ses molécules, l'autopoïèse implique une autre vision du corps, qui n'apparaît plus comme le simple assemblage de ses composants. Les propriétés de l'ensemble émergent de la dynamique des parties, mais ne peuvent pas simplement s'expliquer comme la somme de ses éléments. Cette théorie s'applique à tous les niveaux de la vie, qu'il s'agisse de la simple cellule ou du système immunitaire, de l'esprit ou même des communautés humaines, comme Varela et Maturana le soutiendront plus tard, en 1987, dans leur ouvrage *L'Arbre de la connaissance*[3]. Au début des années soixante-dix, la théorie de l'autopoïèse passe pour hérétique, bien qu'elle influence aujourd'hui les penseurs de domaines aussi divers que la philosophie de l'esprit et la science cognitive ou encore la théorie de la complexité.

Surviennent alors les jours sombres de 1973, où, à la suite du coup d'État militaire de Pinochet, l'université passe sous contrôle policier et Francisco est menacé de voir son labo fermé s'il refuse de dénoncer des amis proches d'Allende. Les travaux de Francisco et Maturana sont interrompus. Pis encore, la police harcèle beaucoup de ses proches et de ses collaborateurs. Ayant lui-même été politiquement actif à gauche, il pressent que son tour ne saurait tarder. Il s'enfuit alors avec sa première femme et ses enfants au Costa Rica, le seul point de chute suffisamment éloigné qui accepte encore les réfugiés politiques chiliens et soit à la portée de leur bourse. Avec à peine cent dollars en poche, il obtient un poste de professeur de biologie à l'université locale.

Une rencontre déterminante

De nouveaux bouleversements surviennent quelques mois plus tard, lorsque l'université du Colorado lui offre un emploi à Denver. Après s'y être installé en 1974, Francisco ne tarde pas à retrouver Jeremy Hayward, un physicien de Cambridge rencontré à Harvard qui a renoncé à sa carrière scientifique pour étudier auprès de Chogyam Trungpa, un lama tibétain. Trungpa est alors une exception, puisque ce lama de très haut rang a fui le Tibet en 1959, en même temps que le dalaï-lama, pour recevoir une éducation très oxfordienne. Il est l'un des premiers divulgateurs du bouddhisme en Occident, à une époque où croiser un lama tibétain aux États-Unis reste une bizarrerie.

À l'époque, Francisco sent que sa vie a été rayée d'un coup, comme on efface une ardoise. L'horreur du violent coup d'État chilien et l'effondrement brutal d'un univers riche de sens l'ont un peu jeté à la dérive. Rien ne peut expliquer la cruauté humaine qu'il a vue de ses yeux. Et tant d'années de philosophie et de rationalisme, de marxisme et de science ne lui sont d'aucun secours ; son idée d'un univers signifiant s'est fissurée. Alors quand Hayward lui dit : « Viens, je vais te présenter Trungpa », Francisco se dit : « Après tout, pourquoi pas ? »

Bien qu'il soit à l'époque un rationaliste dépourvu de la moindre affinité pour la philosophie ou la religion orientales, Francisco n'en est pas moins frappé par le charisme de Trungpa – son acuité, son humour, son originalité. Au cours de la discussion entre les deux hommes, Francisco en vient à avouer à Trungpa la confusion dans laquelle il se trouve et sa soif de réponses. Trungpa lui lance un regard intense, pénétrant, et demande : « Pourquoi voulez-vous absolument y faire quoi que ce soit ? Que diriez-vous de ne rien faire du tout ? »

À ces mots, l'esprit de Francisco s'arrête net. Ne rien faire, la proposition est radicale pour un cerveau éternellement bouillonnant. Mais la vie lui a montré que tant d'activité peut parfois produire davantage de confusion. Et voilà que – badaboum ! – une alternative surgit, celle d'un apaisement de l'esprit, et que c'est tout sauf absurde. « Mais comment s'y prend-t-on ? » demande Francisco. « Je vais vous montrer », répond Trungpa – et il lui enseigne sur-le-champ comment méditer.

Commence alors pour Francisco une sorte d'histoire d'amour avec la méditation, une réelle passion. Il prend bien vite l'habitude de se rendre dans un centre des montagnes Rocheuses pour y effectuer des retraites d'un mois. La méditation étanche une soif qu'il a toujours ressentie. Il comprend que, sous sa carapace de monsieur-je-sais-tout, de scientifique rationaliste, les fondements mêmes de son existence lui sont totalement étrangers. La méditation lui donne le sentiment d'une fidélité renouée avec les racines de son être, sans qu'il lui soit nécessaire de l'énoncer ou de l'exprimer d'aucune façon. C'est une simple joie, un plaisir à vivre qui lui paraissent naturels et bénéfiques – fascinants, même.

Un peu à reculons, il se met à lire les classiques du bouddhisme, avec leurs commentaires, et découvre la beauté de la théorie bouddhiste, pas seulement pour son aspect pratique, mais pour sa philosophie, et même sa science de l'esprit. Une fois que cette pensée lui devient plus familière, il entreprend d'y confronter ce que lui a enseigné la science.

Trungpa vient alors de fonder l'institut Naropa, une université consacrée aux grands thèmes bouddhistes. Jeremy Hayward, Francisco et d'autres y préparent un cours d'été sur la science et le bouddhisme. Sous l'intitulé « Perspectives contrastées en sciences cognitives » ils rassemblent un groupe aussi prestigieux que varié de vingt-cinq spécialistes confirmés des notions bouddhistes et des sciences de l'esprit. Mais cette première rencontre entre le bouddhisme et la science est un désastre. Chacun refusant d'entendre ce que dit l'autre, le forum tourne à la confrontation, les querelles sont vives, et les malentendus cruels. On n'y respire pas une once de l'oxygène nécessaire à tout dialogue, et encore moins de cordialité.

Paradoxalement, ce désastre trouvera son utilité bien plus tard, lors de la mise en œuvre des dialogues *Mind and Life*. Il enseigne en tout cas à Francisco que rassembler bouddhistes et grands chercheurs ne suffit pas – les scientifiques doivent surtout être ouverts au dialogue (on pouvait d'ailleurs en dire autant du côté bouddhiste, en l'occurrence).

C'est alors que survient sa rencontre avec le bouddhiste qui, entre tous, convient le mieux à ce dialogue : le dalaï-lama. En 1983, Francisco est invité en Autriche à un séminaire sur la spiritualité et la science au cours duquel Sa Sainteté doit intervenir. Dès le repas du premier jour du séminaire, les deux hommes sont assis côte à côte. « Êtes-vous neurobiologiste ? » lui demande le dalaï-lama – avant de le bombarder d'une rafale de questions sur le cerveau. Leur dialogue se poursuit de façon informelle pendant le reste de la rencontre et, à l'heure de la séparation, chacun quitte l'autre avec un goût d'inachevé.

Si en 1980 Francisco est retourné enseigner au Chili, en 1984, il travaille en Allemagne, à l'institut Max Planck, avant de s'installer à Paris l'année suivante, et entrer au Centre de recherche d'épistémologie appliquée, un groupe de réflexion de l'École polytechnique. En 1988, il est nommé directeur de recherche au CNRS. Au cours de ses premières années parisiennes, Francisco ne parvient pas à trouver l'occasion d'une nouvelle entrevue avec le dalaï-lama.

Mais, au printemps 1985, Francisco apprend par son amie Joan Halifax qu'une rencontre entre science et bouddhisme est en préparation, à l'initiative d'un groupe dirigé par Adam Engle, qui a lui aussi eu vent de la volonté du dalaï-lama d'aller au-devant des scientifiques. Francisco s'empresse d'appeler Adam, qui l'informe que la réunion traitera des correspondances entre le bouddhisme et la physique. Francisco le convainc qu'il serait plus productif de la consacrer au bouddhisme et aux sciences cognitives, et demande à intégrer l'équipe organisatrice[4]. Ils unissent donc leurs efforts pour préparer ce qui deviendra la série de rencontres *Mind and Life*, Francisco tenant lieu de coordinateur scientifique, et Adam d'administrateur.

Cette rencontre-ci, celle de Dharamsala, était la quatrième pour Francisco, qui s'est entre-temps fait connaître dans le monde entier pour ses travaux à la croisée de la neurobiologie, de la psychoneuroimmunologie, de la phénoménologie et des sciences cognitives. Parallèlement à ses fonctions universitaires, il a participé à la rédaction de plus de deux cents articles pour des revues scientifiques, essentiellement consacrés aux mécanismes biologiques de la cognition et de la conscience, et il a écrit ou dirigé la rédaction de quinze livres, traduits dans plusieurs langues pour la plupart. Francisco était un scientifique inclassable. Il avait transité en douceur des neurosciences à l'immunologie, des sciences cognitives à la philosophie de l'esprit et à la biologie théorique. Son immense érudition mêlait la précision investigatrice à la créativité théorique[5].

Tristement, Francisco luttait depuis longtemps contre l'hépatite C ; quelques mois plus tôt, après avoir dû attendre un donneur compatible, une transplantation du foie lui avait sauvé la vie. Jusqu'au dernier moment, il avait douté de pouvoir se rendre à Dharamsala. Il était venu accompagné de sa femme, Amy Cohen, une psychanalyste d'origine américaine, qui avait déjà espéré pouvoir assister à la rencontre *Mind and Life* de 1991 mais, alors enceinte de leur fils Gabriel, elle avait préféré rester à la maison. Pendant toute la rencontre, Francisco prenait un cocktail de médicaments, Amy veillant scrupuleusement sur son état de santé. À présent, pour cette dernière journée de la huitième rencontre *Mind and Life*, Francisco entamait ce qui serait sa dernière présentation scientifique pour le dalaï-lama.

Un cadeau de la vie

« Votre Sainteté, dit Francisco, comme mes collègues avant moi, je voudrais vous livrer une petite pensée avant de commencer. Il est merveilleux de me retrouver avec vous ici aujourd'hui. Je trouve vraiment extraordinaire que nous ayons pu persévérer tant d'années dans notre démarche. Cette fois, plus que jamais, avoir pu revenir jusqu'ici m'adresser à vous est un vrai cadeau de la vie. Il ajouta, au bord des larmes : Votre soutien et votre gentillesse dans l'épreuve ont été très, très importants pour moi. »

D'une certaine façon, le dalaï-lama avait sa part de responsabilité dans le fait que Francisco soit encore en vie. C'est au printemps 1997 qu'avait été décelé son cancer du foie. Une fois opéré, on lui avait recommandé de s'inscrire sur la liste des demandeurs de transplants du foie. Mais il s'était demandé jusqu'où il lui fallait chercher à préserver sa vie et avait sérieusement envisagé de ne pas s'y inscrire – se condamnant ainsi à une mort rapide.

Alors qu'il mûrissait sa décision, Francisco avait reçu un fax tombé de nulle part et signé du dalaï-lama, qui lui confiait son espoir de le voir tout entreprendre pour rester en vie. Autant qu'un très appréciable soutien, Francisco y avait vu un signe. Fort de cet encouragement, il avait donc décidé de s'inscrire sur la liste des demandeurs, pour recevoir un foie l'année précédant notre rencontre. L'intervention, particulièrement délicate, a cloué Francisco trois mois aux soins intensifs, car son corps paraissait rejeter le transplant. À son arrivée à Dharamsala, Francisco affichait pourtant un air étonnamment joyeux.

Francisco, qui était le plus chevronné de nos intervenants, avait l'habitude du pupitre. Mais c'était différent aujourd'hui, comme il me le confierait plus tard – en entamant son discours, il éprouva une très vive émotion. Il s'en était fallu de si peu que ce moment ne survienne jamais.

En s'installant à la place de l'orateur, Francisco ressentit comme une bouffée de gratitude envers le dalaï-lama pour le soutien constant qu'il lui avait manifesté pendant ces mois douloureux. En retrouvant Francisco au thé du matin, le premier jour – les deux hommes ne s'étaient pas vus depuis l'opération –, le dalaï-lama lui avait simplement saisi la main et la tête, observant un long silence de prière. Assis à ses côtés, Francisco baignait dans la chaleur et la sollicitude personnelle du dalaï-lama, dans une sorte d'intime proximité. En fait, cela tenait plus des retrouvailles que de la procédure scientifique – il avait l'impression de s'adresser à un vieil ami.

L'émotion fit rapidement place à davantage de légèreté quand Francisco s'empara de son ordinateur portable pour lancer une présentation PowerPoint – la première de notre rencontre, et apparemment la première tout court pour le dalaï-lama. Lorsque la page d'accueil apparut à l'écran, le dalaï-lama s'exclama : « Très impressionnant ! » Puis survint la première animation : le titre de la conférence traversa l'écran. Il y eut des applaudissements spontanés, et Sa Sainteté murmura un équivalent tibétain de « ben ça alors ! ».

« J'étais sûr que ça vous plairait, Votre Sainteté, dit Francisco en riant. Nous voudrions à présent aborder l'avenir de ce projet, voir jusqu'où peut nous mener cette recherche commune placée sous l'égide du *Mind and Life Institute*. Moi d'abord, puis Richie évoquerons certains développements concrets qui sont en cours à l'heure où nous parlons. Ce qui nous amènera à nous poser cette question de fond : comment l'étude neurobiologique de la conscience et la tradition de la méditation peuvent-elles collaborer ensemble ? »

Briser le tabou de la subjectivité

« Je sais que vous avez toujours manifesté beaucoup d'intérêt pour les relations entre la conscience et le cerveau, un domaine qui fascine aussi nombre de mes collègues ici présents et moi-même. La science a beaucoup évolué sur cette question : voilà dix ou quinze ans, le simple mot de "conscience" était jugé grossier ; aujourd'hui, c'est devenu un sujet courant de conférences et beaucoup de gens cherchent à travailler dans ce secteur[6].

« Je vois deux raisons à cette évolution, Votre Sainteté. La première est que nous disposons de nouvelles méthodes non invasives pour étudier les humains, et la seconde est le retour d'une certaine ouverture d'esprit dans le monde de la recherche sur la conscience. L'association de ces deux facteurs nous permet aujourd'hui de poursuivre notre collaboration. »

Pour Francisco, le déclic s'était produit lors d'une conférence tenue à Tucson en 1994. Un jeune philosophe californien, David Chalmers, y avait prononcé un discours sur ce qu'il appelait « le problème de la conscience ». Il affirmait que l'étude de la conscience ne pouvait se passer du témoignage des sujets de l'expérience. Bien qu'elle semblât assez radicale aux yeux des neuroscientifiques qui misaient sur leur attirail high-tech pour sonder le cerveau, cette proposition était empreinte de bon sens.

Cela faisait des décennies que Francisco se heurtait lui-même au problème de la conscience. Rappelons-nous, au milieu du siècle dernier, les béhavioristes avaient exclu tous les témoignages directs du champ d'étude scientifique, sous prétexte que ce genre de données était irrémédiablement biaisé. Francisco n'avait cessé de réfuter cette affirmation dans une foule de publications. Dans *L'Inscription corporelle de l'esprit* – paru en 1991 mais entrepris dix ans plus tôt – il affirmait que la méditation bouddhiste dite « de l'attention vigilante » permettait de former les gens à devenir des collaborateurs « de première main » – qui racontent leur propre expérience – dans l'étude de la conscience[7]. En 1996, Francisco soutenait que cette approche, la « neurophénoménologie », pouvait constituer un moyen de résoudre le problème de la conscience – selon une méthode qu'il avait détaillée en 1999 dans son anthologie *The View from Within*[8]. Et, en 2002, son dernier ouvrage, *On Becoming Aware : the Pragmatics of Experiencing* établissait toute l'utilité scientifique de cette approche[9].

Francisco poursuivit : « Ce regain d'intérêt pour l'étude de la conscience n'est pas flagrant vu de l'extérieur de ce drôle de machin qu'on appelle la culture scientifique, mais il apparaît de plus en plus nettement qu'il y a très gros à gagner dans l'utilisation des données obtenues par les témoignages de première main. Cela signifie qu'il faut prendre en compte l'expérience subjective. Certains parleront d'expérience vécue, de phénoménologie, ou de niveau personnel. Nous employons quant à nous les termes "phénoménologie", "expérience" et "première personne", comme des synonymes. La terminologie a beau varier – appelez ça comme vous voudrez – il demeure que ce que la science avait évacué, le subjectif, prend une importance croissante.

« On dispose désormais de différentes méthodes de première main plus ou moins sophistiquées. Le débat tournerait plutôt aujourd'hui autour de quelle méthode employer dans quelles circonstances. La méditation en est une, très importante, mais il en existe d'autres, et nous voudrions les examiner dans un contexte plus général. »

Obtenir l'autre moitié de l'histoire

Pour illustrer son propos sur la nécessité des témoignages directs en neurosciences, Francisco demanda ce qu'il se produit dans le cerveau lorsqu'on voit une image mentale. « Mettons que je vous montre ce papier, dit-il en exhibant une feuille blanche, puis que je vous demande de fermer les yeux et de l'imaginer. La question est de savoir si cette image sera de même nature que celle que vous avez vue. On pensait aisément obtenir la réponse en vérifiant si le cortex visuel était activé ou pas. Mais les résultats du laboratoire ont donné une réponse intéressante, parce que cela n'était ni vrai ni faux. Pour certains types d'imagerie visuelle, le cortex visuel est vraiment très actif, comme si on regardait vraiment l'image. Mais, pour d'autres, il ne l'est pas.

« Par exemple, on peut dire à quelqu'un : "Fermez les yeux et retracez mentalement la carte du chemin qui part d'ici, passe par notre hôtel, Chonor House, et va jusqu'à Dharamsala." Pour ce genre de tâche, le cortex visuel n'est pas très actif pendant l'effort d'imagination, alors qu'il serait bien sûr extrêmement actif si vous dessiniez vraiment la carte que vous avez imaginée. En outre, le fonctionnement du cerveau varie selon les individus : dans l'accomplissement d'une même tâche, environ la moitié de la population présente un cortex visuel actif, et l'autre non. Cela peut répondre à votre question de ce matin, quand vous demandiez si les configurations cérébrales sont les mêmes pour tous ou pas. En fait, il semblerait que les particularités individuelles intervenant dans la visualisation peuvent produire des schémas d'activité très différents. »

Cette découverte, selon Francisco, plaidait pour le recours aux témoignages directs par les neurosciences. Aussi performante que soit la méthode neuroscientifique d'étude de l'esprit, l'absence de témoignage du sujet peut provoquer de cuisantes erreurs d'interprétation. Si par exemple les études sur l'imagerie mentale s'étaient limitées à l'emploi des techniques d'imagerie cérébrale, les résultats auraient été très déroutants – le cortex visuel ne s'allumerait que chez certains, une fois sur deux, et cela varierait selon le paradigme expérimental utilisé.

Si ces données d'imagerie n'étaient alors analysées qu'en termes de moyennes de groupe, le résultat scientifique de toutes ces recherches serait nul. Ce qui aurait manqué, souligna Francisco, ce sont les effets différenciateurs sur le cortex visuel des stratégies visuelles propres à chaque individu. La seule façon de bien interpréter ce qu'il se passe est de demander aux gens de précisément décrire leur activité mentale pendant qu'on la mesure. Dans ce genre d'études, sans ces données de première main, les neurosciences sont borgnes.

Une expertise intérieure

« Mais il est un autre facteur déterminant, poursuivit Francisco : ces travaux, qui commencent à peine et sont en plein essor, ont montré sans conteste qu'on ne peut pas demander aux gens de témoignage direct sans avoir auparavant mesuré leur niveau d'expérience. Il ne suffit pas pour être botaniste de savoir admirer les plantes en se promenant dans un jardin ; cela demande une certaine maîtrise du sujet.

« Cette notion – la variabilité de l'aptitude des gens à observer leur propre expérience – peut vous paraître très évidente, Votre Sainteté, mais vous seriez surpris de constater combien les chercheurs occidentaux la trouvent douteuse, voire subversive. Chacun sait bien le travail qu'exige une carrière de sportif, de musicien ou de mathématicien. Mais, quand il s'agit de l'observation de son propre vécu, c'est comme s'il n'y avait rien à apprendre – comme si c'était acquis de naissance. Il ne faudrait surtout pas sous-estimer le véritable aveuglement qui s'est installé à ce sujet. »

Francisco proposait donc un correctif qui permettrait de corroborer les témoignages de première main : le recours aux méthodes objectives – que nous appelons de la deuxième et la troisième personne. La « première personne » est celle qui vit l'expérience ; la « deuxième » est un interviewer très entraîné ; et la « troisième personne » désigne en fait les données objectives que mesure la science. « L'idée consiste à associer la méthode de la première personne, qui demande de l'entraînement, à l'approche empirique de la troisième, c'est-à-dire des neurosciences, comme on l'a vu. Prenons un EEG, qui permet de déceler le type d'activité électrique en cours dans le cerveau. On obtient deux versions de l'histoire : le signal qui sort de la machine donne le son de cloche de la troisième personne, alors que le sujet peut faire son propre récit, et raconter, par exemple, qu'il a ressenti de la surprise. Associer les informations de ces deux sources peut nous permettre de nettement mieux comprendre non seulement l'expérience proprement dite, mais aussi ses fondements biologiques et organiques.

« Récapitulons : depuis qu'on a redécouvert l'importance du point de vue de la première personne, notre hypothèse de travail est que ce témoignage peut fonctionner de pair avec l'approche empirique. Tout cela requiert bien sûr que le témoin possède les bases d'une discipline assidue de l'observation – ce qui est une idée neuve en Occident. »

Sa Sainteté avait déjà eu vent de cette théorie et compris que les méditants chevronnés pouvaient précisément correspondre au type de sujet demandé.

Faux départ

« Remontons le temps, si Votre Sainteté le veut bien : vous souvenez-vous qu'en 1992 quelques scientifiques, dont Richie faisait partie, étaient venus réaliser des études sur les yogis et les moines ? »

Francisco évoquait un épisode précédent des travaux issus de la troisième rencontre *Mind and Life*, quand le dalaï-lama l'avait invité à mesurer l'activité cérébrale de méditants confirmés, des yogis habitant dans les hauteurs de Dharamsala. Francisco était alors venu accompagné de Richie Davidson, de Cliff Saron, collègue de ce dernier, et de Greg Simpson, un autre chercheur, Alan Wallace faisant office d'interprète.

Pendant deux semaines, l'équipe – munie d'une lettre de recommandation du dalaï-lama – avait dû hisser chaque jour dans la montagne l'électroencéphalographe et tous les appareils qui l'accompagnent, à la rencontre de tel ou tel yogi. Et chaque jour, outre le scepticisme ambiant, ils se heurtaient à tous types d'obstacles, notamment au refus catégorique de la plupart des yogis de permettre quelque mesure que ce soit de leur cerveau. L'un d'eux avait d'ailleurs finement résumé leur point de vue : « Ce que mesurent ces machines n'a peut-être aucun rapport avec ce qui survient quand je médite. Il est donc possible que rien n'ait l'air de se passer du tout, ce qui pourrait alors faire naître le doute dans l'esprit des bouddhistes pratiquants. » Cette considération l'obligeait – et les autres avec lui – à refuser de collaborer.

Pour Francisco, cet échec avait été riche d'enseignements. D'abord, il avait été naïf d'attendre de yogis méditant depuis vingt ans et n'éprouvant aucun intérêt pour la science qu'ils prennent part à une expérience scientifique. Mieux vaudrait désormais travailler avec des Tibétains occidentalisés, ou des méditants occidentaux très expérimentés qui accepteraient plus facilement. Ensuite, ces conditions très rudes d'expérimentation sur le terrain avaient gravement affecté la qualité des données recueillies, qui étaient très superficielles par rapport à la rigueur et la précision qu'on peut obtenir en laboratoire. Mieux vaut amener le yogi au labo que le labo au yogi.

« L'expérience a été extrêmement intéressante, poursuivit Francisco, mais nous nous sommes aperçus que, pour bien étudier les capacités qui nous intéressaient, il fallait une technologie permettant d'observer leur état cérébral. Les données psychologiques qu'on employait alors, comme le temps de réaction du sujet, n'étaient tout simplement pas suffisantes. Nous utilisons donc à présent une technique électrique plus élaborée. Pourquoi électrique ? Parce que l'instant de l'expérience vécue est très court. Les techniques basées sur la mesure du flux sanguin sont extrêmement utiles, mais trop lentes. Constater l'afflux d'un tout petit peu de sang ici ou là dans le cerveau demande plusieurs minutes.

« Mais l'instant de l'expérience vécue est comme ça, dit-il en claquant des doigts. Et ce que nous voulons observer est mille fois plus rapide encore, de l'ordre du millième de seconde. La technique devait donc reposer sur des mesures électriques, ou, plus tard, magnétiques. Nous observons un état mental très, très simple, et obtenons les mesures des fluctuations électriques de surface par électroencéphalogramme. Ou bien nous procédons avec des champs magnétiques, à l'aide d'une machine très sophistiquée, un genre d'appareil quantique intransportable jusqu'ici, à Dharamsala. On ne se contente plus de prendre des mesures – on passe aussi beaucoup de temps à analyser énormément de données. Voilà d'où viennent nos récents progrès, de techniques nouvelles qui nous permettent de tirer pas mal d'informations d'une seule séance. »

La mélodie du cerveau

Francisco décrivit ensuite deux objectifs qu'il estimait nécessaire d'ajouter au programme du *Mind and Life Institute*. Pendant qu'il s'emploierait à étudier la dynamique d'une fraction de seconde d'activité mentale, Richie Davidson recherchait de son côté les changements durables du cerveau à bien plus long terme, sur des mois ou des années.

« Par exemple, lorsque survient la colère, il y a une période réfractaire qui nous laisse à peine le temps de juguler cette colère montante et d'essayer d'empêcher l'acte qui doit en découler. Nous devons donc comprendre très précisément la dynamique qui fait émerger cet état. Nous voulons analyser un instant de vécu jusque dans ses moindres détails. Comment surgissent réellement un instant de conscience, d'activité cognitive, une perception, ou une émotion ? Si nous en savions davantage, nous pourrions chercher les façons d'appliquer cette connaissance à nos travaux. Mais on ne sait encore pas grand-chose des détails de leur émergence. »

À ces mots, le dalaï-lama se redressa ; cette question précise l'intéressait personnellement au plus haut point. Si la présentation qui suivit parut quelque peu sibylline à la plupart des auditeurs dans la salle, le dalaï-lama y trouva l'un des moments les plus passionnants de la semaine.

« Quand nous accomplissons un acte cognitif – une perception visuelle, par exemple – la perception n'est pas la simple présence d'une image dans la rétine. Une foule de points du cerveau entrent en activité. Le grand problème, Votre Sainteté, est de comprendre comment toutes ces parties actives rentrent en cohérence pour former un tout. Quand je vous vois, cette perception et le reste de mon expérience – la position de mon corps, mon ton émotionnel – constituent un tout. Ce n'est pas dissocié, comme si la perception se faisait ici, et le mouvement là.

« Comment cela se passe-t-il ? Imaginons que chaque site du cerveau soit comme une note de musique, qu'il possède une tonalité. Pourquoi une tonalité ? En fait, une oscillation a bel et bien lieu. Des neurones se mettent à osciller partout dans le cerveau. Ensemble, ils font « *houmpf* » – il leva ses bras en signe d'expansion – « puis *pfff* » – il ramena ses bras à lui comme s'il se dégonflait. Le *houmpf* correspond au temps d'oscillation de différents sites du cerveau, ces oscillations entrant en harmonie. Quand une onde est produite ici, et une autre là, à différents endroits du cerveau, certaines entrent en synchronie, elles oscillent ensemble.

« Lorsque le cerveau adopte une configuration donnée – correspondant à une perception, ou à un mouvement – la phase de ces oscillations s'harmonise, c'est ce que nous appelons le verrouillage de phase. Les ondes oscillent ensemble, en synchronie. »

« Si je comprends bien votre métaphore, demanda le dalaï-lama, chacune de ces oscillations est comme une note différente, et en s'associant, elles font de la musique ? »

« C'est exactement ça, on fait de la musique, approuva Francisco. De nombreux schémas d'oscillation du cerveau se choisissent spontanément les uns les autres pour créer la mélodie, c'est-à-dire, le moment précis de l'expérience vécue. C'est le *houmpf.* Mais cette musique est produite sans chef d'orchestre. C'est un point fondamental. »

Francisco mima un chef d'orchestre, les bras battant l'air. « Il n'y a pas de petit bonhomme là-dedans qui dise : "À toi, et toi, et puis toi." Ça ne marche pas comme ça. Alors, une fois encore, pour comprendre l'intégration à grande échelle du cerveau tout entier, il faut savoir que le mécanisme de base est la formation momentanée de groupes synchrones de neurones très dispersés. Cette merveilleuse découverte nous a montré comment peut survenir un instant d'expérience[10]. »

Des familles dans le cerveau

Le dalaï-lama reprit son rôle habituel d'interlocuteur scientifique :

— Ce processus varie-t-il d'un individu à l'autre ?

Est-il plus rapide chez certains ? Est-il stable ? Dépend-il de l'âge ?

— Ce sont-là d'excellentes questions, Votre Sainteté, répondit Francisco. C'est probablement très constant. Une loi universelle semble régir le fonctionnement du cerveau – on retrouve la même chose chez les animaux. Toutefois, les configurations spécifiques qui émergent varient certainement d'un individu à l'autre, en fonction de leur histoire et de leurs acquis personnels. Pour être franc, la réponse à cela demeure assez floue.

« En plaçant des électrodes sur différentes parties du cerveau, on peut mesurer les signaux d'une oscillation. Puis, si l'on place une autre électrode sur une autre partie du cerveau, on trouve une autre oscillation – un *houmpf*. Et elles entrent en synchronie : elles démarrent et s'arrêtent ensemble. Voilà le mécanisme de base.

Le dalaï-lama demanda :

— Est-ce différent pour ce que l'on peut détecter au sein d'une même région du cerveau ? Est-ce que cela change en fonction de la distance qui sépare les deux électrodes ?

— Absolument, répondit Francisco. Nous employons une têtière d'électrodes qui couvre tout le cerveau. Ce qui nous intéresse ici, ce sont les régions éloignées, parce que nous cherchons des signes d'intégration de grande envergure. À petite échelle, c'est différent – les neurones sont si rapprochés que leur interconnexion les rend quasi inévitablement synchrones. Leur proximité en fait une sorte de famille. Au fond, ce qu'il faut se demander, c'est si une famille ici à Dharamsala est capable d'entrer en synchronie avec une autre de Delhi. Voilà pour l'analogie. Et c'est une tout autre histoire, parce que cela demanderait un mécanisme qui les synchronise.

Francisco projeta alors l'image noir et blanc, extrêmement contrastée, de ce qui, au premier regard, ressemblait à des taches d'encre, mais après examen laissait apparaître un visage de femme.

« Vous la voyez, maintenant ? demanda-t-il. Une fois que vous l'avez aperçue, vous ne pouvez plus y voir autre chose, n'est-ce pas ? Ce sont des visages très fortement contrastés. Ça n'est pas évident tout de suite, mais il suffit d'un peu d'attention à la plupart des gens pour les remarquer.

« On reconnaît ces visages assez aisément lorsqu'ils nous sont présentés à l'endroit. Puis, projetant la même image à l'envers, il demanda : Et maintenant, voyez-vous un visage ? C'est très rare qu'on le voie. Mis à l'envers, les stimuli sont nettement plus difficiles à lire. Dans notre jargon, nous disons de la première image qu'elle est condition de perception – les gens finissent d'habitude par y voir le visage – et de l'autre qu'elle est condition de non-perception, parce que, en général, les gens ne le reconnaissent pas du tout.

L'anatomie d'un instant de l'esprit

Ensuite, Francisco projeta une figure représentant la séquence minutée de son expérience de décomposition d'un instant de l'esprit [11]. Branchés à l'EEG, les volontaires du laboratoire parisien de Francisco devaient simplement appuyer sur un bouton aussitôt qu'ils reconnaissaient une image. La séquence se déroule très vite, au point qu'on la mesure en millièmes de seconde.

Comme le montrait l'illustration, pendant les cent quatre-vingts millièmes de seconde qui suivent la présentation de l'image, le cerveau du sujet entre en action.

L'acte de reconnaissance se produit entre cent quatre-vingts et trois cent-soixante millièmes de seconde – soit vers la fin du premier tiers de seconde. Après cet acte de reconnaissance, le cerveau du sujet consacre le sixième de seconde qui suit au repos. Le mouvement – celui du sujet pressant le bouton – se produit dans le sixième de seconde d'après. La séquence entière prend fin avant d'avoir atteint trois quarts de seconde.

« Au début, il y a environ un dixième de seconde où rien ne se passe. J'aime à dire que c'est le temps qu'il faut à tout ce petit monde pour se mettre en route – *vrrr-roum vrrroum*, fit-il imitant le bruit d'un moteur capricieux. » Tout le monde cherche des alliés avec lesquels constituer un groupe synchrone, expliqua-t-il en désignant la première figure de son illustration, où aucun lien n'apparaît – l'image n'a pas encore été reconnue.

Sur la deuxième figure, des traits noirs indiquent les connexions qui se créent soudain, au gré des alliances conclues par des cellules de différentes régions du cerveau. « Les groupes commencent alors à se former ; un schéma apparaît. C'est réellement un cas d'émergence spontanée, parce que personne ne leur a demandé d'être synchrones – entre cette électrode-ci, et celle-là, par exemple. Ils s'autosynchronisent mutuellement. Cela se situe, nous en avons obtenu bien des confirmations, environ un tiers de seconde après le stimulus – c'est le temps qu'il faut au sujet pour reconnaître qu'il s'agit d'un visage.

« À partir de ce moment de reconnaissance, on peut voir beaucoup de traits verts, qui représentent le contraire de la synchronie. Tout dans le cerveau cesse d'être synchrone. Chacun oscille de son côté. Tout ce *houmpf* devient *pfff*, dit-il, agitant ses mains tout autour de sa tête. En d'autres termes, le cerveau dit : Effacez ce schéma d'oscillation. »

Sur les traces des mouvements subtils de l'esprit

Le dalaï-lama s'était montré particulièrement attentif, tout en se balançant doucement d'avant en arrière sur sa chaise. Il demanda :

— Pourrait-on concevoir une expérience où le stimulus serait auditif plutôt que visuel – à partir d'un son ? Y retrouverait-on alors ces processus – cette synchronie de la deuxième étape et cette désynchronisation de la troisième ? En comparant ensuite cette dynamique à celle du stimulus visuel, retrouverait-on le même phénomène à la troisième étape ?

— Nous l'avons fait, répondit Francisco, et nous avons bien retrouvé les mêmes schémas. Nous avons mené des expériences sur l'ouïe, la mémoire, et sur les cas de conflit d'attention entre le visuel et l'auditif. Le résultat est toujours le même : on a un schéma particulier au moment de la montée de la perception, suivi d'un temps de reconnaissance, et enfin un nouveau schéma qui se compose lors de l'action motrice, quand le sujet appuie sur le bouton. Lorsque le sujet se souvient qu'il doit presser le bouton, un autre ensemble de neurones entre en synchronie.

— D'abord, la reconnaissance survient, et *pfff*, c'est la désynchronisation. Ensuite, la personne se souvient qu'elle doit appuyer sur un bouton, ce qui demande un nouveau schéma, c'est-à-dire la synchronisation d'un nouvel ensemble de neurones.

— C'est comme si, une fois leur synchronie constituée, le rôle de ces neurones prenait fin, observa le dalaï-lama.

— C'est vrai – ils sont éphémères. Et c'est ça que j'aime bien. C'est comme l'impermanence des facteurs mentaux.

Francisco évoquait les éléments basiques qui, selon le modèle de l'abhidharma, composent chaque instant de conscience.

— Ils viennent puis s'en vont, cela s'accorde bien avec les schémas éphémères des neurones. C'est une grande découverte pour moi. Le cerveau se ré-efface activement lui-même ; il crée ainsi un interstice qui marque le passage d'un instant au suivant. Il y a reconnaissance et action, mais elles sont ponctuées. Il faudrait songer "perception, virgule, action" plutôt qu'à un flux continu. Et c'est systématique : nous l'avons constaté dans toutes sortes de conditions.

Minuter l'esprit

Les résultats de Francisco concordent avec ceux d'autres chercheurs qui se sont évertués à minuter les plus infimes mouvements de l'esprit. Benjamin Libet, un neurochirurgien de l'école de médecine de l'université de Californie à San Francisco, a par exemple trouvé que l'activité électrique dans le cortex moteur commence près d'un quart de seconde avant que le sujet ne prenne conscience de sa propre tentative de bouger le doigt. Et un autre bon quart de seconde sépare l'intention consciente du début du mouvement lui-même. Comme Francisco, Libet révèle dans leur moindre détail des éléments qui nous seraient restés invisibles autrement et nous apparaîtraient comme un événement unique, compact : la reconnaissance d'un visage, le mouvement d'un doigt.

C'est sur cette décomposition d'un instant d'activité mentale que porta la question suivante du dalaï-lama :

— L'instrument de mesure que vous employez paraît extrêmement sensible, à deux millièmes de seconde près. Mais si vous montrez au sujet un visage tellement familier qu'il n'ait pas à réfléchir ni à s'en souvenir, subsistera-t-il un écart entre la présentation initiale et la reconnaissance ?

— Nous l'avons fait, et la réponse est que l'écart est plus court, mais qu'il demeure, répondit Francisco.

À ce moment, le camp tibétain se lança dans une vive discussion pour savoir s'il existe une phase d'attention non conceptuelle avant que la mémoire et d'autres aspects de la cognition produisent le *houmpf* dont parlait Francisco. Puis, ravi de cette occasion d'aborder un sujet qui le passionnait personnellement à ce point – la distinction entre processus conceptuels et non conceptuels de l'esprit –, le dalaï-lama reprit :

— Seriez-vous d'accord pour dire que cela signifierait que le premier instant est non conceptuel, c'est une pure perception visuelle qui appréhende la forme présentée, et que le suivant est conceptuel ; c'est quand on reconnaît : « Ah ! c'était ça ! » Car cela semblerait corroborer la psychologie bouddhiste.

— Oui, et c'est ce qui vous conduit alors à décider d'appuyer sur le bouton, dit Francisco. Ce n'est qu'à partir du moment où on s'est dit : « Ah ! je reconnais ça » qu'on s'engage dans la voie qui mène au moment de décision et au geste d'appuyer sur le bouton. Ce moment-là est donc conceptuel. Mais, au début, il n'y a que le schéma de perception, sans processus conceptuel.

Frappé par les implications qu'il pressentait, le dalaï-lama insista :

— Seriez-vous donc d'accord pour dire que cela corrobore un élément de la psychologie bouddhiste, à savoir que le premier instant est une perception purement visuelle, c'est-à-dire non conceptuelle, et que le second instant, quelle que soit sa durée, est celui de l'appréhension par l'esprit conceptuel : « Ceci est un visage » ? Par exemple, je regarde Alan Wallace, je reconnais tout de suite son visage sans avoir à m'interroger. De loin, cela semble instantané, mais en fait…

— En fait ça dure au moins deux cents millièmes de seconde, coupa Francisco.

— C'est exactement la conception bouddhiste, reprit le dalaï-lama. Bien que, de loin, cela paraisse instantané, ça ne l'est pas. Il y a d'abord une impression, puis l'identification – la reconnaissance conceptuelle – et cela constitue une séquence.

— Absolument, approuva Francisco. En général, dans des conditions normales, il est impossible de comprimer un moment mental au-dessous de cent cinquante millièmes de seconde. Même s'il s'agit d'une chose apparemment immédiate.

En fait, nous touchions là un point essentiel de l'épistémologie bouddhiste. Le premier instant d'une cognition visuelle, par exemple, n'est que pure perception – brute et sans aucune identification –, mais aussitôt après survient une cognition mentale, le bourdonnement d'une pensée, qui sollicite la mémoire et nous permet de reconnaître et d'identifier l'objet visuellement perçu tel qu'il est. Selon le modèle bouddhiste, comprendre que le premier moment de cognition est non conceptuel et que les suivants sont conceptuels offre une ouverture, l'occasion d'une libération intérieure. Détenir cette information sur la nature de notre fabrication constante de la réalité est une étape nécessaire (mais pas suffisante) vers la libération de l'esprit de l'inertie des habitudes mentales.

À ce stade de la conversation, nous avions laissé loin derrière nous l'essentiel de l'auditoire, dont bon nombre de scientifiques. Mais le dalaï-lama voulait vraiment s'informer des découvertes scientifiques sur le processus d'émergence à l'esprit d'un moment d'expérience et vérifier si ces découvertes s'accordaient avec le modèle bouddhiste des textes qui lui étaient familiers. C'était l'occasion rare d'entendre une description scientifique du phénomène, et il trouvait de frappants parallèles entre les visions bouddhiste et scientifique, chacune corroborant l'autre.

Des éléments modernes pour un débat ancien

— L'épistémologie bouddhiste, expliqua le dalaï-lama, a beaucoup débattu sur la nature de la perception et la façon dont elle appréhende l'objet. Une école soutient que l'expérience visuelle perçoit l'objet dans sa nudité, sans qu'il y ait médiation d'une représentation mentale. L'œil entre en contact immédiat avec l'objet. D'autres épistémologues ont dénoncé ce point de vue, affirmant l'existence d'une chose qu'ils appellent *namba*, qu'on pourrait grossièrement traduire par « aspect ». C'est assez proche d'une représentation mentale, ou bien, dans ce cas, d'une image visuelle en partie engendrée par l'esprit – et c'est ce qui donne à toutes ces données sensorielles disparates la forme d'une image cohérente. L'expérience sensorielle n'émerge qu'après. Ce n'est pas qu'une simple représentation, un reflet du miroir.

« Dans la philosophie tibétaine, on distingue à ce sujet quatre grandes écoles de pensée bouddhistes indiennes. La première, Vaibâshika, admet l'idée que la perception n'est qu'un cas de représentation par reflet. Les trois autres affirment que le processus est plus actif, et que l'aspect subjectif qui se constitue dans ce *namba* y exerce une influence.

Il ajouta que toutes les écoles reconnaissent l'existence de deux grands modes distincts de cognition, l'un conceptuel et l'autre pas ; le désaccord porte sur l'idée que les perceptions sensorielles sont forcément distordues ou pas [12].

Ce débat a cours depuis plus de mille ans. Pour simplifier, il s'agit de savoir si nous percevons les objets en eux-mêmes (sans la médiation d'une image « interne ») ou si nous percevons visuellement les objets du monde extérieur par le biais de représentations mentales « internes ». Cette dernière proposition est celle que soutiennent les écoles les plus sophistiquées de la philosophie bouddhiste indo-tibétaine [13].

Le dalaï-lama était ravi de voir la science se mettre à disséquer les étapes qui composent une expérience, car cela allait permettre de vérifier l'existence de nombreuses concordances avec certains points très subtils de la pensée bouddhiste. On discuta âprement en tibétain de la pertinence de postuler que le moment initial d'une expérience sensorielle est modelé par la pensée ou plutôt, comme le prétendait Jinpa, par une image mentale. Mais la voix de Jinpa resta isolée, et le dalaï-lama rejeta son argumentation.

Francisco exposa le point de vue scientifique : « Les

neurosciences disent que l'organisation interne active ne se produit pas seulement dans la sphère de la perception, mais dans le contexte plus large de tous les autres facteurs mentaux, comme la mémoire, l'expectative, la position et le mouvement, et l'intention. Le fait de voir, par exemple, consiste à prendre en compte ce que l'on perçoit à travers les sens, mais en le façonnant en fonction de ces autres facteurs. »

Les débats de la philosophie bouddhiste rappelaient à Francisco ceux des sciences : « Par exemple, dire qu'une émotion teinte une perception est une interprétation qui ne me satisfait pas pleinement, parce qu'elle suggère qu'il y aurait d'abord une perception, et qu'une émotion viendrait ensuite s'y appliquer. Certains soutiennent que l'émotion – étymologiquement, la tendance vers le mouvement – est comme une prédisposition avec laquelle l'organisme part à la rencontre du monde. Ce n'est pas qu'on a une perception, et qu'on la teinte ensuite d'émotion ; dans l'acte même de la rencontre du monde, la perception est déjà émotionnellement façonnée, de façon intrinsèque. Il ne saurait y avoir de perception sans composante émotionnelle. Je ne parlerais de distorsion qu'en cas de perception manifestement très illusoire, lorsque cette émotion s'est par exemple prolongée si longtemps qu'elle empêche un fonctionnement normal, qu'elle est pathologique. Mais, même en temps normal, il n'y a pas de perception sans émotion. »

Un intérêt subtil

Richie Davidson prit un exemple.

— Votre Sainteté, avec certains types d'objets

visuels plus complexes – comme un visage neutre n'exprimant aucune émotion – la première réaction parmi dix sujets ne sera pas nécessairement la même, selon le tempérament émotionnel de chacun. Dans les deux cents premiers millièmes de seconde, on constatera des différences entre la réaction d'une personne anxieuse et celle d'une autre, au tempérament plus calme », expliqua Richie. Cette différence immédiate dans les schémas d'activité neuronale a été détectée dans le gyrus fusiforme, une partie du cerveau qui répertorie les visages, et elle varie selon le degré d'attirance ou de rebut qu'inspire le visage neutre présenté.

Le fait que cette différence puisse malgré tout tenir à un processus conceptuel étonnait le dalaï-lama. Il précisa :

— Ce qui m'intéresse ici est en fait extrêmement subtil. Existe-t-il, dans ces deux cents premiers millièmes de seconde où vous trouvez déjà des différences d'un individu à l'autre, un moment – peut-être dans les cent premiers millièmes de seconde – où il n'y aurait que la perception visuelle – la simple apparence – avant que se produise le déclic de la cognition conceptuelle, aux cent millièmes suivants ? Avons-nous quelque signe de cela ? Selon mon hypothèse, les cent premiers millièmes de seconde seraient les mêmes pour chacun des dix sujets, et les variations dues au tempérament n'interviendraient qu'une fois la machine conceptuelle mise en marche.

Richie avait commencé à répondre :

— Les données obtenues sembleraient indiquer...

Mais il fut interrompu par Thupten Jinpa, qui, dans l'esprit du débat, lança un défi :

— Je voudrais signifier que l'état mental précédent influence déjà le premier instant de perception visuelle.

Le dalaï-lama releva le défi.

— Oui, en principe, le premier moment de perception visuelle est influencé par un état mental précédent, mais seulement au sens où la netteté de l'expérience tire ses racines du moment précédent ; cela ne modifie pas la pure apparence de l'objet. Dès l'instant suivant, quand on en vient au jugement – avec le bon ou le mauvais sentiment que cela nous inspire – c'est déjà un nouvel événement. Je persiste à penser qu'il y a un moment très bref – peut-être un dixième de seconde – où notre tempérament, notre santé, notre âge, etc. n'ont pas l'occasion d'influencer la pure perception visuelle elle-même.

Francisco répondit :

— Je ne crois pas que nous puissions être catégoriques à ce niveau de détail, Votre Sainteté, mais certains éléments sembleraient indiquer que, lorsqu'on voit une image, la façon dont elle pénètre en nous pour être traitée et façonnée s'inscrit dans le fil de ce qui se produisait auparavant. Dans son modelage par le cerveau, les attentes, la mémoire et les associations joueront un rôle – mais elles ne la détermineront pas. Je pencherais plutôt pour l'idée de Jinpa que quelque chose est convoyé par l'instant précédent. Je crois que rien n'indique qu'on puisse n'avoir qu'une pure apparition visuelle. Elle se situera toujours dans le contexte de ce qui vient de se produire, ou d'autres événements du passé toujours dans la mémoire active. Je ne pense pas que nous trouvions un très bref instant où il n'y aurait que perception.

— Comment s'en assurer du point de vue neuroscientifique ? demanda Alan.

— Bonne question. Il faudrait d'abord affiner ce type d'analyse, répondit Francisco. Ces travaux-là ne nous serviront pas, parce que la résolution minimale dont nous disposons aujourd'hui est d'environ soixante-dix millièmes de seconde.

Une brillante suggestion

Richie tenait pour sa part à ne laisser aucun doute quant au fait que les données en la matière sont claires, et qu'elles soutiennent l'hypothèse du dalaï-lama. Les tout premiers éléments de mesure cérébrale de ces fragments ultrarapides d'activité mentale révèlent que pendant les premiers soixante-dix à cent millièmes de seconde, les gens réagissent de façon très similaire. Les différences n'apparaissent qu'au bout de cent millièmes de seconde – Richie trouvait frappant que la recherche concorde aussi exactement avec l'hypothèse du dalaï-lama.

— Il existe une méthode, dit Richie, qui, à partir du même type de mesures électriques, nous permet de déceler l'activité dans le tronc cérébral avant qu'elle ne gagne la partie supérieure, le cortex. Le tronc cérébral est très peu propice aux différences individuelles. On y trouvera plutôt des éléments communs. C'est peut-être ce moment que vous décrivez, qui est effectivement le même pour tous et ne reflète aucun goût ni dégoût, ni aucune attente. Ce n'est que de l'information sensorielle qui parvient.

Le dalaï-lama murmura :

— C'est ça, c'est ça.

C'était très précisément ce qui l'intéressait.

Alan reprit le fil de l'enquête :

— Si je comprends bien l'épistémologie bouddhiste,

cet instant est si bref qu'un être normal ne peut s'en apercevoir.

— Exact – ça se situe dans les premiers trente-cinq à quarante millièmes de seconde, dit Richie.

— Si c'est impossible à corroborer par un témoignage de première main, il est difficile d'imaginer que les neurosciences le débusqueront, indiqua Alan.

— Pourquoi pas ? demanda Francisco. Avec des méthodes plus fines d'observation de la dynamique d'émergence d'une perception, ça ne serait pas impossible. Mais avec les techniques indirectes qui nous servent aujourd'hui à mesurer le tronc cérébral, c'est très difficile. Il faudrait inventer des méthodes plus précises. Nous avons déjà fait des progrès – on descend jusqu'à quelques dizaines de millièmes de seconde, ce qui n'est pas si mal. Mais on y perd des niveaux plus subtils. Voilà un point de collaboration possible – si tant est qu'un tel témoignage de première main soit possible. En principe cela devrait pouvoir exister.

Le dalaï-lama proposa de tester par l'expérimentation une théorie bien précise :

— Mon hypothèse est la suivante : pour la perception sensorielle en général, ce premier instant est non conceptuel ; on se contente de recevoir l'impression. Dès l'instant suivant, une sorte d'identification se produit. On s'attendrait à ce que cela soit systématique. Mais je suppose qu'en fermant les yeux pour constituer une image purement mentale on ne trouverait pas cette séquence d'une simple image suivie de son identification. L'identification doit probablement avoir lieu simultanément.

— En fait, dit Richie, dans ce cas, le tronc cérébral ne serait pas impliqué, c'est donc exactement cela ! Quelle brillante suggestion ! Dans l'élaboration d'une image pure, une image mentale, l'élément du tronc – celui qui s'active aux premiers quarante millièmes de seconde – n'est pas sollicité. Tout se situe dans le cortex, alors cela concorde parfaitement avec ce que vous dites. Tandis que lorsqu'on regarde vraiment une image, le processus sensoriel active le tronc cérébral.

— Je me demande, ajouta le dalaï-lama, si l'on trouverait une différence entre une situation de simple perception visuelle et une autre, où l'on traverse un processus de pensée tout en étant conscient de ce que l'on voit – par exemple, en aimant ou n'aimant pas. Il y a aussi le fait d'avoir une perception visuelle et de fermer les yeux, de façon à ne plus regarder tout en suivant le processus de pensée. Constaterions-nous des différences d'activité cérébrale entre ces cas-là ?

Richie répondit :

— Dans un cas, le stimulus visuel est présent, et dans l'autre pas. Dans un cas, il y a activation du tronc, dans l'autre pas. Reste à savoir s'il est possible d'avoir conscience de l'activité du tronc. D'après la neurobiologie, le seul moyen d'en être conscient serait que cette activité gagne le cortex, il s'agit donc d'un paradoxe.

C'est-à-dire que nous ne pouvons pas le savoir, puisque nous dépendons du fait que cette information atteigne le cortex pour en faire l'expérience.

Richie fit alors un commentaire éloquent :

— Certains yogis très accomplis connaissent peut-être un moyen de prendre conscience de l'activité du tronc avant qu'elle n'atteigne le cortex, mais nous ne savons rien de cela en Occident.

Avant qu'une année soit passée, Richie testerait ce genre de yogis très accomplis dans son laboratoire de Madison.

Une science à la première personne

Pressé par le temps, Francisco nous ramena à la question initiale : l'importance des témoignages de première main.

— Pour conclure, Votre Sainteté, je voudrais juste commencer à relier ce que nous venons de voir – les expériences de reconnaissance de visages – aux témoignages de sujets en tant qu'outil d'analyse. Nous avons dernièrement repris ce type d'expérience, mais au lieu de nous contenter de montrer des diapositives aux sujets et de leur demander d'appuyer sur un bouton, chacun de nous raconte ce qu'il a ressenti, et quel était son état d'esprit avant la stimulation, sa disposition mentale : « J'étais ailleurs… je pensais à ma petite amie… j'étais fin prêt. » On obtient ainsi un témoignage très brut, très rudimentaire – mais néanmoins phénoménologique – de la première personne [14].

« Ces sujets sont intelligents mais pas spécialement entraînés ; on trouve quand même immédiatement parmi eux différents types de disposition.

Il y avait un groupe qui se sentait, selon ses propres termes, en « disposition stable » – ils attendaient tranquillement. Le deuxième groupe était aussi bien disposé, mais avec un certain degré d'expectative. Le troisième groupe était légèrement distrait. Enfin, il y avait ces gens totalement pris au dépourvu – qui faisaient carrément autre chose, ils étaient dans la lune.

— En comparant les résultats de ces quatre groupes, on a retrouvé les variations correspondant à leurs différents états d'esprit, dit Francisco. Il y avait beaucoup d'oscillation et d'activité chez ceux qui étaient en « disposition stable », avec ou sans expectative. En revanche, ceux qui n'étaient pas aussi bien préparés montraient des schémas nettement moins cohérents et synchrones ; ils étaient distraits ou rêveurs, pas prêts.

— Il faut bien tout de même qu'il y ait eu une activité, même s'ils étaient distraits, remarqua le dalaï-lama. Les pensées distrayantes sont elles-mêmes de l'activité mentale.

— C'est tout à fait vrai, dit Francisco.

— Il y aurait donc deux façons de ne pas être prêt, poursuivit le dalaï-lama. L'une où l'esprit est actif mais distrait, et l'autre qui est un simple manque de concentration, quand la personne s'en fiche un peu. C'est une forme de relâchement, pour emprunter une expression bouddhiste, de faiblesse.

Le dalaï-lama évoquait ainsi une typologie classique de la pratique bouddhiste, abondamment détaillée dans les textes sur l'apaisement par la méditation : il y a l'excitation, où l'esprit est agité ou distrait, et le relâchement, où l'attention « implose » et perd son acuité.

Francisco répondit :

— Nous nous en tiendrons ici aux différences d'attitude chez les sujets à qui l'on demande d'accomplir une tâche. Très souvent, le sujet est simplement distrait, et les schémas sont si variables qu'ils ne donnent rien de stable. Alors que s'il accomplit la tâche avec minutie, ils forment toujours un schéma stable.

Francisco passa à un autre point :

— Ces mesures ont été prises sur des sujets qui n'étaient pas très entraînés. Nous allons désormais solliciter des méditants accomplis, capables de bien plus de précision dans leur description d'un moment d'expérience. Nous avons par exemple l'intention de travailler avec les gens d'un monastère de Dordogne, dans le sud de la France ; nous espérons faire venir au laboratoire des pratiquants chevronnés pour mener ce genre d'expériences. Il semble évident que si nous trouvons des différences jusque chez les sujets ordinaires, des sujets plus expérimentés devraient nous permettre bien plus de précision. C'est là qu'il y a une réelle possibilité de collaboration, pas seulement en principe, mais de façon très concrète.

En revenir aux choses mêmes

Je souhaitais pousser plus loin le débat sur la tentative scientifique d'étude de l'instant de perception, ou d'expérience, et sur la grande finesse de l'analyse bouddhiste à cet égard. C'est vraiment un domaine où l'éclairage bouddhiste pourrait soumettre une foule d'hypothèses théoriques à la science. Je demandai donc ce qu'il y aurait à gagner à la participation de ces observateurs si qualifiés : « Si nous voulons suivre une méthodologie de la première personne, que pourront-elles vraiment remarquer – que ce soient les gens ordinaires ou les autres ? »

Francisco répondit en soulignant que les méthodes de la première, deuxième et troisième personne – à partir du témoignage du sujet, d'un interviewer qualifié et des méthodes objectives – « ne sont en fait que différentes façons de valider les données de ce genre. Il y a plusieurs formes de validation, et toutes relèvent de ce qui peut prendre la forme du savoir intersubjectif – du savoir valable pour tous, pas seulement pour moi. Par exemple, une personne qui médite vit d'une certaine façon une expérience immédiate. Elle peut garder le silence et ne rien laisser paraître du tout de son expérience, auquel cas cela ne peut pas faire partie des données exploitables. Il faut au moins une expression, un témoignage ; si elle ne s'exprime pas, les autres ne pourront pas partager ce savoir.

« Lorsque la deuxième personne est impliquée, deux extrêmes sont possibles. Soit cette deuxième personne est très compétente, par exemple un professeur avisé qui mettra vraiment le méditant sur la voie en posant les bonnes questions : "Avez-vous remarqué ceci ?" D'autres techniques en Occident consistent par exemple à amener le sujet à raviver le souvenir très complet d'une expérience vécue. Il y a aussi une technique d'entretien, moins directive, qui permet d'extraire des données particulièrement enfouies.

« Elles ont toutes leurs avantages et leurs inconvénients, leurs forces et leurs faiblesses. Il y a la méthode de la deuxième personne, plus rudimentaire, qui consiste à soumettre au sujet un questionnaire. En fait, la technique de la première personne a longtemps revêtu cette forme en psychologie et en sciences cognitives. Cette technique reste bien installée dans cette dernière discipline, mais elle est limitée, parce que la deuxième personne n'est pas forcément douée pour orienter le compte rendu de la première. Enfin, bien sûr, il y a la troisième personne, les méthodes de mesure objectives.

— Laissez-moi vous présenter ce que j'appelle les "familles" de premières personnes. Les bouddhistes constituent évidemment une famille très importante, tant en matière de première personne proprement dite – celle qui fait le récit de sa propre expérience – que de deuxième personne experte. Avec eux, la relation entre le maître et l'élève devient extrêmement sophistiquée ; on est aux antipodes du vulgaire : "Remplissez-moi ce questionnaire !".

« L'Occident possède aussi une tradition de phénoménologie tout à fait unique. Le témoignage de la première personne y est considéré comme la base de ce qu'il faut penser de l'esprit et du monde. La phénoménologie a pratiqué plusieurs méthodes correspondant aussi bien à la première qu'à la deuxième personne. William James, par exemple, pourrait être classé dans cette école, mais il y a surtout l'Allemand Edmund Husserl, qui en a tiré une théorie générale. C'est assez distinct des autres écoles philosophiques occidentales, notamment de la tradition empirique, ou de la philosophie américaine de l'esprit.

Le dalaï-lama demanda :

— Existe-t-il une définition très simple de la phénoménologie ? S'agit-il seulement de description ?

Francisco répondit :

— Mes collègues ici présents me reprendront si je fais une erreur, mais en gros, l'idée d'Husserl était qu'on ne pouvait pas se penser ni penser le monde sans procéder à ce qu'il appelait « un retour aux choses mêmes » – autrement dit, à la simple façon dont les choses nous apparaissent. Il ne faut pas présupposer de ce que le monde est censé être – il doit y avoir un Dieu, il doit y avoir de la matière, il doit y avoir ceci ou cela – mais juste regarder, partir de la façon dont le monde se présente à nous. C'est ce qu'il appelait la réduction phénoménologique.

« C'est donc une approche très méditative. Quand on veut analyser quelque chose, la première chose à faire, c'est suspendre toutes les idées qu'on s'en fait, tous nos a priori, tous nos schémas habituels, pour se contenter de voir ce qu'on voit et partir de là. Voilà le grand apport d'Husserl, et il a fini par bâtir toute une philosophie sur ces bases. C'est une tradition ancienne d'un siècle, et elle se perpétue.

— Peut-on dire, demanda le dalaï-lama, que l'essentiel est d'oublier, ou de mettre entre parenthèses, toutes les visions métaphysiques ou religieuses qui peuvent exister, et de ne partir que de sa propre expérience ? Cela ne sous-entend-il pas une certaine forme très profonde d'arrogance, de croire qu'on peut tout savoir ?

— Pas tout savoir, répondit Francisco, mais connaître les bases. On peut y voir une certaine arrogance, de la même façon qu'on peut trouver qu'il y a une certaine arrogance chez un méditant qui dit : « Je vais contempler mon esprit et le voir tel qu'il est. »

— En fait, demanda le dalaï-lama, en dernière analyse, le savoir ne doit-il pas être vérifié par notre propre expérience ? De la même façon qu'un système philosophique, si complexe et sophistiqué soit-il, doit trouver à la fin de la journée sa validation au travers de l'expérience personnelle.

— C'est exactement ce que disait Husserl, que l'essentiel est la validation par l'expérience, répondit Francisco.

— C'est une notion très fondamentale du bouddhisme, observa le dalaï-lama. On retrouve cet esprit dans les textes, lorsqu'un certain nombre de questions sont posées à Bouddha et qu'il finit par conseiller d'en référer à notre propre expérience.

Francisco ajouta que l'école husserlienne produit « des descriptions très élaborées du temps et de l'espace ».

— Elle a fait de grandes découvertes, mais la méthode – comment communiquer à un étudiant la façon phénoménologique d'aborder ceci ou cela – reste assez vague, assez obscure. Elle n'a pas été très élaborée. Indépendamment de sa contribution à la science, je pense que le bouddhisme pourrait beaucoup apporter à cette tradition philosophique.

Au-delà de la naïveté : l'expertise phénoménologique des yogis

C'est en travaillant avec Richie, dit Francisco, qu'il a trouvé le moyen d'agencer cette variété de méthodes et de familles de premières personnes, et de mettre au clair les possibilités d'une telle approche. La première personne constitue une dimension, où il faut distinguer le débutant du témoin expérimenté. La deuxième personne en constitue une autre, où la distinction se fait entre l'interlocuteur novice et le spécialiste de l'entretien.

La troisième dimension à explorer, suggérait-il, était le temps.

— On peut faire le compte rendu d'un épisode immédiat, ou bien remonter le temps et se souvenir, par exemple, de ce qu'on a vécu deux jours ou un mois plus tôt. Les sciences cognitives et la psychologie expérimentale possèdent un certain nombre de nouvelles techniques, que ce soit pour le témoignage immédiat ou le souvenir rapporté, et les unes comme les autres posent quelques problèmes. Ce que nous cherchons à faire, c'est définir différents cas de figure et ne pas considérer la méthode de la première personne comme un ensemble unique. Par exemple, dans les études classiques sur l'hypnose, il faut un interlocuteur expert pour induire l'hypnose, et le sujet hypnotisé, qui en est probablement à sa première expérience, fournit un compte rendu immédiat.

« Le récit verbal qu'on trouve généralement dans la psychologie expérimentale concerne des débutants et des temps immédiats ou moyens, et une deuxième personne relativement inexpérimentée.

— C'est précisément pour cela que la contribution d'un méditant très expérimenté au laboratoire serait précieuse, soulignai-je.

Francisco approuva, ajoutant que cela permettrait une exploration de l'expérience sous tous ses aspects. Mais il ajouta :

— En fait, jusqu'ici, la science n'a fouillé que le petit coin où des sujets novices se racontent à des deuxièmes personnes inexpérimentées.

Richie intervint :

— Dans le domaine de la recherche sur l'émotion, ce point est extrêmement important. Le plus souvent, on se contente du témoignage d'une personne à qui l'on a soumis un simple questionnaire : « Êtes-vous satisfait de votre vie ? Extrêmement satisfait, très satisfait, moyennement satisfait ou pas satisfait du tout ? » Ils n'ont qu'à rayer les mentions inutiles.

« C'est sur ces bases, poursuivit-il, que repose une abondante littérature scientifique sur ce qu'on appelle le bien-être subjectif, mais l'introspection du sujet est si superficielle et peu rigoureuse qu'on ne peut pas s'étonner des problèmes que cette littérature a rencontrés. Alors l'idée de faire venir au laboratoire des observateurs systématiquement formés pour fournir une description plus riche de leur expérience intérieure prendra de plus en plus d'importance à mesure que nous progresserons. Notamment lorsque nous commencerons à distinguer plus finement les différentes propriétés d'une même émotion.

Francisco faisait cette proposition depuis des années,

notamment dans *L'Inscription corporelle de l'esprit*, mais aussi dans des ouvrages plus récents ; pareillement, Alan Wallace avait émis ce genre de souhait dans ses propres écrits [15]. De son côté, Owen avait avancé des arguments convergents en matière de philosophie de l'esprit – d'ailleurs, ce moment de notre réunion avait quelque chose d'une révélation pour lui, qui découvrait les progrès que pouvaient permettre la richesse de la taxinomie bouddhiste des états mentaux et l'expérience des observateurs de l'esprit.

Mais où trouver des sujets capables d'un discernement suffisamment fin pour être utiles, par exemple, aux travaux de Francisco. Le dalaï-lama pressentait que les adeptes de doctrines telles que le Mahâmudrâ ou le Dzogchen – des techniques de méditation avancée – pourraient avoir conscience de ce genre de moments d'expérience (particulièrement ceux qui avaient atteint ce dont Matthieu avait parlé le premier jour, l'aspect « lumineux » de la conscience). Mais, là encore, il s'interrogeait sur leur capacité à formuler leur expérience, car cela dépendrait au moins en partie de leur connaissance des termes techniques propres à ce type d'états d'esprit.

Le dalaï-lama expliqua que les moines – et même, dans une certaine mesure, les enfants des écoles tibétaines des communautés de réfugiés en Inde – étudient des rudiments de psychologie bouddhiste. Bien sûr, certains moines étudient les systèmes de psychologie et d'épistémologie bouddhiste plus en profondeur. Mais le dalaï-lama pensait que si on leur enseignait ces questions « pas de façon isolée et sans application pratique, mais conjointement aux sciences cognitives, cela deviendrait nettement plus intéressant ». Ces moines apprendraient à rapporter leur pratique contemplative aux deux cadres théoriques – et cette idée fascina Francisco.

Un nouveau type de collaborateur

L'un des principaux messages que la science aura tiré de ces travaux concerne le moyen de rapporter l'expérience – la phénoménologie d'un état mental – à l'activité cérébrale qui y correspond. Comme le dit Richie : « Disposer de méditants qualifiés pour partenaires scientifiques nous ferait gagner en confiance dans la relation entre ce que les gens nous racontent de leur expérience et les changements constatés dans leur cerveau, cela apporterait davantage de précision. Ce sera pour nous une stratégie de recherche importante à l'avenir. »

Ces méditants qualifiés représentent une nouvelle catégorie de collaborateurs pour les sciences du cerveau, ce sont des individus capables de produire des états internes et de les raconter avec une exactitude sans égale. Au début du XXe siècle, cette conscience intérieure affûtée avait été l'insaisissable Graal d'une équipe de psychologues américains. Sous le nom d'« introspectionnistes », ces psychologues espéraient étudier l'esprit à travers les observations intérieures de leurs sujets. On demandait, par exemple, à des volontaires (déjà alors des étudiants de faculté pour l'essentiel), de coucher sur papier le flot de leurs pensées aussi vite que possible, ce qui était censé laisser apparaître leur état mental jusque dans ses moindres contours.

Mais ces méthodes n'ayant quasiment rien produit d'utile – ne serait-ce que parce que les sujets n'avaient ni l'expérience ni la discipline nécessaires à ces tâches –

le mouvement s'est enlisé dans une impasse scientifique. (À défaut d'avoir eu des suites en psychologie, l'introspectionnisme aura au moins servi à la littérature : alors qu'elle étudiait la psychologie auprès de William James à Radcliffe, l'écrivain Gertrude Stein y a puisé la méthode d'écriture par libre association qui deviendrait sa marque de fabrique.)

Aujourd'hui, près d'un siècle plus tard, voilà que les objectifs – pour ne pas dire les méthodes – des introspectionnistes refaisaient surface. Des outils tels que l'IRMf et les EEG assistés par ordinateur apportent une précision inédite à l'observation du cerveau au travail. Et les méditants chevronnés constituent un vivier prometteur de collaborateurs qui traiteront d'égal à égal avec les scientifiques. Dix ans plus tôt, persuadé que la signature biologique d'un état et son expérience intérieure doivent être étudiées ensemble pour donner une image complète, Francisco avait très précisément imaginé ce genre de collaboration.

De façon assez surprenante, le dalaï-lama trouvait aussi très prometteur cet esprit de collaboration dans l'étude scientifique de la conscience humaine. Il me dirait d'ailleurs plus tard que son insistance à mettre l'éducation scientifique au programme des monastères ne répondait pas simplement au souci d'informer les moines des théories scientifiques, mais à celui de permettre l'éclosion de moines hautement instruits au sein d'un groupe choisi.

Il avait bon espoir, expliqua-t-il qu'« un jour nous puissions produire un scientifique qui soit aussi un pratiquant bouddhiste ». Sa vision de moines atteignant une expertise scientifique de haut niveau sans rien céder de la profondeur traditionnelle de leur pratique signifie qu'à terme ces moines-là conduiraient la recherche – sur eux-mêmes.

Mais, doté de la vision de ceux qui pensent en siècles plutôt qu'en années, le dalaï-lama reconnut que cela prendrait beaucoup de temps. Avec un sourire malicieux, il ajouta : « Il faut s'attendre à ne pas voir les résultats de cette collaboration de notre vivant. »

Une collaboration se dessine

C'est alors que j'annonçai la pause du matin. Mais la conversation entre le dalaï-lama et Francisco était si vive qu'elle se poursuivait encore alors qu'on finissait déjà le thé.

— Il y a deux façons très différentes de ne pas être disponible, dit le dalaï-lama, reprenant un point précédent. L'une consiste, pour employer la terminologie du *shinay* (c'est-à-dire de la méditation apaisante), à tomber dans le relâchement : l'esprit est inactif, comme vide. La deuxième façon de ne pas être disponible est tout autre : c'est de l'excitation, de l'agitation, de la distraction. L'esprit est entraîné dans des pensées passées ou dans l'anticipation du futur ; on est totalement concentré, mais sur autre chose. Je m'attendrais à trouver une activité cérébrale très différente pour chacune, bien qu'elles entrent toutes deux dans la catégorie de l'indisponibilité. Il faudrait les dissocier.

— C'est une très bonne idée, dit Francisco. Il nous faut des témoins capables de ce genre de distinction. La plupart des gens pensent qu'ils ne peuvent être que distraits ou impatients, mais on peut demander à quelqu'un de plus entraîné quel était précisément son type de distraction.

La pause touchait à sa fin, et ils en restèrent là – mais pas leur collaboration. Pour Francisco, l'enthousiasme du dalaï-lama lui donnait une idée du succès de son exposé. Et cela ne pouvait que le satisfaire, même s'il n'avait pas pu dire tout ce qu'il avait espéré.

Bien qu'il fût ravi des questions et des propositions du dalaï-lama, Francisco se sentait quelque peu frustré de ne pas pouvoir creuser plus loin les idées qui avaient jailli sur le recours à la collaboration scientifique de méditants qualifiés – l'un de ses thèmes de prédilection. Mais cette occasion se présenterait quelques mois plus tard dans son laboratoire parisien. En compagnie du lama Öser, c'est là qu'il mettrait en pratique certaines des expériences capitales évoquées ce jour-là à Dharamsala sur les effets neurologiques de la méditation. Et ces expériences, qui seraient l'un des derniers accomplissements scientifiques de Francisco, feraient finalement partie de son legs.

14

Le cerveau changeant

S'il est un aspect de la science moderne que le dalaï-lama apprécie particulièrement, c'est la primauté des faits sur la théorie. Toute loi, toute affirmation dogmatique est susceptible de s'effondrer aussitôt que le moindre fragment de donnée obtenu sur le terrain en démontre la fausseté. Cela permet à la recherche de disposer d'un mécanisme autocorrectif capable de l'orienter dans sa quête de vérité.

Le sujet qu'allait aborder Richard Davidson pour notre dernière matinée en ferait l'éclatante démonstration. Depuis des décennies, les sciences du cerveau avaient soutenu que le système nerveux central ne fabrique pas de nouveaux neurones. Chaque étudiant apprenait cette vérité ; c'était un fait établi, pas une théorie. Mais cet inébranlable dogme a été ébranlé – et même pulvérisé – à la fin des années quatre-vingt-dix, notamment grâce aux progrès de la biologie moléculaire au niveau cellulaire[1]. Ce qui semblait définitivement établi est désormais tenu pour totalement faux.

Cette découverte – que le cerveau et le système nerveux engendrent en fait de nouvelles cellules en fonction de ce que leur dicte l'apprentissage ou l'expérience répétée – a mis la question de la plasticité au cœur des neurosciences[2]. Richie pense que la plasticité neuronale – l'aptitude du cerveau à se remodeler selon l'expérience vécue – est appelée à bouleverser l'ensemble de la psychologie dans les années à venir. Ses propres recherches ont d'ailleurs montré la voie, puisqu'elles y appliquent déjà certaines découvertes des neurosciences.

Pendant que Richie s'installait à la place de l'orateur, je resituai son intervention dans le contexte de notre dialogue : si Francisco s'était penché sur ce qu'il se produit lors d'un instant d'expérience, Richie aborderait pour sa part les effets durables d'un entraînement de l'esprit et leurs répercussions sur le cerveau.

— Votre Sainteté, commença Richie, je voudrais revenir aux émotions destructrices, pour évoquer certains de leurs antidotes, et leur interprétation en termes neurobiologiques – plus précisément, comment le recours prolongé à certaines pratiques de méditation et à d'autres activités corporelles peut avoir des effets durables sur les fonctions cérébrales. On peut vraiment changer de tempérament en imprimant au cerveau des modifications qui resteront.

« Pour appliquer ces antidotes aux émotions destructrices, on peut par exemple faciliter l'activation des régions du lobe frontal qui suppriment ou modèrent l'activité de l'amygdale. Le rôle de l'amygdale dans plusieurs types d'émotions négatives a été établi, et nous savons que certaines régions précises des lobes frontaux en réduisent l'activité. Ce mécanisme nous permet d'agir directement sur le cerveau de façon que le sujet éprouve moins de réactivité émotionnelle négative et davantage de réactivité émotionnelle positive.

— Cela signifie-t-il, demanda le dalaï-lama, qu'il

serait possible de créer des médicaments capables de réduire les émotions négatives, d'agir sur les émotions en modifiant le cerveau ?

— C'est une bonne question, répondit Richie. Le problème des médicaments, c'est que leur effet chimique se répercute dans tout le cerveau.

Autrement dit, parce qu'ils agissent sur des systèmes chimiques de grande portée – sur le cerveau comme sur le reste du corps –, les médicaments ont inévitablement des effets secondaires indésirables. La médecine, bien sûr, accepte ces effets et y voit un juste prix à payer.

— Pourrait-il s'agir alors d'une intervention électrique, ou d'un autre type d'intervention médicale ? demanda à nouveau le dalaï-lama. Est-ce une piste qui vous intéresse ?

— Ce qui m'intéresse, c'est le recours à la méditation pour transformer le cerveau, répondit Richie.

Il commença toutefois par évoquer d'autres nouveaux types d'intervention, par exemple une sorte d'aimant surpuissant qui stimule le cerveau en y induisant un courant électrique quand on l'approche du crâne du sujet. Plusieurs équipes de chercheurs ont constaté que l'usage de cet appareil sur le lobe frontal gauche soulage les symptômes de patients déprimés[3]. Mais la méthode a ses limites, et notamment un inconvénient de taille – elle provoque de fortes céphalées qui durent jusqu'à une heure ou deux après la séance. Or, pour être efficace, le traitement doit durer deux mois à raison de deux ou trois séances par semaine.

— Cela provoque-t-il une dégradation de l'intelligence, de l'aptitude au raisonnement ou de toute autre faculté mentale ? demanda le dalaï-lama.

— Nous n'en savons rien pour l'instant, répondit Richie. Les études à long terme n'ont pas été effectuées.

Pour ma part, je préfère m'en tenir à des méthodes plus internes – c'est-à-dire sous le contrôle du sujet, comme la méditation.

— Oui, elles sont moins dangereuses, approuva le dalaï-lama.

Changer de tempérament

Richie poursuivit :

— Cette semaine, Votre Sainteté, nous avons évoqué le fait que certaines personnes sont prédisposées par leur tempérament à réagir vivement et instantanément à tout événement négatif. C'est une réaction automatique ; et Paul Ekman a parlé de « période réfractaire » pour décrire le moment où, une fois déclenchée, l'émotion est très difficile à faire cesser. Lorsqu'on est sous l'emprise d'une émotion, on devient sourd à toute nouvelle information.

« Il est possible que la culture de certaines capacités précises facilite l'interruption de l'émotion négative automatique. Cela fournirait au sujet une occasion de marquer un temps d'arrêt et d'abréger sa période réfractaire – d'avoir conscience du moment initial de la montée de l'émotion de façon à pouvoir l'interrompre avant qu'elle ne produise des effets négatifs.

« Votre Sainteté nous a fourni de précieuses informations qui seront fort utiles à l'Occident, notamment en ce qui concerne la restructuration cognitive dont nous avons parlé. J'ai par exemple trouvé très intéressant que vous disiez que les émotions positives sont plus faciles à engendrer délibérément par la pensée que les émotions négatives, qui surviennent souvent plus spontanément.

« Il existe chez nous ce qu'on appelle la thérapie cognitive, qui consiste à apprendre aux gens à reconsidérer sous un nouveau jour les événements pénibles qu'ils ont vécus. Au lieu de les laisser prendre l'habitude de leurs réactions émotionnelles négatives, on les amène à raisonner sur ce qui les dérange – et ils finissent par réagir de façon plus positive. Enfin, il y a la culture de l'affect positif en tant que tel, dont nous croyons que ce peut être un antidote direct à certaines émotions négatives.

« Je voudrais maintenant attirer votre attention sur les mécanismes cérébraux qui permettent à ce type d'antidotes d'agir, et sur la façon dont des pratiques comme la méditation peuvent intervenir dans ces mécanismes.

Projetant sa première diapositive, Richie poursuivit :

— Cette planche représente les régions clés du lobe frontal. La partie médiale, tout au fond du lobe, est celle qui possède le plus d'interconnexions avec l'amygdale.

— L'amygdale est-elle cette région étroitement associée aux propriétés négatives d'expériences telles que la dépression ? demanda le dalaï-lama.

— Oui, répondit Richie. L'amygdale est plus active chez les personnes déprimées, chez ceux qui souffrent de stress posttraumatique ou encore chez les anxieux. La partie médiale du cortex frontal joue un rôle inhibiteur : lorsque son activité augmente, celle de l'amygdale diminue. Les différences de tempérament individuel dépendent du rapport entre l'activité de ces régions du cortex préfrontales et l'inactivité de l'amygdale qui en découle.

Le fait que cette différence des tempéraments soit due à l'activité préfrontale jette une nouvelle lumière sur certaines expériences qui restaient jusqu'ici déconcertantes. Une étude sur le sentiment de bien-être n'avait par exemple relevé que des différences négligeables entre les niveaux de satisfaction de paraplégiques, de gens ordinaires et de gagnants de la loterie. Les données recueillies auprès des paraplégiques étaient particulièrement troublantes. Il ne fait aucun doute que perdre l'usage de ses membres est une catastrophe, pourtant, un nombre surprenant de personnes se remet à éprouver des humeurs positives à peine quelques semaines après l'accident qui les a handicapées. Avant qu'une année ne se soit écoulée, la plupart se sentent aussi globalement optimistes (ou pessimistes) qu'elles ne l'étaient avant l'accident. De la même façon, celles qui ont subi la perte d'un être aimé retrouvent leur humeur normale dans l'année. Et on ne constate quasiment aucune différence entre les humeurs quotidiennes générales des gens très riches et celles de gens de revenu modeste.

Pour résumer, les circonstances générales de notre vie ont étonnamment peu d'effet sur nos humeurs prédominantes. En revanche, l'étude de vrais jumeaux élevés séparément montre qu'ils présentent des niveaux très similaires d'humeur positive ou négative – si l'un est généralement optimiste et enthousiaste, l'autre l'est aussi ; si le premier est plutôt morose et mélancolique, le second l'est autant. Ces découvertes ont soulevé l'hypothèse que chacun de nous possède un niveau donné de bonheur, un équilibre biologiquement déterminé entre bonne et mauvaise humeur. Et, cet équilibre étant biologique, les joies et les peines de la vie peuvent l'altérer un temps, mais il tendra à revenir à la normale[4].

Ce qui semblerait aussi laisser penser que nous n'y pouvons pas grand-chose ; après tout, la biologie, c'est le destin, non ?

Eh bien non. Telle est du moins l'implication des

découvertes de Richie – puisqu'il a trouvé une façon de faire pencher cet équilibre du bon côté.

Une nouvelle diapositive montra un cerveau parsemé de petites taches claires – ce qui indiquait une activité accrue – pendant une émotion positive. Richie commenta :

— Nous avons examiné le cerveau pour voir quelle région est le plus fortement associée aux émotions positives quotidiennes – l'entrain, la vigueur, l'enthousiasme, la gaieté – dont les gens nous font part. Cette région se situe dans le cortex frontal gauche.

« C'est aussi la région la plus nettement associée à la baisse d'activité de l'amygdale. Il faut donc nous demander comment revigorer cette zone inhibitrice de l'amygdale pour accroître les émotions positives du sujet en faisant baisser ses émotions négatives. Inspirés par vos enseignements, Votre Sainteté, nous nous sommes demandé si la méditation aurait un effet à long terme sur cette partie du cerveau, et si elle contribuerait aussi à faire décroître les émotions négatives et augmenter les émotions positives.

Alan demanda :

— La compassion, quand on ressent de l'empathie envers les souffrances d'autrui – au point parfois d'en pleurer –, se manifeste-t-elle dans la région frontale gauche ?

— Nous ne le savons pas – et cela fait partie des choses que nous voudrions chercher ensemble, répondit Richie. Nous savons que les gens qui présentent le plus d'émotion positive font aussi état d'activités plus altruistes. Mais nous avons dû nous contenter de leur récit ; nous ne savons pas vraiment si les actes correspondent aux paroles.

En fait, la compassion serait quelque temps plus tard l'un des états mentaux testés par Richie à Madison.

Le cas du *géshé* heureux

— Je souhaiterais à présent évoquer deux expériences que nous avons conduites, Votre Sainteté. La première ne concerne qu'une personne, mais c'est à la fois très éloquent et surprenant. L'autre est une expérience plus formelle, que nous avons récemment achevée avec Jon Kabat-Zinn, le chercheur que vous avez eu l'occasion d'entendre lors d'une précédente rencontre *Mind and Life*[5]. Jon a mis au point des méthodes permettant à des populations très variées de pratiquer la méditation de l'attention vigilante : des malades, des employés sur leur lieu de travail, des détenus et des habitants de quartiers défavorisés de plusieurs villes des États-Unis.

« Francisco, moi-même et quelques autres avons eu l'occasion de tester un moine bouddhiste venu à notre laboratoire de Madison. Nous avons placé des électrodes sur sa tête et mesuré l'activité électrique de son cerveau pour vérifier si, dans son état ordinaire et quotidien, l'activité de la région qu'on associe aux fortes émotions positives et à l'inhibition de l'amygdale était particulièrement intense.

Quand Davidson projeta l'image du moine qu'on raccordait à l'EEG, le dalaï-lama le reconnut et s'écria avec jubilation :

— Ce *géshé* est aujourd'hui l'abbé d'un grand monastère en Inde !

— Il en est ressorti quelque chose de très intéressant, de très excitant, poursuivit Davidson. Nous avons comparé l'activité cérébrale de ce *géshé* à celle des autres sujets qui ont participé à différentes expériences de ces dernières années dans mon laboratoire. Nous disposions de cent soixante-quinze échantillons d'individus précédemment testés, selon les mêmes méthodes.

En montrant la diapositive du rapport droite-gauche d'activité, il nous fit part de sa découverte :

— Des cent soixante-seize personnes testées jusqu'alors, le *géshé* présentait, de loin, le rapport le plus positif.

— Dans sa vie de tous les jours, c'est aussi quelqu'un de très, très bien, remarqua le dalaï-lama. Il a beaucoup d'humour et fait preuve d'une belle décontraction. Et c'est un grand érudit.

Le dalaï-lama savait de ce *géshé* qu'il avait de grands talents de moine méditant ou d'érudit, mais pas nécessairement de yogi, au sens tibétain du terme – quelqu'un qui se retire pour de longues périodes solitaires de méditation. Les annales du bouddhisme tibétain regorgent des exploits de grands yogis du passé, et le dalaï-lama savait qu'encore aujourd'hui beaucoup passent des années ainsi retirés. Il avait autrefois demandé à son bureau des Affaires religieuses de rechercher des méditants hautement expérimentés susceptibles de coopérer avec les scientifiques. Il fallait chercher parmi les Tibétains, mais aussi parmi les yogis indiens, et dans les écoles theravâda, vipashyanâ et encore d'autres traditions de méditation bouddhistes.

En fait, le dalaï-lama tenait à ce que les scientifiques comprennent bien qu'être un yogi, bouddhiste tibétain ou autre, ne garantit aucunement qu'on s'est libéré des émotions négatives. Cela dépend plutôt, en grande mesure, expliqua-t-il, de leur type de pratique ; les védas anciens d'Inde rapportent de multiples histoires de yogis très jaloux ou furieux.

Comparé à ceux-là, notre *géshé*, simple pratiquant ordinaire menant une vie de moine, est selon le dalaï-lama nettement plus avancé spirituellement. En tant que bouddhiste érudit, ce moine « décontracté » n'en vérifie pas moins constamment son esprit pour s'assurer que sa vie est en harmonie avec sa pratique – et c'est probablement ce qui lui a permis d'obtenir de tels résultats aux tests de Davidson.

Un marginal heureux

Au sens statistique, notre joyeux *géshé* est un marginal, puisque son rapport droite-gauche d'activité est très à l'écart du reste de la courbe des émotions positives. Ce dont nous n'avons pas la moindre idée, c'est ce qui lui a permis d'obtenir de tels résultats. Étant donné qu'il s'agit d'un moine bouddhiste tibétain, les pratiques de méditation routinières qui ont pu contribuer à produire ces relevés sont innombrables. En fait, Richie dit que ce *géshé* s'adonne à certaines pratiques quotidiennes, comme la culture de la compassion, depuis plus de trente ans.

Pour moi, les résultats du *géshé* étaient une sorte de révélation, car je ne doutais pas qu'une pratique aussi prolongée en soit la cause directe. Dès mon premier voyage en Inde au début des années soixante-dix, où, dans le cadre de mes études, j'étudiais les systèmes de méditation, j'avais été intrigué par une qualité palpable de l'être – une légèreté – qui caractérise tous ceux qui pratiquent la méditation depuis des années, que ce soit sous la forme de l'exercice quotidien des moines, comme pour le *géshé*, ou des retraites plus prolongées et intensives des yogis.

Je comprenais à présent ce qui m'avait donné ce sentiment. Ce trait du cerveau – le léger déséquilibre à gauche de son point neutre émotionnel – était apparemment l'un des fruits de la pratique spirituelle. Voilà deux mille ans, ceux qui écrivirent l'abhidharma, le grand classique de la psychologie bouddhiste, avaient suggéré que les progrès de la pratique pouvaient se mesurer sous forme de proportion : à quelle fréquence et avec quelle intensité nous éprouvons des émotions saines plutôt que malsaines. La science moderne du cerveau semblait confirmer précisément cela.

D'ordinaire, nos émotions surviennent au gré des changements de nos conditions de vie, que ce soit en mieux ou en moins bien. Mais les méditants bâtissent progressivement un point de fixation interne de leurs états émotionnels, une équanimité qui les rend moins vulnérables aux aléas de la vie. Selon l'abhidharma, au fil de la pratique du méditant, ses humeurs dépendent de plus en plus d'une réalité intérieure et de moins en moins des événements extérieurs. C'est une sorte de plénitude, un contentement et une joie sereine qui prédominent en toutes circonstances, un état appelé *sukha* en sanscrit. Ça n'est pas le bonheur ou la joie ordinaires, qui répondent à ce qui nous arrive. À cet égard, *sukha* semble témoigner de cette inclinaison préfrontale à gauche – correspondant en fait à un point de fixation hautement positif.

Pour l'abhidharma, « tout le monde est dérangé », comme l'a dit Bouddha, un peu par provocation, en ce sens que nous sommes vulnérables aux distorsions et aux défauts de perception que causent les émotions destructrices. En revanche, le bien-être ultime est totalement dénué de toute émotion destructive – et les états positifs comme la compassion, la bonté et l'équanimité y règnent sur l'esprit.

Lorsque je me suis penché pour la première fois sur le modèle de santé mentale décrit dans l'abhidharma, alors que j'étais encore en licence de psychologie clinique à Harvard, cette notion m'avait beaucoup attiré. Elle véhiculait une psychologie positive, un modèle de développement humain qui visait bien au-delà de la portée des théories occidentales dominantes. Mais si cela présentait l'attrait d'un idéal admirable, cela semblait aussi très invraisemblable. Aujourd'hui, les résultats du *géshé* témoignant d'un extrême déséquilibre préfrontal positif, ce stade de développement semblait bien possible.

Je connais beaucoup de gens dont la tonalité positive et optimiste trahit sans aucun doute ce penchant à gauche. D'ailleurs, Richie lui-même est l'un des plus irréductibles optimistes que j'aie connus. Lorsque je lui ai demandé un jour où il se situait dans ce rapport droite-gauche du bonheur, il m'a répondu : « Je suis incontestablement à gauche – mais pas par trois écarts types », comme le *géshé*.

L'analyse des relevés extrêmement positifs du *géshé* soulève beaucoup de questions. Ne s'est-il pas agi en fait de quelque anomalie propre au *géshé*, comme une sorte de hasard génétique – ou bien son cerveau a-t-il vraiment évolué au fil d'un long processus de positivité auquel chacun de nous pourrait aspirer ?

C'était justement ce qu'allait nous dire Richie.

Quand la biotechnologie découvre une technique ancestrale

Si les résultats du *géshé* avaient de quoi surprendre, souligna Richie, c'étaient ceux d'un seul individu – et un individu très inhabituel de surcroît. Pareilles modifications de l'activité cérébrale pourraient-elles se produire chez des gens ordinaires ? C'est pour répondre à cette question qu'il a décidé avec ses collègues d'étudier les employés d'une entreprise de biotechnologie [6].

Du fait de l'intense course au développement de nouveaux produits biotechnologiques commercialisables, dit Davidson, « les employés de ces entreprises sont souvent soumis à des cadences très éprouvantes. Même ceux qui travaillent dans le meilleur environnement possible font état d'un stress important. Nous avons donc estimé que c'était l'occasion de réaliser une expérience tout en étant utile aux gens. »

Richie a demandé à Jon Kabat-Zinn, de l'université du Massachusetts, de prendre part à ces travaux. Il expliqua :

— En Occident, Jon était peut-être celui qui avait la plus grande expérience des pratiques laïques de la méditation de l'attention vigilante, et de leur transmission aux populations les plus variées. L'idée de travailler avec nous remplissait Jon d'enthousiasme ; il a accepté de venir chaque semaine du Massachusetts à Madison, dans le Wisconsin, dix semaines de suite, pour diriger lui-même la formation.

« Les participants ont été sélectionnés au mois de juillet, sur inscription volontaire des employés qui souhaitaient apprendre la méditation. Avant le début de la formation, tous les participants sont venus passer un EEG à l'université. Nous en avons profité pour évaluer aussi d'autres systèmes biologiques. En septembre, une fois toutes ces données recueillies, les participants ont été répartis au hasard entre le groupe de méditation et ce que nous avons appelé le "groupe témoin en attente", à qui nous disions simplement qu'il n'y avait pas assez de place pour tout le monde, en leur promettant qu'ils recevraient la même formation plus tard.

Le dalaï-lama voulait une précision :

— N'y avait-il vraiment pas assez de place, ou bien était-ce fait exprès ?

— C'était fait exprès, expliqua Davidson, de manière à nous laisser un groupe témoin à titre comparatif – des gens issus de la même entreprise, qui faisaient état du même stress et affichaient autant d'intérêt pour la méditation. Les deux groupes étaient tout à fait semblables. D'ailleurs, lors de nos examens initiaux, nous ne savions pas qui irait dans quel groupe.

« Le groupe de méditation a ensuite suivi la formation que dispensait Jon Kabat-Zinn. C'était un cours hebdomadaire de deux ou trois heures pendant huit semaines, plus une journée de retraite [7]. Nous avons obtenu l'autorisation du patron de l'entreprise qui a accordé à ses employés le temps nécessaire.

Cela fit sourire le dalaï-lama – c'était apparemment un modèle de gestion d'entreprise qu'il appréciait.

— Nous avons aménagé une salle de méditation très agréable au sein de l'entreprise. La sixième semaine se conclurait par une journée complète de retraite silencieuse. En outre, on demandait à chaque participant d'accomplir quarante-cinq minutes quotidiennes de pratique individuelle. Tous devaient remplir chaque soir un questionnaire et avouer franchement leur temps de pratique réel. Ces questionnaires n'ont pas été remis à Jon Kabat-Zinn avant la fin des cours ; on les conservait pour analyse ultérieure. La formation est arrivée à son terme fin novembre ; nous l'avions délibérément programmée en cette saison parce que tout le monde, ceux du groupe de méditation comme ceux de la liste d'attente, devaient ensuite recevoir un vaccin contre la grippe.

C'était un vaccin ordinaire, celui que les médecins donnent chaque année à leurs patients.

— Quel sens cela avait-il ? demanda le dalaï-lama.

Davidson expliqua :

— En prélevant successivement plusieurs échantillons sanguins après vaccination, nous obtenons une évaluation quantitative du fonctionnement du système immunitaire du patient. Cela devait nous permettre de déterminer si la méditation agit sur le système immunitaire.

« Il y a à cet égard une anecdote intéressante, qui n'a jamais été racontée. Avant leur départ dans le Golfe pour l'opération Tempête du désert, tous les soldats américains ont reçu le vaccin contre l'hépatite A. Or un gros pourcentage de ces soldats n'a pas montré la séroconversion attendue. Ils ont bien été vaccinés mais sans résultat. On a supposé que le stress du départ pour la guerre avait perturbé leur système immunitaire, les privant d'une réaction normale au vaccin. Une étude avait aussi récemment montré que les personnes qui ont la charge d'un parent sévèrement atteint de la maladie d'Alzheimer ne réagissent que très peu au vaccin contre la grippe[8]. Nous savions donc que le stress peut avoir une grande influence sur ces données immunitaires.

« Davidson avait aussi précédemment découvert qu'une intense activité dans la région préfrontale gauche laisse prévoir une meilleure réponse du système immunitaire au vaccin, puisqu'il produit davantage d'anticorps contre le mal. Mais, par cette étude, il voulait franchir une étape supplémentaire en observant les effets de la méditation.

« Il s'agissait de vérifier si la méditation, en tant

qu'antidote au stress, a un effet bénéfique sur le système immunitaire. La question n'avait jamais été posée dans ce contexte. À la fin de l'expérience, tous les participants ont donc été vaccinés. On les a ensuite à nouveau conduits au laboratoire, où ils ont passé un nouvel EEG. Et nous avons recommencé quatre mois plus tard. Les membres de la liste d'attente en ont fait autant ; la seule différence était qu'ils n'avaient pas reçu de formation à la méditation. Ils ne l'ont suivie qu'après tous ces examens.

« Je voudrais vous livrer quatre conclusions et une remarque tirées de cette étude. La première conclusion, sans grande surprise, c'est que les participants au groupe de méditation ont fait état d'une diminution de leur anxiété. Par rapport aux membres de l'autre groupe, leurs émotions négatives avaient baissé et leurs émotions positives avaient augmenté. Ce n'était pas inattendu, d'autres études l'ayant précédemment établi. Mais nous voulions vraiment savoir si l'activité cérébrale se transformait selon nos prédictions.

« Lorsque nous avions testé tous les participants, avant que les groupes ne soient constitués, entre juillet et septembre, aucune différence statistique n'était apparue dans les relevés EEG d'activité de la partie frontale gauche du cerveau associée aux émotions positives. Mais à la troisième série de mesures, quatre mois après la fin de la formation, le groupe de méditants présentait une augmentation sensible de l'activité à gauche.

Plus cette inclinaison à gauche de l'activité préfrontale était nette, plus les gens faisaient état d'émotions positives dans leur vie quotidienne depuis leur initiation à la méditation. En revanche, ajouta Davidson, le groupe témoin présentait la tendance inverse.

— Ils allaient plus mal. On s'est dit que le fait de

leur avoir promis une formation à la méditation et de leur faire quand même subir une série de tests très élaborés les avait mis en colère contre nous (et il y avait de quoi). Nous avons quand même bien fini par leur donner leur formation.

« Voici maintenant la découverte qui nous a le plus excités, parce qu'elle était très inattendue. Cela n'avait jamais été démontré auparavant. Nous avons constaté que le groupe de méditants produisait une meilleure réaction immunitaire au vaccin contre la grippe que le groupe témoin – ils étaient mieux protégés. C'est l'inverse des effets du stress sur la réaction aux vaccins, et cela montre que la méditation peut sensiblement accroître l'efficacité du vaccin. Des compléments de recherche ont révélé que cela signifie une baisse réelle des risques d'attraper la grippe lorsqu'on est exposé au virus.

Lors de précédents travaux, Richie avait remarqué que les gens qui ont ce penchant caractéristique à gauche dans l'activité préfrontale montrent aussi davantage de vigueur dans certains paramètres des fonctions immunitaires. Ces premières constatations l'avaient conduit à imaginer que plus on est de tempérament positif, plus notre système immunitaire est capable de produire d'anticorps après vaccination contre la grippe. Le groupe de méditants montrait une meilleure réponse au vaccin et – mieux encore – plus le déséquilibre à gauche était net, meilleure était la réaction.

Ces implications sur le système immunitaire passionnaient le dalaï-lama. Elles corroboraient son idée que les émotions telles que la colère ou le stress sont nocives pour la santé humaine. En revanche, un esprit serein et une attitude compassionnée procurent une force positive de compensation. Et c'était strictement scientifique : sans qu'il soit jamais question de religion, de Dieu ni du nirvâna, on pouvait désormais dire qu'une catégorie d'émotions est nocive, et l'autre bénéfique. Comme il l'avait souvent dit aux précédentes réunions, c'était encore un peu d'eau au moulin de son éthique laïque.

De quoi rendre perplexe

Richie conclut que si ces découvertes l'avaient vivement excité, la prudence restait de mise, car tout cela n'était tiré que d'un petit échantillon de personnes[9]. Il espérait pouvoir renouveler l'expérience avec l'IRM plutôt que l'EEG, car cela permettrait de sonder le cerveau en profondeur et de directement observer l'amygdale. L'EEG ne décelant que l'activité préfrontale, il fallait se contenter de supposer que la méditation de l'attention vigilante provoquait une inhibition de l'amygdale ; l'IRM permettrait de le confirmer.

Richie évoqua alors une donnée qui le désarçonnait quelque peu.

— À la fin de chaque journée, comme je l'ai dit, nous soumettions aux gens un questionnaire sur leur quantité réelle de pratique. Nous pensons que les gens ont fait preuve d'honnêteté, parce que certains ont avoué ne jamais pratiquer en dehors des heures de cours. Nous avons cherché une relation entre les modifications cérébrales et immunitaires obtenues, et la quantité de pratique avouée par les sujets. Nous n'en avons trouvé absolument aucune. Zéro.

Le dalaï-lama émit un petit commentaire :

— Eh bien tant mieux pour eux – ça leur aura fait du travail en moins.

Richie poursuivit :
— Votre Sainteté, nous nous sommes dit que les gens du groupe de méditation pratiquaient spontanément, dans la journée, dans la vie de tous les jours. Que lorsqu'une situation de stress s'annonçait, ils devaient reprendre naturellement leur souffle, ou en ressentir les premières sensations dans le corps, comme on le leur enseignait aux cours de méditation.
Le dalaï-lama vint appuyer cette thèse.
— Si on leur a enseigné l'attention vigilante, c'est une chose que l'on retrouve jusque dans les activités les plus quotidiennes.
Il y a toutefois une autre explication à ces résultats. Globalement, Davidson a constaté que, pour ces débutants, le simple fait d'assister à huit cours – comprenant trente à quarante-cinq minutes de méditation – plus huit heures durant la journée de retraite, suffisait à produire toute cette gamme de bienfaits sur l'humeur comme sur les fonctions cérébrales et immunitaires. Si l'on ajoutait la méditation accomplie pendant chaque cours hebdomadaire à celle de la retraite, chacun avait totalisé un minimum de quatorze heures de pratique. Ce qui semblait étonnant, c'était que le temps quotidien que certains ajoutaient à cette base ne semblait pas avoir accru ces bienfaits. Autrement dit, il n'y avait pas de rapport linéaire entre la dose et la réaction, comme si, par exemple, plus un patient prenait de médicaments, mieux il se rétablirait.
Mais les résultats de Richie sont assez semblables à ce qu'ont révélé des études sur l'exercice physique et les accidents cardiaques chez les sujets sédentaires. Pour quiconque n'a jamais fait d'exercice, l'essentiel des bienfaits du sport sur la santé se produit dès qu'on passe de l'état sédentaire – sans exercice du tout – à

deux ou trois heures par semaine. Il se pourrait donc qu'avec quatorze heures de méditation – le minimum qu'ont reçu les élèves de Kabat-Zinn, on ait atteint le seuil bénéfique de l'expérience.

Quelle que soit l'explication, Richie conclut :

— En résumé, tout ceci est très encourageant, Votre Sainteté, et nous sommes pleins d'entrain et de vigueur – c'était une allusion au précédent débat sur les émotions jugées saines par la psychologie bouddhiste. Nous espérons pouvoir poursuivre ce genre de collaboration avec vous, car elles nous font profiter des importantes découvertes du bouddhisme, et nous commençons à en observer les effets à long terme, dans cette transformation du cerveau et du corps susceptible de nous rendre plus heureux, et peut-être même mieux portants.

— Formidable ! s'écria le dalaï-lama.

Chercher à comprendre les états d'esprit

Notre rencontre touchait à sa fin, et la table des intervenants était jonchée des vestiges d'une semaine laborieuse : livres et bloc-notes, éléments épars du cerveau de plastique, Palm Pilot et appareils photo, matériel audiovisuel, bouteilles d'eau…

J'entamai notre dernier débat par une question au dalaï-lama :

— Au regard de ce qui vous a été présenté ici, avez-vous en tête certains types de recherche qui seraient particulièrement utiles ?

Après un long silence, le dalaï-lama commença par relier le premier exposé de Richie sur la neurologie des émotions destructrices aux données qu'il venait de produire.

— Quand Richie, dans son exposé, se demandait quels types d'antidotes peuvent répondre aux émotions négatives, je me suis dit que le terme d'« antidote » est déjà une évaluation en soi. On devrait pouvoir précisément cerner ce qui nous intéresse et simplement déterminer quels états mentaux s'opposent à quels autres, avec une terminologie similaire à celle qu'on utilise pour décrire les relations entre le cortex préfrontal gauche et l'amygdale.

« Prenons l'exemple d'un état émotionnel ramolli, ou apathique. On ne peut pas catégoriquement qualifier un tel état émotionnel de négatif ou de destructif, parce que tout dépend des circonstances. Pour une personne hautaine, à l'amour-propre exacerbé, un peu de cette mollesse ne ferait pas de mal à son esprit. En revanche, ce genre d'apathie ne sera pas bienvenu pour quelqu'un qui ressent parfois beaucoup de mépris de soi, ou qui sombre dans la dépression. On ne peut donc pas globalement dire que c'est tout bon ou tout mauvais ; il faut tenir compte du contexte.

« De la même façon, on pourrait prendre différents types d'états émotionnels et chercher à les évaluer aussi bien en fonction du contexte que de l'état qui leur est diamétralement opposé. Si l'on fait un parallèle avec la matière, ce serait comme identifier un acide ou une base. Ils ne sont ni positifs ni négatifs, mais incompatibles, et l'un neutralise l'autre.

Le dalaï-lama passa à un sujet très différent.

— Il est par ailleurs intéressant de noter que, lorsqu'on rêve, nos facultés sensorielles sont censées être endormies, alors on ne devrait rien voir ni entendre. Pourtant, quand quelqu'un rêve et que vous lui criez quelque chose, il vous entend. Ça le réveille. Cela semble impliquer que le niveau le plus grossier de l'acuité sensorielle est endormi, mais qu'il doit y avoir un niveau plus subtil de conscience qui nous permet de réagir quand on nous crie quelque chose. Ce serait intéressant à étudier.

Puis il demanda :

— Lorsqu'on rêve en images, quelle partie du cerveau est en activité ? Et comment relier cela à la conversation que nous avons eue sur les parties du cerveau activées dans l'attention perceptive directe par opposition à la cognition mentale conceptuelle ?

Richie répondit :

— Les régions du cerveau responsables de la perception visuelle sont aussi celles activées pendant le rêve. En outre, Alan Hobson et ses collègues de l'école de médecine d'Harvard ont étudié de près le contenu émotionnel des rêves, et ils ont constaté que, pour les gens ordinaires, deux tiers des rêves sont essentiellement dominés par l'angoisse. De très récentes études ont révélé que l'amygdale, qui est associée à certains types d'émotions négatives, est particulièrement active pendant les rêves, alors que le lobe frontal est particulièrement inactif. On constate donc dans ces états naturels un équilibre dynamique entre ces deux régions – à mesure que croît l'activité de l'amygdale, l'activité préfrontale décroît.

Autrement dit, ainsi débridée et libérée du contrôle de la région préfrontale, l'amygdale participe à la mise au jour de notre réalité émotionnelle subconsciente telle qu'elle se révèle dans nos rêves.

Le dalaï-lama demanda :

— Si l'on ressent en rêve de la bonté ou de la compassion, ou si l'on rêve qu'on est en train de les cultiver, cela correspond-il à une activation du cortex frontal ?

— C'est très intéressant, répondit Richie. Nous venons de publier une étude montrant que les gens qui ressentent beaucoup d'émotions positives en éveil montrent aussi ce schéma d'activité frontale gauche lorsqu'ils rêvent. Ils ont ce schéma émotionnel plus positif dans leurs rêves – et constituent en fait le tiers de la population qui ne fait pas de rêves angoissants.

— Ainsi, observa le dalaï-lama, un esprit sain n'est pas seulement profitable dans la journée, mais aussi quand on dort.

C'était une allusion à une notion classique du catalogue bouddhiste des bienfaits de la vertu, qui veut qu'un état d'esprit sain au coucher se prolonge dans les rêves. Les écrits bouddhistes rangent aussi les bons rêves parmi les bénéfices de la culture d'émotions positives telles que la bonté ou la compassion.

— C'est parfaitement vrai, approuva Richard. Le lien est très étroit entre les émotions de l'éveil et celles du rêve.

Owen apporta un éclaircissement.

— Il ne faudrait pas laisser croire qu'un tiers des gens font des rêves positifs. En fait, ce sont deux tiers de l'ensemble des rêves qui sont négatifs. Certains tendent à en faire de plus positifs, mais on trouvera rarement quelqu'un de constamment positif. Il faut aussi souligner concernant l'affect onirique que les émotions ressenties pendant le rêve tendent toujours à empirer. On commence par un rêve neutre, puis, en général, ça se dégrade pour ne quasiment jamais s'arranger. Je me souviens d'avoir fait un rêve où un épisode particulièrement agréable impliquait Marilyn Monroe. (À ce moment, le dalaï-lama demanda à ses interprètes : « Qui ça ? ») Owen poursuivit : Je me suis réveillé, et j'ai voulu me rendormir pour parvenir à un certain point. Ça ne s'est pas produit.

Matthieu apporta un point de vue opposé.

— À en croire les récits anciens de maîtres et d'ermites, il semble y avoir beaucoup d'exemples de méditants qui ont développé la faculté d'avoir conscience qu'ils rêvent et de volontairement transformer la nature de leurs rêves : le rêve commence de façon assez dramatique, il semble marqué de négativité et, soudain, le cycle est interrompu, et le rêve prend une tournure très positive.

D'ailleurs, cette influence positive est précisément l'un des buts de la pratique du yoga dit « des rêves » ou « du rêve lucide [11] ».

De la colère sans illusions

Fidèle à son rôle de coordinateur philosophique, Alan Wallace recentra le débat sur le thème principal de notre rencontre, les émotions destructrices, pour établir une différence fondamentale entre le point de vue des chercheurs et celui des bouddhistes.

— Nous avions commencé par constater que, contrairement aux bouddhistes, les scientifiques estiment que toutes les émotions ont une fonction. La science tient toutes les émotions pour bonnes – nous ne cherchons pas à nous débarrasser de la colère ni d'aucune des émotions soi-disant destructrices, mais seulement à en trouver la juste mesure et les circonstances appropriées. Le bouddhisme voit les choses d'un autre œil : il faut complètement éradiquer les afflictions mentales de façon qu'elles ne reviennent plus jamais. En principe, elles ne sont jamais vraiment opportunes et même une toute petite quantité de ces émotions reste une petite quantité d'un mal ou d'un poison.

Il poursuivit sur les différentes conceptions de la normalité ; en Occident, la normalité est un objectif, alors que, dans le bouddhisme, elle n'est qu'un point de départ.

— En Occident, il suffit d'être normal. Pour les bouddhistes, être normal signifie qu'on peut commencer à travailler son dharma ; on est enfin prêt à prendre conscience que nous vivons dans un océan de souffrances parce que nos esprits ne fonctionnent pas bien, parce que les gens normaux sont lourdement sujets aux afflictions mentales.

« La différence peut paraître immense tant qu'on n'y regarde pas de plus près. Quelques éléments, évoqués notamment par Paul Ekman, méritent toute notre attention. D'abord, quand la colère surgit, elle déforme notre perception et notre cognition, et il y a une période réfractaire qui nous prive de l'accès à notre intelligence. Pareillement, dans le bouddhisme, la colère est par définition un état mental afflictif issu de l'illusion, qui déforme immanquablement notre perception cognitive de la réalité. S'il existe quelque chose qui ressemble à de la colère, qui n'est pas issu de l'illusion et ne déforme pas notre vision du réel, alors cela ne s'appelle pas de la colère.

« Ceci nous permet d'envisager une étude passionnante, dont Richie et moi avons parlé – est-il possible qu'une émotion ressemblant beaucoup à de la colère survienne, mais sans période réfractaire, ou alors très courte, et sans déformation, ou alors très peu, de la perception et de la cognition ?

Évoquant un degré supérieur d'excellence spirituelle, Alan dit :

— On peut ressentir une grande énergie face à une injustice et ce ne serait plus alors une affliction mentale. La question serait donc plutôt : la colère est-elle d'autant plus constructive qu'elle est moins le fruit de l'illusion ?

Le dalaï-lama releva une autre distinction importante :

— Le désir et l'aversion en soi ne sont pas des afflictions mentales. Ne pas aimer les choux de Bruxelles n'est pas une affliction mentale tant qu'il n'y a pas d'attachement. Pareillement, pour la colère, le simple fait de voir survenir un état d'esprit plutôt intense ou rugueux – comme dans l'expression « amour violent », une émotion ou un état mental très forts – n'implique pas forcément que l'affliction mentale de la colère, par définition née de l'illusion, soit survenue.

Une colère constructive

Cela faisait un moment que Paul cherchait à intervenir.

— Vous posez deux questions différentes, à la fois complexes et intéressantes. La première consiste à savoir si lors d'un épisode constructif de colère, ou d'une autre émotion, on subit quand même l'influence de la période réfractaire. Il y aurait deux choses à dire : si c'est de la colère constructive, la période réfractaire est courte, et l'on est plus à même de réagir aux modifications des circonstances qui l'ont provoquée. Ensuite « influence » n'est pas le terme qui convient. Il faudrait plutôt penser *focalisation*. C'est sans doute un rétrécissement, mais aussi une focalisation sur l'instant. Notre attention se concentre sur l'événement qui nous a mis en colère et sur notre propre réaction.

« Lorsque la période réfractaire est plus longue, elle ne se contente pas de nous focaliser, mais elle nous met sous influence. C'est-à-dire, à mon sens, qu'on perçoit certaines choses qui ne relèvent pas de la situation. Reprenons l'exemple de l'appel téléphonique de ma femme, qui ne sera probablement pas heureuse de savoir que je parle autant d'elle en son absence. Le fait que cela ait fini par me renvoyer à ma relation avec ma mère (une relation chaotique dans laquelle je n'ai jamais pu lui exprimer ma colère) montre bien que je ne faisais pas que répondre à ma femme. Je réagissais de façon tronquée, et la période réfractaire s'en trouvait prolongée d'autant.

« Ce qui est merveilleux avec les émotions, c'est qu'elles nous focalisent, elles nous mettent en branle. On est alors libre de réagir à tout ce qui se présente par la suite. C'est là qu'elles sont adaptatives. Quand elles ne le sont pas, la période réfractaire se prolonge, et on réagit à des choses qui n'ont rien à voir avec la situation. Je crois sincèrement qu'il existe certaines solutions à cela. Lorsqu'on croule sous le poids des préoccupations extérieures, et qu'on les associe constamment à la situation présente, il demeure possible de les identifier. On peut alors s'en libérer et répondre à l'instant présent sans que ce soit tronqué.

Richie intervint :

— Je voudrais indiquer deux choses concernant cette idée d'influence. Comme vous avez pu le voir dans les photos du cerveau que je vous ai montrées mercredi, l'amygdale et l'hippocampe sont voisins. L'amygdale est très impliquée dans les émotions négatives, et l'hippocampe dans certains aspects de la mémoire. Le fait que nos cerveaux soient ainsi bâtis, avec ces deux structures très proches et très interconnectées, n'est pas dû au hasard.

« Lorsque nous voyons un objet qui provoque une émotion, cela déclenche presque invariablement des souvenirs associés. Quand Paul s'est mis à penser à sa relation avec sa mère, son amygdale et son hippocampe étaient en train de se parler. Ainsi, dans la plupart des cas, il y a donc vraiment une nuance, une coloration – nous ne sommes pas obligés d'employer le mot "déformation" – que les émotions impriment à nos perceptions, et qui provient d'autres régions du cerveau.

Visiblement satisfait, Paul remarqua :

— Je n'ai cessé cette semaine de revivre ce qui m'arrive à chaque fois que je relis Darwin : dès qu'une idée me vient, Darwin y a déjà pensé. J'ai vu ici beaucoup de mes propres pensées ainsi confirmées et affûtées. C'est vraiment un élément important du plaisir que j'ai pris à cette rencontre.

Une colère compassionnée

— Je crois qu'Alan lance en fait un immense défi aux sciences occidentales de l'émotion, dit Richie, reprenant le fil de la discussion. Je ne pense absolument pas que la science renonce à l'idée qu'il y ait dans les émotions négatives certains éléments sains méritant d'être préservés. Si l'on prend l'exemple de la colère, elle peut être compassionnée, il peut s'agir d'un sentiment puissant qui possède certaines des caractéristiques de la colère mais pas son aspect illusoire ou déformé.

Le dalaï-lama approuva de la tête comme Richie ajoutait :

— Les chercheurs ont commencé à disséquer certains processus cognitifs. Nous ne considérons plus l'attention, la mémoire ou l'acquisition comme des édifices uniques et compacts. Chacun de ces domaines possède différentes formes et de nombreuses sous-catégories. Il en va de même pour les émotions comme la colère et leurs multiples facettes : certaines peuvent être dépourvues des caractéristiques biaisées ou illusoires. Cela n'a pas encore été étudié, mais l'une des conséquences de cette rencontre sera de m'inciter à identifier comment ces processus fonctionnent vraiment dans le cerveau.

Matthieu proposa une analogie :

— C'est comme lorsqu'on observe un mur de loin. La distance lui donne un air très lisse, mais dès qu'on s'en approche, les irrégularités apparaissent. De la même façon, en examinant l'attachement de plus près, on y trouve des nuances. L'attachement – ou le désir, ou l'obsession – est incontestablement l'un des facteurs mentaux les plus destructeurs, les plus aveuglants. Mais on peut trouver dans l'attachement des éléments de tendresse et d'altruisme, et le même type de distinction s'applique à la colère.

« Ainsi, quand nous disons qu'il faut supprimer toute colère, je crois que nous devrions distinguer entre la colère comme émotion émergente et l'enchaînement de pensées qui la suit. C'est extrêmement important, car c'est ce qui sépare le débutant de l'homme d'expérience. Ce dont nous voulons totalement nous débarrasser, c'est de l'expression de colère ordinaire qui passe le plus souvent pour de l'animosité, sauf quand il faut agir de façon très énergique pour empêcher quelqu'un de tomber d'une falaise. Ce que nous appelons généralement la colère est en fait l'expression d'animosité envers autrui.

« Aux premiers temps de la formation du méditant, nous disons que la colère continue de surgir de la même façon, mais que c'est ce qui survient juste après qui compte – le fait que nous soyons esclaves de la colère ou au contraire capables de la laisser repartir dès l'instant suivant, ou celui d'après, sans qu'elle ait eu de conséquences. Bien sûr, au bout du chemin, une fois atteinte la bouddhéité, la colère n'a plus aucune raison de survenir. C'est la troisième étape. Et nous avons brièvement évoqué le fait que la montée de colère elle-même n'est pas par nature, toujours négative en soi. Nous avons parlé de son aspect de clarté. De la même façon, si l'on est capable de ne pas se laisser transporter par le désir mais plutôt d'en contempler la nature, c'est aussi un genre de félicité. Pareillement encore, il y a dans l'état de confusion un aspect de délivrance totale des concepts. Rien de tout cela n'est intrinsèquement positif ou négatif. Tout dépend du fait qu'on soit ou pas esclave de l'émotion.

Paul répondit :

— Sans le souvenir de la colère, nous n'apprendrions jamais rien de nos expériences de colère, mais certaines des choses que nous apprenons et que nous appliquons sont hors de propos, et c'est alors que survient cette période réfractaire prolongée. Mais nous avons aussi appris à avoir certaines réactions quand nous sommes en colère. Je crois que ce qui nous a été donné par la nature, ce n'est pas nécessairement l'impulsion pour s'en prendre à autrui, mais celle pour affronter l'obstacle. Or, à mesure qu'on grandit et qu'on observe les autres, notre expérience peut nous conduire à l'inverse. On peut en venir à apprendre que la colère ne sert pas à affronter l'obstacle, mais à s'en prendre, de façon douloureuse, à la personne qui crée l'obstacle.

Joignant le geste à la parole, il secoua vivement Owen par les épaules.

« C'est un élément acquis de la colère, qui devient automatique, et qu'il faut désapprendre. Certains procédés permettent de prendre conscience de cela et de désapprendre ces réponses, cette mémoire et ces perceptions automatiques. Qu'elles soient bonnes ou mauvaises pour nous, le point de vue darwinien que j'essaie de défendre est qu'elles ne sont pas inhérentes à l'émotion. On les acquiert au fil de nos expériences malheureuses. Est-ce vrai pour tout le monde ? Certains d'entre nous démarrent avec un tempérament qui leur facilite l'acquisition de choses qui leur font du mal, ils devront donc lutter davantage contre cela. Quoi qu'il en soit, je suis tout de même plus optimiste à présent que la semaine dernière quant au fait que même le tempérament ne doit pas être tenu pour fixé à jamais, mais pour modifiable.

Le temps du débat s'était écoulé, et j'entrepris une conclusion finale.

— Je pense que tout cela aura été très productif, certainement en tout cas pour le camp scientifique, Votre Sainteté, et j'espère sincèrement qu'il l'aura aussi été pour vous.

À ces mots, le dalaï-lama joignit les mains en signe d'approbation.

— Cette rencontre est vraiment avant tout une offrande pour vous, poursuivis-je, mais c'est aussi une expérience très riche pour nous. Je sais qu'elle transforme tous ceux qui y participent, et que nous reprendrons tous nos occupations dans une autre optique, meilleure, du fait d'avoir pu parler de ces choses avec vous. C'est pourquoi, Votre Sainteté, je vous remercie très profondément.

Le dalaï-lama répondit :

— Je voudrais tous vous remercier aussi. En nous attelant à cette tache, nous sommes dans le vrai, et cela ne manque pas de noblesse.

Il ajouta que, pendant treize ans, les rencontres *Mind and Life* ont suivi une certaine évolution et nous ont appris certaines choses qui sont la marque des quêtes sincères.

Mais il continua par une mise en garde :

— Nous devrons toutefois veiller au fait que lorsque tout se passe bien, et qu'on va de succès en succès, on court le risque de mettre sa motivation et ses objectifs de côté. Il sera donc essentiel de conserver intacte notre détermination à coller à nos principes et à ne pas abandonner l'idéal commun qui était le nôtre au départ. Si nous poursuivons dans cet état d'esprit, l'avenir nous réservera sans doute de plus grands succès encore.

« Les interventions des chercheurs et de l'ensemble des participants ont montré toute la rigueur et la minutie de vos travaux, qui m'ont beaucoup impressionné. En outre, j'ai aussi ressenti à chacune de vos interventions que vous ne vous contentiez pas de produire de l'information, mais qu'une authentique humanité passait également. C'est très appréciable – l'ambiance ainsi créée est vraiment très particulière. Et c'est une chose extrêmement importante. Saurons-nous préserver cette ambiance en reprenant le cours de nos vies ? Je ne le sais pas. Mais nous en aurons au moins profité ici. Merci beaucoup.

Ainsi prenait fin le fructueux tissage de notre somptueuse tapisserie intellectuelle, ce dialogue à la fois si complexe et si souvent exaltant. Il produirait sur la vie et le travail de beaucoup des participants un effet tout aussi riche.

Postface

Le voyage continue

Notre voyage à Dharamsala avait eu quelque chose d'un pèlerinage – ce n'était pas une simple promenade dont le souvenir se perdrait dans les albums photo, mais plutôt un périple qui, d'une certaine façon, transformerait tous ceux qui l'avaient entrepris. Incontestablement, pour chacun de nous, cette rencontre avec le dalaï-lama avait un parfum d'exception – qui laisserait immanquablement des traces dans nos vies et nos travaux. Et, comme dans tout groupe de pèlerins, chacun de nous remporta chez lui des leçons très personnelles.

Le chemin du retour était censé commencer par quatre heures de trajet jusqu'à l'aéroport de Jammu, où nous prendrions un avion pour New Delhi. Le parcours était essentiellement descendant, et nous nous attendions à ce qu'il dure nettement moins longtemps qu'à l'aller. Mais toutes les voitures, tous les camions et jusqu'au moindre pousse-pousse motorisé semblaient devoir dépasser notre autocar poussif qui, pour le moins capricieux sur ces routes de montagne étroites et tortueuses, n'arriverait à destination qu'après huit ou neuf interminables heures.

En arrivant à l'aéroport de Jammu, les conversations

intellectuelles de salon sur les émotions destructrices avaient fait place à une réalité dégrisante : la ville avait été placée sous la loi martiale, et il y avait des soldats partout. Quelques jours auparavant, plus de trente Sikhs avaient été assassinés non loin de là, dans la banlieue de Srinagar, la capitale de l'effervescente province du Cachemire. L'ombre du terrorisme – cette mobilisation des émotions destructrices au service de la guerre psychologique – planait sur la ville. À l'aéroport, nous avons eu la surprise de voir les soldats indiens fouiller tous nos sacs et confisquer le moindre objet saillant, jusqu'aux piles. (Nous étions loin de nous douter que ces mesures de sécurité deviendraient bien vite la règle dans nos propres villes.)

Malgré tout, notre groupe semblait entouré d'une bulle protectrice. Paul Ekman a su mettre des mots sur nos sentiments, disant que cette expérience le contraindrait à revoir une partie de ses propres écrits scientifiques sur le sourire. Il y avait en effet affirmé que les gens sont incapables de longuement maintenir au visage un véritable sourire « à la Duchenne » – celui qui exprime une réjouissance authentique et fait plisser les yeux. Mais il avait constaté qu'un petit sourire de cette nature ne l'avait quasiment pas quitté de la semaine et avait nettement ressenti le plaisir constant qui l'accompagnait.

En fait, bien qu'il déteste en général les réunions et cherche tant que possible à les éviter (ou à les quitter au plus vite), Paul était resté captivé du premier au dernier instant. Ces cinq jours avaient paru n'en durer qu'un, disait-il. Sa passion lui avait fait perdre toute notion du temps – signe typique d'une absorption totale. Cela valait pour chacun de nous.

Nul doute que nous avions tous été profondément

affectés par ce que nous avions vécu. Mais les effets les plus tangibles de notre rencontre apparaîtraient dans la variété des projets entrepris dans les semaines et les mois suivants, qui témoignaient tous d'une optique nouvelle et d'un recadrage de nos travaux.

Réévaluation philosophique

L'un des premiers signes de ceci est survenu à peine deux semaines après notre rencontre, lorsque Owen Flanagan a donné une conférence à l'université de Boston sur « les émotions destructrices ». Il avait eu beau passer l'essentiel de la semaine dans la peau du sceptique de la troupe, cela ne l'a pas empêché de profiter de cette conférence (ainsi que d'un article qui paraîtrait ensuite dans la revue *Consciousness and Emotion*) pour introduire dans le discours philosophique occidental les vues du bouddhisme tibétain sur les émotions destructrices, telles que le dalaï-lama et ses compagnons les lui avaient présentées à Dharamsala.

Il opposait par exemple au point de vue occidental selon lequel la programmation biologique de nos émotions serait établie – il n'y aurait pas grand-chose à faire pour modifier nos réactions émotionnelles, fussent-elles nocives –, l'affirmation des bouddhistes tibétains qu'il est possible de nettement réduire les émotions destructrices. « Certains bouddhistes tibétains, a-t-il expliqué, jugent possible, et souhaitable, de maîtriser, voire d'éliminer » des émotions telles que la colère ou l'hostilité, qui passent auprès des philosophes occidentaux pour naturelles et immuables.

Il s'en est également pris à l'idée que les émotions destructrices jouent un rôle vital, adaptatif dans l'évolution, soulignant que la sagesse traditionnelle nous recommande invariablement d'en conserver la maîtrise, que ce soit dans la Bible ou le Coran, chez Confucius ou dans les textes bouddhistes – ou encore chez les philosophes moralistes comme Aristote, Mill puis Kant, et ainsi de suite. Owen reprenait l'argument de Richie Davidson pour qui, malgré le scepticisme de certains neurologues à l'égard de la plasticité, les preuves « s'accumulent pour nous dire que nous sommes malléables », et donc potentiellement capables d'atteindre la maîtrise émotionnelle tant vantée par les religions.

Owen ajoutait enfin qu'il appréciait le fait que le bouddhisme tibétain nous livre son message au moment précis « où nous nous lançons à la recherche de moyens de "dépasser le génotype". Nous sommes des animaux, sans doute, mais pas comme les autres ; nous sommes capables de nous extraire de ce que Mère Nature a prévu pour nous, de l'ajuster ou le modifier. »

Owen a développé ces questions dans le livre qu'il rédigeait lors de sa visite à Dharamsala, *The Problem of the Soul*, où il s'emploie à réconcilier certaines vérités humanistes et scientifiques, donnant ainsi du sens aux avancées des neurosciences cognitives lorsqu'elles remettent radicalement en question l'idée que nous nous faisons de nous-mêmes, humains capables de libre pensée et dotés de quelque chose qui ressemble à une âme. Il soutient que, du fait qu'il se soit si prudemment bâti sur une approche phénoménologique du réel, « le bouddhisme, quasiment seul parmi les grandes traditions éthiques et métaphysiques, s'en tient à une image des personnes parfaitement compatible avec ce que la science nous dit du regard que nous devons porter sur nous-mêmes et sur notre place dans le monde ».

Owen Flanagan, « Destructive Emotions », *Consciousness and Emotions*, 1, 2, 2000, 259-281.

Id., *The Problem of the Soul : Two Visions of Mind and How to Reconcile Them*, New York, Basic Books, 2002.

Un défi pour la psychologie

À l'intersection de deux systèmes de pensée, les possibilités de croisement sont grandes. C'était clairement ce qui s'était produit lors de la rencontre des systèmes psychologiques bouddhiste et occidental, et la fertilité de notre échange de paradigmes intellectuels nous vaudrait un autre article, à l'attention des psychologues celui-là.

Avec pour propos de démontrer que ce type de dialogue peut engendrer des hypothèses de recherche en psychologie, Alan Wallace et Matthieu Ricard y représentaient le point de vue bouddhiste, et Paul Ekman et Richard Davidson celui de la psychologie occidentale. Intitulé « Perspectives bouddhistes et occidentales sur le bien-être », il mettait en lumière la remise en question bouddhiste de présupposés fondamentaux de la psychologie sur la nature du bien-être.

Le bouddhisme affirme la possibilité de développer le *sukha* « un profond sentiment de sérénité et de plénitude jaillissant d'un esprit exceptionnellement sain » – une notion pour laquelle il n'existe pas de mot anglais, et pas d'équivalent en psychologie (bien que certains psychologues aient récemment revendiqué une « psychologie plus positive », qui pourrait tendre à cela). De surcroît, le bouddhisme soutient que le *sukha* peut être atteint par ceux qui s'y essaient et offre toute une gamme de méthodes pour y parvenir. L'exercice commence par imprimer une tournure plus positive aux émotions de l'instant, ce qui conduit à des modifications plus durables de l'humeur pour aboutir à un changement de tempérament.

Cette idée défie la psychologie moderne en ce sens qu'elle présente un modèle optimal de fonctionnement humain supérieur au sien. L'article invite les psychologues à observer des pratiquants bouddhistes expérimentés, pour déceler toute différence significative dans les fonctions cérébrales, l'activité biologique, l'expérience émotionnelle, les aptitudes cognitives ou l'interaction sociale. Ce programme a bien sûr déjà commencé, comme nous l'avons vu au premier chapitre avec l'expérience de Madison.

Reprenant à la fois des idées de la psychologie bouddhiste et de la psychologie occidentale, cet article établit un parallèle avec certaines transformations évoquées à Dharamsala et qu'on retrouverait dans le livre de Paul Ekman, *Gripped by Emotion*. Dialoguer avec le dalaï-lama avait permis à Paul de reconnaître certaines idées très proches des siennes et d'autres qui confirmaient ses intuitions. Parmi ces idées, il y avait par exemple les différentes stratégies de gestion des émotions destructrices, avant, pendant ou après leur survenue. En apportant la dernière touche à son livre, Paul l'avait parsemé de ces idées.

Richard Davidson, Paul Ekman, Alan Wallace et Matthieu Ricard, « Buddhist and Western Perspectives on Well-Being », manuscrit soumis à publication.

Paul Ekman, *Gripped by Emotion*, New York, Times Books/Henry Holt, 2003.

Explorer l'esprit

La rencontre entre la pensée bouddhiste et les sciences de l'esprit a également pris une autre forme, plus propice à l'implication d'un plus grand nombre de scientifiques dans le débat. Dès la fin de notre rencontre à Dharamsala, le dalaï-lama avait accepté de venir à l'université d'Harvard, pour prendre part à une réunion *Mind and Life* où des chercheurs en sciences biocomportementalistes et des bouddhistes érudits se demanderaient comment leurs différents points de vue pourraient profiter à l'étude de l'esprit. Au fond, la question que poserait cette rencontre serait : « Quel usage la science moderne peut-elle faire des deux mille cinq cents années d'exploration bouddhiste de l'esprit ? »

Cette onzième rencontre *Mind and Life* – intitulée « Explorer l'esprit » – a été organisée par Richard Davidson avec Anne Harrington, directrice de la *Mind/brain/behavior Initiative* à Harvard (partenaire de l'événement), et qui avait déjà participé au cinquième *Mind and Life* sur l'altruisme et la compassion. La rencontre devait durer deux jours, avec des séances consacrées à trois sujets : attention et contrôle cognitif de l'activité mentale, émotion, et imagerie mentale. Prévu pour les 13 et 14 septembre 2003, « Explorer l'esprit » serait le premier événement *Mind and Life* à s'ouvrir au public, bien que les places aient prioritairement été attribuées aux chercheurs en psychologie, en sciences cognitives, en neurobiologie et en médecine – et tout spécialement aux étudiants de maîtrise à la recherche de sujets de thèse.

Les chercheurs occidentaux ne se sont que trop peu

intéressés aux méthodes orientales d'exercice de l'attention, alors même que les sciences admettent ouvertement qu'elles aimeraient bien comprendre les mécanismes susceptibles d'accroître la faculté d'attention. Le bouddhisme y voit la porte qui mène au contrôle de la vie intérieure et la base de toute pratique spirituelle. La séance sur l'attention visait à combler cette lacune en examinant les répercussions que cette conception bouddhiste pourrait avoir sur la recherche moderne.

Les émotions devraient offrir le même genre de perspective à la science. La psychologie occidentale a toujours vu comme une fatalité le fait que les émotions soient vouées à assujettir notre raisonnement et à soumettre notre esprit ; la pratique bouddhiste propose des stratégies concrètes de gestion des émotions. Les séances sur les émotions se proposaient de réexaminer les présupposés scientifiques sur les limites du contrôle volontaire des émotions. On y évoquerait en outre toute la puissance de la compassion, une émotion très déconsidérée par la science occidentale.

Enfin, lors d'une séance sur l'imagerie, les scientifiques auraient l'occasion de découvrir les méthodes bouddhistes de développement et de contrôle systématique des images mentales – sans équivalent occidental – qui pourraient perfectionner l'étude des images qui peuplent notre monde intérieur.

Outre le dalaï-lama, les intervenants représentant la tradition bouddhiste seraient Alan Wallace, Thupten Jinpa et Matthieu Ricard, mais aussi Georges Dreyfus, un professeur de religion du Williams College devenu *géshé* lorsqu'il était moine tibétain, ainsi qu'Ajahn Amaro, un abbé britannique d'un monastère bouddhiste thaï en Californie.

Côté scientifique, « Explorer l'esprit » attirerait une douzaine des plus éminents chercheurs mondiaux. Pour la séance consacrée à l'attention, le principal intervenant scientifique serait Jonathan Cohen, le psychiatre qui dirige le centre d'étude du cerveau, de l'esprit et du comportement à l'université de Princeton. Celle sur l'imagerie mentale verrait l'intervention de Stephen Kosslyn, détenteur de la chaire de psychologie de l'université d'Harvard et psychologue du service neurologique du Massachusetts General Hospital. Quant à Richard Davidson et Paul Ekman, ils interviendraient dans la séance sur l'émotion. Pour conclure, Jerome Kagan, l'éminent psychologue du développement à l'université d'Harvard, nous livrerait ses réflexions sur la signification de ce dialogue.

Comme le veut la tradition *Mind and Life*, un philosophe apporterait son éclairage à la conversation. Ce serait cette fois Evan Thompson, de la York University de Toronto, qui ajouterait ses réflexions à celles de Kagan. Thompson, qui a longtemps participé au dialogue entre la pensée bouddhiste et la science et la philosophie occidentales, a été le proche collaborateur de Francisco Varela, avec qui il a coécrit *L'Inscription corporelle de l'esprit*, une analyse de la contribution de la pensée bouddhiste à l'étude scientifique de l'esprit.

Certains de ces participants ont déjà montré un grand intérêt pour l'élargissement de leur champ de recherche, notamment Stephen Kosslyn, de l'université d'Harvard, qui travaille sur l'imagerie mentale. Kosslyn avait été très intrigué par ses précédentes conversations avec Matthieu Ricard sur l'exceptionnelle aptitude des méditants à produire ces images par leur pratique, à tel point qu'il s'était mis à étudier certains d'entre eux de près, dont le lama Öser.

Mind and Life XI, « Explorer l'esprit : échanges entre le bouddhisme et les sciences comportementales sur le fonctionnement de l'esprit », Boston, Massachusetts, du 3 au 14 septembre 2003. Pour plus d'informations, merci de visiter le site internet :
www.InvestigatingTheMind.org.

De l'inspiration pour les enseignants

Parmi les disciplines ayant bénéficié de notre rencontre *Mind and Life*, il faut ajouter l'éducation à la philosophie et à la recherche scientifique. En quittant Dharamsala, Mark Greenberg avait dit que le dalaï-lama l'avait incité à chercher des façons de mieux aider les enfants à prendre en charge leurs émotions positives – ce qui constituait un véritable changement de méthode. Il savait bien que le programme PATHS n'aidait les enfants à gérer que les aspects négatifs et automatiques de leurs émotions – à se calmer, à se maîtriser et à dominer la colère. Mais il lui apparaissait à présent qu'il serait aussi précieux d'aider ces enfants à cultiver un « esprit positif » : l'optimisme, la tolérance et le souci d'autrui, par exemple. Cela permettrait, pensait-il, de mieux atteindre l'objectif premier, la maîtrise des émotions négatives.

Il a donc imaginé, à l'attention d'enfants à partir de six ans, des cours d'écriture favorisant des émotions telles que la compassion, et se propose d'étudier les effets d'un enseignement du souci des autres, de l'indulgence et de la responsabilité sociale auprès des douze et treize ans. Certains de ses programmes scolaires comportent désormais ce qui lui avait été directement suggéré à notre réunion : une incitation des plus jeunes à se féliciter mutuellement de leurs comportements altruistes. À en croire Mark, cela n'a provoqué que de bonnes réactions : les enseignants disent que cette simple pratique a eu un effet positif sur l'ambiance en classe.

Il avait aussi trouvé une source d'inspiration dans notre conversation sur la formation des enseignants. L'idée de demander à ces derniers de commencer chaque matin par passer cinq minutes ensemble, par petits groupes, pour raffermir leur conscience de l'intention du jour. Ils peuvent ainsi réfléchir au sens de leur activité, à leurs attentes, aux enfants qui recevront leurs préceptes ce jour-là, au besoin d'amour et d'attention de ces enfants, aux façons de les aider à mieux se prendre en charge et à devenir plus empathiques et plus soucieux des autres. Mark se demandait quel effet ce genre de concentration positive matinale pourrait avoir sur les enseignants – et leurs élèves.

Il avait en outre jugé très stimulante l'intervention de Richard Davidson sur les transformations cérébrales des méditants. Elle l'avait conduit à s'interroger sur les effets neurologiques de ses programmes d'instruction sociale et émotionnelle des enfants, et à décider de s'entourer de neurobiologistes. À l'heure où nous écrivons ces lignes, une demande de subvention a été soumise en ce sens au gouvernement des États-Unis.

Mark avait peut-être connu le moment le plus intense lors de la pause qui avait suivi sa propre intervention sur les programmes éducatifs, quand le dalaï-lama l'avait invité à revenir à Dharamsala pour partager son savoir avec des enseignants tibétains. Il avait proposé à

Mark de participer au stage annuel de formation qui rassemble les enseignants du Village des enfants tibétains de Dharamsala et d'autres écoles de réfugiés en Inde. S'il a d'abord été assez difficile de trouver des dates convenant à tous, ce voyage est aujourd'hui à l'ordre du jour.

Pour toute information sur le programme PATHS, voir : www.colorado.edu/cspv/blueprints/model/ten_paths.htm.

Le projet Madison

Ces cinq jours à Dharamsala ont aussi exercé une influence déterminante sur les travaux de Richard Davidson. Les années précédentes l'avaient vu vivement s'intéresser à la neuroplasticité, la capacité des gens à modifier leurs émotions, leur comportement et leurs fonctions cérébrales. Notre rencontre a renforcé sa détermination à suivre cette voie, le conduisant à se demander quel rôle peut jouer la méditation dans la culture des émotions positives. Si son travail avait surtout consisté jusqu'alors à réduire les émotions négatives, ce qui le passionne aujourd'hui, c'est de trouver des moyens d'aider les gens à développer une meilleure aptitude à la compassion ou à la joie.

Richie avait été frappé par le fait que nombre d'importantes qualités positives – dont la compassion et la bonté – ne font tout simplement pas partie du vocabulaire de la psychologie occidentale de l'émotion. Il sentait qu'elles devraient à présent occuper une place centrale du fait de leur importance primordiale en psychologie, sans parler de leur valeur pour les individus et la société. Une nouvelle génération d'outils scientifiques – l'imagerie du cerveau notamment – permet aujourd'hui d'évaluer les effets dans la durée de certaines méthodes centenaires, inscrivant de fait l'étude des émotions positives au programme des psychologues.

Dans ce but, Richie a invité dans son laboratoire de Madison des méditants extrêmement expérimentés, comme le lama Öser, qui ont généralement passé plusieurs années en retraite, pour les faire participer à ses études d'imagerie cérébrale. À Dharamsala, le dalaï-lama avait promis de visiter le laboratoire de Richie dès le printemps suivant (ce que nous avons vu au premier chapitre), donnant ainsi une sorte d'échéance à ses travaux, qui ont déjà commencé à livrer des résultats prometteurs. Richie estime que son programme prendra désormais plusieurs années, qui verront les pratiquants de haut niveau se succéder à Madison pour y être observés. Il espère recueillir suffisamment de données pour faire paraître un article dans une revue de pointe – étant donné l'extrême précision de l'IRM, une demi-douzaine de cas devrait suffire.

D'une certaine façon, cette nouvelle orientation clôt un cycle dans la carrière de Richie. Dès sa licence, à Harvard, il avait montré beaucoup d'intérêt pour la méditation – et même consacré sa thèse de doctorat à l'attention dans la méditation. Il s'en était ensuite toutefois écarté, notamment parce qu'il lui fallait se contenter du récit des sujets, les appareils (aujourd'hui obsolètes) ne permettant que la mesure imprécise d'effets éphémères. Il savait bien alors que ces changements momentanés n'étaient pas le but de la pratique – l'essentiel étant la transformation de la vie quotidienne. À présent, avec ces moyens d'imagerie cérébrale, il dispose d'outils scientifiques qui lui permettent d'étudier ces changements persistants.

Pour davantage d'information, voir :
http://keckbrainimaging.org et
http://psyphz.psych.wisc.edu

Cultiver l'équilibre émotionnel

De tous les participants, Paul Ekman est peut-être celui pour qui cette rencontre aura eu le plus de conséquences. Sur l'interminable chemin poussiéreux qui sépare Dharamsala de l'aéroport de Jammu, Paul avait réfléchi au sens que prendrait cette semaine dans son travail de chercheur. S'il avait bien entendu dire avant son voyage que les savants en revenaient immanquablement transformés, il avait reçu l'information avec son habituel scepticisme. Et voilà que son tour était venu.

Le plus étonnant, c'est qu'il se sentait renouer avec ce qui l'avait initialement amené à la psychologie. « J'ai passé plus de quarante ans dans la psychologie de l'émotion – et mon objectif au départ était de faire de mon mieux pour aider à réduire la cruauté et la souffrance humaines. » Comme il le dit : « C'est un retour aux sources, à ma motivation première – et je peux à présent mettre quarante ans d'acquis au service de mes objectifs premiers. »

Ainsi, ajoute-t-il, cette semaine lui a « montré comment occuper cette dernière étape de [sa] vie ». Il s'était peu à peu défait de certaines obligations, mais c'était la première fois depuis près de dix ans qu'il s'en attribuait une nouvelle : l'élaboration du programme pour adultes d'entraînement de l'esprit que nous avions ébauché au fil de nos rencontres, désormais appelé « Cultiver l'équilibre émotionnel ».

À Madison, Paul a récapitulé l'ensemble de ses avancées pour le dalaï-lama. « Je vous ai entendu espérer à Dharamsala que la recherche saurait révéler les bienfaits d'une version laïque de la méditation. Certains d'entre nous ont entendu cet espoir et ont entrepris la mise au point d'une approche associant la méditation aux techniques de la psychologie occidentale. Notre système emploie un groupe témoin et prend des mesures physiologiques et psychologiques avant la méditation, juste après, et encore un an plus tard, de façon à évaluer les effets utiles dans la durée. »

Paul a alors eu la surprise et l'émotion de voir qu'en l'entendant parler des projets concernant ce programme – et des fonds qui lui étaient nécessaires – le dalaï-lama s'était engagé à lui reverser cinquante mille dollars tirés de ses droits d'auteur, montrant ainsi toute l'importance qu'il accordait à ses travaux.

Le programme « Cultiver l'équilibre émotionnel » s'est développé à partir de l'entraînement laïc à l'attention vigilante tel que Richie l'a étudié avec Jon Kabat-Zinn, ainsi qu'il nous l'avait raconté à Dharamsala (voir chapitre 14). Mais les participants à ce programme n'apprendraient pas seulement cette technique de méditation, ils profiteraient aussi de méthodes de la psychologie occidentale, comme celles de résolution positive de conflits tirée des recherches sur l'interaction conjugale, ou des enseignements tirés des travaux de Paul sur la reconnaissance des expressions faciales subtiles de l'émotion. Dans son ensemble, le programme stimule l'intelligence émotionnelle dans tous ses aspects : que ce soit la conscience de ses émotions et de celles des autres, ou la capacité à bien les gérer.

Plusieurs des participants à nos conversations de Dharamsala ont collaboré à la mise en place du programme « Cultiver l'équilibre émotionnel » : Alan Wallace et Matthieu Ricard, mais aussi Jon Kabat-Zinn ont une grande part de responsabilité dans la conception de l'entraînement à l'attention vigilante. Mark Greenberg, l'un des plus fervents partisans de l'idée d'un programme d'instruction émotionnelle des adultes, s'y est impliqué en tant que coordinateur scientifique, intervenant notamment dans l'élaboration du système qui permettrait d'en évaluer l'efficacité. Et Jeanne Tsai apporterait son savoir en matière d'étude des émotions, concevant et testant le système de mesure de la conscience interpersonnelle servant à évaluer l'ensemble du programme. À l'heure où nous rédigeons ces lignes, une version expérimentale du programme a été achevée.

Pour se tenir au courant de l'évolution du programme, voir :

www.MindandLife.org

Le projet des personnes exceptionnelles

Dans le même ordre d'idée, un autre projet est né de l'étonnant échange privé qu'a eu Paul Ekman avec le dalaï-lama à la pause de mercredi. Comme sa fille Eve posait au dalaï-lama une question personnelle sur les rapports amoureux, Sa Sainteté avait tour à tour pris chacune de leurs mains, pour les serrer affectueusement. Ce bref épisode, dirait Paul plus tard, a constitué « ce que certains appelleraient une expérience mystique, bouleversante. Pendant ces cinq ou dix minutes, j'ai été inexplicablement imprégné de chaleur physique – c'était une sensation merveilleuse, qui me parcourait le corps et le visage. C'était palpable. Assis-là, j'ai ressenti une sorte de bonté que je n'avais jamais ressentie auparavant. »

C'était une expérience exceptionnelle pour Paul, qui s'était senti baigné de générosité, de sollicitude et de compassion. Et cela s'était produit juste après que le dalaï-lama eut dit à quel point Paul était bon père. Associées, ces deux choses avaient touché Paul au plus profond de son être.

Près d'un an plus tard, Paul reliait cette expérience – et les changements survenus depuis – à un incident particulièrement traumatisant de sa vie. « Mon père était un homme violent. À dix-huit ans, je lui ai fait part de mon intention d'étudier la psychologie, et pas la médecine, comme lui – il était pédiatre. Il m'a refusé son soutien. Je lui ai demandé s'il voulait que je me sente comme il s'était lui-même senti face à son père, qui avait aussi refusé de l'entretenir pendant ses études. Il m'a alors frappé, me jetant à terre et, après m'être relevé, je lui ai dit que c'était la dernière fois qu'il me battait, parce que j'avais grandi et que j'étais en mesure de lui rendre ses coups. J'ai quitté la maison pour ne plus le revoir pendant dix ans.

« Depuis cinquante ans, ajoute Paul, chaque semaine, j'ai eu une crise de colère que j'ai ensuite regrettée. » Mais tout a changé le jour de cet entretien privé avec le dalaï-lama à Dharamsala. « Après cela, je n'ai pas eu la moindre impulsion coléreuse pendant quatre mois, et pas d'épisode d'éruption de colère de toute l'année. Toute ma vie, il m'a fallu combattre mes accès de colère, mais aujourd'hui, près d'un an après, ils restent très rares. Je crois que le contact physique avec ce genre de bonté peut avoir un effet transfigurant. »

En psychologie, peut-être plus que dans toutes les autres sciences, l'autobiographie nourrit la théorie – le vécu du psychologue est une source concrète de théorisation. Et Paul, esprit scientifique devant l'éternel, m'avait avoué son souhait d'enquêter sur les propriétés transfiguratrices de l'interaction avec des personnes aussi extraordinaires que le dalaï-lama. Cette résolution l'a conduit à mettre au point le Projet des personnes extraordinaires, tel qu'il l'a décrit à Madison – et dans lequel le lama Öser a tenu lieu de premier sujet expérimental (voir chapitre premier).

Ces sujets étant particulièrement rares, on se les partage, et différents laboratoires les étudient selon différentes méthodes. À Madison, Richard Davidson emploie l'imagerie cérébrale pour étudier les effets neurologiques à long terme de la pratique de la méditation, alors qu'à l'université de Californie Paul cherche par exemple à évaluer l'aptitude des sujets à déchiffrer les émotions dans les expressions faciales, ce qui témoigne de leur degré d'empathie et d'autres qualités émotionnelles.

Pour se tenir informé, voir :
www.paulekman.com

Un véritable échange

Le vénérable Ajahn Maha Somchai Kusalacitto (c'est son titre complet) avait ajouté un élément intéressant à ces projets de recherche, nous rappelant que ce dialogue entre bouddhisme et sciences de l'esprit devait constituer un véritable échange. En s'entretenant avec un visiteur venu des États-Unis quelques mois après la rencontre de Dharamsala, il lui disait toute l'importance de l'examen scientifique des maîtres accomplis de la méditation, afin de mesurer les effets sur le cerveau du travail spirituel.

Son intérêt pour ce genre de recherche se devait en partie aux problèmes croissants qu'il avait observés en Thaïlande – au coût social des émotions troublantes quand il prend, par exemple, la forme d'une recrudescence des viols d'enfants. Si les études scientifiques en venaient à confirmer les bienfaits de la pratique bouddhiste, pensait-il, cela aurait une réelle influence en Asie, où il redoutait que la valeur réelle de l'enseignement et de la pratique bouddhistes se perde de vue. Selon lui, « l'influence occidentale relancera l'intérêt et l'acceptation des valeurs du bouddhisme. Si cela vient de nous-mêmes, Thaïs, nous aurons tendance à l'ignorer – mais nous sommes plus facilement fascinés par tout ce qui vient de l'Ouest ».

Le rideau tombe

Quant à Francisco Varela, la mauvaise nouvelle est arrivée quelques jours avant la rencontre de Madison. On nous a dit qu'à la suite d'une sévère rechute le cancer avait désormais atteint son transplant et qu'une chimiothérapie intense n'y avait rien pu. Les médecins s'avouaient vaincus, et Francisco, qui se trouvait chez lui, parmi les siens, ne nous rejoindrait pas à Madison. Adam Engle, fondateur avec lui de *Mind and Life*, avait établi une connexion vidéo par Internet. La présence de Francisco serait virtuelle, et il assisterait aux travaux de

Madison depuis son lit, sur un écran d'ordinateur installé dans sa chambre parisienne.

Après cette réunion, chacun a couché ses sentiments profonds sur une carte qui lui a été remise le lendemain par Antoine Lutz, le collaborateur qui le représentait à Madison.

Francisco est mort chez lui, à peine quelques jours plus tard. Tout juste aura-t-il eu l'occasion de voir le dalaï-lama s'informer des progrès réalisés à Madison, avant de baisser le rideau.

NOTES

Chapitre 1 : **Un lama au labo**

1. Littéralement traduits du tibétain, les six états étudiés étaient : la visualisation, *kyerim yidam lha yi mig pa* ; la concentration sur un objet unique, *tse chik ting ngey dzin* ; la méditation pour faire naître la compassion étendue, *migmey nyingjey* ; la dévotion, *lama la mögu* ; la force d'âme, *gang la yang jig pa med pey mig pa* ; la présence éveillée, *rigpa'i chok shag*.

2. Sharon Salzberg, *Lovingkindness*, Boston, Shambhala, 1995.

3. Le sursaut présente une curiosité culturelle : au moins cinq langues dans le monde possèdent un nom pour désigner les grands sursauteurs, c'est-à-dire les personnes montrant une réaction extrême à l'effet de surprise. Ces personnes ont depuis leur enfance le sursaut explosif, confinant parfois au comique – du moins vu de l'extérieur. Dans chacune de ces cinq cultures, elles font l'objet de plaisanteries ; les gens prennent un malin plaisir à les surprendre. Voir Ronald C. Simons, *Boo! Culture, Experience, and the Startle Reflex*, New York, Oxford University Press, 1996.

4. Pourtant, les neuroscientifiques ne savent toujours pas avec certitude ce qui cause ce changement – est-il dû au

que qui, à mesure que de nouvelles connexions finit par dépasser celui des neurones, ou bien ation du nombre de neurones joue-t-elle également ? T. Elbert, C. Pantev, C. Wienbruch, B. Rockson et E. Taub, « Increased Cortical Representation of the Fingers of the Left Hand in String Players », *Science* 270 (5234), 1995, 305-307.

5. K. A. Ericsson, R. T. Krampe et C. Tesch-Römer, « The Role of Deliberate Practice in the Acquisition of Expert Performance », *Psychological Review* 100, 1993, 363-406.

6. Par exemple, Paul Whalen, chercheur en neurosciences et collègue de Davidson à l'université du Wisconsin, a trouvé que c'est l'amygdale du cerveau, et le circuit afférent, qui reconnaît les micro-expressions. Les travaux de Whalen démontrent que l'amygdale reconnaît certaines expressions même si elles sont extrêmement fugaces et suivies de ce qu'on appelle un stimulus masquant (tel qu'un visage neutre), censé empêcher la perception consciente par autrui du visage émotionnel. Dans ces expériences, le visage émotionnel n'apparaît généralement que pendant trente-trois millièmes de seconde. Les performances d'Öser et d'autres méditants chevronnés au test de la reconnaissance des micro-expressions, laissent supposer que des mesures plus approfondies du cerveau révèleront les transformations que connaît ce circuit amygdalien sous l'effet d'une pratique soutenue – bien qu'on ne sache pas encore vraiment laquelle.

7. P.S. Eriksson, E. Perfilieva, T. Bjork-Eriksson, A. M. Alborn, C. Nordborg, D. A. Peterson, et F. H. Gage, « Neurogenesis in the Adult Human Hippocampus », *Nature Medicine* 4, 11, 1998, 1313-1317.

8. Francisco Varela, « Neurophenomenology : A Methodical Remedy to the Hard Problem », *Journal of Consciousness Studies* 3, 1996, 330-350.

9. Dans cette série d'expériences, l'EEG d'Öser était traité par un ordinateur sophistiqué pour saisir l'instant où s'ouvrent et se ferment les connexions fonctionnelles entre différentes régions du cerveau. Varela a conçu un système de

mesure qui montre si certains groupes de neurones commencent à émettre selon une cadence spécifique, avant d'entraîner dans le même rythme d'autres groupes de neurones situés dans d'autres parties du cerveau – c'est la dynamique fondamentale qui indique la mise en œuvre d'une masse critique d'activité à travers le cerveau, nécessaire au support d'une pensée. Cette approche exige de pouvoir nettement isoler de la masse chaotique d'activité mentale une perception unique et claire. À cette fin, Varela s'était penché sur cet instant précis de la reconnaissance (dit « instant *Aha!* ») qu'est l'identification soudaine d'une forme au sein de ce qu'on prenait pour une masse dénuée de sens.

10. L'effet le plus frappant s'est produit lors de la présence éveillée, alors que l'attitude mentale d'Öser consistait à ne pas empêcher ni retenir les pensées et perceptions, les « laissant aller » comme si elles affleuraient à l'esprit sans aucune attache. La présence éveillée semblait se refléter au niveau cérébral par une faible synchronie neurale dans l'ensemble du cerveau. En revanche, quand Öser était en état de concentration, nombre d'autres régions du cerveau étaient en synchronie au moment de la reconnaissance.

11. Antoine Lutz, J.-P. Lachaux, J. Martinerie et F. J. Varela, « Guiding the Study of Brain Dynamics by Using First-Person Data : Synchrony Patterns Correlate with Ongoing Conscious States During a Simple Visual Task », *Proceedings of the National Academy of Sciences of the United States of America* 99, 2002, 1586-1591.

12. Par exemple, une étude très vantée de la méditation avait employé la SPECT, qui produit une image de la cadence à laquelle certaines régions du cerveau s'emparent d'un type donné de molécule, dans ce cas une molécule qui marque le flux du sang. On a donc comparé les données tirées d'une phase de méditation à celles d'une phase de repos, chez des sujets dotés d'une expérience très variable de la méditation. Les données recueillies étaient précieuses en ce sens qu'elles mettaient au jour les grandes zones cérébrales activées lors de la méditation, comme celles du cortex préfrontal. Mais les

méthodes d'analyse des images étaient assez rudimentaires, et l'utilité de ces travaux, limitée par le fait que seule une phase unique de méditation était comparée à une phase unique de repos, ce qui rendait impossible de dire si les configurations observées étaient le résultat reproductible et fiable de la méditation. Au-delà de ces problèmes, les chercheurs ont largement brodé sur les données obtenues, se livrant à des extrapolations douteuses quant au rôle des configurations d'activité cérébrale observées dans la production d'un « sens altéré de l'espace » pendant la méditation, capable de donner au sujet un sentiment de dépassement de ses limites ordinaires. A. Newberg *et al.*, « The Measurement of Cerebral Blood Flow During the Complex Cognitive Task of Meditation : A Preliminary SPECT Study », *Psychiatry Research*, 2001, 106 (2), 113-122.

13. La notion de traits altérés de conscience a été proposée dans un article que j'ai écrit avec Davidson au début des années soixante-dix lorsque nous étions à Harvard – il n'était encore qu'étudiant et j'étais maître auxiliaire. Voir Richard J. Davidson et Daniel J. Goleman, « The Role of Attention in Meditation and Hypnosis : A Psychobiological Perspective on Transformations of Consciousness », *The International Journal of Clinical and Experimental Hypnosis* 25, 4, 1977, 291-308.

Chapitre 2 : **Un scientifique-né**

1. La cosmologie traditionnelle faisait partie du vaste compendium de la doctrine bouddhiste connu sous le nom d'abhidharma.

Chapitre 3 : **La perspective occidentale**

1. La thèse d'Alan Wallace a finalement été publiée en deux volumes : *Choosing Reality : A Buddhist View of*

Physics and the Mind, Ithaca, New York, Snow Lion, 1989 et *Transcendent Wisdom*, Ithaca, New York, Snow Lion, 1988, qui comprend une traduction du travail de Shântideva, avec les commentaires du dalaï-lama.

2. Une version de cet exposé serait publiée plus tard sous le titre *The Bridge of Quiescence : Experiencing Tibetan Buddhist Meditation*, Chicago, Open Court, 1998.

3. Voir Daniel Goleman, ed., *Healing Emotions, Conversations with the Dalaï-lama on Mindfulness, Emotions, and Health*, Boston, Shambhala, 1996. Le même sujet, le manque d'amour-propre, avait été abordé lors d'un précédent dialogue ; voir Daniel Goleman, ed., *Worlds in Harmony : Dialogues on Compassionate Action*, Berkeley, Parallax, 1992.

Chapitre 4 : **Une psychologie bouddhiste**

1. Matthieu Ricard, *L'Esprit du Tibet : La vie et le monde de Dilgo Khyentsé, maître spirituel*, Seuil, Points Sagesse, 2001. Au cours de ses années monacales, Matthieu Ricard a d'abord été guidé dans sa pratique par le fils aîné de Kangyur, Tulku Pema Wangyal, qui créerait par la suite plusieurs monastères en Dordogne.

2. Ce niveau extrêmement subtil est décrit dans les textes tibétains comme « le continuum fondamental de la conscience lumineuse par-delà la notion de sujet et d'objet. »

Chapitre 5 : **Anatomie des afflictions mentales**

1. Une image mentale produite par une concentration prolongée est considérée comme un type de forme ; le concept de forme tel que le définit l'épistémologie bouddhiste n'est pas forcément réservé aux choses matérielles. Il y a trois sortes de formes. La première regroupe les objets matériels, tangibles, que l'on peut voir, avec leurs propriétés visuelles :

contours, couleurs, etc. Mais, dans le présent contexte, le mot « forme » ne s'applique pas seulement aux formes visuelles. Son emploi est très large puisqu'il désigne les objets de nos cinq sens, ce qui inclut, par exemple, des « formes » sonores. La deuxième sorte de formes regroupe celles dont on dit qu'elles sont visibles mais pas obstructives ni tangibles, comme le reflet dans un miroir. La troisième catégorie ne comprend que les objets de cognition mentale.

2. Ce sont cinq types de formes appartenant à la catégorie des « formes de la conscience mentale » : a) les formes obtenues par agrégation – les objets de nos sens ; b) les formes d'espace, désignant le champ physique où s'effectue la perception ; c) les formes naissant de promesses (c'est particulièrement technique – ce sont les formes qui surgissent, par exemple, lorsqu'on reçoit des préceptes monacaux) ; d) les formes imaginaires ; et e) les formes obtenues par la méditation. Voir Jeffrey Hopkins, *Meditation on Emptiness*, Boston, Wisdom, 1996, p. 232-235.

3. Les images mentales obtenues par visualisation lors de la méditation ne sont pas afflictives.

4. Le terme exact est *drotok*, qui désigne non seulement la construction mentale mais aussi chaque superposition à la réalité de qualités ou d'entités qui dans les faits n'y sont pas. La notion de nihilisme ou de déni désigne le refus d'admettre l'existence d'une chose existant réellement.

5. Stephen Jay Gould, *Le Pouce du panda, les grandes énigmes de l'évolution*, Grasset, 1982.

6. La thèse de Thupten Jinpa a paru aux éditions Curzon sous le titre *Tsongkhapa's Philosophy of Emptiness : Self, Reality and Reason in Tibetan Thought*.

7. Oliver Leaman, ed., *Encyclopedia of Asian Philosophy*, New York, Routledge, 2001.

8. Il n'y a jamais eu dans l'histoire de la philosophie bouddhiste d'équivalent direct du mot *émotion*. Comme l'avait fait remarquer Georges Dreyfus (interprète lui aussi du dalaï-lama – mais en français – il possède comme Thupten Jinpa le titre de *géshé* et enseigne aujourd'hui la philosophie au

Williams College) à des Occidentaux qui employaient le mot, des enseignants tibétains ont à cet égard récemment inventé un nouveau terme : *tshor myong*. Signifiant littéralement « expérience de sentiment », ce néologisme n'est pas encore entré dans le langage courant et ne signifie pas grand-chose dans le contexte bouddhiste. Voir Georges Dreyfus, « Is Compassion an Emotion ? A Cross-Cultural Exploration of Mental Typologies », dans Richard J. Davidson et Anne Harrington, eds., *Visions of Compassion : Western Scientists and Tibetan Buddhists Examine Human Nature*, New York, Oxford University Press, 2002.

9. *Commentary on Valid Perception* de Dharmakirti (à partir de sources tibétaines).

10. À propos de la colère vertueuse, il existe un texte bouddhiste, le *Bodhicharyâvatâra* ou *Introduction à la marche vers l'Éveil* de Shântideva, qui invite le pratiquant à nourrir de la rancœur envers ses propres afflictions mentales et son égocentrisme – pour un usage pragmatique de l'énergie de la colère au service d'objectifs spirituels – ce que l'on pourrait qualifier de colère vertueuse. De même, Shântideva encourage le développement d'un sentiment de valorisation et de confiance en sa propre capacité à atteindre l'Éveil, préférable à une fierté afflictive – un sens arrogant de sa propre prétendue supériorité. Les enseignements vajrayâna expliquent aussi comment transformer l'attachement en félicité, la colère en clarté, l'illusion en sagesse non conceptuelle – tout cela par le biais d'un processus qui tient de l'alchimie mentale. Voir Lama Thubten Yeshe, *Introduction to Tantra : A Vision of Totality*, Boston, Wisdom, 1987.

11. Richard Lazarus, *Emotion Adaptation*, New York, Oxford University Press, 1991.

12. Il existe des nuances au sein même de la tradition indo-tibétaine entre les deux versions principales de l'abhidharma, et d'autres encore entre les versions en pali et en sanscrit. La plupart de ces différences sont mineures. Dans les textes palis, par exemple, on trouve deux versions de la liste des facteurs mentaux, l'une comptant cinquante-deux

éléments, l'autre seulement quarante-huit. Les deux versions principales de l'abhidharma dans la tradition tibétaine – d'où sont tirées les listes des afflictions mentales – sont appelées abhidharmasamucchaya et abhidharmakosha ; la version palie est appelée abhidhamma.

Chapitre 6 : **L'universalité des émotions**

1. Paul Ekman, *Gripped by Emotion*, New York, Times Books/Henry Holt, sous presse.

2. P. Ekman, W. Friesen et M. O'Sullivan, « Smiles When Lying », *Journal of Personality and Social Psychology,* 54, 1988, 414-420, et aussi P. Ekman, R. J. Davidson et W. Friesen, « Emotional Expression and Brain Physiology II : The Duchenne Smile », *Journal of Personality and Social Psychology,* 58, 1990, 342-353. Dans une étude jamais publiée, John Gottman, de l'université de Washington, avait comparé des couples heureux de leur mariage à des couples insatisfaits, au moment où ils se retrouvent, à la fin de la journée. Les couples mariés affichent un sourire où ce muscle de l'œil est actionné. Les couples malheureux se contentent de sourire avec les lèvres.

3. P. Ekman, M. O'Sullivan et M. G. Frank, « A Few Can Catch A Liar », *Psychological Science,* 10, 1999, 263-266.

4. R. J. Davidson, P. Ekman, S. Senulius et W. Friesen, « Emotional Expression and Brain Physiology I : Approach/Withdrawal and Cerebral Asymmetry », *Journal of Personality and Social Psychology,* 58, 1990, 330-341.

5. Voir Peter Salovey et John D. Mayer, « Emotional Intelligence », *Imagination, Cognition and Personality,* 9,3 1990, 185-211, et Daniel Goleman, *L'Intelligence émotionnelle*, Robert Laffont, 1999.

6. *Topka* et *namtok*, les mots tibétains les plus courants pour désigner la pensée, concernent aussi l'émotion.

7. Voir par exemple Daniel Goleman, « Buddhist Psychology », dans Calvin Hall et Gardner Lindzey, *Theories of Personality,* New York, Wiley, 1978.

8. Pour une étude des implications de la relation mère-enfant, notamment dans la perspective de la culture de la compassion par la méditation bouddhiste, voir Tsongkhapa, *The Principal Teachings of Buddhism*, trad. Géshé Lobsang Tharchin, Howell, New Jersey, Classics of Middle Asia, 1988, 95-107.

9. Le dalaï-lama évoquait deux exemples : la contemplation de *shunya*, ou vacuité, et l'analyse de l'interdépendance de toutes choses.

Chapitre 7 : **Cultiver l'équilibre émotionnel**

1. Le dalaï-lama a remarqué que la notion de *dhyana* – les degrés d'absorption pendant la méditation concentrative – et les subtilités de différents états d'esprit contemplatifs sont communes à beaucoup d'autres traditions indiennes et au bouddhisme. La différence entre ces degrés tient au niveau de béatitude, d'enchantement, de joie ou d'équanimité, qui caractérise chacun d'eux. Il se peut qu'on trouve des termes équivalant plus ou moins à « émotion » dans d'autres traditions plus impliquées dans ce genre de méditation et dans la connaissance des niveaux de concentration, ainsi que dans les méditations sur la nature destructrice de ce que nous appelons les afflictions ou le royaume du désir.

2. Voir par exemple R. J. Davidson et W. Irwin, « The Functional Neuroanatomy of Emotion and Affective Style », *Trends in Cognitive Science*, 3, 1999, 11-21.

3. On trouve plusieurs listes de facteurs mentaux selon les différentes écoles et branches du bouddhisme. Une version tibétaine en dénombre quatre-vingts ; la doctrine principale des traditions thaïe et birmane en décrit cinquante-deux, en précisant toutefois qu'ils peuvent être innombrables. Pour

résumer, ces listes semblent davantage constituer une convention pratique qu'un décompte exhaustif. Chaque état sain ou malsain s'accompagne toujours de cinq autres états mentaux neutres : le sentiment, la reconnaissance, la volition (étymologiquement : « ce qui met l'esprit en mouvement »), l'attention et le contact (la détection à l'état brut, ou le contact, de l'esprit avec un objet donné).

4. Alan expliqua ce qu'on entendait par matérialisation : « En appréhendant simplement une fleur, tout ce que vous faites, c'est savoir qu'il y a une fleur. La matérialisation consiste à se raccrocher à l'idée que cette fleur n'existe qu'en concordance exacte avec la manière dont elle nous apparaît. Elle semble exister par elle-même, de par sa propre nature, de façon objective, indépendante – telle qu'elle nous apparaît. Au départ il n'y a qu'appréhension valide de la fleur. Mais le fait de se cramponner à la fleur comme n'existant que telle qu'elle apparaît est une fausse cognition, une appréhension erronée. »

Chapitre 8 : **Une neuroscience de l'émotion**

1. Voir Richard J. Davidson et Daniel J. Goleman, « The Role of Attention in Meditation and Hypnosis : A Psychobiological Perspective on Transformations of Consciousness », *International Journal of Clinical and Experimental Hypnosis*, 25, 4, 1977, 291-308. Simultanément, Davidson corédigeait un article montrant que la capacité d'attention – la faculté d'ignorer les distractions en se concentrant – produit des tracés distinctifs à l'EEG et que cette capacité est évolutive ; R. J. Davidson, G. E. Schwartz et L. P. Rothman, « Attentional Style and the Self-Regulation of Mode-Specific Attention : An EEG Study », *Journal of Abnormal Psychology*, 85, 1976, 611-621. Si elle est évolutive, cela peut signifier que tout le monde peut se perfectionner. Un troisième article (R. J. Davidson, D. J. Goleman, et G. E. Schwartz,

« Attention and Affective Concomitants of Meditation : A Cross-Sectional Study », *Journal of Abnormal Psychology*, 85, 1976, 235-238) montrait que plus une personne est exercée à la méditation, mieux elle accomplit les exercices d'attention, ce qui laisse entendre que la pratique de la méditation développe l'attention. Mais il faudrait des dizaines d'années à Davidson pour effectuer les recherches sur le cerveau qui confirmeraient l'exactitude de nos intuitions d'alors.

2. Richard J. Davidson et Anne Harrington eds., *Visions of Compassion : Western Scientists and Tibetan Buddhists Examine Human Nature*, New York, Oxford University Press, 2001.

3. B. Czeh, T. Michaelis, T. Watanabe, J. Frahm, G. de Biurrun, M. Van Kampen, A. Bartolomucci, et E. Fuchs, « Stress-Induced Changes in Cerebral Metabolites, Hippocampal Volume, and Cell proliferation Are Prevented By Antidepressant Treatment with Tianeptine », *Proceedings of the National Academy of Sciences of the United States of America* 98, 22, 2001, 12796-12801.

4. Sur les neurones qui se régénèrent toute la vie : P. S. Eriksson, E. Perfilieva, T. Bjork-Eriksson, A. M. Alborn, C. Nordborg, D. A. Peterson et F. H. Gage : « Neurogenesis in the Adult Human Hippocampus », *Nature Medicine* 4, 11, 1998, 1313-1317.

5. R. J. Davidson, D. C. Jackson, N. H. Kalin, « Emotion, Plasticity, Context and Regulation : Perspectives from Affective Neuroscience », *Psychological Bulletin*, 126, 6, 2000, 890-906.

6. Daniel Dennett, *Brainstorms : Philosophical Essays on Mind and Psychology*, Cambridge, MIT Press, 1981.

7. La quiétude de l'esprit est aussi connue sous son nom sanscrit : *shamatha*.

8. R. J. Davidson, K. M. Putnam, et C. L. Larson, « Dysfunction in the Neural Circuitry of Emotion Regulation – A Possible Prelude to Violence », *Science*, 289, 2000, 591-594.

9. E. J. Nestler et G. K. Aghajanian, « Molecular and Cellular Basis of Addiction », *Science,* 278, 5335, 1997, 58-63.

10. Sur les régions du cerveau activées par le manque : H. C. Breier et B. R. Rosen, « Functional Magnetic Resonance Imaging of Brain Reward Circuitry in the Human », *Annals of the New York Academy of Sciences,* 29, 877, 1999, 523-547.

Chapitre 9 : **Notre potentiel de changement**

1. A. Raine, T. Lencz, S. Bihrle, L. LaCasse, et P. Colletti : « Reduced Prefrontal Gray Matter Volume and Reduced Autonomic Activity in Antisocial Personality Disorder », *Archives of General Psychiatry*, 57, 2, 2000, 119-127, débat 128-129.

2. E. K. Miller et J. D. Cohen, « An Integrative Theory of Prefrontal Cortex Function », *Annual Review of Neuroscience,* 24, 2001, 167-202.

3. Jon Kabat-Zinn, *Où tu vas, tu es*, Paris, J.-C. Lattès, 1996.

4. Sogyal Rimpotché, *Le Livre tibétain de la vie et de la mort*, Paris, La Table ronde, 1996.

5. Norman Kagan, « Influencing Human Interaction – Eighteen Years with Interpersonal Process Recall », dans A. K. Hess, ed., *Psychotherapy Supervision : Theory, Research and Practice,* New York, John Wiley and Sons, 1991.

6. Daniel Goleman, *L'Intelligence émotionnelle n° 2,* Paris, J'ai Lu, 2000 ; Daniel Goleman, Richard Boyatzis et Annie McKee, *L'Intelligence émotionnelle au travail,* Village mondial, 2002.

7. William James, *Aux étudiants, aux enseignants*, Paris, Payot, 2000.

Chapitre 10 : **L'influence de la culture**

1. S. Sue « Asian American Mental Health : What We Know and What We Don't Know », dans W. Lonner *et al.*, eds, *Merging Past, Present and Future in Cross-Cultural Psychology : Selected Papers from the Fourteenth International Congress of the International Association for Cross-Cultural Psychology*, Lisse and Exton, Swets and Zeitlinger, 1999, 82-89.

2. H. R. Markus et S. Kitayama, « Culture and the Self : Implications for Cognition, Emotion and Motivation », *Psychological Review*, 98, 1991, 224-253.

3. Voir, par exemple, J. G. Miller et D. M. Bersoff, « Culture and Moral Judgement : How Are Conflicts Between Justice and Interpersonal Responsibilities Resolved ? », *Journal of Personality and Social Psychology*, 62, 1992, 541-554.

4. R. Hsu, « The Self in Cross-Cultural Perspective », dans A. J. Marsella, C. DeVos et F. L. K. Hsu, eds., *Culture and Self : Asian and Western Perspectives*, New York, Tavistock Publications, 1985, 24-55.

5. S. Cousins, « Culture and Self-Perception in Japan and the United States », *Journal of Personality and Social Psychology*, 56, 1989, 124-131.

6. S. Heine, D. Lehman, H. Markus et S. Kitayama, « Is There a Universal Need for Positive Self-Regard ? », *Psychological Review*, 106, 1999, 766-794.

7. *Ibid.*

8. J. L. Tsai et R. W. Levenson, « Cultural Influences on Emotional Responding : Chinese American and European American Dating Couples During Interpersonal Conflict », *Journal of Cross-Cultural Psychology*, 28, 1997, 600-625.

9. J. L. Tsai, R. W. Levenson et K. McCoy, « Bicultural Emotions : Chinese American and European American Couples During Conflict », à paraître.

10. *Ibid.*

11. J. Kagan, D. Arcus, N. Snidman, Y. F. Want, J. Hendler et S. Greene, « Reactivity in Infants : A Cross-National

Comparison », *Developmental Psychology*, 30, 3, 1994, 342-345 ; J. Kagan, R. Kearsley et P. Zelazo, *Infancy : Its Place in Human Development,* Cambridge, Massachusets, Harvard University Press, 1978.

12. D. G. Freedman, *Human Infancy : An Evolutionary Perspective,* Hillsdale, N. J., Lawrence Erlbaum, 1974.

13. J. A. Soto, R. W. Levenson, et R. Ebling, « Emotional Expression and Experience in Chinese Americans and Mexican Americans : A "Startling" Comparison », à paraître.

14. J. L. Tsai et T. Scaramuzzo, « Descriptions of Past Emotional Episodes : A Comparison of Hmong and European American College Students », en cours de rédaction.

15. D. Stipek, « Differences Between Americans and Chinese in the Circumstances Evoking Pride, Shame and Guilt », *Journal of Cross-Cultural Psychology,* 29, 5, 1998, 616-629.

16. J. L. Tsai et Y. Chentsova-Dutton, « Variation Among European Americans ?: You Betcha », à paraître.

17. S. Harkness, C. Super et N. Van Tijen, « Individualism and the "Western Mind" Reconsidered : American and Dutch Parents' Ethnotheories of the Child », dans S. Harkness, C. Raeff et C. Super, eds., *Variability in the Social Construction of the Child,* San Francisco, Jossey-Bass, 2000.

Chapitre 11 : **À l'école du bon cœur**

1. M. T. Greenberg et C. A. Kusché, *Promoting Social and Emotional Development in Deaf Children : The PATHS Project,* Seattle, University of Washington Press, 1993 ; C. A. Kusché et M. T. Greenberg, *The PATHS Curriculum,* Seattle, Developmental Research and Programs, 1994.

2. Le Groupement pour une instruction scolaire, sociale et émotionnelle (*Collaborative for Academic, Social and Emotional Learning*) rassemble les chercheurs qui s'occupent d'émotions et de développement infantile, de formation des

enseignants et d'interventions préventives ; il comprend aussi des décideurs officiels. Leur objectif commun est de fournir aux écoles et au public des informations scientifiques sur l'instruction sociale et émotionnelle, et de promouvoir le recours à des programmes efficaces scientifiquement conçus. On trouve sur leur site Internet, www.casel.org, une liste d'environ deux cents programmes scolaires répondant à ce qui fonctionne le mieux – à savoir aider les enfants à maîtriser les principales compétences émotionnelles et sociales dont ils ont besoin, mais aussi obtenir de meilleures performances scolaires.

3. G. Dawson, K. Frey, H. Panagiotides, E. Yamada, D. Hessl, et J. Osterling, « Infants of Depressed Mothers Exhibit Atypical Frontal Electrical Brain Activity During Interactions with Mother and with a Familiar, Nondepressed Adult », *Child Development,* 70, 1999, 1058-1066.

4. *Conduct Problems Prevention Research Group*, « A Developmental and Clinical Model for the Prevention of Conduct Disorders : the FAST Track Program », *Development and Psychopathology,* 4, 1992, 509-527.

5. S. W. Anderson, A. Bechara, H. Damasio, D. Tranel et A. R. Damasio, « Impairment of Social and Moral Behavior Related to Early Damage in Human Prefrontal Cortex », *Nature Neuroscience,* 2, 1999, 1032-1037.

6. K. A. Dodge, « A Social Information Processing Model of Social Competence in Children », dans M. Perlmutter, ed., *Cognitive Perspectives on Children's Social and Behavioral Development*, The Minnesota Symposia on Child Psychology, vol 18, Hillsdale, N.J., Lawrence Erlbaum, 1986.

7. M. T. Greenberg et C. A. Kusché, *Promoting Alternative Thinking Strategies : PATHS*, Blueprint for Violent Prevention, vol. 10, Boulder, Institute of Behavioral Sciences, University of Colorado, 1998.

8. M. T. Greenberg, C. A. Kusché, E. T. Cook et J. P. Quamma, « Promoting Emotional Competence in School-Aged Children : The Effects of the PATHS Curriculum », *Development and Psychopathology,* 7, 1995, 117-136.

9. J. M. Gottman, L. F. Katz et C. Hooven, *Meta-Emotion : How Families Communicate Emotionally*, Hillsdale, N.J., Lawrence Erlbaum, 1997.

10. J. Coie, R. Terry, K. Lenox, J. Lochman et C. Hyman, « Childhood Peer Rejection and Aggression as Stable Predictors of Patterns of Adolescent Disorder », *Development and Psychopathology*, 10, 1998, 587-598.

Chapitre 12 : **Promouvoir la compassion**

1. Voir Richard J. Davidson et Ann Harrington eds., *Visions of Compassion : Western Scientists and Tibetan Buddhists Examine Human Nature*, New York, Oxford University Press, 2001. Le récit de cet échange se trouve pages 82 à 84.

2. S'il n'existe pas en anglais d'équivalent direct de *muditâ* (« réjouissance du bonheur des autres »), l'allemand possède un mot qui semble désigner l'opposé : *Schadenfreude*, le plaisir tiré de la souffrance d'autrui.

3. T. Elbert, C. Pantev, C. Wienbruch, B. Rockstroh et E. Taub, « Increased Cortical Representation of the Fingers of the Left Hand in String Players », *Science*, 270, 5234, 1995, 305-307.

4. E. A. Maguire *et al.*, « Navigation-Related Structural Change in the Hippocampi of Taxi Drivers », *Proceedings of the National Academy of Science of the United States of America*, 97, 9, 2000, 4416-4419.

Chapitre 13 : **L'étude scientifique de la conscience**

1. Voir Humberto Maturana et Francisco Varela, *Autopoiesis and Cognition : The Realization of the Living*, Dordrecht and Boston, Reidel, 1980.

2. Voir l'entretien avec Francisco Varela dans John

Brockman, *The Third Culture*, New York, Simon and Schuster, 1995.

3. Humberto Maturana et Francisco Varela, *L'Arbre de la connaissance*, Addison-Wesley France, 1994.

4. À l'automne 1984, sur invitation d'Adam Engle et de Michael Sautman, le dalaï-lama avait accepté de prendre part à un débat sur le bouddhisme et la science. Les quatre organisateurs de cette première rencontre – Adam Engle, Michael Sautman, Francisco Varela et Joan Halifax – s'étaient connus à la Fondation Ojai, en Californie et avaient décidé de travailler ensemble, constituant le noyau de ce qui deviendrait le *Mind and Life Institute*.

5. Parmi ses ouvrages : Francisco Varela, *Autonomie et connaissance : essai sur le vivant*, Le Seuil, 1988, avec Humberto Maturana, *Autopoiesis and Cognition : The Realization of the Living*, Dordrecht and Boston, Reidel 1980 ; et avec Evan Thompson et Eleanor Rosch, *L'Inscription corporelle de l'esprit*, Le Seuil, 1993.

6. Ce nouvel esprit d'ouverture des scientifiques envers l'étude de la conscience est attesté, par exemple, par la création en 1994 du *Journal of Consciousness Studies* et par la série annuelle, à Tucson, de conférences intitulées « Vers une science de la conscience » où Francisco Varela est souvent intervenu.

7. F. Varela, E. Thompson et E. Rosch, *L'Inscription corporelle de l'esprit.* Les arguments pour la méthode de la première personne en neurosciences cognitives sont développés dans deux ouvrages collectifs parus sous la direction de Francisco Varela et Jonathan Shear, *The View From Within : First-Person Approaches in the Study of Consciousness* Londres, Imprint Academic, 1999, et sous celle de Jean Petitot, Francisco J. Varela, Bernard Pachoud et Jean-Michel Roy, *Naturalizing Phenomenology*, Stanford, Stanford University Press, 2000.

8. Francisco Varela, « Neurophenomenology : A Methodological Remedy for the Hard Problem », *Journal of*

Consciousness Studies, 3, 1996, 330-350 ; Varela et Shear, eds. *The View From Within.*

9. N. Depraz, F. Varela et P. Vermersch, *On Becoming Aware : The Pragmatics of Experiencing*, Amsterdam, John Benjamin Press, 2002.

10. F. Varela, J.-P. Lachaux, E. Rodriguez et J. Martinerie, « The Brainweb : Phase Synchronization and Large-Scale Integration », *Nature Reviews, Neuroscience* 2, 2001, 229-239.

11. E. Rodriguez, N. George, J.-P. Lachaux, J. Martinerie, B. Renault, et F. J. Varela, « Perception's Shadow : Long-Distance Synchronization of Human Brain Activity », *Nature,* 397, 1999, 430-433.

12. Trois de ces écoles se rejoignent pour dire que, dans l'ensemble, certains cas de perception sensorielle ne sont pas déformés. Mais le courant Prâsangika de l'école Mâdhyamika soutient que toutes les perceptions sensorielles sont illusoires par nature, car elles perçoivent leur objet comme existant en lui-même, de façon inhérente, alors qu'il n'existe pas ainsi.

13. On compte parmi ces écoles de pensée plus sophistiquées les branches Sautrântika, Yogâchâra, et Mâdhyamika. Elles représentent les principales idées que soutiennent aujourd'hui les philosophes bouddhistes tibétains.

14. A. Lutz, J.-P. Lachaux, J. Martinerie et F. J. Varela, « Guiding the Study of Brain Dynamics by Using First-Person Data : Synchrony Patterns Correlate with Ongoing Conscious States During a Simple Visual Task », *Proceedings of the National Academy of Science of the United States of America,* 99, 2002, 1586-1591.

15. F. Varela, E. Thompson et E. Rosch, *L'Inscription corporelle de l'esprit.* B. Alan Wallace émet des propositions semblables dans son livre : *The Taboo of Subjectivity : Toward a New Science of Consciousness*, New York, Oxford University Press, 2000, notamment dans le passage intitulé « Observing the Mind ».

Chapitre 14 : **Le cerveau changeant**

1. P.S. Eriksson, E. Perfilieva, T. Bjork-Eriksson, A. M. Alborn, C. Nordborg, D. A. Peterson, et F. H. Gage, « Neurogenesis in the Adult Human Hippocampus », *Nature Medicine,* 4, 11, 1998, 1313-1317.

2. Voir par exemple, H. Van Praag, G. Kempermann, et F. H. Gage, « Running Increases Cell Proliferation and Neurogenesis in the Adult Mouse Dentate Gyrus », *Nature Neuroscience,* 2, 3, 1999, 266-270.

3. M. S. George, Z. Nahas, M. Molloy, A. M. Speer, N. C. Oliver, X. B. Li, G. W. Arana, S. C. Risch, et J. C. Ballenger, « A Controlled Trial of Daily Left Prefrontal Cortex TMS for Treating Depression », *Biological Psychiatry,* 48, 10, 2000, 962-970.

4. Voir S. Frederick et G. Loewenstein, « Hedonic Adaptation », dans D. Kahneman, E. Diener et N. Schwartz, eds., *Well-Being : The Foundations of Hedonic Psychology*, New York, Russell Sage, 1999 ; P. Brickman, D. Coates et R. Janoff-Bullman, « Lottery Winners and Accident Victims : is Happiness Relative ? » *Journal of Personality and Social Psychology,* 36, 1978, 917-927.

5. Jon Kabat-Zinn est intervenu à la troisième conférence *Mind and Life*, voir Daniel Goleman, éd., *Quand l'esprit dialogue avec le corps, entretiens avec le dalaï-lama sur la conscience, les émotions et la santé*, Guy Trédaniel éditeur, 1998.

6. R. J. Davidson *et al.*, « Alterations in Brain and Immune Function Produced by Mindfulness Meditation », *Psychosomatic Medicine*, sous presse.

7. La formation comprenait une méditation apaisante sur la respiration, ainsi qu'une scrutation par la méditation des sensations de tout le corps. Pour plus de détails sur l'entraînement, voir Jon Kabat-Zinn, *Full Catastrophe Living*, New York, Dell, 1990.

8. J. Kiecott-Glaser *et al.*, « Chronic Stress Alters the Immune Response to Influenza Virus Vaccine in Older Adults », *Proceedings of the National Academy of Science of the United States of America,* 93, 7, 1996, 3043-3047.

9. Le groupe de méditation comptait vingt-trois participants, et le groupe témoin en comptait seize, ce qui laisse concevoir qu'une nouvelle version de cette étude avec un groupe élargi serait souhaitable.

10. R. M. Benca, W. H. Obermeyer, C. L. Larson, B. Yun, I. Dolski, S. M. Weber, et R. J. Davidson, « EEG Alpha Power and Alpha Asymmetry in Sleep and Wakefulness », *Psychophysiology,* 36, 1999, 430-436.

11. Voir, par exemple, la traduction du texte et ses commentaires sur le yoga des rêves dans Gyatrul Rimpotché, *Sagesse ancestrale, enseignements Nyingma sur le yoga du rêve, la méditation et la transformation*, Dharma, 1999. Ce fut aussi un sujet central de la rencontre *Mind and Life* rapportée dans Francisco Varela, ed., *Dormir, rêver, mourir,* Nil, 1998.

À propos des participants

Tenzin Gyatso, Sa Sainteté le quatorzième dalaï-lama, est le guide spirituel du bouddhisme tibétain, le chef du gouvernement tibétain en exil et un maître spirituel révéré dans le monde entier. Il est né le 6 juillet 1935 dans une famille de paysans d'un petit village du nord-est tibétain nommé Taktser. C'est à deux ans qu'il a été identifié, selon la tradition tibétaine, comme la réincarnation de son prédécesseur, le treizième dalaï-lama. Les dalaï-lamas sont les manifestations du Bouddha de la compassion, qui choisit de se réincarner dans l'intention de servir les humains. Prix Nobel de la paix en 1989, ses positions en défense d'un règlement compassionnel et pacifique des conflits lui valent le respect universel. Il a beaucoup voyagé et traité de sujets comme la responsabilité universelle, l'amour, la compassion et la bonté. On connaît nettement moins son intérêt personnel pour les sciences ; il a dit que, s'il n'avait pas été moine, il aurait aimé être ingénieur. Dans sa jeunesse à Lhassa, c'est toujours lui qu'on appelait au palais Potala pour réparer les mécaniques tombées en panne, qu'il s'agisse d'horlogerie ou d'automobile. Toujours très avide de se tenir informé des derniers développements de la science, il ne manque jamais de témoigner de son souci pour les implications humanistes de ces découvertes et fait preuve d'une extrême finesse méthodologique intuitive.

Richard J. Davidson est directeur du Laboratory for Affective Neuroscience et du W. M. Keck Laboratory for Functional Brain Imaging and Behavior de l'université du Wisconsin, à Madison. Il a fait ses études à la New York University ainsi qu'à Harvard, où il a respectivement passé sa licence puis son doctorat. Au fil de sa carrière de chercheur, il s'est intéressé à la relation entre le cerveau et l'émotion. Il est aujourd'hui titulaire des chaires William James et Vilas Research en psychologie et en psychiatrie à l'université du Wisconsin. Il a écrit ou dirigé la publication de neuf ouvrages, dont les plus récents sont *Anxiety, Depression and Emotion*, Oxford University Press, 2000, et *Visions of Compassion : Western Scientists and Tibetan Buddhists Examine Human Nature*, Oxford University Press, 2002. Le professeur Davidson a aussi fourni plus de cent cinquante contributions et articles à différentes revues. Ses travaux lui ont valu de nombreuses récompenses, dont le Research Scientist Award du National Institute of Mental Health et le Distinguished Scientific Contribution Award de l'American Psychological Association. Il est membre du bureau de conseillers scientifiques du National Institute of Mental Health. En 1992, après avoir participé à plusieurs rencontres *Mind and Life*, il a fait partie de l'équipe scientifique qui a mené des recherches neurobiologiques sur les aptitudes mentales extraordinaires de moines tibétains expérimentés.

Paul Ekman est professeur de psychologie et directeur du Human Interaction Laboratory de l'école de médecine de l'université de Californie, à San Francisco. Ses études l'ont conduit de l'université de Chicago à celle de New York, avant d'obtenir son doctorat à l'Adelphi University. Il s'est consacré aux expressions émotionnelles (et à leur rapport avec les changements physiologiques) et à la tromperie, pour devenir une autorité reconnue en matière de signes faciaux de l'émotion. Ses études interculturelles sur l'expression émotionnelle l'ont mené de l'âge de pierre – en Papouasie-Nouvelle-Guinée en 1967 et 1968 –, au Japon, et à un certain nombre d'autres cultures. Il compte parmi ses titres honorifiques sept Research Scientist Awards du National Institute of Mental Health ainsi qu'un doctorat de lettres *honoris causa* à l'université de Chicago. Il a publié plus d'une centaine d'articles de pointe et écrit ou dirigé la rédaction de quatorze livres, dont celui codirigé avec Richard Davidson, *The Nature of Emotion*, Oxford University Press, 1997. Sa dernière production est une édition commentée du livre que Charles Darwin publia en 1872, *L'Expression de l'émotion chez l'homme et les animaux*, où il met en lumière la pertinence pour la recherche contemporaine des idées de Darwin sur l'évolution de l'émotion.

Owen Flanagan est titulaire de la chaire James B. Duke de philosophie, professeur de psychologie (expérimentale) et de neurobiologie à la Duke University. En 1999 et 2000, le Dr Flanagan a été titulaire de la chaire Romanell Phi Beta Kappa, et récompensé par la distinction nationale Phi Beta Kappa remise chaque année à un philosophe américain pour sa contribution distinguée à la philosophie et à la diffusion publique de la philosophie. Le Dr Flanagan se consacre essentiellement à la question du corps et de l'esprit, à la psychologie morale, et au conflit entre les visions scientifique et humaniste de la personne. Il est auteur de *The Science of the Mind*, MIT Press, 1991 ; *Varieties of moral personality*, Harvard University Press, 1991 ; *Consciousness reconsidered*, MIT Press, 1992 ; *Self-Expressions : Mind, Morals, and the Meaning of Life,* Oxford University Press, 1996 ; *Psychologie morale et éthique,* PUF, 1996 ; et *Dreaming Souls : Sleep, Dreams, and the Evolution of the Conscious Mind*, Oxford University Press, 2000. Nombre de ses articles ont été publiés, dont plusieurs études récentes sur la nature des vertus, les émotions morales, le confucianisme et le statut scientifique de la psychanalyse.

Daniel Goleman est coprésident du Consortium for Research on Emotional Intelligence à la Graduate School of Applied and Professional Psychology de la Rutgers University. Il a passé sa licence à l'Amherst College, puis sa maîtrise et son doctorat en psychologie clinique et en études du développement à Harvard, où il est ensuite devenu enseignant. Il est aussi cofondateur du Collaborative for Academic, Social and Emotional Learning à l'université de l'Illinois, à Chicago, un groupe de recherche qui procède à l'évaluation et à la diffusion de programmes scolaires d'initiation à la maîtrise affective de soi. Il s'est particulièrement intéressé aux rapports entre la psychobiologie et le comportement, avec une attention spéciale pour le lien entre les émotions et la santé. Il a été nommé deux fois pour le prix Pulitzer, pour sa couverture dans le *New York Times* des sciences du cerveau et du comportement. Il a écrit ou dirigé la rédaction de douze livres, dont le best-seller international *L'Intelligence émotionnelle*, Robert Laffont, 1997 et *Quand l'esprit dialogue avec le corps*, Guy Trédaniel, 1998, le compte rendu de *Mind and Life III*.

Mark Greenberg est titulaire de la chaire Bennett de recherche préventive du département de développement humain et d'études familiales de la Pennsylvania State University, où il dirige aussi le Prevention Research Center for the Promotion of Human Development. Il a passé sa licence à la Johns Hopkins University, puis sa maîtrise et son doctorat en psychiatrie pédiatrique et du développement à l'université de Virginie. Ses recherches l'ont conduit à s'intéresser à la neuroplasticité dans le développement émotionnel chez l'enfant, à l'étude du lien parents-enfant, et aux stratégies éducatives susceptibles de réduire le risque de troubles comportementaux et de favoriser les compétences sociales et émotionnelles. Le professeur Greenberg a été consultant pour l'US Center fo Disease Control Task Force on Violence Prevention et codirige le comité de recherche du CASEL (Collaborative for Academic, Social and Emotional Learning). Il a publié plus d'une centaine d'articles de pointe sur le développement infantile, dont un chapitre sur les fondements neurologiques du développement émotionnel dans *Emotional Development and Emotional Intelligence*, Basic Books, 1997.

Géshé Thupten Jinpa est né au Tibet en 1958. Formé comme moine dans le sud de l'Inde, il a reçu le titre de *géshé lharampa*, (l'équivalent d'un doctorat en théologie), au Shartse College de l'université monastique de Ganden, où il a aussi enseigné la philosophie bouddhiste pendant cinq ans. Il a ensuite passé une licence (avec mention) de philosophie occidentale et un doctorat de théologie à la Cambridge University. Depuis 1985, c'est l'un des principaux interprètes en anglais de Sa Sainteté le dalaï-lama, dont il a traduit et édité plusieurs ouvrages (*The Good Heart : The Dalaï-Lama Explores the Heart of Christianity*, Rider, 1996, et *Ethics for the New Millenium*, Riverhead, 1999). Ses derniers livres sont *Songs of Spiritual Experience* (avec Ja's Elsner, Shambhala, 2000), *Tsongkhapa's Philosophy of Emptiness* (à paraître chez Curzon Press), et l'article sur la philosophie tibétaine dans l'*Encyclopedia of Asian Philosophy*, Routledge, 2001. Il a été de 1996 à 1999 le Margaret Smith *Research Fellow* en religions orientales au Girton College de l'université de Cambridge. Il préside aujourd'hui l'Institute of Tibetan Classics, consacré à la traduction en langue contemporaine des principaux classiques tibétains. Il vit à Montréal, au Canada, avec sa femme et deux jeunes enfants.

Le vénérable Ajahn Maha Somchai Kusalacitto, issu d'une famille de fermiers du nord de la Thaïlande, a été ordonné moine à vingt ans. Après avoir passé une licence d'études bouddhistes en Thaïlande et un doctorat de philosophie indienne à l'université de Madras, il a été nommé doyen de l'université Mahachulalongkornrajavidyalaya de Bangkok, dont il est aujourd'hui le recteur adjoint pour les affaires extérieures, et où il donne des conférences sur des questions bouddhistes et de religion comparée. Il continue de publier des articles pointus sur le bouddhisme et fait office d'abbé adjoint au monastère bouddhiste Chandaram, sans jamais cesser d'apparaître à la radio et à la télévision, ainsi que dans la presse, toujours pour des questions bouddhistes.

Il est cofondateur d'une association internationale de bouddhistes impliqués dans des questions sociales, d'un groupe prônant un système éducatif alternatif en Thaïlande, et d'une association de moines thaïs vouée à la préservation de la tradition monastique forestière.

Matthieu Ricard est moine bouddhiste au monastère Shechen de Katmandou, et interprète français de Sa Sainteté le dalaï-lama depuis 1989. Né en France en 1946, il a obtenu son doctorat en génétique cellulaire à l'Institut Pasteur, sous la direction du prix Nobel François Jacob. À ses heures libres, il a écrit *Les Migrations animales,* Robert Laffont, 1968. C'est en 1967 qu'il a fait son premier voyage dans l'Himalaya, avant de s'y établir en 1972, pour devenir moine en 1979. Il a étudié quinze ans auprès de Dilgo Khyentse Rimpotché, l'un des principaux maîtres tibétains de notre époque. Avec son père, le penseur français Jean-François Revel, il a écrit *Le Moine et le Philosophe,* Nil, 1997, et *L'Infini dans la paume de la main : du Big-Bang à l'éveil* avec l'astrophysicien Trinh Xuan Thuan, Nil, 2000. Il a enfin publié plusieurs livres de photographies, dont *Enfants du Tibet*, Desclée de Brouwer, 2000 et *Himalaya bouddhiste,* La Martinière, 2002.

Jeanne L. Tsai est enseignante au département de psychologie de Stanford University. Elle a passé sa licence à Stanford puis sa maîtrise et son doctorat en psychologie clinique à l'University of California, à Berkeley. Elle a centré ses recherches sur l'interaction entre la culture et l'émotion, analysant l'influence de la socialisation sur la perception, l'expression et la physiologie de l'émotion. Elle a eu recours pour ce faire à différentes méthodes, comparant par exemple les différences dans la réaction physiologique et la perception de l'émotion chez des Chinois et différents groupes ethniques aux États-Unis. Ses articles ont paru dans de nombreux livres et revues spécialisés, dont *The Encyclopedia of Human Emotions*, Gale, 1999 et *The Comprehensive Handbook of Psychopathology*, Plenum, 1993.

Francisco J. Varela a obtenu son doctorat de biologie à Harvard en 1970. Il s'est intéressé aux mécanismes biologiques de la cognition et de la conscience, et a contribué à plus de deux cents articles traitant de ces questions dans des revues scientifiques. Il a également écrit ou dirigé la rédaction de quinze livres, dont beaucoup ont été traduits en plusieurs langues, notamment *L'Inscription corporelle de l'esprit,* Le Seuil, 1993, et plus récemment *Naturalizing Phenomenology : Contemporary Issues in Phenomenology and Cognitive Science*, Stanford University Press, 1999, et *The View from Within : First-Person Methodologies in the Study of Consciousness*, Imprint Academic, 1999. Gratifié de plusieurs récompenses pour ses travaux, il était professeur de sciences cognitives et d'épistémologie à l'École polytechnique pour la Fondation de France, directeur de recherche au Centre national de la recherche scientifique à Paris, et dirigeait l'équipe neurodynamique au LENA (Laboratoire de neurosciences cognitives et imagerie cérébrale) de la Salpêtrière, à Paris. En tant que scientifique fondateur de la série *Mind and Life*, il a publié différents articles et livres sur le dialogue entre science et religion, parmi lesquels *Passerelles*, Albin Michel, 1995, et *Dormir, Rêver, Mourir*, Nil, 1998, qui couvrent la première et la quatrième rencontre *Mind and Life*. Le Dr Varela nous a quittés le 28 mai 2001.

B. Alan Wallace a passé de nombreuses années de formation dans des monastères bouddhistes en Inde et en Suisse, et enseigne depuis 1976 la théorie et la pratique bouddhistes en Europe et aux États-Unis. Il a été l'interprète de nombreux érudits et contemplatifs tibétains, dont Sa Sainteté le dalaï-lama. Après avoir décroché la mention très honorable pour son diplôme de l'Amherst College, où il a étudié la physique et la philosophie de la science, il a obtenu son doctorat de théologie à Stanford University. Il a dirigé, traduit, écrit ou contribué à plus de trente livres sur le bouddhisme, la médecine, la langue et la culture du Tibet. Il a aussi écrit sur les rapports entre science et religion. On trouve parmi ses ouvrages publiés : *Tibetan Buddhism from the Ground Up*, Wisdom Publications, 1993 ; *Choosing Reality : A Buddhist View of Physics and the Mind*, Snow Lion Publications, 1996 ; *The Bridge of Quiescence : Experiencing Buddhist Meditation*, Open Court Publishing, 1998 ; et *The Taboo of Subjectivity : Toward a New Science of Consciousness*, Oxford University Press, 2000. Il a aussi constitué une anthologie d'essais intitulée *Science et bouddhisme, à chacun sa réalité*, Calmann-Lévy, 1989.

À propos du *Mind and Life Institute*

Les dialogues *Mind and Life* entre Sa Sainteté le dalaï-lama et les scientifiques occidentaux sont nés de la collaboration entre R. Adam Engle, un avocat et homme d'affaires américain, et Francisco J. Varela, un neurobiologiste chilien installé à Paris. En 1983, Engle et Varela, qui ne se connaissaient pas encore, avaient pris, chacun de son côté, l'initiative d'organiser une série de rencontres interculturelles où Sa Sainteté pourrait participer à plusieurs journées de débats approfondis avec des chercheurs occidentaux.

En sortant de la Harvard Law School, Engle a commencé par travailler dans un cabinet de conseil juridique de Beverly Hills spécialisé dans le spectacle, avant de passer un an à Téhéran en tant qu'avocat de l'entreprise de télécommunications GTE. Son tempérament impétueux le conduit alors à prendre sa première année de congé sabbatique en Inde, où il se découvre une fascination pour les monastères tibétains qu'il visite dans l'Himalaya. C'est en 1974 qu'il rencontre le lama Thubten Yéshé, l'un des premiers bouddhistes tibétains à enseigner en anglais, et passe quatre mois dans le monastère Kopan de Katmandou. De retour aux

États-Unis, Engle s'installe près de Santa Cruz, en Californie, où le lama Yéshé et son disciple le lama Thubten Zopa Rimpotché tiennent un centre de retraite.

C'est par le lama Yéshé qu'Engle entend parler de l'intérêt authentique et durable du dalaï-lama pour la science et de son souhait d'approfondir sa connaissance de la science occidentale, tout en partageant avec les chercheurs occidentaux son savoir sur la science contemplative orientale. Il apparaît tout de suite à Engle que ce projet est taillé pour lui.

À l'automne 1984, ayant été rejoint par son ami Michael Sautman, Engle fait la rencontre à Los Angeles du petit frère de Sa Sainteté, Tendzin Choegyal (Ngari Rimpotché), à qui il présente son projet d'une rencontre interculturelle scientifique étalée sur une semaine, à laquelle Sa Sainteté aurait tout loisir de participer. Rimpotché promet gracieusement d'en parler à Sa Sainteté. À peine quelques jours plus tard, il fait savoir à Engle et Sautman que Sa Sainteté serait ravie d'entreprendre un débat avec des chercheurs et qu'il leur donne l'autorisation d'organiser une rencontre. C'est la première intervention de Tendzin Choegyal, qui restera un conseiller déterminant dans ce qui deviendra le *Mind and Life Institute*.

Entre-temps, Francisco Varela, pratiquant bouddhiste depuis 1974, a rencontré Sa Sainteté en 1983, lors d'un séminaire international où il intervient dans le cadre des Alpbach Symposia on Consciousness, et le courant passe immédiatement entre les deux hommes. Sa Sainteté est manifestement heureuse de cette occasion de discuter avec un neurobiologiste doté de notions de bouddhisme tibétain, et Varela décide de chercher des façons de prolonger ce dialogue scientifique. À l'automne 1985, Joan Halifax, une amie proche alors directrice de la fondation Ojai qui a eu vent des intentions d'Engle et Sautman, suggère qu'ils unissent leurs efforts. Tous quatre se réunissent à la fondation Ojai en octobre 1985 et décident d'avancer ensemble. Convenant que les disciplines scientifiques ayant trait à l'esprit et à la vie sont celles qui risquent de donner les meilleurs résultats dans cet échange avec le bouddhisme, ce sont celles qu'ils choisissent. Ils en tirent l'intitulé de leur première rencontre, puis le nom du *Mind and Life Institute*.

Il faut deux années supplémentaires d'efforts à Engle, Sautman, Varela et au bureau particulier de Sa Sainteté avant que se tienne cette première rencontre à Dharamsala, en octobre 1987. Ce temps est consacré par Engle et Varela à l'édification d'une structure utile à cette rencontre. Adam y occupe les fonctions de coordinateur général, dont les principales responsabilités concernent la recherche de fonds, les relations avec Sa Sainteté et son bureau, et tous les autres aspects généraux du projet, alors que Francisco, en tant que coordinateur scientifique, se charge du contenu scientifique, de l'émission des invitations auprès des hommes de science et de l'édition d'un livre relatant l'ensemble de la rencontre.

Ce partage des responsabilités entre coordinateurs fonctionne si bien qu'il se perpétuera au fil des rencontres. En 1990, lorsque le *Mind and Life Institute* prend une existence formelle, Adam en devient le président et demeurera le coordinateur général de toutes les rencontres *Mind and Life* ; si Francisco n'en sera pas toujours le coordinateur scientifique, il en restera jusqu'à sa mort en 2001 une force inspiratrice et sera le plus proche collaborateur d'Engle au sein du *Mind and Life Institute* et à chacune de ses rencontres.

Il faut qu'un mot soit dit ici du caractère unique de cette série de conférences. Les passerelles qui doivent permettre aux sciences modernes de mutuellement s'enrichir, *a fortiori* dans le cas des neurosciences, sont extrêmement difficiles à mettre en place. Francisco a pu en avoir un premier aperçu lorsqu'il a participé à l'élaboration d'un programme scientifique au Naropa Institute (aujourd'hui Naropa University), une institution de Boulder, dans le Colorado, consacrée aux arts libéraux et fondée par le maître de méditation tibétain Chogyam Trungpa Rimpotché. En 1979, Naropa a reçu une dotation de la Sloan Foundation pour organiser *Comparative Approaches to Cognition : Western and Buddhist*, qui a sans doute été la toute première conférence sur la question. Quelque vingt-cinq universitaires venus d'éminentes institutions des États-Unis y ont représenté différentes disciplines : philosophie générale, sciences cognitives (neurobiologie, psychologie expérimentale, linguistique, intelligence artificielle), et, bien sûr, études bouddhiques. La rencontre a été pour Francisco une rude leçon sur le soin et la finesse qu'exige l'organisation d'un dialogue interculturel.

Ainsi, en 1987, fort de l'expérience de Naropa et soucieux de ne pas retomber dans les mêmes pièges, Francisco a obtenu l'adoption de quelques principes opératoires qui joueront un rôle considérable dans l'extraordinaire succès de la série *Mind and Life*. Le plus important était peut-être celui de ne plus choisir les scientifiques en fonction de leur seule notoriété mais plutôt de leur compétence dans leur domaine, de leur ouverture d'esprit. Posséder quelques connaissances sur le bouddhisme peut s'avérer utile mais pas essentiel, tant qu'on fait preuve d'un respect salutaire à l'égard des disciplines contemplatives orientales.

Ensuite, le programme s'est modelé au fil des conversations avec le dalaï-lama, qui ont permis de préciser quelles généralités devront être présentées à Sa Sainteté pour lui permettre de pleinement participer au dialogue. Pour s'assurer de la fluidité des débats, on les a structurés en réservant les matinées aux interventions de chercheurs occidentaux. Cela permettra à Sa Sainteté de prendre connaissance des grandes lignes de tel ou tel domaine. On commencera donc toujours par une présentation générale, accessible et non partisane du point de vue scientifique. L'après-midi sera entièrement consacrée au débat, qui découlera naturellement de l'exposé précédent. Dans ce débat, l'intervenant du matin pourra exprimer ses préférences ou son avis personnel s'ils diffèrent du point de vue communément admis.

La question de la traduction anglais-tibétain dans une rencontre scientifique a aussi posé quelques problèmes, car il s'est révélé impossible de trouver un Tibétain aussi à l'aise en anglais qu'en sciences. On y a remédié en choisissant deux formidables interprètes, l'un tibétain et l'autre occidental de formation scientifique, qu'on a installés côte à côte pendant la rencontre. Cela a permis un éclaircissement immédiat des termes problématiques, ce qui est absolument essentiel si l'on souhaite éviter les malentendus fondamentaux entre deux traditions si différentes. Thupten Jinpa, un moine tibétain qui visait alors le titre de *géshé* au monastère Ganden Shartse, et aujourd'hui muni d'un doctorat de philosophie de Cambridge University, et B. Alan Wallace, ancien moine de la tradition tibétaine diplômé de physique à l'Amherst College et docteur en études religieuses à Stanford University, ont été les interprètes du premier *Mind and Life* et de tous les suivants. Lors de

Mind and Life V, le Dr Wallace étant indisponible, c'est José Cabezon qui a tenu lieu d'interprète occidental.

Enfin, parmi les principes qui ont assuré le succès de la série, il y a le caractère rigoureusement privé des conférences : pas de presse, et à peine quelques invités. Cette règle la distingue totalement des conférences occidentales habituelles, où l'image publique du dalaï-lama rend quasiment impossible toute discussion détendue et spontanée. L'institut *Mind and Life* filme les rencontres à des fins d'archivage audio et vidéo et de transcription, mais les réunions sont devenues un lieu protégé favorisant l'esprit d'exploration.

La première rencontre *Mind and Life* s'est tenue en octobre 1987, dans les quartiers privés du dalaï-lama, à Dharamsala. FranciscoVarela a été le coordinateur scientifique et le modérateur du débat, où ont été abordés différents thèmes généraux des sciences cognitives, dont la méthode scientifique, la neurobiologie, la psychologie cognitive, l'intelligence artificielle, le développement du cerveau et l'évolution. Outre Francisco Varela, les intervenants ont été Jeremy Hayward (physique et philosophie de la science), Robert Livingston (neurosciences et médecine), Eleanor Rosch (sciences cognitives) et Newcomb Greenleaf (informatique).

Le succès a été considérable, en ce sens que tant le dalaï-lama que l'ensemble des participants ont senti qu'une réelle rencontre des esprits s'était produite et qu'on avait commencé à tendre des passerelles. *Mind and Life I* a été transcrit et édité par J. Hayward et F. Varela pour paraître en français sous le titre *Passerelles*, Albin Michel, 1995. D'abord paru en anglais, l'ouvrage a aussi été traduit en espagnol, en allemand, en japonais et en chinois.

C'est en octobre 1989 qu'a eu lieu *Mind and Life II*,

à Newport Beach, en Californie, sous la coordination scientifique de Robert Livingston, qui avait choisi de mettre l'accent sur les neurosciences. Les invités étaient Patricia S. Churchland (philosophie de la science), J. Allan Hobson (sommeil et rêves), Larry Squire (mémoire), Antonio Damasio (neurosciences) et Lewis Judd (santé mentale). C'est pendant ce débat qu'Engle a été réveillé à trois heures du matin par un appel téléphonique : le prix Nobel de la paix venait d'être attribué au dalaï-lama, et l'ambassadeur de Norvège se présenterait dès huit heures pour en informer officiellement ce dernier. Lorsqu'il en a été prévenu, le dalaï-lama n'a pas changé son programme, il s'est rendu à la réunion avec les scientifiques et n'a pris le temps que d'une rapide conférence de presse pour évoquer cette distinction. Le compte rendu de cette rencontre a été rendu disponible par Z. Houshmand, R. B. Livingston et B. A. Wallace sous le titre *Le Pouvoir de l'esprit ; entretiens avec des scientifiques*, Fayard, 2000.

En 1990, *Mind and Life III* est revenu à Dharamsala. Ayant préparé et assuré le déroulement de la première et de la deuxième rencontre, Adam Engle et Tenzin Geyche Tethong, le secrétaire du dalaï-lama, sont convenus qu'il valait bien mieux organiser les suivantes en Inde plutôt qu'en Occident. C'est Daniel Goleman (psychologie), qui a cette fois tenu lieu de coordinateur scientifique, le thème de la rencontre étant la relation entre émotions et santé. Les participants étaient Daniel Brown (psychologie clinique), Jon Kabat-Zinn (médecine comportementale), Clifford Saron (neurosciences), Lee Yearly (philosophie), Sharon Salzberg (bouddhisme) et Francisco Varela (immunologie et neurosciences). Daniel Goleman a tiré des minutes de *Mind and Life III*, l'ouvrage intitulé : *Quand l'esprit dialogue avec le corps : entretiens avec le dalaï-lama sur les émotions, la conscience et la santé*, Guy Trédaniel, 1998.

C'est pendant *Mind and Life III* qu'une nouvelle voie d'exploration s'est dessinée, comme un complément naturel aux débats, mais hors du cadre des conférences. Clifford Saron, Richard Davidson, Francisco Varela, Gregory Simpson et Alan Wallace ont entrepris des recherches sur les effets à long terme de la méditation sur ses pratiquants. Il s'agissait en fait de profiter de la bonne volonté et de la confiance acquise de la communauté tibétaine de Dharamsala, et de l'intérêt de Sa Sainteté pour ce genre de recherches. C'est avec une mise de fonds initiale de la Hershey Family Foundation qu'a alors été créé le *Mind and Life Institute*, qu'Adam Engle ne cesserait jamais de présider. Le Fetzer Institute a financé les premières étapes du projet de recherche. Un premier compte rendu des progrès effectués serait soumis au Fetzer Institute en 1994.

La quatrième conférence *Mind and Life*, intitulée « Dormir, rêver, mourir » s'est tenue à Dharamsala en octobre 1992, Francisco Varela y retrouvant son rôle de coordinateur scientifique. Outre Francisco et Sa Sainteté, les participants étaient Charles Taylor (philosophie), Jerome Engel (neurosciences et médecine), Joan Halifax (anthropologie, mort et agonie), Jayne Gackenbach (psychologie du rêve lucide), et Joyce McDougal (psychanalyse). Le récit par Francisco Varela de cette conférence est aujourd'hui disponible en français sous le titre *Dormir, rêver, mourir : explorer la conscience avec le dalaï-lama*, Nil, 1998.

C'est encore à Dharamsala qu'a eu lieu *Mind and Life V*, en avril 1995. L'intitulé en était : « Altruisme, éthique et compassion », et la coordination scientifique en a été assurée par Richard Davidson. Outre le Dr Davidson, on comptait parmi les intervenants Nancy Eisberg (développement infantile), Robert Frank (altruisme en économie), Anne Harrington (histoire des sciences), Elliott Sober (philosophie), et Ervin Staub (psychologie sociale et comportement de groupe). L'ouvrage rapportant ce récit est intitulé *Visions of Compassion : Western Scientists and Tibetan Buddhists Examine Human Nature*, textes rassemblés par R. J. Davidson et Anne Harrington, New York ; Oxford University Press, 2001.

Mind and Life VI a consacré l'ouverture d'un nouveau champ d'exploration qui dépassait l'orientation première sur les sciences de la vie. La rencontre s'est tenue en octobre 1997 à Dharamsala, et Arthur Zajonc (physique) en était le coordinateur scientifique. Outre le Dr Zajonc et Sa Sainteté, on comptait parmi les participants David Finkelstein (physique), George Greenstein (astronomie), Pier Hut (astrophysique), Tu Weming (philosophie) et Anton Zeilinger (physique quantique). Mis en forme par A. Zajonc, l'ouvrage couvrant cette rencontre est intitulé *The New Physics and Cosmology*, New York, Oxford University Press, 2003.

Le dialogue sur la physique quantique s'est poursuivi avec *Mind and Life VII*, qui s'est tenu en juin 1998 dans les locaux du laboratoire d'Anton Zeilinger, à l'Institut für Experimentalphysic d'Innsbruck, en Autriche. On a pu y entendre Sa Sainteté, le Dr Zeilinger et le Dr Zajonc, ainsi que leurs interprètes, le Dr Jinpa et le Dr Wallace. Cette rencontre a fait la couverture et l'objet d'un reportage du numéro de janvier 1999 de l'édition allemande du magazine *Géo*.

La rencontre rapportée dans le présent ouvrage, *Mind and Life VIII*, a eu lieu en mars 2000 à Dharamsala,

Daniel Goleman en étant le coordinateur scientifique, et B. Alan Wallace, le coordinateur philosophique. Elle était intitulée « Les émotions destructrices ». Les participants y étaient Sa Sainteté le quatorzième dalaï-lama, le vénérable Matthieu Ricard (bouddhisme), Richard Davidson (neurosciences et psychologie), Francisco Varela (neurobiologie), Paul Ekman (psychologie), Mark Greenberg (psychologie), Jeanne Tsai (psychologie), le vénérable Somchai Kusalacitto (bouddhisme) et Owen Flanagan (philosophie).

Mind and Life IX s'est tenu à l'université du Wisconsin, à Madison, en collaboration avec le Health Emotions Research Institute et le Center for Research on Mind-Body Interactions. Les participants étaient Sa Sainteté le quatorzième dalaï-lama, Richard Davidson, Antoine Lutz (qui représentait Francisco Varela), Matthieu Ricard, Paul Ekman et Michael Merzenich (neurobiologie). L'objet de cette rencontre de deux jours était de rechercher le meilleur usage possible des techniques de l'IRMf et de l'EEG-MEG dans l'étude de la méditation, de la perception, de l'émotion et des relations entre la neuroplasticité humaine et les pratiques de la méditation.

Mind and Life X s'est tenu en octobre 2002 à Dharamsala. L'intitulé en était : « Nature de la matière, nature de la vie ». Le coordinateur scientifique et modérateur était Arthur Zajonc, et les participants, Sa Sainteté le quatorzième dalaï-lama, Steven Chu (physique), Arthur Zajonc (complexité), Luigi Luisi (biologie cellulaire et chimie), Ursula Goodenough (biologie de l'évolution), Eric Lander (recherche du génome), Miche Bitbol (philosophie), et Matthieu Ricard (bouddhisme).

Mind and Life XI sera la première rencontre publique

de la série. Elle se tiendra à Boston le 13 et le 14 septembre 2003, sous l'intitulé : « Explorer l'esprit : dialogues entre le bouddhisme et les sciences comportementales sur le fonctionnement de l'esprit. » Vingt-deux scientifiques de renommée mondiale y retrouveront Sa Sainteté pour deux jours de réflexion sur la meilleure façon d'enseigner l'attention et le contrôle cognitif, l'émotion et l'imagerie mentale. Pour plus d'information, merci de consulter www.InvestigatingTheMind.org.

Au début de l'an 2000, dans la lignée des travaux entrepris en 1990, les membres du *Mind and Life Institute* se sont remis à étudier la méditation dans des laboratoires occidentaux de recherche sur le cerveau, avec la pleine participation de méditants confirmés. À l'aide de l'IRMf, de l'EEG et du MEG, ces travaux ont été menés au sein du CREA de Paris, de l'université du Wisconsin à Madison, et à Harvard University. L'expression émotionnelle et la psychophysiologie autonome étaient mesurées à l'University of California, à San Francisco et Berkeley.

Le Dr Paul Ekman, de l'University of California, à San Francisco, et qui a participé à la rencontre rapportée dans cet ouvrage, a mis au point un projet de recherche intitulé « Cultiver l'équilibre émotionnel ». C'est le premier projet à grande échelle de *Mind and Life* consacré à l'enseignement et à l'évaluation des effets de la méditation sur la vie émotionnelle de méditants débutants. Il a deux objectifs liés à la recherche : l'élaboration et l'évaluation d'un programme apprenant aux gens à gérer leurs épisodes émotionnels destructifs à partir des pratiques contemplatives bouddhistes et de la psychologie occidentale ; et l'évaluation des effets de ce programme sur la vie émotionnelle et les interactions entre les participants. B. Alan Wallace, qui a également pris part à cette rencontre, a prodigué ses conseils pour l'élaboration du projet, dont il sera le professeur de méditation. Ekman a choisi Margaret Kemeny pour en diriger l'exécution et en a établi pour sa part les grandes orientations. Le Fetzer Institute a fourni le capital initial du projet, qui a aussi bénéficié d'un don de Sa Sainteté le dalaï-lama.

Mind and Life Institute
2805 Lafayette Drive
Boulder, Colorado 80305
www.mindandlife.org
www.InvestigatingTheMind.org
info@mindandlife.org

Remerciements

Au fil des ans, le *Mind and Life Institute* a bénéficié du généreux soutien de nombreux individus et organisations.

Les fondateurs

Sans l'intérêt immédiat, la participation et le soutien continus de notre président d'honneur, Sa Sainteté le quatorzième dalaï-lama, le *Mind and Life Institute* n'aurait jamais vu le jour, ou du moins n'aurait-il pas connu pareil essor. Il est véritablement extraordinaire de voir un chef religieux et un homme d'État se montrer à ce point ouvert aux découvertes scientifiques et disponible pour un dialogue significatif entre science et bouddhisme. Ces dernières quinze années, Sa Sainteté a consacré plus de temps aux dialogues *Mind and Life* qu'à tout autre groupe non tibétain, ce qui nous inspire une reconnaissance sans bornes et nous conduit à dédier nos travaux à sa vision d'un dialogue et d'une collaboration scientifique entre le bouddhisme et la science, au bénéfice de tous les vivants.

Francisco J. Varela a été notre fondateur scientifique,

il nous manque énormément. Chercheur de renommée mondiale et fervent pratiquant bouddhiste, Francisco a passé sa vie entière au croisement des neurosciences et du bouddhisme, convaincu qu'une collaboration profonde et sincère entre l'une et l'autre serait très profitable aux deux, ainsi qu'à l'humanité tout entière. La voie qu'il a tracée pour le *Mind and Life Institute* était aussi audacieuse qu'imaginative, sans pour autant rien céder des exigences de la rigueur scientifique et de la sensibilité bouddhiste. Par-dessus tout, dans un monde sans cesse pris de vitesse, il a su fabriquer le temps nécessaire pour donner aux travaux de l'institut le soin, la logique et l'excellence scientifique indispensables. Nous continuons d'avancer sur la voie qu'il a tracée pour nous.

R. Adam Engle est l'entrepreneur qui, ayant entendu dire que Sa Sainteté serait intéressée à faire dialoguer le bouddhisme et la science, a sauté sur l'occasion pour ne plus cesser de consacrer toute son ingéniosité et ses efforts à la mise en place des pièces du puzzle qui permettraient aux travaux de l'institut de se perpétuer et de porter ses fruits.

Les parrains

Barry et Connie Hershey, de la Hershey Family Foundation, ont été depuis 1990 les plus fidèles et indéfectibles des parrains. Leur généreux soutien n'a pas seulement assuré la continuité des conférences, mais insufflé la vie au *Mind and Life Institute* proprement dit.

Depuis 1990, Daniel Goleman a généreusement donné de son temps, de son énergie et de son esprit. Il a préparé cet ouvrage ainsi que *Quand l'esprit dialogue avec le corps* sans être rétribué, en offrande au dalaï-lama et au *Mind and Life Institute*, qui perçoit tous ses droits d'auteur.

Au fil des ans, l'institut a aussi profité du généreux soutien financier du Fetzer Institute, de la Nathan Cummings Foundation, de Branco Weiss, Adam Engle, Michael Sautman, M et Mme R. Thomas Northcote, Christine Austin, du regretté Dennis Perlman, de Marilyn Gevirtz et son mari, le regretté Don L. Gervitz, de Michele Grennon, Klaus Hebben, Joe et Mary Ellyn Sensenbrenner, Edwin et Adrienne Joseph, Howard Cutler, Bennett et Fredericka Foster Shapiro. Au nom de Sa Sainteté le quatorzième dalaï-lama, et de l'ensemble des participants à ce projet, que tous ces individus et organismes soient sincèrement remerciés. Leur générosité rejaillit sur la vie de nombreuses personnes.

Les scientifiques, les philosophes et les érudits et pratiquants bouddhistes

Nous tenons aussi à remercier certaines personnes pour leur rôle dans la réussite des travaux de l'institut lui-même. Beaucoup nous ont aidés depuis le premier jour. D'abord, et par-dessus tout, nous remercions les scientifiques, philosophes et érudits bouddhistes qui sont intervenus ou continuent d'intervenir dans nos rencontres, nos projets de recherche et notre bureau consultatif : le regretté Francisco Varela, Richard Davidson, Paul Ekman, Anne Harrington, Arthur Zajonc, Robert Livingston, Pier Luigi Luisi, Newcomb Greenleaf, Jeremy Hayward, Eleanor Rosch, Patricia Churchland, Antonio Damasio, Allan Hobson, Lewis Judd, Larry Squire,

Daniel Brown, Daniel Goleman, Jon Kabat-Zinn, Clifford Saron, Lee Yearley, Jerome Engel, Jayne Gackenbach, Joyce McDougall, Charles Taylor, Joan Halifax, Nancy Eisenberg, Robert Frank, Elliott Sober, Ervin Staub, David Finkelstein, George Greenstein, Piet Hut, Tu Weiming, Anton Zeilinger, Owen Flanagan, Mark Greenberg, Matthieu Ricard, Jeanne Tsai, Michael Merzenich, Sharon Salzberg, Steven Chu, Ursula Goodenough, Eric Lander, Michel Bitbol, Jonathan Cohen, John Duncan, David Meyer, Anne Treisman, Ajahn Amaro, Daniel Gilbert, Daniel Kahneman, Georges Dreyfus, Stephen Kosslyn, Marlene Behrmann, Daniel Reisberg, Elaine Scarry, Jerome Kagan, Evan Thompson, Antoine Lutz, Gregory Simpson, Alan Wallace, Margaret Kemeny, Erika Rosenberg, Thupten Jinpa, Ajahn Maha Somchai Kusalacitto, Sogyal Rimpotché, Tsoknyi Rimpotché, Mingyur Rimpotché et Rabjam Rimpotché.

Le bureau particulier et les soutiens tibétains

Nous tenons à citer aussi Tenzin Geyche Tethong, Tenzin N. Taklha, le vénérable Lhakdor et le reste de la merveilleuse équipe du bureau particulier de Sa Sainteté. Nous sommes très reconnaissants à Rinchen Dharlo, Dawa Tsering, et Nawang Rapgyal du bureau du Tibet de New York, et à Lodi Gyari Rimpotché de la Campagne internationale pour le Tibet, pour l'aide qu'ils n'ont cessé de nous apporter année après année. Et nous souhaitons faire une mention particulière pour Tendzin Choegyal, Ngari Rimpotché, qui est un membre du bureau, un formidable guide et un véritable ami.

Les autres soutiens

Nous remercions Kashmir Cottage, Chonor House, Pema Thang Guesthouse, et Glenmoor Cottage à Dharamsala ; Maazda Travel à San Francisco et Middle Path Travel à New Delhi ; Elaine Jackson, Zara Houshmand, Richard Gere, John Cleese, Alan Kelly, Peter Jepson, Thupten Chodron, Laurel Chiten, Billie Jo Joy, Nancy Mayer, Patricia Rockwell, George Rosenfeld, Andy Neddermeyer, Kristen Glover, Maclen Marvit, David Marvit, Wendy Miller, Sandra Berman, Will Shattuck, Franz Reichle, Marcel Hoehn, Géshé Sopa et les moines et nonnes du Deer Park Buddhist Center, Dwight Kiyono, Eric Janish, Brenden Clarke, Jaclyn Wensink, Josh Dobson, Matt McNeil, Penny et Zorba Paster, Jeffrey Davis, Magnetic Image Inc., Disappearing Inc., Sincerely Yours, le Health Emotions Research Institute – University of Wisconsin, la Mind/Brain/Behavior Interfaculty Initiative de Harvard University, Karen Barkow, John Dowling, Catherine Whalen, Sara Roscoe, Jennifer Shephard, Sydney Prince, Metta McGarvey, Ken Kaiser, T&C Film, Shambhala Publications, Wisdom Publications, Oxford University Press, Bantam Books, Snow Lion Publications, Meridian trust, Geoff Jukes, Gillian Farrer-Halls, Tony Pitts, Edwin Maynard, Daniel Drasin, David Mayer, the Gere Foundation, Jennifer Greenfield, Robyn Brentano, Dinah Barlow, Nock Ribush et Sarah Forney.

Les interprètes

Enfin, nous adressons des remerciements très particuliers à tous les interprètes qui nous ont aidés au fil des années : Géshé Thupten Jinpa, qui a participé à toutes les rencontres ; B. Alan Wallace, qui a toujours été avec nous à l'exception d'une fois, où il était en retraite ; et José Cabezon, qui l'a remplacé en 1995. Établir un dialogue et une collaboration entre des bouddhistes tibétains et des scientifiques occidentaux exige un excellent travail de traduction et d'interprétariat. Ces amis sont, dans leur domaine, parmi les meilleurs du monde.

R. Adam Engle

Je dois ajouter quelques remerciements personnels à ceux d'Adam. Comme toujours, j'apprécie les conseils avisés et le soutien affectueux de ma femme, Tara Bennett-Goleman. Je dois aussi un remerciement spécial à Zara Houshmand, pour les notes qu'elle a prises lors de cette rencontre et des événements suivants (une partie de son travail figure dans cet ouvrage), pour avoir mené des entretiens préparatoires avec les participants et recueilli leurs commentaires après-coup, et pour tout le soin qu'elle a mis à la supervision de la retranscription des débats. Je remercie Alan Wallace pour ses commentaires additionnels sur certains points précis du dialogue, et Thupten Jinpa pour sa consultation des textes bouddhistes et des archives des rencontres du dalaï-lama avec les scientifiques. Ngari Rimpotché m'a fourni de précieuses informations sur l'intérêt de longue date que voue à la science son frère, le dalaï-lama. Merci aussi à Rachel Brod, pour ses recherches, à Achaan Pasanno, pour avoir interviewé le Bhikku Kusalacitto à Bangkok, à Arthur Zajonc, Sharon Salzberg et Joseph Goldstein pour leurs réponses techniques respectives sur la physique quantique et le bouddhisme, et enfin à Erik Hein Schmidt pour les efforts extraordinaires qu'il a déployés afin de maintenir ce train sur ses rails. Sans la vision, la main ferme et les bonnes énergies d'Adam, cette entreprise ne serait jamais allée aussi loin.

Imprimé en France par CPI
en mars 2016

POCKET - 12, avenue d'Italie - 75627 Paris Cedex 13

N° d'impression : 2021539
Dépôt légal : janvier 2008
Suite du premier tirage : mars 2016
S14614/08